Benedikte Naubert

Walter von Montbarry, Grossmeister des Tempelordens

Benedikte Naubert

Walter von Montbarry, Grossmeister des Tempelordens

ISBN/EAN: 9783742895011

Hergestellt in Europa, USA, Kanada, Australien, Japan

Cover: Foto ©Thomas Meinert / pixelio.de

Manufactured and distributed by brebook publishing software (www.brebook.com)

Benedikte Naubert

Walter von Montbarry, Grossmeister des Tempelordens

Walter von Montbarry,
Großmeister des Tempelordens.

Zweyter Theil.

Frankfurt und Leipzig
1789.

Zweiter Theil.

Erstes Kapitel.

Was man heute thun kann, soll man nicht auf morgen verschieben.

Morgen, sagte die Gräfin von Flandern zu dem Tempelherrn, und morgen sagten wir zu unsern Lesern, als wir sie am Ende unsers ersten Theils auf die Geschichte der schönen Rosemunde vertrösteten, und wir würden diese Erzählung vielleicht nicht verschoben haben, wenn uns der Gemeinspruch, den wir zur Ueberschrift dieses Kapitels gewählt haben, damals so deutlich vorgeschwebt hätte, als er euch, lieben Leser! jetzt vor Augen steht. Wenn ihr noch vor Ende dieses Abschnitts ihn bestätigt findet, so laßt es euch eine Warnung seyn, und — doch was gehen mich eure Angelegenheiten und die Eile an, mit der ihr sie betreibt oder nicht betreibt. — Ich fahre in meiner Geschichte fort, und stelle euch frey, sie zu lesen, oder, durch den Eingang abgeschreckt, hinweg zu legen.

Unser Walter stellte sich zu der ihm von Hunbergen bestimmten Zeit ein, um die Geschichte seiner Mutter zu hören, die ihm jetzt bey weiten nicht mehr dasjenige war, was ihm am meisten am Herzen lag. — Meine Leser wissen, was für einen Eindruck Matildens Bildniß auf sein ohnedem genug für sie eingenommenes Herz machte. Die Erzählung von ihrer Geschichte hatte seine Empfindungen für sie aufs äußerste gebracht. Die Beschreibung dessen, was sie um seinet, blos um seinetwillen litt, die neuen Züge ihres großen, edlen, liebenswürdigen Charakters, die sich in ihrem Unglücke entwickelten, und vor allen die häufigen Winke, die Agnes wegen ihrer treuen unerschütterlichen Liebe zu ihm gab, setzten seine ganze Einbildungskraft in Flammen; er sahe sie handeln, er hörte ihre Engelsstimme, er zählte die Thränen, die sie für ihn vergoß, er lag zu ihren Füßen, sprach mit ihr von seiner Liebe, klagte sich an, daß er ihr untreu ward, und dem Himmel ein Herz widmete, das nicht mehr sein war, und kurz, er mogte noch so sehr ein geistlicher Ritter, und noch so ein großer Held seyn, so hatte doch die Liebe nicht um ein Haar andre Symptomen bey ihm, als bey andern gemeinen Menschen. So gar Eifersucht fand sich bey derselben, und Neid in keinem geringen Grade. Lord Clifforden beneidete er um den Besitz seiner Geliebten, Prinz Richarden, um alle die Vorzüge, in denen er vor ihr erschienen war, und die von ihr, einer Kennerin alles Schönen und Guten, unmöglich unbemerkt geblieben seyn konnten, Blondeln neidete er um ihren Umgang, und daß sie, wie Agnes sagte, freyer und freundlicher gegen ihn war als gegen jeden andern, und alle Welt, die, wie die Erzählerin erwähnte, sie gesehn und bewundert hatte, um ihren Anblick.

Was unser Walter, auf solche mannigfache Art gequält und beschäftigt, nach Anhörung von Matildens Geschichte für eine Nacht zubringen, und mit was für einem Gesicht er am Morgen vor seiner Pflegemutter erscheinen konnte, das läßt sich errathen. Du bist dir nicht mehr ähnlich, mein Sohn! sagte die Gräfin von Flandern, nachdem sie ihn eine Weile stillschweigend angesehn hatte, was für eine schreckliche Veränderung ist mit dir vorgegangen? — Ach liebe Mutter, erwiederte der Tempelherr, nach der Geschichte, die ich gestern hörte, nach dem Bilde, das ich gestern sahe, lebe ich in einer ganz andern Welt, sehe ich alles aus einem ganz andern Lichte. — Wollte Gott, versetzte Hunberga, du mögtest auch deinen Stand, dieses Kleid, das du trägst, aus dem Lichte ansehen, aus dem ich es betrachte, und Matilde es betrachten wird. — Ich hasse es, schrie Walter,

ich hasse es so sehr ich es vorher liebte und such=
te! — Und was hindert dich es abzulegen? fragte
Hunberga — Walter schwieg, und man sah an
den öftern Veränderungen seines Gesichts, wie
sehr seine Seele von innerlichen Kämpfen bestürmt
ward. — Nein, rief er auf einmal, indem er mit
Ungestüm aufsprang, nein, ich hasse es nicht, wie
sollte ich das Gelübde hassen, das ich meinem
Gott that, dieses Schwerd hassen, das ich so oft
zum Besten der Christenheit entblößte und noch
entblößen will, und dieses Kreuz, das höchste Eh=
renzeichen, das ein Sterblicher tragen kann. —
Und Matilde? fragte die Gräfin von Flandern. —
O Mutter, rief Walter, indem er Hundbergens
Hände mit einem Ungestüm faßte, das sie nie an
ihm gekannt hatte, was bewegte euch meine Seele
durch solche Qualen zu zerrütten, eine Hölle in
meinem Herzen anzuzünden! — Sollte dieses Kleid,
das ihr an mir seht, euch nicht bewogen haben,
Matildens Bild auf ewig vor mir zu verbergen?
oder wollt ihr, daß der Sturm, den ihr in meinem
Innersten erregt habt, mich aufreibe? — Beru=
hige dich, Walter, sagte Hunberga, indem sie
sich bestrebte ihre Hände aus den seinigen loszu=
machen, und ihre Augen von seinen wilden Blicken
wegwandte, beruhige dich, und höre, was ich dir
sagen will. Bedenke Matildens Herz, das so fest
an dem Deinigen hängt, und das, wenn sie deinen

Stand erfährt, aufs grausamste zerrissen werden wird; du weißt, wie ich sie liebe, du kannst dir vorstellen, wie sehr ich nach allem, was sie litt, wünsche, daß sie endlich einmal glücklich werden mag. Du selbst liebst sie zu sehr, als daß du es ohne sie seyn kannst. Dein Gelübde ist nicht unauflöslich, und du brauchst weder das Kreuz noch das Schwerd zu hassen, das du trägst, wenn du, so wie viele deinesgleichen thaten, das verhaßte Kleid ablegen. willst, das ich, so schön es in deinen und in aller Menschen Augen seyn mag, doch nicht ohne Entsetzen an dir sehen kann. Ach Gott! es raubte mir einst das Liebste, was ich auf der Welt hatte, es stürzte mich in alle das Unglück, das ich seit meiner frühesten Jugend ausgestanden habe! Soll ich meine Tochter, meine Matilde, gleichen Qualen ausgesetzt sehen? Ists nicht genug an der Standhaftigkeit, mit welcher ich die Meinigen ausdauerte, ohne zu murren, ohne einen Versuch zu thun, sie von mir zu wälzen? — So beschäftigt auch Walter mit seinen eigenen Gefühlen war, so reizten doch die letzten Worte der Gräfinn von Flandern seine Aufmerksamkeit zu sehr, als daß er sie nicht hätte mit einer Frage erwiedern sollen, die meine Leser errathen können, weil sie solche vielleicht in diesem Augenblick selbst gethan haben. — Erinnere dich, antwortete Hunberge, indem sie die Thränen trock=

nete, welche während ihrer Rede häufig geflossen waren, erinnere dich, wie oft du mir in der kurzen Zeit, da du wieder in meinen Armen bist, alles, was deinen Freund, den großen Odo von St. Amantis, angeht, hast erzählen müssen; erinnre dich an die Art, mit der er, wie du selbst sprichst, meiner zu gedenken pflegte, an die Mühe, die er sich mir zum Besten bey unserm gemeinschaftlichen Feinde Philip gab, um die Beweise meiner Unschuld von ihm zu erhalten, die er eigentlich mir, nicht dir in seinem letzten Willen hinterließ; rechne dieses alles zusammen, und du wirst merken, daß wir beyde einander nicht so fremd waren, als du denkst.

Walter hörte seiner Pflegemutter mit Erstaunen zu, und die Gräfin von Flandern fuhr fort: Ja, mein Sohn, Odo, mein ewig unvergeßlicher, ewig geliebter Odo war es, der mich verließ, um das Ordenskleid, das ich an dir so sehr hasse, anzunehmen, der an mir eben das that, was du an Matilden thun willst, nur mit dem Unterschiede, daß du keine Ursach hast in dem Entschluße zu verharren, den du ehmals aus jugendlichem Unverstand und weniger Kentniß deines Herzens faßtest; er hingegen, durch Verleumdung und tausendfältige Ränke von derjenigen abgebracht wurde, die ihn mehr liebte, als ihr Leben. — Es würde zu weitläuftig fallen, dir meine Jugendgeschichte umständlich zu erzählen, und du bist heute zu wenig im Stande, auf dieselbe zu achten, wisse also nur das Vornehmste. Odo liebte mich und stand auf den Punkte mein Gemahl zu werden; ein französischer Ritter von Tremlai, eben der Terrikus der seine gewöhnliche Rolle in deiner Geschichte spielte, eben der, der den unglücklichen Odo nicht aufhörte zu verfolgen, bis er ihn ins Grab gestürzt hatte, liebte mich gleichfalls, neidete Odos Glück, und wandte alle ihm eigene Arglist an uns zu trennen; so schlecht ihm seine Tücke bey mir gelangen, so wohl glückten sie ihm bey meinem Geliebten, er wußte ihn erst auf kürzere, denn auf längere Zeit von mir zu entfernen, und was er seinem Herzen in diesen Tagen der Trennung für Gift einflößte, ist mir unbekannt. Ich habe von meinem Bruder, welcher, als es schon zu spät war, hinter alles kam, nur so viel erfahren, daß er es that. Odo war, als er von einer seiner Reisen zurück kam, nicht mehr derselbe; bleich, von Gram abgezehrt, immer noch mein Liebhaber, aber nicht mehr mein Bräutigam. Er trug das Kleid, das du trägst. Wir trennten uns; denn du kannst wohl denken, daß ich mir nicht die Mühe geben durfte, ihn wieder zu mir zurück zu bringen, wie ich zu deinem und Matildens Besten bey dir anwende. Wie hätte sich dieses für die stolze, damals überall angebetete Hunberga geschickt? und ach, keine Mittelsperson, unsere Mißverständnisse aufzuklären, keinen rathenden Freund, der Liebenden so nöthig ist, hatten wir! — Ich hielt sein Gelübde für unauflöslich, welches ich nachher ganz anders erfuhr; und war zu gewissenhaft ihm die Haltung desselben durch etwas zu erschweren. — König Henrichs Liebe, und die Verfolgungen der Königin, nöthigten mich bald darauf, dem alten Grafen von Flandern meine Hand zu geben, und die Treue, die ich ihm schuldig war, verbot mir nunmehr vollends alle weitere Gedanken auf meinen untreuen Liebhaber; wiewohl nein, nicht die Gedanken; wie wär ich stark genug gewesen, sie von dem loszureißen, an dem noch mein ganzes Herz hieng! — Mein Bruder Andreas hütete sich wohl in Briefen oder Gesprächen irgend etwas vorzubringen, das meiner noch nicht ganz getilgten Leidenschaft hätte Nahrung geben können, aber wie entzückte es mich, wenn ich ohngefehr ein Wort auffassen konnte, aus welchem sich schließen ließ, daß ich in Odos Herzen doch noch nicht vergessen war, und daß er Terrikus falsche Anklagen einzusehen anfieng. Terrikus, der sich vergeblich etwas vortheilhaftes für sich von unsrer Trennung eingebildet hatte, und dem ich allemal mit dem Abscheu begegnete, den er verdiente, ergrif bey meiner Vermählung mit dem Grafen von Flandern den Entschluß, ebenfalls den

den Tempelorden anzunehmen; wie er sagte aus Verzweiflung, aber wie ich glaube, um meinem Odo immer nahe zu seyn, und seine Rache an ihm ausüben zu können, die er meinetwegen gegen ihn in seinem Herzen hegte, eine Sache, die er nur gar zu gut ausgeführt hat. — Hunberga beschloß ihre Erzählung mit einem Strom von Thränen, und Walter, der durch die Theilnehmung an den Leiden Anderer, und durch die Erinnerung an seinen Freund Odo von seinen stürmischen Gemüthsbewegungen ein wenig zurück gebracht war, fühlte sich, nachdem er mit Hunbergen noch vieles über ihre traurige Geschichte gesprochen hatte, gefaßt genug, seine Bitte um die Nachricht von seiner Geburt zu wiederholen. Die Gräfin hätte es zwar lieber gesehen, wenn er sich über die Wahl zwischen Matilden und seinem Gelübde deutlich erklärt hätte; aber sie fürchtete, wenn sie zu heftig in ihn dränge, seine vorigen kaum gestillten ungestümen Empfindungen zurückkehren zu sehen, und willigte in sein Begehren; und dieses zwar um so viel lieber, weil sie hofte, die Nachricht von dem Stande seines Vaters, und von der Rolle, welche er in der Welt zu spielen bestimmt war, würde vielleicht etwas dazu beytragen, ihm die Niederlegung des Ordens zu erleichtern.

Walter richtete die Augen schon mit der größten Aufmerksamkeit auf seine Mutter, und diese machte sich nach einem kleinen Eingange eben gefaßt, Rosemundens Geschichte anzufangen, als eine Klosterfrau hereintrat, und Waltern anzeigte, sein Waffenträger hätte sich an der Pforte gemeldet, und verlangte mit einer ängstlichen Eilfertigkeit mit ihm zu sprechen. Mit Eilfertigkeit? wiederholte Hunberga. Ja, versetzte die andre, die Pförtnerin hat ihn gefragt, was der Lärm bedeute, den man wohl schon seit einer Stunde in der Stadt wahrgenommen hat, aber er hat sich auf keine Antwort eingelassen, sondern nur darauf gedrungen, mit seinem Herrn zu sprechen, und so viel zu verstehen gegeben, daß sein Anbringen mit der allgemeinen Unruhe in Verbindung stehe. Hunberga erschrack, der Ritter legte stillschweigend sein Schwerd an, umarmte seine Mutter und entfernte sich.

Zweites Kapitel.

Folgen von Nureddins Gefangenschaft.

Nicht anders als ob der Himmel mit der Welt um Walters Herz rechten wollte, schickte er ihm allemal, wenn Matildens Liebe zu stark in ihm zu werden begunte, Geschäfte von solcher Wichtigkeit in

den Weg, die seinen Gedanken eine ganz andere
Wendung gaben, und das irdische Feuer, wenn
es zu sehr überhand genommen hatte, wo nicht
auslöschten, doch auf lange Zeit dämpften, bis
es durch einen Zufall mit neuer Stärke angefacht
ward. Unzählige mal, wenn im gelobten Lande
bey einiger Muße Matildens Andenken bey ihm
erwachte, war dasselbe auf diese Art getilgt wor=
den; und in dem gegenwärtigen Augenblicke, zu
einer Zeit, da unser Held, wie wir aus dem vo=
rigen Kapitel gesehen haben, nur noch mit halben
Herzen an seinem Gelübde hieng, warf ihm das
Schicksal abermals Dinge in den Weg, die seine
Aufmerksamkeit auf ganz andre Gegenstände lenk=
ten, als ihn, seit er zu Brignolle war und Hun=
bergens Umgang genoß, beschäftigt hatten.

Die Pförtnerin hatte Recht; das Gewerbe des
Waffenträgers an seinen Herrn und der Auflauf,
den man in der Stadt wahrgenommen hatte, stan=
den in genauer Verbindung, und beyde hatten ei=
ne Sache zum Gegenstande, die Waltern nicht
gleichgültig seyn konnte. Eilet mein Herr, sagte
der Knappe unsers Helden, als er seinen Gebie=
ter erblickte, eilet in eure Wohnung, ihr werdet
einen alten Bekannten finden, den ihr nicht ver=
muthet, und der nebst noch einigen eurer Freunde
gekommen ist, eure Hülfe anzuflehen. Walter eilte

durch die Gassen, um seine Wohnung geschwind zu erreichen, ohne daß er sich erlaubt hätte, seinen Begleiter um nähere Erklärung zu fragen, oder die Dinge, die ihm auf dem Wege vorkamen, genau zu beobachten. Er sah überall in den Straßen Gedränge von Leuten, hier und da zusammengetretne Haufen von Personen, welche mit erschrockenem Gesicht, die Worte Ueberfall, Mord, Brand, Gefahr, aussprachen, auch begegneten ihm einige Leute mit verweinten Augen, welche ihn mit Namen grüßten, mit ihm schienen sprechen zu wollen, und nur durch die Eile, mit der er seinen Weg fortsetzte, davon abgehalten zu werden schienen; er erinnerte sich, sie sonst gesehen zu haben, er wußte, daß sie nicht nach Brignolle gehörten, woher er sie aber kannte, darauf war es ihm unmöglich, sich zu besinnen.

Endlich langte er in seiner Wohnung an, und das erste, was er erblickte, war sein alter Bekannter Paul aus dem Kloster auf den stöchadischen Inseln, der sich nebst noch einigen von den dasigen Mönchen ihm mit einer Miene nahte, in welcher der tiefste Schmerz ausgedrückt war. Was denkt ihr? Ritter! fragte er, daß ihr uns auf so eine Art wieder seht? Und was werdet ihr denken, wenn ich euch sage, daß unser liebes Kloster nichts mehr ist, als ein rauchender Steinhaufen? — Walter, deſſen geſetztes Gemüth ſonſt über nichts leicht zu erſchrecken pflegte, konnte dieſe Rede nicht ohne die Merkmale des größten Entſetzens anhören, er foderte von Paulen nähere Erklärung ſeiner Worte, und da dieſer ſowohl als ſeine Gefährten zu bewegt war, ſie geben zu können, nahm Walters Waffenträger das Wort.

Mein Herr, ſagte er, ihr waret dieſen Morgen kaum nach dem Kloſter gegangen, als ſich eine ſeltſame Unruhe in der Stadt erhub. Zu den ſüdlichen Thoren ſahe man eine zahlreiche Menge Volks hereinſtürzen, welche von feindlichem Ueberfall mit gebrochenen Worten ſprachen, und wie ſie vorgaben, eben erſt gelandet wären, um Hülfe bey uns zu ſuchen. Man hielt dieſe Flüchtigen anfangs für unſere nächſten Nachbarn, für Marſeillaner; aber wir erfuhren bald, daß ſie aus den ſtöchadiſchen Inſeln kamen, welche von den Sarazenen ſind angefallen, und auf die Art behandelt worden, wie die ehrwürdigen Väter eben von ihrem Kloſter erzählten. — Ich gieng aus, um mich ſelbſt von dem zu überzeugen was das Gerücht in der Stadt ausſtreute, und ich hatte das Glück, auf dieſem Gange dem ehrwürdigen Vater Paul und ſeinen Gefährten aufzuſtoßen, welche euren Aufenthalt hier zu Brignolle wußten, und hierher geflohen waren, um euch zu ihrer Hülfe, oder vielmehr zu ihrer Rache aufzumahnen. Paul, welcher sich nun ein wenig erholt hatte, nahm nunmehr das Wort, und erzählte Waltern den Ueberfall der Sarazenen umständlicher; meine Leser aber werden mir verzeihen, daß ich es nicht thue. Was würde dem sanftern und gefühlvollern Theil derselben mit der Beschreibung von ausgeübten Grausamkeiten gedient seyn? Was für Freude könnten sie daran haben, wenn ich ihnen ausführlich schilderte, wie die Gegenden, die ich ihnen so oft als die schönsten der Welt beschrieben habe, nun zu Schauplätzen des Schreckens gemacht wurden, und wie so manche von unsers Walters alten Freunden unter dem Mordschwerd der Barbaren fallen mußten? — Paul nebst seinen Gefährten und einige wenige von den Einwohnern des Dorfs waren entkommen, und hatten das Glück gehabt, die Einäscherung des Klosters und ihrer Wohnungen nur von weitem, nur alsdenn erst ansehen zu dürfen, als sie schon eine halbe Meile in die See zurückgelegt hatten. — Und meinen alten ehrwürdigen Freund, euren Abt, habt ihr in den grausamen Händen der Feinde zurücklassen können? schrie Walter mit zusammengeschlagnen Händen. Gott, was wird aus ihm geworden seyn! — Ihn hat Gott vor dem Unglück hinweg genommen, sagte Paul. Die Freude, euch wiedergesehen zu haben, hätte seine schwachen Lebensgeister gewaltig angegriffen. Bald nach eurem Abschiede nahmen seine Kräfte merklich ab, er fühlte es, und wünschte mit Aengstlichkeit eure nochmalige Wiederkunft auf die Insel, die ihr uns versprochen hattet, erleben zu können; aber auf einmal änderte sich sein Sinn, und er fieng an die Beschleunigung seines Todes eben so sehr zu verlangen, als er sie kurz zuvor gefürchtet hatte. — Laßt mich ins Grab eilen; sagte er noch kurz vor seinem Ende zu mir, als ich traurig an seinem Lager stand, beweint mich nicht, gönnt mir das Glück, das nicht erleben zu dürfen, was ihr vielleicht in wenig Tagen sehen werdet. — Diese Worte: Laßt mich ins Grab eilen, und andre auf unser bevorstehendes Unglück zielende Dinge wiederholte er sehr oft mit gebrochener Stimme; wir hielten es für Phantasie, aber der Erfolg hat ausgewiesen, daß es wohl etwas mehr seyn mogte.

Walter schätzte das Andenken des frommen Abts so hoch, daß er gern noch mehr von ihm gehört hätte, wenn ihn nicht höhere Pflichten von müßigen Zuhörern abgehalten hätten. Hülfe oder Rache war es, was ihm oblag, und diese zu leisten, durfte er nicht säumen. Ein Glück war es, daß ein Theil der Völker, welche König Philip, saumselig genug, zum bevorstehenden Kreuzzuge werben ließ, in den Gegenden von Brignolle vertheilt lagen; er zog sie eilig zusammen, vereinigte sie mit

der wenigen Mannschaft, welche diese Stadt zum
Besten ihrer Nachbaren aufbringen konnte, und
gieng mit diesem kleinen Heer so eilig zu Schiffe,
daß er sich nicht einmal Zeit nahm, von seiner
Pflegemutter Abschied zu nehmen, und wie man
wohl denken kann, in dem Eifer die Pflichten seines
Standes auszuüben, Matilden und Rosemunden,
und alles vergaß, was seinem Herzen auch noch
so nahe war.

Keine von den nächsten stöchadischen Inseln
war von den Barbaren verschont geblieben, doch
hatte die Insel des Klosters am meisten gelitten,
und es ist unmöglich, den kläglichen Anblick zu
beschreiben, den Walter hatte, als er auf der=
selben ans Land trat. Die rauchenden und noch
glimmenden Trümmern des Klosters, das in einen
Aschenhaufen verwandelte Dorf, die verheerten
Felder, die Leichname der Ermordeten, welche die we=
nigen Ueberlebenden, die der Wuth der Feinde ent=
gangen waren, noch bey weiten nicht alle hatten
begraben können, die tiefe Todtenstille, welche
überall herrschte, und welche nur selten durch das
Zwitschern eines einsamen Vogels, oder durch die
Seufzer eines Menschen unterbrochen wurde, wel=
cher etwa unter der allgemeinen Verheerung um=
herirrte, um die Ueberbleibsel eines seiner ermor=
deten Freunde zu suchen. — Kein Feind war weder

auf dieser noch auf den andern Inseln mehr zu sehen, sie hatten dieselben schon des vorigen Tages verlassen, und unser Held sahe wohl, daß er zur Rache zu spät kam, und daß die Hülfe, die er leisten konnte, nur darinn bestand, daß er den wenigen überbliebenen Einwohnern der Inseln einen Zufluchtsort verschafte. — Die Mönche, welche zu ihm nach Brignolle geflohen waren, hatte er durch Vorbitte der Gräfin von Provence und seiner Pflegemutter, denen er sie schriftlich empfahl, in einem dasigen Kloster untergebracht, und die kleine Anzahl von Leuten, die er aus den sämtlichen Inseln zusammenbrachte, nahm er sich vor nach Marseille überzuführen, und sie seiner Freundin, der schönen Grasende und ihrem edlen Gemahle zu empfehlen. Dieser Vorschlag wurde von den unglücklichen Einwohnern, die sich hier nicht mehr sicher glaubten, mit Freuden angenommen. Man machte sich zur Abreise fertig, und Walter hielt sich nur noch auf der Insel auf, um die Spuren einiger Orte zu suchen, die ihm wegen dieser oder jener Ursach, noch von den Zeiten seiner ersten Jugend merkwürdig waren, aber wo sollte er sie suchen? Wo sollte er Ufos Grab, wo die Stelle, da er so oft das Lied von König Alfred, und den traurigen Gesang von Fredegundens Stiefsohn zur Harfe sang, wo sollte er den Rasenplatz, auf dem die Mönche und die Landleute das Fest des Wieder=

sehens feyerten, und so manche andre Gegend finden, da alles rund umher durch Schutt, Asche und Blut entstellt, und unkenntlich gemacht war? —

Traurig gieng er zu Schiffe, warf noch einen Blick auf die verödete Insel, und würde wahrscheinlich die ganze Zeit der Ueberfahrt in düstern Stillschweigen, ohne Achtsamkeit auf das, was um ihn vorgieng, zugebracht haben, wenn nicht das Gespräch zweyer seiner Mitreisenden einerley Gegenstand mit seinen Gedanken gehabt hätte. —

Es war etwas seltnes, beynahe etwas unerhörtes, seit man den Sarazenen im gelobten Lande genug zu thun gab, daß sie es wagten, sich mit ihren Streifereyen bis nach Europa zu verirren; führten sie ja so einen kühnen Streich aus, so geschah es gewiß aus Hofnung großer Beute. Aber was konnten sie von ihren feindlichen Unternehmen wider die stöchadischen Inseln erwarten, welche außer den einfachen Gaben der Natur, außer ihrer glücklichen Lage und ihrer Fruchtbarkeit, keine Schätze hatten, die die Raubgier der Barbaren hätten reizen können? Wollten sie sich vielleicht dieser Inseln bemächtigen? Wollten sie vielleicht festen Fuß auf denselben fassen, um den reichen Marseillanern von da aus Schaden zu thun? Aber wenn dieses war, warum hatten sie dieselben fast so bald verlassen, als sie sie betreten hatten? Diese und ähnliche Zweifel beschäftigten das Gemüth unsers Helden, und waren auch zugleich der Gegenstand des Gesprächs, das Walters Aufmerksamkeit auf sich zog. Die Sprechenden hielten sich jetzt vornehmlich bey der Frage auf: Warum die Insel des Klosters unter allen das traurigste Schicksal gehabt? Warum die Feinde sie am ersten betreten und am letzten verlassen hatten? Der eine von beyden schien über diesen Punkt gewisse Muthmassungen zu haben, die er seinem Gefährten nicht mittheilen wollte, und die er, wie er sagte, niemand zu entdecken gesonnen sey, als dem Ritter von Montbarry. — Mir? fuhr Walter auf, dessen Gegenwart von den Sprechenden nicht wahrgenommen worden war, mir? — Und was hält euch ab, mir euer Geheimniß sogleich zu entdecken? — Nichts, antwortete der andre, der über Walters plötzliche Erscheinung nicht sonderlich zu erschrecken schien, nichts, als die Gegenwart meines Gefährten; unser Held gab diesem einen Wink sich zu entfernen, und der andre nahm nach einem kurzen Stillschweigen das Wort auf folgende Art:

Ihr wundert euch vielleicht, Ritter, sagte er, daß ich so wenig Worte machte, euch für die Mühe, die ihr euch unsertwegen gabet, für die Sorgfalt, mit welcher ihr auf die Vergütung unsers Schadens denkt, zu danken; aber ihr müßt mir verzeihen, wenn ich euch sage, daß alles, was ihr thatet und noch thun werdet, nicht mehr als eure Schuldigkeit ist, da wir um euretwillen gelitten haben. — Um meinetwillen? wiederholte Walter mit Entsetzen. — Ja, versetzte der andre, ihr allein waret es, den die Barbaren suchten. Sie wußten, daß ihr vor kurzer Zeit bey uns gewesen waret, und glaubten euch noch bey uns anzutreffen; da ihre Bemühungen umsonst waren, so hielten sie uns, vornehmlich die Klosterherrn, in Verdacht, daß wir eure Anwesenheit verhelten, und die Unmöglichkeit euch in ihre Hände zu liefern, zog uns das schreckliche Schicksal zu, das wir erfahren haben. Ihr werdet am besten wissen, was die Barbaren auf euch zu sprechen haben; ich weis nur so viel, daß ihr Anführer Assad hieß, wie einige behaupten wollen, ein Bruder des Sultans Salabin und ein Vater des Nureddins, dessen Name bey seiner großen Jugend seiner Tapferkeit wegen doch schon so berühmt ist. Eine Sache, welche ich kaum glauben kann; wie sollte Salabins Bruder sich unter so geringer Begleitung aufmachen, in diesen weitentlegenen Ländern einen einzelnen Mann aufzusuchen, und einige geringe Beute von armen Landleuten zu machen. — Assad? fragte Walter, und was konnte diesen so wieder mich aufbringen? Und hatte er

Ursach wider mich zu zürnen und mich zu verfolgen, wie nicht ganz zu leugnen ist, woher mußte er mit solcher Genauigkeit meinen Aufenthalt zu muthmaßen? Daß unser Held auf diese Fragen keine befriedigende Antwort erhielt, läßt sich errathen, da der Befragte das was er wußte, Waltern bereits gesagt hatte, und auch dieses Wenige nur durch Zufall erfuhr; denn Assad war zu stolz, seinen Namen und Stand nicht aufs möglichste zu verhelen, und zu klug, die Hauptabsicht seiner Unternehmung ohne Vorsicht an den Tag zu legen. — Die Fragen unsers Helden waren also umsonst; sollten aber unsre Leser an uns die nämlichen thun, so könnten wir ihnen vielleicht etwas bessere Auskunft geben, wenn wir sie nur an einige Theile von Walters vergangner Lebensgeschichte erinnerten. Walter war der, der Assads Sohn in der Schlacht bey Belfort gefangen nahm; eine Sache, die zwar, wie wir wissen, Saladins Bruder lange verborgen blieb, die ihm aber von Walters Feinden, die er unter seinem eignen Orden hatte, und die gern alle Welt wider ihn aufgehetzt hätten, durch die dritte, vierte Hand zeitig genug zu verstehen gegeben ward. — Assad wußte dieses nicht sobald, als er Waltern als die Ursach alles seines Unglücks ansah, und ihn mit der grimmigsten Rache zu verfolgen beschloß. — Wir wissen, wie aufgebracht Saladin über die Grausamkeit seines Bruders gegen den edlen Odo war, auch wird es meinen Lesern vielleicht noch erinnerlich seyn, wie rührend dieser große Mann für seinen Feind bat, aber Saladin, ob er ihm gleich, um ihn nicht zu kränken, nicht widersprach, war doch nicht gesonnen, Assads Unmenschlichkeit ungestraft zu lassen; er schenkte ihm zwar das Leben, aber er verbannte ihn auf zehn Jahr von seinen Augen, und schloß ihn von allem Antheil an Reichs= und Kriegsgeschäften aus. Nureddins Vater wußte, wie viel Saladin auf Waltern hielt, wie gnädig er ihm begegnete, so oft er in seine Hände kam, und was er ihm oft für Vorschläge thun ließ, um ihn von den Christen ab auf seine Seite zu ziehen, diese Gnade des Sultans, welche Walter, wie wir wissen, wenig achtete, erfüllte den vom Hofe verstossenen Assad, welchem alles durch dienstfertige Schmeichler hinterbracht wurde, nicht allein mit Neid, sondern sie erregte auch den Gedanken in ihm, daß unser Held, um seinen Freund Odo an ihm an Assad zu rächen, Saladins Ungnade gegen ihn zu unterhalten und seine Verbannung zu verlängern suchte; Muthmassungen, welche seine Wuth gegen ihn vergrößerten, und ihn zu tausenderley Versuchen veranlaßten, ihn in seine grausamen Hände zu bekommen. So lange Walter im gelobten Lande blieb, war es Assad unmöglich ihm zu schaden, und auf seiner Reise nach Europa würde es ihm noch weniger geglückt seyn, wenn nicht Wal=

ters christliche Feinde, die ihn, um ihre heiligen Hände nicht mit seinem Blute zu beflecken, gern durch Hülfe der Ungläubigen gefällt hätten, immer bemüht gewesen wären, Assad unter der Hand in seinen Nachforschungen auf die rechte Spur zu helfen, und ihm Walters jedesmaligen Aufenthalt so genau als möglich zu bestimmen. Auf diese Art kam es, daß Assad, welcher um nicht müßig zu seyn, während der Zeit seiner Verstoßung von Saladins Hofe unter erborgten Namen das Seeräuberhandwerk trieb, Waltern auf den stöchadischen Inseln suchte, und ihn, wär er nur einige Tage eher gekommen, gewiß in seine Hände bekommen haben würde, denn was hätten die eilf Ritter und ihre Diener, die er, wie wir wissen, bey sich hatte, als er das Kloster besuchte, wider die zahlreiche Macht der Sarazenen ausrichten können?

Der Tempelherr entließ den Erzähler dieser seltsamen und für ihn so traurigen und räthselhaften Sache, weil er ihm dieselbe nicht so gut aufzuklären wußte, als wir sie unsern Lesern aufgeklärt haben, und versenkte sich in tiefen Gram, daß er, der jedermann zu helfen, jedermann glücklich zu machen wünschte, die Ursach an dem Elend und dem Tode so vieler Unschuldigen gewesen seyn sollte, zwar die unschuldige Ursach, aber welch ein schlechter Grund der Beruhigung für ein Herz, das so fühlte wie das edle Herz unsers Walters!

Drittes Kapitel.
Wichtige Nachrichten aus Palästina.

Unter Bekümmernissen von dieser Art legte unser Held den Weg nach Marseille zurück, und sein natürlicher Hang zur Schwermuth, der durch so manche Widerwärtigkeiten genährt worden war, machte ihn sehr geneigt in den Fehler zu verfallen, den so manche Seelen seiner Art an sich haben; er glaubte dazu bestimmt zu seyn, daß alle seine aufs beste gemeynten, aufs klüglichste angelegten Handlungen, durch eine Art von unhintertreiblichen Schicksal, eine unvorhergesehene unglückliche Wendung nehmen müßten. Er musterte so viele Auftritte seines Lebens, und fand in denselben so manche Bestätigung dieser unglücklichen Meynung, daß es kein Wunder gewesen seyn würde, wenn er durch dieselben ganz muthlos, ganz unfähig gemacht worden wäre, seinem Charakter gemäß zu handeln. Besonders hielt er sich bey seinem Entschlusse auf, den Tempelorden zu ergreifen, den er zwar zu sehr liebte, um ihn zu bereuen, von dem er aber wohl einsah, wie wenig er ihm bis jetzt noch zu Erreichung seiner vorgesetzten Endzwecke geholfen hatte, und wie nachtheilig er seiner persönlichen Glückseligkeit gewesen war. Das zweite, was sein trauri=

ges Nachdenken jetzt besonders beschäftigte, war die Gefangenschaft Nureddins, welche er um Odos Befreyung willen beförderte, und die doch, wenn er es genauer betrachtete, zu nichts gedient hatte, als diesen besten unter seinen Freunden noch unglücklicher zu machen, und ihn dem Tode entgegen zu führen; Assad ward durch dieselbe so aufgebracht, daß Odo damals in ein abscheuliches Gefängniß gehen mußte, seine Auswechselung ward durch dieselbe mehr erschwert als erleichtert, und die üblen Folgen dieser kühnen Heldenthat, dieser Gefangennehmung Nureddins, erstreckten sich noch bis auf den gegenwärtigen Augenblick, sie war es, die Assads rachgierige Wuth bis nach Europa zog, und eine ganze Menge Unschuldiger um Walters Willen in Tod und Verderben stürzte. Unglücklicher Walter! wehe dem, der so wie du den Erfolg seiner schönsten Handlungen muß verkehrt und zum Bösen gelenkt sehen!

Unser Held langte zu Marseille an, und fand bey dem Vicomte von Barral und seiner schönen Gemahlin die beste Aufnahme. Die Flüchtigen aus den stöchadischen Inseln wurden um seinetwillen gleichfalls mit offenen Armen empfangen, und ein jeder bestrebte sich, ihnen das, was sie verlohren hatten, zu ersetzen. Walter erhielt freye Macht ihrentwegen alle Anordnungen zu machen, die ihm am besten dünkten, und er hatte die dahin abzielenden Geschäfte nicht sobald zu Ende gebracht, als er sich wieder zur Abreise nach Brignolle rüstete; weniger aus Begierde nach der Geschichte, die ihm seine Pflegemutter versprochen hatte, und durch einen unvorhergesehenen Zufall hatte schuldig bleiben müssen, als weil ihm bey der tiefen Schwermuth, die über seine ganze Seele verbreitet war, Grasendens fröhlicher Hof weniger als jemals gefiel, und weil er sich sehnte, in Hundbergens Schoß seine neuen Bekümmernisse auszuschütten.

Allein, recht als ob unser Tempelherr allemal da, wenn er Ruhe und Trost am meisten nöthig zu haben glaubte, in einen neuen Strudel von Unruhe und Geschäften geworfen werden sollte, so zeigte sich noch an dem nämlichen Tage, den er zu seiner Abreise nach Brignolle bestimmt hatte, eine Hinderniß, welche ihn nöthigte, nicht allein den Besuch bey der Gräfin von Flandern, sondern auch die Reise nach England, die ihm um mancher Ursachen willen so sehr am Herzen lag, aufzugeben und den Rückweg nach Palästina eher anzutreten, als er geglaubt hatte.

Ich habe im vorigen Theile erwähnt, daß Walter seine Ritter nach Barcellona abschickte, um bey den dasigen Tempelherrn gewisse Geschäfte des Ordens auszurichten; diese hatten ihren Auftrag aus Ursachen, die wir bald hören werden, schleunig ausgerichtet, und waren nach Beendigung ihrer Angelegenheiten eilig nach Brignolle gegangen, wo sie unsern Helden noch bey der Gräfin von Flandern vermutheten, um ihn von da abzuholen; sie fanden ihn nicht. Sie ließen sich bey Hunbergen melden, erfuhren von ihr den Ort seines gegenwärtigen Aufenthalts, erhielten einige Aufträge von ihr an ihn, und langten, wie ich schon gesagt habe, zu Marseille an eben dem Tage an, da Walter von da abgehen wollte.

Wir bringen euch seltsame Nachrichten, sagte Konrad von Staufen zu unserm Helden; gebet eure europäischen Angelegenheiten vor jetzt auf, und macht euch gefaßt, uns nach unsern Brüdern in Palästina zurückzuführen, die unser Hülfe theils von nöthen haben, theils vielleicht geneigt seyn mögten, dieses und jenes wider uns in unserer Abwesenheit anzuspinnen, das sich nur durch unsere Gegenwart hintertreiben läßt. — Die Ausrichtung des uns von unserm Orden Aufgetragnen werdet ihr in diesen Schriften nebst dem guten Erfolg, den wir gehabt haben, verzeichnet finden, das Uebrige ist mündlicher Auftrag von dem ehrwürdigen Oberhaupte unserer Brüder

in Barcelona, von dem euch wohl bekannten Ro=
bert Burgundio. — Robert Burgundio? wieder=
holte Walter, der zweyte Großmeister unsers Or=
dens? ist es möglich, daß dieser noch am Leben
ist. — Ja, erwiederte Konrad, eben dieser Robert,
der zweyte nach Hugo dem ersten Stifter unserer
Brüderschaft. Ihr wißt, daß er wegen häufiger
Verdrüßlichkeiten seine Würde niederlegte, ohne das
Gelübde aufzugeben, und er hat sich alle diese Zeit
über zu Barcellona aufgehalten, wo er die Stelle
bey den dasigen Tempelherrn vertritt, die er eh=
mals in Palästina verwaltete. Ich hätte gewünscht,
daß ihr uns begleitet hättet; die Bekanntschaft ei=
nes solchen Mannes hätte euch nicht anders als
angenehm seyn können; auch beklagte er es selbst,
daß er euch diesmal nicht kennen lernen sollte, doch
meynte er, dies könnte bey eurer nächsten Reise nach
Europa geschehen, welche nicht lange anstehn wür=
de. — Stellet euch einen Mann von den Jah=
ren eures Abts auf den stöchadischen Inseln vor,
denkt euch statt den Zügen der Frömmigkeit und
Andacht, welche auf dem Gesicht des letztern herrsch=
ten, den vollen Ausdruck von Größe und Helden=
muth, und statt der hinwelkenden Schwäche, die
ihr bey dem Abte bemerktet, noch tausend Spuren
von jugendlicher Stärke und Munterkeit, so habt
ihr das Bild des Greises von Barcellona, von dem
wir jetzt herkommen, und der uns unterschiedli=

ches an euch aufgetragen hat, davon ich nicht weis, ob es die Folge einer Gabe der Weissagung, oder einer genauen Kenntniß aller Dinge, die in Paläſtina vorgehen, iſt, und die er vielleicht durch natürliche Mittel, durch Briefwechſel, oder auf andere Art erlangen kann. Er war von allem bis auf die kleinſten Umſtände unterrichtet, was bisher im gelobten Lande vorgefallen iſt. Von Terrikus und Philips Anſchlägen wider euch, und einer gewiſſen geheimen Verbindung, in welcher ſie mit Aſſad ſtehen ſollen, entdeckte er uns mehr als wir glauben konnten. Wir äußerten unſere Zweifel, aber er lachte, und ſagte, wir ſollten nur euch fragen, wenn wir wieder zu euch kämen, denn ihr würdet in unſerer Abweſenheit nachdrückliche Beweiſe von der Wahrheit ſeiner Rede erhalten haben. — Walter ſeufzte, und bat Konrad weiter zu reden. — Robert Burgundio, fuhr der Ritter von Staufen fort, bittet euch alſo, das, was ihr von euren Feinden wiſſet, zu erwegen, und ſogleich nach Paläſtina zurück zu kehren, wo ſich erſtaunliche Veränderungen zugetragen haben. Der König von Jeruſalem, Balduin der vierte, iſt todt, ſein unmündiger Sohn, der junge Balduin, ſoll zwar unter der Vormundſchaft ſeiner Mutter, der Königin Sibille, und des Grafen von Tripoli der Nachfolger ſeines Vaters ſeyn; aber die Königin hat ſelbſt Luſt zu herrſchen, und weil ſie keine

Freundin von der Einsamkeit ist, so soll sie stark
darauf denken, sich einen Gehülfen zu schaffen.
Ihr mögtet nun vielleicht denken, was uns dieses
angienge, da unser Orden nie gern viel mit den
Königen zu Jerusalem zu theilen hatte, aber Robert bittet euch, zu bedenken, daß ihr nicht allein
für das gemeine Wohl der Christenheit, sondern
auch dafür zu sorgen habt, daß unsere Feinde nicht
zu mächtig werden. Der Patriarch ist, da, wie
ihr wisset, der Pabst gestorben ist, eilig nach Palästina zurückgekehrt, und vermuthlich schon wieder in den Armen seiner lieben Sibille. Terrikus,
der nach der Nachricht von Arnolds Tode zum
Großmeister erwählt worden ist, hält sich beständig zu Jerusalem auf und beschäftigt sich nebst dem
Patriarchen und der Königin und Philip von Flandern den Grafen Raimund von Tripoli zu unterdrücken, der euch doch wenigstens als der Vater
eurer Matilde nicht gleichgültig seyn kann. Gerhard von Ridesser, fast der einige unsers Ordens,
der die gute Seite ernstlich hält, ist nicht mehr allein
im Stande sie aufrecht zu erhalten; unsere Feinde,
welche es nicht wagen dürfen uns den Tod unsers
vorigen Großmeisters, Arnold von Torregio,
Schuld zu geben, da wir vom Pabste und einer
ganzen Kirchenversamlung darüber freigesprochen
worden sind, fangen um doch etwas wider uns zu
haben an, uns unsern langen Aufenthalt in Europa

zur Last zu legen, und der Greis von Barcellona ermahnt euch also, eilig so viel ihr von des Königs von Frankreich geworbenen Völkern zusammenziehen könnet, einzuschiffen, die Ankunft der Hospitaliter aus England nicht zu erwarten, von niemand Abschied zu nehmen, sondern lieber heute als morgen nach Palästina abzugehen, und bey eurer Ankunft daselbst euch gerades weges nach Jerusalem zu wenden, wo ihr darauf denken müsset, euch, jedoch ohne weitern Anlaß zu Feindseligkeiten zu geben, durch die Völker, die ihr mit euch führet, und durch euer eigenes Ansehn furchtbar zu machen. — Dieses sind fast die eigenen Worte des alten Robert Burgundio, und er setzte hinzu, dieses Verfahren, wenn ihr es genau in Acht nähmet, würde das einige Mittel seyn, der Sache der Christenheit aufzuhelfen; denn Saladin habe in Palästina fast überall die Oberhand, und diejenigen, welche daselbst sich ihm widersetzen sollten, wären nicht im Stande das Beste der orientalischen Kirche einzusehen, wären wie mit Blindheit geschlagen, und theils in Wollüsten ersoffen, theils mit ihren Privatangelegenheiten zu sehr beschäftigt, als daß sie an etwas anders denken könnten. — So schloß der edle Konrad von Stauffen seine Rede, und Walter, welcher wohl sahe, daß hier keine Zeit zu versäumen war, eilte alles so ins Werk zu richten, wie es ihm der weise Greis von

Barcellona vorgeschrieben hatte. Er trennte sich ohne viel Umstände von seinen Freunden zu Marseille, ließ Hunbergen seinen Abschied mündlich durch einen Waffenträger ansagen; schickte einen Boten an den Bischof von Tyre, um ihn zu ermahnen, die französischen Werbungen fleißig bey König Philipen zu treiben und ihm die Völker nachzuschicken, zog das kleine Heer, das schon vorhanden war, zusammen, und trat darauf seine Rückreise nach dem gelobten Lande in einer Zeit an, die ich meinen Lesern nicht nennen will, weil sie es für unmöglich halten würden, in so wenig Tagen Angelegenheiten von solcher Wichtigkeit genau und ordentlich zu besorgen, und gleichwohl war es wahr, unser Held hatte nichts vergessen, sogar hatte er Nachricht und Entschuldigung an die Hospitaliter wegen seiner schleunigen Abreise zurück gelassen.

Viertes Kapitel.

Etwas wider die Langeweile auf dem Meere.

Es war zu beklagen, daß Wind und Wellen so wenig mit der feurigen Eilfertigkeit, die unsern Walter beseelte, übereinstimmten, sonst müßten sie ihn im Fluge nach dem gelobten Lande gebracht haben; aber nie ist wohl die Fahrt eines Abentheurers auf dem stillen Meere, der keinen andern Zweck seiner Reise kennt, als neue Südländer auszuspähen, lästiger und schläfriger zugegangen, als diese, bey welcher doch auf die Geschwindigkeit so vieles ankam. Walters Begebenheiten in Konrads Abwesenheit, die Aufträge des alten Ritters Robert Burgundio, und die genaue Ueberlegung ihres klüglichen Verfahrens, wenn sie nun in Palästina angekommen seyn würden, gaben unsern Reisenden Anfangs Stof genug zu Unterhaltungen, und liessen sie keine Langeweile fühlen; aber als alle diese Dinge so oft abgehandelt waren, daß sich wenig neues mehr darüber sagen ließ, und man gewahr wurde, daß man ungeachtet der langen Zeit doch erst die Hälfte des Wegs zurückgelegt hatte, so wurde man ungeduldig, und niemand ungeduldiger als Walter und Konrad, die zu viel Feuer in ihrem Temperamente hatten, um die Langsamkeit zu lieben.

Himmel, sagte unser Held eines Tages, da er nebst dem Ritter von Stauffen auf dem Verdeck saß, und den hellen wolkenlosen Himmel, die spiegelglatte durch kein Lüftgen gekräuselte See, das langsame Schweben des Schiffes und die schlaffen Seegel mit Unmuth ansahe, Himmel! wenn ich eine von diesen unnütz verlebten Stunben an dem Tage gehabt hätte, da ich so plötzlich von der Gräfin von Flandern gerissen ward, oder wenn ich mich jetzt zu ihr wünschen könnte, wie viel würde ich von Dingen wissen, an denen mir so viel gelegen ist, und über welche ich jetzt übrige Muße nachzudenken hätte. — Konrad fuhr beym Ende dieser Rede plötzlich auf, verließ das Verdeck, und kehrte bald zu Waltern, der sich über seine jählinge Entfernung wunderte, mit einem Packet Schriften zurück, das er ihm mit diesen Worten überreichte: Verzeihet, Ritter! sagte er, daß ich euch dieses so lange vorenthielt; zwar gebot mir die Gräfin von Flandern, welche es euch schickt, es euch nicht eher als bey völliger Muße auf dem Schiffe zu überreichen, damit ihr nicht, wenn ihr es läset, von wichtigern Geschäften abgehalten würdet. Aber wie lange ist nicht schon diese Muße gekommen, da ihr es der Länge und Breite nach hättet beherzigen können? — Walter hatte, während sein Freund auf diese Art sprach, angefangen das Packet zu öfnen, aber er besann sich, daß er das Durchlesen desselben auf eine einsame Stunde versparen müsse, weil es vielleicht Dinge enthalten könnte, welche seinem besten Freunde verborgen bleiben müßten; er ließ also ab, drückte Konraden dankbar die Hand, und dieser, welcher merkte, daß sein Freund gern allein seyn wollte, entfernte sich, nachdem er ihn mit einem kleinen

Lächeln erinnert hatte, nicht zu geizig mit seinen
Geheimnissen gegen den zu seyn, der an allem, was
ihn angienge, den lebhaftesten Antheil nähme.

Unser Held war viel zu begierig nach dem
Inhalte des Packets, als daß er Konrads Rede
hätte beantworten sollen, er entriß ihm auch die
letzte Hülle, und es fiel ihm eine mit einem grü=
nen Band umwundene Rolle Papiere, und ein
von der Gräfin von Flandern überschriebener Zet=
tel entgegen. Er öfnete den letzten zuerst und
fand folgende Worte:

„Reise glücklich, mein Sohn! wohin dich deine
Pflichten rufen. Vergiß Matilden, und alles,
was ich ihrentwegen mit dir sprach, so lange bis
du ohne Verletzung höherer Obliegenheiten an sie
denken kannst, so lange bis sich dein Schicksal än=
dert. — Die Nachricht von deiner Geburt, welche
ich verhindert ward dir zu geben, ist zu wichtig,
als daß ich sie dir länger vorenthalten könnte, auch
ist sie von der Beschaffenheit, daß sie deinen Trieb
zu großen Thaten gewiß nicht mindern, eher er=
höhen wird. — Die Blätter, die du hier vor dir
stehst, sind von deiner Mutter eigenen Hand ge=
schrieben, und enthalten ihre Geschichte, so wie sie
mir dieselbe von der Zeit an, da ich in meinem
und ihrem funfzehnten Jahre nach Hofe kam, in

kurzen Briefen mitzutheilen pflegte. Das Ende; ach Gott, das traurige Ende derselben fehlt freylich; aber wir werden uns wiedersehen, und denn sollst du es aus meinem Munde hören. — Um dein Andenken an die theure, unvergeßliche Rosemunde, deine Mutter, meine Freundin, desto lebhafter zu machen, habe ich ihr Bild beygelegt; du wirst es in dem innersten des Packets in einer kleinen goldnen Kapsel finden, sie gab mir es für dich, als sie dich meiner Sorge überließ, es stellt sie in ihrem sechs und zwanzigsten Jahre vor; denn so alt war sie, als sie dich zum letztenmal umarmte. Mancherley Gram und vielleicht auch Ahndung dessen, was sie hernach betraf, hatte ihr damals schon einen Theil ihrer Reize genommen, stelle dir also vor, was sie in der Blüthe ihrer Schönheit seyn mußte, da man sie auf dem Bilde, das du vor dir hast, schon nicht ohne Entzücken ansehen kann."

Hunberga.

Walter hatte kaum so viel Geduld diesen Brief zu Ende zu lesen, so begierig war er diejenige zu kennen, welche ihm das Daseyn gab. Er suchte, und fand ein Bild, das ich meinen Lesern lieber hier gemalt mittheilen, als mit Worten beschreiben mögte. — Wer kennt die Partheylichkeit des Liebhabers nicht, welche geneigt ist den Reizen, die er anbetet, den höchsten Rang unter allen beyzulegen? Walter hatte keinen geringen Antheil von dieser Partheylichkeit in Ansehung Matildens, und doch war er sehr zweifelhaft, als er ihr und Rosemundens Bild zusammen hielt, welcher von diesen beiden Schönheiten er den Vorzug geben sollte; vielleicht weil er zu beyden durch verschiedene gleich starke Bande, zu der einen durch Leidenschaft, und zu der andern durch heiße kindliche Liebe hingerissen ward; vielleicht auch, weil jede von beyden zu einer besondern Klasse von Schönheiten gehörte, in welcher sie, ohne der andern zu schaden, gar wohl die Oberstelle einnehmen konnte. Matilde war, ungeachtet ihres stillen sanften Charakters, der den blonden Mädchen eigenthümlicher ist als den braunen, die schönste, feurigste Brünette, die man sich denken kann. Ihre Augen groß und schwarz, ihr Haar dunkle Kastanienfarbe, und ihre Gesichtsfarbe, wie es ihr Vaterland mitbrachte, mehr bräunlich als weiß. Rosemunde hingegen versammelte alle Schönheiten in sich, die man nur bey einer Blondine finden kann. Ihre Augen waren die höchste Farbe des Himmels, und würden vielleicht fast zu groß gewesen seyn, wenn der sittsame Blick, den sie hatten, und die langen Wimpern, die sie beschatteten, sie nicht immer zur Hälfte bedeckt, und ihr Feuer gleichsam gemindert hätten, die blendende Weiße ihrer Haut fiel darum doppelt auf, weil sie nur durch ein ganz schwaches Rosenroth schattirt wurde. Auf dem Bilde, das Walter vor sich hatte, war ihr lockigtes bräunliches Haar mit nichts als mit einem dünnen Schleyer bedeckt, der auf ihren Busen herabfloß, ihn halb verhüllte, und an demselben so wohl als auf der Locke, die auf ihre hohe gewölbte Stirne herabfiel, mit einer natürlichen Rose befestigt war. Ihre Augen waren niederwärts wie auf einen in ihren Armen liegenden Gegenstand gesenkt, vielleicht auf ihren Walter, den sie auf dem Schooß hatte, als sie sich malen ließ, und ihr Mund zu einem kleinen halbtraurigen Lächeln gezogen, wie denn überhaupt auf ihrem ganzen Gesichte ein gewisser Ausdruck von feyerlicher Schwermuth lag, der durch ein scharfes Licht und dunkeln Schatten vermehrt wurde, den der Maler dem Gemälde gegeben hatte, und das dem Ganzen das Ansehen gab, als ob es in Mondenglanz da stünde. — Walter war im Anschauen dieses Zauberbildes ganz verloren, die Reize, die er sah, wurden durch den Gedanken: Dies ist deine Mutter, durch die Deutung, die er jedem ihrer Züge, jeder ihrer Mienen gab, und durch tausend Empfindungen, die sich besser denken als beschreiben lassen, unaussprechlich erhöht. Er verlor sich in ihrem Anschauen, griff oft nach den Papieren, um diejenige, die er sah, die ihm so nahe angieng, näher kennen zu lernen, und legte sie wieder hinweg, um das Bild von neuem zu betrachten, bis die Dämmerung anbrach, die Seeluft kälter zu wehen anfieng, und er mit einem tiefen Seufzer seine Schätze zusammen nahm, und in sein Zimmer gieng, um nun endlich das zu lesen, wornach er so sehnlich verlangte, und was meine Leser im nächsten Kapitel finden werden, wenn sie etwa mit ihm gleiches Verlangen haben sollten.

Fünftes Kapitel.
Briefe.

Rosemunde Klifford an Hunbergen von Montbarry.

I.

Daß ich Dich vermisse, Hunberga, daß ich Dich, ach wie gern wieder an meine Seite wünschen, mir Deine Gegenwart mit dem liebsten meiner kleinen Schätze erkaufen mögte, das ist wahr; aber meine Einsamkeit mit dem Hofe, an welchen Du glänzest, zu vertauschen? — Nein, behalte Deine Feste,

Deine Bewunderer, und alle Deine Glückseligkeiten für Dich, und laß mir meine ländliche Ruhe, die ich nie zu verlassen gedenke, für welche ich, ich fühle es, geboren bin.

Mein Vater dringt in mich, mir eine Lebensart zu wählen, denn so, spricht er, könne es nicht bleiben; ich soll entweder einen von meinen hiesigen Anbetern die Hand geben, oder Dir nach Hofe folgen. Was mich anbelangt, so habe ich schon gewählt; Du kennst doch das Marienkloster, das in dem schönen Thale nicht weit von meines Vaters Schloße liegt? — Unsere Freundin, Lady Marie Klifford, hat mich nun auch verlassen, und ich bin ganz einsam. Gott welch ein Abschied war das!

II.

Ich bin wieder bey meiner lieben Aebtissin im Marienkloster zu Godstow gewesen. O wie liebt sie mich! Wie bewundert sie meine kleinen Vollkommenheiten! Wie freut sie sich, wenn sie deren neue entdeckt! — Sie fragte neulich nach Deinem Ergehen bey Hofe, und ich zeigte ihr einen von Deinen letzten Briefen; Sie erstaunte über Deine Schreibekunst, aber noch mehr erstaunte sie, als ich ihr sagte, daß ich auch eine Schreiberin sey. Ich mußte ihr etwas von meiner Schrift zeigen, und sie meynte, sie würde sich glücklich schätzen, wenn eine von ihren Fräuleins meine Geschicklichkeit besäße. — Ich habe ihr ein Geschenk mit drey von meiner Hand geschriebenen Psalmen gemacht, und sie hat mir ein lateinisches Buch gegeben, aus welchem ich ihr etliche Stellen abschreiben soll, der Bischof von Lincoln, hat es ihr geliehen. Was mich anbelangt, ich verstehe es nicht, aber sie ist sehr gelehrt, ob sie gleich nicht schreiben kann.

III.

Nun habe ich meinem Vater meinen Enschluß in das Marienkloster zu gehen entdeckt; er erschrack, und will durchaus, daß ich es bis in mein zwanzigstes Jahr aufschieben soll. Ach, mein Gott, bis dahin sind noch fünf lange lange Jahre, so lange kann ich meinen Vorsatz nicht aufschieben. — Ich habe meinen Vater gebeten, daß er mir wenigstens vergönnen soll, die Zeit bis dahin als Kostgängerin zu Godstow zuzubringen. — Unter den Einwendungen, die er wider meinen heiligen Vorsatz hat, ist, kannst Du es denken, auch meine Schönheit; aber ich denke, wenn etwas außerordentliches an mir ist, so hat mir es der Himmel darum gegeben, damit ich es ihm wieder aufopfern soll. — Ich sagte diesen Gedanken meiner Aebtissin. Sie lobte mich sehr darum, und nannte mich eine Heldin. O was für ein Triumpf, von so einer heiligen Frau gelobt zu werden!

IV.

Ich habe schon seit vierzehn Tagen die Erlaubniß von meinem Vater als Kostgängerin in das Marienkloster zu gehen, und kannst Du es Dir vorstellen, daß ich demohngeachtet noch zu Klifford bin? — Aber ich besuche meine Aebtissin sehr fleißig. — Ich glaube daß mir es so schwer wird mich von meinem Vater zu trennen; ich wüßte doch sonst nicht, was mich abhielt, mich seiner Erlaubniß zu bedienen. Vor zehn Tagen, als ich der Aebtissin die Einwilligung meines Vaters in meine Wünsche mittheilen und ihr ansagen wollte, daß sie mich in wenig Tagen unter ihre Jungfern würde zählen können, hatte ich ein recht seltsames Abentheuer, das mir seit der Zeit fast so oft als ich nach dem Kloster gehe, ich gehe aber täglich dahin, begegnet ist. — Ich gehe allemal allein, wie du weißt, das ich immer auf meinen Spaziergängen zu thun pflegte, wenn Du keine Lust hattest mich zu begleiten, und wie ich so in Gedanken an Dich und an das Kloster vertieft vor mich dahin gieng, so hörte ich hinter mir das Traben eines Pferdes, welches auf dem einsamen Wege zwischen dem Fluße und dem waldigten Gebirge, der nach dem Thale des Klosters führt, etwas

seltnes ist. Ich trat ein wenig an die Seite, und
es ritt ein Jüngling bey mir vorbey, der mich sehr
ehrerbietig grüßte, und sich, nachdem er vorbey
war, noch einigemal nach mir umsah. Von die=
sem Tage an blieb das Traben des Pferds und
die Erscheinung des Jünglings nie außen, ein paar
mal ist er auch zu Fus gekommen, und hat mir
steif in die Augen gesehen, ich habe aber seit der
Zeit immer den Schleyer getragen, er ist sehr
dünn, und die Klosterfrauen meynten, er ließ
mir überaus wohl, ich würde eine schöne Nonne
werden.

V.

Die Erscheinung des Jünglings dauert noch
immer fort, und macht mich ganz furchtsam. Ich
habe es immer auf der Zunge gehabt der Aebtis=
sin etwas davon zu sagen; aber ich getraue mich
es nicht, denn ich besorge, sie mögte mir die ein=
samen Spaziergänge nach dem Kloster verbieten,
oder darauf dringen, daß ich meine Wohnung gänz=
lich daselbst nehmen mögte, wozu ich, seit ich es
heute so wohl als morgen thun dürfte, weniger
Lust habe als jemals. Mein Vater läßt mir mei=
nen freyen Willen, und sagt nur zuweilen: Ein
Mädchen sei eins der eigensinnigsten launigsten
Geschöpfe unter der Sonne.

Aber ich wollte ja vorhin von dem Jünglinge noch etwas sagen. Die Pförtnerin, die mich allemal, wenn ich nach Hause gehe, einige tausend Schritte zu begleiten pflegt, und der ich neulich von meiner Erscheinung erzählte, kreuzte sich und meynte, weil es allemal sich auf die nämliche Art zeigte und niemals spräch, so müsse es ein Geist seyn; vielleicht der Geist König Arthurs, welcher sich zuweilen in dem Walde des Gebirgs, wo er bey seinem Leben zu jagen pflegte, sehen läßt. — Ich weis nicht was ich davon denken soll; für ein Gespenst dünkt mich diese Gestalt zu schön; denn glaube mir, Hunberga, wenn ich schön bin, so ists dieser Jüngling, in noch viel höherm Grade. So eine Miene! Solche Augen! So ein Gang! — Ich hoffe es ist nichts Böses, daß ich meine Freude an seiner Schönheit habe; freute ich mich doch auch über die Deinige, freue ich mich doch, wenn ich mein Gesicht im Spiegel sehe, ob ich gleich häßlich gegen König Arthurs Geist bin.

VI.

Ich habe Dir sehr lange nicht geschrieben, denn ich bin sehr oft nach dem Kloster gegangen. Die Aebtissin fragt, ob ich nicht bald meines Vaters Schloß verlassen will, und die Pförtnerin, ob ich noch immer von König Arthurs Geist beunruhigt werde, ich antworte beyden Nein. Bey der ersten wende ich, ich weis nicht, was für Entschuldigungen vor, und mit der andern lasse ich mich gar nicht mehr über das Kapitel von meinen Erscheinungen ein, denn — ich weis selbst nicht; — aber ich wollte niemand wüßte um dieselben als Du und ich. Zuweilen wünschte ich sogar, Dir nichts davon geschrieben zu haben. Du könntest vielleicht gar denken, ich verzögerte meinen Auszug aus meines Vaters Hause darum, weil König Arthur nicht kommen wird mich im Kloster zu besuchen. — Höre, ich glaube ganz gewiß, daß diese Gestalt ein wirklicher Mensch ist; neulich war es als ob er den Mund aufthäte, mit mir zu reden, aber ich flohe, ich weis nicht aus was für Furcht, davon, und seit der Zeit habe ich ihn nicht wieder gesehen, ob ich gleich mehr als viermal im Kloster gewesen bin. — Es ist mir einsam, wenn ich ihn nicht sehe.

VII.

Ich bin ganz krank und traurig. Ich muß Arzeney nehmen, und mich fleißig baden, aber nicht etwa, wie Du mir von Eleonorens Hofdamen schreibst, in warmer Milch, oder gar in Wein, sondern in kalten, kalten Flußwasser; ich habe mir eine Stelle dazu ausersehen, in dem kleinen Gehölze, das an unsern großen Garten stößt. Der Strom hat sich zwischen dem kurzen Gesträuch, an welchem Du und ich immer so gern zu sitzen pflegten, weil es dort so einsam war, recht wie ein Becken ausgespült, welches aber einen Abfluß haben muß, weil es immer rein und frisch ist. Die fünfalten Ulmen, in welchen Du unsre Namen einschnittest, bilden einen halben Zirkel um den Ort, wo ich bade, und bedecken ihn mit so dichten Schatten, daß mich selbst die Sonne nicht da finden könnte; aber Du könntest mich finden, da ich Dir die Gegend so genau beschrieben habe.

Auf die andre Seite des Waldes, da man nach dem Kloster geht, komme ich gar nicht mehr. Die Aebtissin ist nicht mehr freundlich; ich glaube nicht, daß ich zu ihr ziehen werde. — Ich glaube, sie zürnt, daß ich so langsam mit dem Abschreiben bin, das sie mir aufgetragen hat; aber es fehlt mir an Lust und Zeit, Du weißt, daß ich so gar Dir nicht mehr so fleißig schreibe.

VIII.

Ach Hunberga, König Arthurs Geist! So ist er mir noch nie erschienen! — und an so einem Orte! — O ich vergehe vor Scham! — Nur das tröstet mich, daß er ganz gewiß der Geist ist, von dem mir die Pförtnerin sagte, er selbst nennte sich mir einen König, nun weißt Du, daß kein lebendiger König in diese Gegend kommen wird — und also. — Vor einem Gespenste, denke ich, hat man sich so groß nicht zu schämen, die sind ja so überall, und sehen alles, wenn sie auch nicht allemal gesehen werden.

Aber ich wollte Dir die Erscheinung erzäh= len. Heute gegen Abend, als es begunte ein we= nig kühler zu werden, gieng ich in mein gewöhn= liches Bad, ich hielt mich, weil es sehr angenehm war, länger daselbst auf, als ich gewohnt bin, und nur die Dämmerung, die in dem Gebüsche eher anbricht als anderswo, scheuchte mich aus dem Wasser. Ich legte mein leichtes weißes Un= terkleid an, denn wer wird sich in dieser Hitze mit vielen Kleidern beladen, flocht meine Haare wie= der ein, indem ich bey mir selbst ganz leise sang; die Vögel rund umher, die ihren Abendgesang be= gannen, reizten mich dazu an. — Nun war ich mit meinem Anzug fertig, und gieng, mir von einem der wilden Rosensträuche ein paar von mei= nen Lieblingsblumen zu pflücken. Der Mond spie= gelte sich im Wasser, ich bückte mich über das Ufer, um sein Bild deutlicher zu sehen, ich blickte rund herum, um den Ort auszuspähen, wo sein Strahl in die Dämmerung herein fiel, und wie ich nun so meine Augen hier und dahin wandte, so sahe ich — ach Hunberga — den Jüngling, von dem ich Dir schon mehr gesagt habe, ihn, den ich, ach! so lange nicht sahe, leibhaftig hinter einer von unsern Ulmen stehen. Mit zusammengeschlagnen Armen, wie ganz außer sich stand er da, und hatte seine feurigen Augen fest auf mich geheftet; wo mußte ich meine Augen gehabt haben, um ihn nicht längst gewahr worden zu seyn. — Ich that einen lauten Schrey, und sank halb ohnmächtig am Ufer nieder. — Als ich mich wieder besann, kniete er an meiner Seite, küßte meine Hände und meinen Mund, und sagte mir vieles, wovon ich nur die Worte behalten habe, die er mit einer Stimme sagte, mit einer Stimme! Unmöglich ist mirs sie zu beschreiben! — Rosemunde, sagte er, meine Rosemunde, erwache! Dein Liebhaber, dein König — — König? unterbrach ich ihn, König Arthur? Und mit diesen Worten riß ich mich loß und flohe nach dem Schlosse zu, wohin er mich lange verfolgte, endlich mir aber doch aus den Augen kam und verschwand. — Ach Hunberga! so ein Schrecken! Ich glaube, es kann mir das Leben kosten.

IX.

Wie viele Monate sinds nunmehr, daß ich Dir nicht geschrieben habe? Und wie wird mir es möglich seyn, Dir alles zu sagen, was sich in dieser Zeit begeben hat? — Ach daß Du mir eine

Stunde bey mir wärest! — Doch der Wunsch ist vergebens, und ich muß mich entschließen, dir es zu schreiben, es mag auch noch so viel seyn. Ich glaube meine Feder wird dabey nicht so leicht ermüden, als bey den lateinischen Büchern der grämlichen Aebtissin.

Der Schrecken, den mir seine Erscheinung — Du weist schon wen ich meyne — machte, zog mir wirklich eine Krankheit zu, und hielt mich länger als eine Woche im Bette. — Meine Phantasien mochten seltsam und verrätherisch gewesen seyn, denn mein Vater fragte mich, als ich es besser ward, ob ich einen Liebhaber hätte? Er fragte mich mit einer so liebreichen Miene, und versicherte mich so väterlich, daß er keinem meiner Wünsche, wenn sie nur nicht ganz unmöglich wären, entgegen seyn wollte, daß ich ihm alles gesagt haben würde, wenn ich damals etwas gewußt hätte; aber ich wußte von nichts als von einem Gespenste, und sowohl mir auch König Arthurs Geist gefiel, so kannst Du doch wohl denken, daß ich mir ihn nicht von meinem Vater zum Gemahl ausbitten konnte. Ich zitterte, wenn ich an ihn dachte, und doch verfolgte mich sein Bild wachend und im Traume. Da mein Vater sahe, daß ich schwieg, wollte er nicht weiter in mich dringen, er drückte meine Hand und bat mich Zutrauen zu ihm zu haben, ihn als meinen Freund anzusehen.

Mit diesen Worten verließ er mich, und ich versenkte mich in ein Meer von Gedanken, die zu verwirrt und zu zahlreich waren, als daß ich sie Dir jetzt, da ich wichtigere Gegenstände habe, sollte noch erzählen können, nur so viel muß ich Dir sagen, daß es mir je länger je unwahrscheinlicher vorkam, daß mein Unbekannter ein Gespenst sey, und daß ich vor Verlangen starb, ihn wieder zu sehen und ihn näher kennen zu lernen. Mein erster Ausgang geschahe seinetwegen, ich hofte ihn wieder zu erblicken und ihm tausend Fragen vorzulegen, die ich wohl schwerlich Kühnheit genug gehabt haben würde, vorzubringen, wenn er wirklich vor mir gestanden hätte. Meine Zaghaftigkeit zeigte sich, ehe ich ihn noch zu sehen bekam. Plötzlich fiel mir die Art ein, wie er mich zuletzt gefunden hatte, und es überfiel mich bey dieser Vorstellung eine solche Beschämung, daß ich mein Gesicht verhüllte, schnell umkehrte, und mir vornahm, seinen Anblick auf das sorgfältigste zu meiden. So gieng mir es noch unterschiedlichmal; wenn der Gedanke an ihn recht lebhaft in meiner Seele wurde, so gieng ich aus, ihn aufzusuchen, und schnell trieb mich Furcht und Beschämung in mein Zimmer zurück, so daß ich anfieng wie eine wahre Einsiedlerin zu leben, und die Gedanken an das Kloster oft wieder in mir erwachen fühlte.

Du weißt, wie sehr mein Vater die Jagd liebt, und wie geneigt er ist, sie für die beste Aufheiterung des Gemüths zu halten; er sah meine zunehmende Schwermuth, und wünschte sie auf diese Art zu zerstreuen. Unmöglich war mir es ihm zu folgen. Was für Vergnügen hätte ich, die gern jedem Geschöpf Leben und Glückseligkeit im verschwenderischen Maaß mittheilen mögte, an dem Tode unschuldiger Thiere finden können, und jetzt vollends, da mein erweichtes Herz durch alles doppelt gerührt wurde. Zudem, wie leicht wär es möglich gewesen, auf der Jagd meinen Unbekannten anzutreffen, und was für eine Miene würde ich in seiner und meines Vaters Gegenwart haben annehmen können? — Mein gütiger Vater sah meinem Eigensinn, wie er es nannte, nach, und überließ mich meiner Einsamkeit, die ich mehrentheils mit Thränen zubrachte, welche, ich mußte selbst nicht über was, floßen, und die ich nur am Abend trocknete, um meinen Vater bey seiner Rückkunft von der Jagd, mit heiterm Gesicht empfangen zu können. — Eines Abends — Himmel wie wird mir es möglich seyn, diesen Abend zu beschreiben — eines Abends kam er nach Hause, aber nicht allein, sondern in Begleitung dessen, den ich so sehr zu sehen wünschte und fürchtete. Weis der Himmel wo ich Fassung hernahm, mich bey diesem Anblick mit leidlichem Anstand zu betragen. —

Hier, meine Tochter, sagte er, indem er mir den Fremden vorstellte, ich habe heute einen heißen Tag gehabt, und ich weiß nicht, ob Du Deinen Vater wiedergesehen haben würdest, wenn dieser Jäger nicht gethan hätte, dessen Gleichen, wie ich glaube, im ganzen Königreiche nicht ist. Ich war in solcher Verwirrung, daß ich vergaß zu fragen, worin die Gefahr meines Vaters bestanden hatte, und erst nachher erfuhr, daß ein fürchterlicher Eber, der den beyden Jägern nachgeführt wurde, mir meinen besten Freund hätte entreißen können, wenn ihn nicht der geliebte Unbekannte gerettet hätte. Mit Empfindungen, die von Dankbarkeit, Freude, Erstaunen, und ich weiß nicht, was allen zusammengesetzt waren, nahte ich mich ihm, wollte sprechen und konnte nicht, indessen er sich in der nämlichen Verwirrung befand, und mein Vater über die stummen Verbeugungen, die wir einader machten, sich des Lachens nicht enthalten konnte. — Doch was halte ich mich bey solchen Kleinigkeiten auf? Laß mich es kurz machen. Der Fremde, welcher kein Geist, sondern ein wirklicher Mensch war, auch nicht Arthur, sondern Henrich hieß, hielt sich länger als eine Woche zu Klifford auf, suchte beständig um mich zu seyn, und wovon seine Gespräche mit mir handelten, kannst Du errathen. Er liebte mich, und ob ich ihn liebte, das würdest Du mich nicht fragen, wenn Du ihn kennen solltest; doch

Du kennst ihn ja! Zu ungeübt in den Regeln des Wohlstandes, von denen Du mir immer schreibest, daß sie bey solchen Gelegenheiten in der großen Welt in Acht genommen werden, ließ ich ihn mein Herz unverhohlen sehen. Er versicherte mich, daß er ohne mich nicht leben könnte, und ich scheute mich nicht, ihm das nämliche zu gestehen, ja ich setzte noch hinzu, daß mein Vater mich zu sehr liebte, als daß er daran denken sollte, unserer Liebe entgegen zu seyn. Hättest Du diese Kühnheit wohl in der blöden Rosemunde gesucht?

Mein Vater, der uns dem Anschein nach völlige Freyheit ließ, aber demohngeachtet unser Betragen immer genau beobachtete, und unserer Liebe also gar bald inne ward, nahm mich eines Tages vor, entdeckte mir seine Muthmaßungen, und beschwor mich, ihm nichts zu verhehlen, was in meinem Herzen wär. Das Bekenntniß, das hierauf von meiner Seite folgte, kannst Du errathen. Mein Vater erfuhr alles, von der ersten Erscheinung König Arthurs an, bis auf die fatale Ueberraschung im Bade; er belachte unsere Abentheuer, und dachte darauf, wie er ihnen noch die en Abend eine glückliche Wendung geben wollte. — Junger Mensch, redete er meinen geliebten Henrich an, ihr seyd zu blöde, ihr wißt was ich euch zu danken habe. Ihr liebt dieses Mädchen, und wißt, wie sie euch wieder liebt, und ihr schweigt, und habt keine Bitte an ihren Vater zu thun? — O mein Vater, erwiederte Henrich, der Himmel weis, wie sich mein Herz sehnt, euch diesen Namen mit Recht geben zu können, aber wie soll ich zu diesem Glück gelangen? Kennt ihr die Schwierigkeiten, die sich demselben vielleicht auf meiner Seite entgegen setzen können? Wißt ihr, ob ich eines Standes mit euch, wisset ihr, ob ich nicht vielleicht bereits verheyrathet bin? Was den Stand anbelangt, erwiederte mein Vater, so dürft ihr euch nur entdecken, um mir allen Zweifel zu benehmen, oder vielmehr, da es wider brittische Sitten ist, einem Gaste seinen Namen abzunöthigen, mich nur überhaupt versichern, daß ihr edel seyd. Für die frühere Verheyrathung bürgt mir eure Jugend; ein etwas wichtigerer Zweifel mögte vielleicht der seyn, ob nicht eine frühere Liebe, als die Liebe zu meiner Tochter — — Liebe? unterbrach Henrich meinen Vater, nein, beym Himmel und bey dem, der darinnen wohnt, und bey allem, was einem Ritter heilig und theuer ist, Rosemunde ist die Einige, die ich liebe, ich würde sagen können, die Erste, wenn ich nicht eine flüchtige Neigung für eine gewisse Hunberga von Montbarry gefühlt hätte; aber sie achtete dieselbe nicht, sie steht auf dem Punkte, sich mit dem Grafen von Flandern zu vermählen. Ich verließ den Hof, um in der Einsam=

keit meine Leidenschaft zu vergessen, und sah Rosemunden, um bey ihrem Anblicke zu erfahren, daß ich nur für sie ein Herz habe, und daß meine Neigung für Hundbergen kaum den Namen der Liebe verdiente. — Henrich sagte dies mit einem kleinen Unwillen, und mein Vater faßte freundlich seine Hand. Ritter, sagte er, das ist eine edle Offenherzigkeit, ich will sie belohnen, und noch diesen Abend soll Rosemunde eure Frau seyn; auch setze ich in euren Rang keinen Zweifel, denn wer seine Augen zu Hunbergen erheben darf, kann es gar wohl wagen an Rosemunden zu denken.

Siehe, Hunberga! so bin ich hinter Deine Geheimnisse, hinter deine verschmähten Liebhaber und hinter deinen Brautstand gekommen. Dein Graf von Flandern muß wohl sehr schön seyn, daß du ihn meinem Henrich hast vorziehen können. O wie danke ich Dir, daß Du mir ihn überlassen hast! Verzeihe mir, wenn ich unüberlegt schreibe; der Gedanke meines Henrichs Braut zu seyn, entzückt mich so, daß ich nicht weis, was ich sage. Aber kannst Du es denken, daß er etwas gethan hat, das mir bedenklich vorkommen könnte? — Er wollte schlechterdings nicht eher meine Hand annehmen, bis er, wie er sagte, meine Gesinnungen gegen ihn etwas besser geprüft hätte; und Du kannst Dir die seltsamen Fragen, die er mir in diesen Tagen vorgelegt hat, gar nicht vorstellen; ich kann von manchen gar nicht absehen, was er damit haben will. Heute konnte er mich ja fragen, ob ich ihm auch meine Hand geben würde, wenn er ein König wäre. — Ich habe nach einigen Bedenken ja geantwortet, aber mir schlechterdings ausbedungen, daß ich dann nicht Königin, sondern nur seine Frau seyn wollte, eine Erklärung, die ihn in ein solches Entzücken versetzte, als ich fast noch nicht an ihm gesehen habe. Seit der Zeit ists immer, als wenn er mir etwas entdecken wollte, aber er hält zurück, und ich verlange nichts zu wissen, was er mir nicht freywillig sagt. — Unsere Hochzeit soll auf sein Bitten nicht länger aufgeschoben werden; wir erwarten meinen Bruder von London, aber auch nicht einmal bis dahin, will Henrich unsere Vermählung aussetzen.

X.

Ach Hunberga! Was für eine sonderbare Wendung meines Schicksals! Wie wird mir das Glück, meines Henrichs Frau zu seyn, verbittert! Seine Frau? Bin ich das auch wirklich? — Sollte ich nicht Gewissenswegen ihn verlassen? ihn nie wieder sehen? — Nein nimmer nimmermehr will ich mich von ihm trennen! — Ich bin sein, und weder göttliche noch menschliche Gesetze sollen mich von ihm reißen! — Ach Hunberga! was habe ich geschrieben? — ich fühle es, sie sind gottlos diese Gedanken, aber noch einmal, ich kann sie nicht wiederrufen, ich kann mich nicht von ihm trennen. Du wirst denken ich rase, wenn du Dieses liesest. Du hast Recht, ich weis selbst nicht, wie es mit mir ist, die Welt kehrt sich mit mir um, ich bin nicht mehr, die ich war, fühle und denke nichts, als daß ich Henrichs bin und es ewig bleiben will — —

Nach langer Zeit habe ich mich endlich so weit erholt, daß ich Dir die schreckliche Geschichte, die mich so ausser mich setzte, erzählen, daß ich Dir sagen kann, wer mein Gemahl ist. Doch das weißt Du schon, Du weißt wer mein Henrich ist; Du verschmähtest seine Liebe nur darum, weil Du wußtest, Du könntest sie nicht mit Recht besitzen; aber ich? — Hunberga Du weißt, und mein Gewissen und der Himmel weis es, es war mir unbewußt, daß Henrich mein König, daß er der Gemahl einer andern war; ich erfuhr es erst, da ich schon den heiligen unwiderruflichen Eid geschworen hatte, sein und keines andern zu seyn, den Eid, den ich nicht brechen will, und wenn! —

Ach, ich bin schrecklich getäuscht worden, und doch kann ich nicht wünschen, daß es nicht geschehen wäre. Freylich wenn mein Henrich mir seinen Stand, seine frühere Verbindung mit Eleonoren gestanden hätte! — — Gottlob, daß er es nicht gethan hat; entweder ich hätte ihn geflohen und wär zeitlebens unglücklich geworden, oder ich hätte mich wider mein Gewissen ihm doch ergeben, und hätte nicht wie jetzt die Entschuldigung, daß ich ohne mein Wissen gefehlt hätte, nicht die Unwiederruflichkeit meines Eides, mich in dem Entschlusse zu stärken, ewig sein zu seyn, und ihm nie die Hand zu entziehen, die ich ihm einmal gab. — Ich bin Henrichs rechtmäßiges Weib, mag Eleonore Königin seyn, ich verlache diesen elenden Titel, gegen den Rang und das Glück, das mir das erste giebt.

XI.

Ich habe Dir so viel geschrieben, seit ich aus meinem Traume erwacht bin, und immer weißt Du noch nicht, was mich aus demselben erweckte. Ich will versuchen, ob ich Dir heute etwas davon sagen kann, ich bin ja jetzt ruhiger. Wochen und Monate sind seit dem Sturm vergangen, den mein Herz ausgestanden hat, ich bin aus allen meinen vorigen Verbindungen gerissen, bin allein in der Welt, allein mit meinem Henrich; vergesse, daß es noch andere giebt, die auf mich, oder ihn ein Recht haben, und bin in dieser Täuschung so glücklich, so glücklich, Hunberga!

Aber zu meiner Erzählung; doch nein, ich kann Dir es nicht umständlich erzählen, wo wollte ich Muth hernehmen, alles das, was mich so unglücklich machte, was ich mit Mühe überwand noch einmal zu durchdenken, es gleichsam noch einmal zu erleben? Also nur kurz.

Mein Bruder kam den Tag nach meiner Vermählung mit Henrich — König soll er sie in meinem Munde ewig nicht heißen — Man stellte ihm meinen Gemahl vor, er zitterte, ward bleich, und rief mit zusammengeschlagnen Händen! Der König? Eleonorens Gemahl? Henrich lächelte, nannte mich seine Gemahlin, und schwur mir die Krone aufzusetzen, und sich heute noch von Eleonoren zu trennen. Mein Bruder, der seine Hand an den Degen gelegt hatte, und meinen Gemahl mit einem wüthenden Blicke ansah, nannte dieses die einzige Bedingung, unter welcher er ihm seine Schwester gönnen würde. Was Henrich darauf sagte, was mein Vater dachte, der nie am Hofe gewesen war, und nun erst meinen Gemahl kennen lernte, das alles weis ich nicht, denn nicht so bald war ich im Stande, alles zu begreifen, was um mich vorgieng; so sank ich empfindungslos zur Erde. — Ich erwachte nur, um von allen Seiten von neuen bestürmt zu werden. Mein Bruder drang in mich, die Krone anzunehmen, die mir Henrich anbot und die ich verabscheute, da ich sie mit der Verstoßung einer andern hätte erkaufen müssen. Mein Vater quälte mich, meinen Gemahl zu verlassen, und ins Kloster zu gehen, da in seinen Augen Eleonorens Verstoßung und meine Ehe mit ihrem Gemahl gleich unrechtmäßig waren. Mein Henrich bat mich mit jedem seiner Blicke, mich nicht von ihm zu trennen, er nannte mich seine Königin und betheuerte, daß niemand als ich ins künftige diesen Namen führen sollte. Mit Abscheu verwarf ich diesen Vorschlag, und willigte nur mit der Bedingung ein, seine Frau zu bleiben, daß er mir nie mehr etwas von demselben sagen mögte. Es ist unglaublich, was ich in dieser Zeit von meinem Vater und von meinem Bruder erlitten habe. Beichtväter und Aebtissinnen, auch die aus dem Marienkloster sind über mich geschickt worden, aber keins von ihnen hat mich davon überzeugen können, daß ich meinen Eid brechen dürfe, oder daß es meinem Henrich nicht so wohl erlaubt sey, als den heiligen Patriarchen, zwo rechtmäßige Frauen zu haben. — Endlich hat mein Gemahl sein königliches Ansehn gebraucht, mich aus meines Vaters Hause geführt und hieher nach Woodstock gebracht. Mein Vater war erweicht bey unserm Abschied und gab mir seinen Seegen; aber mein Bruder blieb unerbittlich; er hat Klifford verlassen und ist nach Frankreich gegangen. Ich hoffe, er wird zu schwach seyn, meinem Gemahl Unruhe zu verursachen.

XII.

Das fehlte noch, Hunberga, daß auch Du mich bestürmst, und mir sagst, was mir so in manchen trüben Stunden einfällt, — deren ich viel habe, wenn mein Gemahl nicht bey mir ist — daß ich mich mit süßen Träumen und ausgekünstelten Spitzfindigkeiten täusche, die weder vor dem göttlichen noch menschlichen Gericht gültig sind. — Ich bin also nicht Henrichs rechtmäßige Gemahlin? — Würde ichs denn mehr seyn, wenn ich eingewilligt hätte, wie ich noch täglich könnte, denn mein Gemahl wiederholt, ungeachtet meines Bittens, diese Vorschläge noch immer — würde ichs mehr seyn, wenn ich seine Königin von seiner Seite verdrängte, und mich an ihre Stelle setzte? Ja, dann würde jedermann die Königin Rosemunde anbeten, und die arme verstoßne Eleonore verachten. — Siehe, so seyd ihr Weltleute, euren Gedanken nach läßt sich manches Unrecht wieder gut machen, wenn man nur das Herz hat, es mit neuen größern Vergehungen zu häufen; wiewohl ich Dir nicht zutrauen will, daß Du mir so etwas zumuthest, Du willst nur, ich soll meinen Gemahl verlassen und eidbrüchig werden — nur so eine Kleinigkeit, welches ich aber — ich wiederhole jetzt den Schwur, den ich meinem Henrich vor dem Altar leistete — nimmermehr thun werde.

XIII.

Du beschwerst Dich, Hunberga, daß ich Jahre habe hingehen laßen, ohne Dir zu schreiben; aber ich habe es nicht gewagt, ich habe mich vor Deinen Antworten gefürchtet; denn wäre jemand im Stande, mich von meiner Schuldigkeit abzubringen, so wärst Du es noch am ersten. — Nunmehr hoffe ich wirst Du von solchen Versuchen abstehen, da meine Rechte auf meinen Gemahl verjährt, und durch mancherley Leiden, die ich um seinetwillen ausgestanden habe, bestätigt sind.

Die grausame Eleonore! Du weißt, wie ich gegen sie gehandelt habe, da ich ihr schaden konnte; Du weißt, daß ich ihr nichts raubte, als das, was sie nie besaß, das Herz ihres Gemahls, und doch fehlt es mir nicht an täglichen Beweisen, daß sie mir Unschuldigen nach dem Leben trachtet. Meuchelmord und Vergiftung sind mir in diesen Jahren oft mehr als nahe gewesen; aber ich habe meinem Gemahl so viel davon verhehlt, als möglich war, um ihn nicht wider seine Königin zu erzürnen. Meine Leute müssen indessen nicht so verschwiegen gewesen seyn, denn ich sehe, daß er außerordentliche Sorge für meine Sicherheit trägt; er sagt

mir die Ursach davon nicht, und ich frage nicht
nach derselben. Ich glaube wir verstehen uns
beyde, und hüten uns nur von unangenehmen
Dingen zu sprechen, um uns die süßen Stunden
häuslicher Glückseligkeit nicht zu verbittern. —
Ich bin sehr glückselig, Hunberga! Ich bin die
Mutter zweyer schöner Knaben, der eine, mein
Gottfried, von fünf Jahren, das lebendige Ebenbild seiner Mutter, spielt hier an meiner Seite, und
der andre, Walter, der noch an der Brust liegt,
läßt eben seine Stimme hören, und fodert meine
Hülfe. — Ich habe ihn befriedigt, aber ich werde
die Feder niederlegen, denn Gottfried fragt nach
seinem Vater, und Walter verdoppelt sein Geschrey, als ob er ihn gleichfalls vermißte. — Seyd
stille, meine Kleinen! bald wird er bey uns seyn,
nicht in dem königlichen Glanze, in dem er die arme
Eleonore besucht, sondern in der Gestalt des Gemahl und Vaters, die ihn weit schöner ziert als
seine Krone.

XIV.

O Hunberga! wie soll ich Dir danken für diese
Ueberraschung! Was waren das für selige Tage,
die ich in Deiner Gesellschaft zubrachte! — Was
sagst du zu meinem Zustande? Bin ich nicht glücklich? Ist mein Gottfried nicht schön, wenn seine
Mutter es jemals war? Und Walter, ist er nicht
das lebendige Ebenbild seines Vaters? — Und

mein Gemahl, ist er nicht so gut als wenn er kein König wär? — Mag mich doch die jetzige und die Nachwelt mit den gehäßigsten Namen brandmarken, mag sie mir den süßen Namen der rechtmäßigen Frau meines Henrichs ganz entreißen, mag mich die Königin verfolgen, und vielleicht endlich gar hinrichten; für so eine Glückseligkeit, als ich geniese, läßt sich schon etwas aufopfern. — Ich schreibe Dir diesmal nicht blos, um Dir für Deinen Besuch zu danken, sondern um Dir zu klagen, daß Eleonore anfängt, auch meinen Kindern nachzustellen. Ich hatte sie neulich mit ihren Wärterinnen ins Freye geschickt, da gesellt sich ein Mann zu ihnen, der die Kinder bewundert, liebkoset und nach ihrem Namen fragt, meinen Walter nimmt er auf den Arm, und läuft als sich die Wärterin nur ein wenig umsieht, mit ihm ins dicke Gebüsch, wo er ihn, als er sieht, daß er verfolgt wird, hinwirft und verschwindet. Eben so ist mirs beynahe auch schon mit Gottfrieden gegangen, und meine Leute haben die Räuber gekannt, daß sie von der Königin Bedienten, und zwar keine von den geringsten gewesen sind. — Ich werde die Kinder nicht mehr dürfen allein ausgehn lassen. —

XV.

Ich könnte Dir viel von den boshaften Anschlägen dieser Eleonore auf mich und meine Kinder sagen, aber was hilft das Klagen? — Wissen mögte ich nur, was sie wider uns, vornehmlich wider die letzten hätte. Denkt sie vielleicht, sie werden ihren Söhnen dereinst Eintrag thun? — Es müßte durch ihre Tapferkeit geschehen, durch ihre Macht gewiß nicht, denn der König hat bereits alle seine Länder unter Eleonorens Kinder ausgetheilt, so daß er den meinigen fast nichts mehr zu geben hat. Ich zürne nicht darüber; ich könnte es vielleicht mit einer einigen Bitte ändern, denn was würde mir mein Heinrich wohl abschlagen, aber nein; mögen doch andre alle Herrlichkeiten der Welt hinnehmen, wenn uns nur die Liebe unsers Gemahls und Vaters bleibt.

Heinrich liebt Eleonorens Söhne auch von Herzen, und ich misgönne es ihnen nicht, ob ich gleich zuweilen denke, daß sie es nicht so verdienen wie die meinigen. Von den drey jüngsten, welche er einmal zu mir gebracht hat, ohne daß sie wußten wo sie waren, gefällt mir keiner, als der einige Richard, zwar ein störriger wilder Knabe, der meinem Gottfried tausenderley kleinen Verdruß anthat; aber er gefällt mir doch nicht übel, er hat etwas großes und edles an sich, und sieht seinem Vater sehr ähnlich. Die beyden andern, deren der eine auch Gottfried und der andere Johann heißt, könnte ich nicht ausstehen,

Montbarry 2. Th.   E

Der erste ließ es nicht in seinen Spielen bey kleinen Neckereyen bewenden, seine Possen arteten oft in Bosheit aus, und der andere, dem Anschein nach still und gedankenlos, zeigt manchmal unvermerkt so einen heimlichen Tück, daß ich mir nicht viel gutes von ihm versprechen könnte. Mein Gottfried, welcher, wie du weist, still und fromm ist, war froh da er diese unruhigen Spielgefährten los ward, und der kleine Blondel von Nesle, der immer bey meinen Kindern ist, kann nicht aufhören von den Untugenden der drey fremden Knaben zu sprechen.

Mein Gemahl hat noch einen Sohn, der schon ziemlich erwachsen ist, den er sehr liebt, und den er neulich auf Verlangen der Königin zu seinen Nachfolger hat salben lassen. Er soll sehr große Eigenschaften, und vornehmlich viel Witz und Lebhaftigkeit besitzen. Mein Gemahl, dessen Namen der junge Prinz führt, erzählte mir neulich einen, seinen Gedanken nach, sehr artigen Einfall von ihm, den ich Dir hersetzen will, damit Du ihn beurtheilen kannst.

Um die Salbungsfeyer des jungen Henrichs zu verherrlichen, ließ sich der König, sein Vater herab, ihm den ersten Trunk zu überreichen, und sprach lächelnd zu ihm: Ob er wohl glaubte, daß je ein junger König so königlich sey bedient worden? — Ich finde es nicht ausserordentlich, antwortete der junge Henrich, daß der Sohn eines Grafen, dem Sohne eines Königs aufwartet! — (Du weist Hunberga, daß mein Gemahl kein Königsohn ist.) — Der König hatte über diese Antwort gelacht, und seinen Sohn gelobt, daß er stolz auf seine Herkunft sey; aber ich finde etwas kühnes, rebellisches in derselben, das meinen Gedanken nach nicht hätte ungeahndet bleiben sollen.

Was geht mich übrigens, dieses an, wenn nur meine Söhne ihren Vater nie betrüben. Andre zu beurtheilen, ist mir nicht erlaubt, wenn ich nicht das Ansehen von Neid und Eifersucht haben will; auch hüte ich mich wohl, meinem Henrich mit solchen Anmerkungen zu kränken.

XVI.

Eile, Hunberga! eile zu mir, ich habe Deine Hülfe nöthig. Wenn ich meinen Walter retten will, so muß ich ihn Deinen Händen anvertrauen, wozu ich auch schon von meinem Gemahl Erlaubniß habe. — Die böse böse Königin hat mir meinen ältesten Sohn geraubt; sie ist selbst bey mir gewesen, hat mich mit Schmähungen überhäuft, und meinen Gottfried mit sich genommen. Zum

erstenmal habe ich meinen Gemahl um Rache wider
sie angefleht; aber er kann nichts thun, die Hände
sind ihm gebunden, und Eleonorens Macht ist durch
die Gewalt, die er nur gar zu unvorsichtig in die
Hände ihrer Söhne gegeben hat, so verstärkt, daß
er sich selbst vor ihr fürchten muß.

Mein Henrich hat mir indessen heilig versprochen, für meine Kinder zu sorgen, für Gottfrieds
Leben zu wachen, und ihm, dafern er, wie sein
stilles Wesen fast vermuthen läßt, wenn er erwachsen ist, Neigung zum geistlichen Stande zeigen sollte, eines der besten Bißthümer im Lande
zu geben. Dein künftiger Pflegsohn, mein Walter, soll die Grafschaft Anjou haben, und mein
Gemahl will Dir, als seiner Vormünderin, die
nöthigen Versicherungen darüber in Deine Hände
liefern. — Ach mein Walter, armes, kleines
fünfjähriges Kind! wirst du das jemals erlangen,
was dein Vater dir zudenkt, und deine Mutter
dir so heiß, so herzlich wünscht?

*) XVII.

Ich danke Dir, Hunberga! für alles was Du
in diesen Jahren an meinem Walter gethan hast.

---

*) Wir laßen hier unterschiedliche von Rosemundens Brie-
fen aus, welche sie in den ersten Jahren von Walters
Aufenthalts zu Montçon an Hunbergen ablief, weil sie
nichts von Wichtigkeit enthalten.

Mit Ungeduld sehe ich dem Zeitpunkte entgegen, da ich dieses theure Kind, und Dich, seine zweyte Mutter wiedersehen soll; ob ich ihn doch erleben werde? — Ach, mein Herz ist jetzt allen traurigen Ahndungen offen. — Meinen Gemahl werde ich jetzt in langer Zeit nicht wiedersehen; er zieht nach Frankreich, um Eleonorens ungehorsame Söhne zu züchtigen, o daß doch nie die meinigen ihrem Vater solches Herzeleid machen! Mein Fluch müsse sie treffen, wenn sie je ihren Vater und König beleidigen! Eine fröhliche Zeitung hat mir mein Gemahl doch beym Abschiede gebracht. Mein Sohn Gottfried ist nach so vieljährigem fruchtlosem Nachsuchen wiedergefunden. Die Königin hat ihn in einem Kloster erziehen lassen, und mein Gemahl hat ihn nicht so bald entdeckt, welches durch einen Zufall geschehen ist, als er ihn herausgenommen und zu meinem Vater gebracht hat, welcher alles weiß, was der König mit ihm im Sinne hat. — In wenig Tagen soll ich diese beyden lieben Personen, meinen Vater und meinen Sohn wiedersehen. Stelle dir vor, wie ich mich nach diesem Augenblicke des Wiedersehens sehnen mag!

XVIII.

Es ist unmöglich Dir zu beschreiben, was ich fühlte, als ich die Beyden in meine Arme schloß, welche mir nach meinem Heinrich die liebsten auf der Welt sind. Meinen Vater, o diesen theuren ehrwürdigen Greis, der mir alle meine Vergehungen vergiebt, mich segnet, und wie er sagt, am Rande des Grabes nicht mehr zürnen kann, und meinen Sohn, von dem ich Dir indessen doch gestehen muß, daß er mir nicht ganz gefällt; ich glaube, mein feuriger, heldenmüthiger Walter, wird mehr nach meinem Geschmack seyn. Gottfrieds Aehnlichkeit mit mir, hat sich in dem Alter von achtzehn Jahren, das er nunmehr erreicht hat, völlig entwickelt, und ich mögte fast sagen, daß er für eine Mannsperson zu schön ist; aber so angenehm auch sein Aeusserliches seyn mag, so bin ich doch nicht mit seinem Geiste zufrieden. Sie haben das wenige Feuer, das er besaß, im Kloster vollends ganz unterdrückt. Er hat ein Herz, wie ein Engel, aber er taugt, was seine übrigen Talente anbelangt, meines Erachtens in keinen Stand als in den geistlichen; gut, daß sein Vater hierinnen für ihn gesorgt hat; das Bißthum von York oder von Lincoln wird ihm nicht entstehen. Lebe wohl, Hunberga! und mache Dich gefaßt, auf die erste Nachricht von meines Gemahls Wiederkunft aus Frankreich, mit unserm Walter nach England zu kommen, damit ihm das, was ihm sein Vater bestimmt hat, zu Theil werde. Wie werde ich mich freuen, wenn ich den Liebling meines Herzens als Grafen von Anjou werde umar-

men, und ihn vor den Nachstellungen seiner Stief=
mutter völlig werde gesichert seyn können. — O,
daß die Stunde des Wiedersehns schon geschlagen
hätte; Noch einmal, ob ich sie doch erleben
werde!

XIX.

Du schreibst mir in vorigen Zeiten, unter
andern kleinen Anecdoten, von meinem Walter,
daß er so sehr in die Geschichte von Fredegundens
Verfolgungen gegen ihren Stiefsohn verliebt wär,
und Du weist, was ich damals für Vergleichun=
gen zwischen dieser alten Tradition, und Eleono=
rens Nachstellungen wider meine Kinder machte.
Jetzt schwebt mir diese Geschichte unaufhörlich in
den Gedanken; oft habe ich sie sogar geträumt,
nur mit dem Unterschiede, daß in meinem Traume,
die Person, welche unter Fredegundens Grausam=
keit erliegt, kein Klodowig, sondern eine Rosemun=
de ist. Ja gewiß, Hunberga! mehr als einmal
habe ich im Traume mich selbst unter Fredegun=
dens Dolchstichen fallen, oder von ihr mit Ketten
beladen, an einem Gifttrunke sterben sehen. Wun=
derliche Träume! Wenn sie mir Eleonoren als
meine Verfolgerin vorstellten, so wüßte ich es zu
erklären; aber die Träume mahlen alles nur halb,
und wer weis was diese bedeuten. — Du wirst
diesen Brief für eine Einladung halten mit unserm

Walter nach England zu kommen; aber es ist noch
zu zeitig, mein Gemahl ist noch nicht aus Frank=
reich zurück, und ich kann mich kaum selbst vor
meinen Verfolgern schützen, wie viel weniger mei=
nen Walter. Bleib also noch zur Zeit wo du bist,
komm aber auf meine erste Aufforderung.

Noch eine traurige Neuigkeit: des jungen
Blondels Vater, mein alter Beschützer und Auf=
seher, der Ritter von Nesle, ist diese Nacht plötz=
lich gestorben; siehe, so wird mir eine Stütze nach
der andern entrissen. Ach, daß mein Heinrich wie=
der bey mir wäre!

Sechstes Kapitel.

Der Ritter von Staufen weckt Waltern aus
seinen Träumereyen.

Entzückt, erstaunt, gekränkt, und bis in das
Innerste seiner Seele erschüttert, durchlas der
Sohn der schönen Rosemunde diese Blätter. Diese
theuren Züge einer Hand, die er nie hatte küssen
können; diese Ausbrüche der edelsten Mutterliebe,
die er nie mit kindlichen Gefühlen hatte er=

wiedern können; diese Tugenden die einer Heiligen würdig waren, und die hier keine Belohnung fanden, versetzten ihn in einen Sturm von Empfindungen, unter denen er fast erliegen mußte, und die durch das Bild der unglücklichen Rosemunde, welches ihm die Schreiberin dieser Blätter wie gegenwärtig vorstellte, bis auf den höchsten Grad getrieben wurden. Niemand kann begreifen, was Walter in diesen feyerlichen Stunden empfand, welcher nicht in einer ähnlichen Lage mit ihm gewesen ist, und wie schwer ist's, sich eine ähnliche zu denken! — Er las die Denkmale von den Empfindungen seiner Mutter und von ihren Schicksalen, er las sie wieder, und der Mond war schon lange ins Meer gesunken, die Dämmerung fieng schon an die Sterne zu verjagen, als er noch immer sich nicht von seinen Betrachtungen, welche ihm fast eben so viel Zeit hinwegnahmen als das Lesen, losreißen konnte. Von so mancherley Gefühlen ermattet, warf er sich endlich auf sein Lager; aber unmöglich war es ihm ein Auge zu schließen, oder überfiel ihn ein leichter Schlummer, so ergänzten seine Träume den Schluß, der an Rosemundens Geschichte fehlte, so zeigten sie ihm seine Mutter, wie sie unter den Streichen ihrer Feindin fiel, oder sie wiederholten ihm die Worte, die Hunberga zu ihm sagte, als sie ihn nach den stöchadischen Inseln schickte, und die ihm seit der

Zeit immer unauslöschlich in den Gedanken geblieben waren: Deine Mutter ist grausam ermordet, o wenn du jemals ein Schwert führen lernst, wenn ein Funken von dem Muthe deines Vaters in deiner Seele glimmt, so räche, räche sie! Voll Schrecken fuhr er dann aus seinem halbwachenden Schlummer auf, und sank in denselben zurück, um seine Hände in Eleonorens Blute zu baden; aber immer wars, als wenn seine Mutter ihm den, über ihre Feindin gezuckten, Dolch entriß, und um Schonung für sie flehte — Auf diese Art verträumte er nicht allein diese, sondern auch viele folgende Nächte. Die Tage waren dem Lesen von Rosemundens Briefen gewidmet, und man kann wohl nicht fragen, ob bey Beschäftigungen von dieser Art, ihm die letzte Hälfte seiner Seereise so lang ward, als die erste. Wie viel fand er in der Geschichte seiner Mutter noch zu beherzigen, als der erste Sturm der Empfindungen, welche bloß diese Theure zum Gegenstande hatten, ein wenig gestillt war. Sein Vater war nun der erste, der seine Aufmerksamkeit auf sich zog. Er war zwar nicht in allem mit ihm zufrieden, er meinte, was viele meiner Leser auch meinen werden, daß er in vielen Stücken hätte anders handeln sollen; aber sein Herz ward doch durch den süßen Vaternamen ganz zu ihm hingezogen, er brannte vor Begierde sich zu seinen Füßen zu werfen, und den Seegen von ihm zu fodern, den er mehr als die meisten seiner Kinder zu verdienen glaubte. — Der Gedanke, der Sohn eines großen Königs, und der Erbe eines mächtigen Landes zu seyn, kam nach und nach auch an die Reihe; er verweilte mit Vergnügen bey demselben, und konnte sich nun Hunbergens Widerwillen gegen seinen jetzigen Stand besser als jemals erklären. Mischte sich in solche Vorstellungen nun vollends das Bild seiner Matilde, so gerieth er in einen Wirbel von gefaßten und verworfnen Entschlüssen, von Wünschen, von Planen für sein künftiges Leben, deren Ende er oft nicht absehen konnte, und von denen er sich mit Gewalt losreißen mußte. — In ruhigern Stunden kam denn auch wohl der Gedanke an seine Brüder an die Reihe, die er wegen des Herzeleids, das sie seinem Vater machten, haßte, und die er doch zu kennen wünschte, weil er hofte, sie durch sein Beispiel zu ihrer Schuldigkeit zurückzubringen. Für Richarden fühlte er etwas, das aus Zuneigung und Widerwillen zusammengesetzt war; Zuneigung wegen der großen Eigenschaften, die niemand an ihm verkennen konnte, und Widerwillen, vielleicht allein wegen der Undankbarkeit gegen seinen König und Vater, vielleicht also größtentheils, denn wer kennt die Tiefen des menschlichen Herzens, weil er ihn als seinen Mitbuhler bey Matilden kannte.

Rosemundens ersten Sohn, seinen rechten Bruder Gottfried, wünschte er vornehmlich wegen der Aehnlichkeit mit seiner Mutter zu kennen, die sie selbst ihm beylegte, und auf diese Art war er mit seinen Gedanken an dem Orte, wo er lebte, so wenig gegenwärtig, war immer so sehr mit tausend Vorstellungen von abwesenden Dingen beschäftigt, daß die Reise nach dem gelobten Lande zu Ende gieng, und sie bey Joppe landeten, ehe er nur so viel Zeit gefunden hatte, seinem Freunde Konrad, einen kleinen Theil von dem, was in seinem Gemüthe vorgieng, zu entdecken.

Der Ritter von Staufen hatte den Träumereyen seines Freundes so lange nachgesehen, als er wußte, daß er keine wichtigern Dinge durch dieselben versäumte, jetzt dünkte es ihm die Zeit zu seyn, ihn aus denselben zu erwecken, und ihn zu erinnern, daß er in einer andern Welt lebte, als in derjenigen, welche ihm seine Einbildungskraft mahlte.

Ritter! sagte er zu ihm, seyd ein Mann, reißt euch von dem kindischen Zeitvertreibe los, mit welchem ihr nun schon so manche Woche zugebracht habt. Das schöne Bild vermuthlich der Abriß eurer Geliebten, daß ihr Tag und Nacht betrachtet, und der Wust von Papieren, der euch immer umringt, und der vermuthlich von ihrer Hand beschrieben seyn mag, ungeachtet ich nicht weis wie ein Weib so viel schreiben kann, alle diese Kleinigkeiten schicken sich nicht für einen Ritter des heiligen Kreuzes. Noch einmal, besinnt euch, und nehmt eure alte Lebensart wieder an, wenn ihr nicht wollt, daß alle eure Ritter euch verkennen, und ich selbst weniger von euch halte als ich gern wollte. — Was für ein unseliger Einfall von dieser Hunberga, daß sie euch solch weibisches Zeug in die Hände gab; und warum ließ ich mich doch mit ihren Aufträgen ein, ich hätte doch wissen sollen, daß man von Weibern nichts als Unheil und Verwirrung zu gewarten hat.

Konrad hätte gute Zeit zu dieser und noch einer viel längern Strafpredigt gehabt; denn Walter schien ihn anfangs nicht zu hören, und ließ erst am Ende seinen Worten so viel Aufmerksamkeit, daß er inne ward, was er meynte. — Ach Konrad, rief er mit einem tiefen Seufzer, du verkennst mich! ja es ist wahr, ich liebe; aber nie ließ ich mich von meiner Leidenschaft so hinreißen, daß ich meine Pflichten darüber vergaß. — Der Zustand, in welchem du mich bisher gesehen hast, ist die Folge eines Triebes, der, wenn er auch nicht stärker ist als das, was man Liebe nennt, doch meinem ganzen Wesen so tief eingewebt ist, alle seine Kräfte so im Innersten erschüttert, daß — doch du sollst einst alles erfahren. — Jetzt — zum Beweiß, daß ich dir folgen, daß ich mich von mir selbst loßreißen will, um meine Pflicht zu thun, so nimm hier alle diese Dinge hin, die dir so ärgerlich sind, verwahre sie so wohl, wie du ehemals den gefangenen Nureddin verwahrtest, und gieb mir sie nicht ehe zurück, bis du selbst urtheilen wirst, daß mir es erlaubt sey, mich von den Gedanken an das allgemeine Beste loszureißen, und einige Zeit, nur eine ganz kurze Zeit, mir selbst zu leben. Mit diesen Worten pakte er Rosemundens Briefe zusammen, küßte ihr Bild, vermachte es in die goldne Kapsel, und überließ beydes Konraden, indem er noch hinzusetzte: Dich an den Reizen dieses Bildes zu weiden, kann ich dir nicht verbieten; aber die Briefe bitte ich dich nicht eher zu lesen, bis ich dirs vergönne. Sehr wohl, erwiederte der Ritter von Staufen mit Lachen, ich kann euch um so viel besser versprechen, euer Verlangen zu erfüllen, da ich zwar sehr gut sehen, und Schönheit bewundern aber nur sehr schlecht lesen kann.

Was auf dieses Gespräch zwischen Konrad und Walter erfolgte, davon meldet meine Urschrift nichts Ausführliches, sie sagt nur so viel, daß der Sohn der schönen Rosemunde von diesem Augenblick an, ganz wieder sich selbst glich, kein Träu=

mer mehr, sondern ein Held war. — Die Völker
wurden bey Joppe ausgeschifft, und da die ganze
Gegend von nichts als von dem unglaublichen
Fortgang sprach, den Saladins Waffen zum Nach=
theil der Christenheit hatten, die nöthigen Maaß=
regeln der Behutsamkeit genommen, um den Fein=
den nicht unvorbereitet in die Hände zu kommen.

Walters Absicht war es indessen nicht, sich
vor Saladin zu verstecken; er hatte nicht sobald
sich in die gehörige Verfassung gesetzt, als er ihm
muthig entgegen gieng. — Das Land rund um=
her war von der Macht der Sarazenen über=
schwemmt, und er mußte sich durch zwey ver=
schiedne heimliche Heere durchschlagen, ehe er nach
Akkon kam, wo er seinen Freund, Gerhard von
Riedesser zu finden, und von ihm nähere Auskunft
über den Zustand der Sachen im gelobten Lande zu
erhalten hofte. — Er ließ ihm seine Ankunft durch
Konraden melden, und ward von ihm und den
wenigen Tempelherren die sich zu ihm hielten, mit
seinen Völkern wie im Triumph nach Akkon ein=
geholt.

Mein Gott! rief Walter als er mit Konrad
und Gerhard allein war, was hat immermehr un=
ser Orden in der langen Zeit unserer Abwesenheit
gemacht, und wie ist es möglich, daß Saladin die

Oberhand auf so eine erstaunende Art hat erhalten können? Gerhard zuckte die Achseln, und erzählte unsern Helden, daß, was er in wenig Tagen zu Jerusalem mit eignen Augen sah, und was meine Leser mit ihm sehen sollen.

Walter verließ Akkon, und hinterließ daselbst den dritten Theil seiner Leute, damit man hier dem Einbruch der Sarazenen desto besser widerstehen könnte. Meine Leser wundern sich, daß er hierinnen so eigenmächtig handeln durfte; aber er erinnerte sich an das, was ihm der alte Robert Burgundio hatte sagen lassen, und nahm sich vor, da er eine ziemlich ansehnliche Macht auf seiner Seite hatte, überall so zu handeln, wie es ihm zum Besten der Christenheit am zuträglichsten dünken würde, ohne die vielleicht zu spät kommenden, vielleicht nicht zum Besten gemeynten oder unüberdachten Befehle des Großmeisters zu erwarten. Ob sich in diesen Entschluß nicht vielleicht auch ein Funken Privathaß mischte, wer kann das errathen? — Genug, Walter handelte in diesem Stück unsern Gedanken nach nicht unrecht, seine Bewegungsgründe mogten übrigens seyn welche sie wollten.

Die ganze Gegend von Akkon bis nach Bethabara war durch die Wuth der Sarazenen verheert, und das Elend das unser Held in diesem

Bezirk antraf, und dem er bey weiten nicht ganz abhelfen konnte, ist unaußsprechlich. — Je näher er der Hauptstadt kam, je ruhiger und lachender wurde die Außsicht ringsumher; Die frommen und andächtigen Seelen unter seinem Volk huben die Hände auf, und behaupteten, daß Saladin keine Macht über diesen geheiligten Boden hätte, welcher durch eine ganz besondere göttliche Macht geschützt würde; aber Walter schwieg, und sahe die List des schlauen Saladins vollkommen ein, welcher seinen Vortheil in der Schlafsucht die zu Jerusalem herrschte, erkannte, und sich wohl hütete, dieselbe vor der Zeit, ehe seine Anschläge zur Reife gekommen wären, zu stören.

Unser Held konnte seinen Einzug zu Jerusalem mit seinem ganzen Heer, so groß es auch war, ungehindert halten, und er ließ seine Ankunft bey dem Großmeister, welcher wie wir wissen sich jetzt bey Hofe aufhielt, eher ansagen, ehe er noch das Geringste von derselben erfahren hatte. — Immer hatte er von Terrikus die Meynung gehabt, daß er sich weit besser zum Hofmann als zum Ritter schickte, und er hatte ihn recht beurtheilt. — Meine Leser wissen seit unsern letzten Besuch bey der Gräfin von Flandern, was diesen Ritter in den Tempelorden brachte; nicht Frömmigkeit, nicht Eifer für die Religion, nicht Trieb zu großen Thaten; verschmähte Liebe, und Wunsch, dem, den

Montbarry 2. Th.   F

den er zu schaden suchte, immer nahe zu seyn, hatte ihn angetrieben das Kreuz zu nehmen, das Odo damals angenommen hatte. Erst nach und nach gesellte sich zu der Begierde, sich an diesem großen Manne zu rächen, Ruhmsucht, und Trieb nach Größe. Tapfer von Natur, war es ihm leicht Heldenthaten zu thun, um einen Rang zu erlangen, zu dessen Errreichung er nebenher es nicht an Tausend Kunstgriffen und Ränken fehlen ließ. Diesen Trieb zur Kabale hatte unser Walter längst vorher an ihm entdeckt, ehe er ihn in der Geschichte von Odos Befreyung noch deutlicher kennen lernte, und dieser Trieb war es eben, den unsers Helden edles ofnes Herz eines Ritters unwerth erkannte, und warum er von jeher geglaubt hatte, Terrikus stünde als Tempelherr nicht an seinem rechten Orte. Nun hatte der Ritter von Tremelai endlich den Posten erreicht, nach welchem er so lange gestrebt hatte; Macht, Ruhm und Hoheit war sein, und er nahm sich vor, diese Güter in vollem Maaße zu genießen, und sie zu Erlangung eines noch größern Guts, des schwelgerischen Vergnügens zu gebrauchen, welches eigentlich die Hauptgottheit seines Herzens war. Er war nicht sobald in seiner neuerlangten Würde befestiget, als er Gerharden, dessen Redlichkeit er traute, ob er ihm gleich als Walters Freunde von Herzen feind war, die Beschützung des unruhigen Postens zu Akkon überließ, seine übrigen Ritter, so vortheilhaft er konnte, im Lande herum vertheilte, um der Macht der Sarazenen Einhalt zu thun, und nebst denen von den Brüdern, welche seine Lieblinge waren, und mit ihm einerley Göttin, das Vergnügen anbeteten, nach Jerusalem zog, wohin ihn schon lange die Einladungen Sybillens und des Patriarchen, und des Grafen von Flandern, seiner Freunde, gelockt hatten. Schon geraume Zeit lebte er daselbst, berauschte sich in tausendfachen Freuden, verschloß seine Augen gegen die wachsende Gefahr, und brauchte für die Klagen der Bedrängten, die doch zu Zeiten vor seine Ohren kamen, Palliative, die nicht im Stande waren, das Uebel aus dem Grunde zu heben. — Er glaubte in seiner erhabenen Stelle so fest zu sitzen, daß ihn nichts aus derselben verrücken könnte, demohngeachtet fühlte er einen kleinen Schauer, als er Walters Namen hörte, der sich bey ihm melden ließ, und noch mehr als er ihn mit einem Gefolge, und mit einem Anstand eintreten sahe, welcher ihm zeigte, daß er sich nicht von ihm fürchtete, und daß er es nicht würde wagen dürfen, das Geringste von dem, was er sich während seiner Abwesenheit ausgesonnen hatte, öffentlich wider ihn vorzunehmen; er hielt es für das Beste, seine alte Maske der Freundschaft wieder vorzunehmen, und empfieng ihn mit offenen Armen.

Walter hatte von jeher ein majestätisches Ansehen, welches nur zuweilen durch einen Gedanken an seine unbekannte Geburt ein wenig niedergeschlagen ward; jetzt da er sich als den Sohn eines Königs kannte, da er wußte, daß er zum Beherrscher einer Landschaft bestimmt war, die er weder gegen Philips Grafschaft, noch gegen Balduins wankendes Königreich hätte vertauschen mögen, jetzt fühlte er seine Größe doppelt. Er gieng daher wie ein König, nichts war, das seinen Muth niederschlug, und er nahm Terrikus Freundlichkeit nicht als Herablassung des Großmeisters gegen einen seiner Ritter, sondern als Huldigung an, die der Herr von Tremelai dem Sohn des Königs von England schuldig war. — Walter setzte sich dem Großmeister gegen über, beyde schwiegen lange, bis endlich unser Held das Wort nahm, und anstatt daß Terrikus ihn hätte über die Geschäfte, die Walter in Europa ausgerichtet hatte, befragen sollen, so foderte dieser Rechenschaft von ihm wegen des verwirrten Zustandes in Palästina. Es wurden viel Worte über diesen Gegenstand gewechselt, bey welchen Walter aber, um den Großmeister vor seinen Rittern zu schonen, und die vorgeschriebene Ehrerbietung gegen sein Oberhaupt nicht ganz aus den Augen zu setzen, immer in gewissen Schranken der Mäßigung blieb, Terrikus hingegen sich so sorgfältig hütete, unsern Tempelherrn nicht aufzubringen, daß man ganz friedfertig auseinander gieng. — Terrikus lud Waltern vor dem Abschiede noch zu einem Feste ein, welches diesen Abend bey der Königin sollte gehalten werden; denn, sagte er, es ist nöthig, daß ihr euch bey ihr vorstellen lasset; ihre Macht ist bey der Minderjährigkeit ihres Sohnes groß, und wir dürfen es auf keine Weise mit ihr verderben; ihr sehet, daß ich mich selbst mehr nach den Sitten dieses Hofs bequemen muß als mir vielleicht der strengsten Beurtheilung nach geziemet, und als mir selbst angenehm ist. Bey Endigung dieser Worte warf er einen beschämten Blick auf seine Kleidung, welche zwar die gewöhnliche Ordenstracht, aber so unendlich verfeinert und verziert, so ganz nach höfischen, fast mögte ich sagen nach frauenzimmerlichen Geschmack eingerichtet war, daß man dem, der sie trug, die Begierde zu gefallen, — bey einer Dame würde man es Coquetterie nennen — deutlich anmerkte. Walter warf einen Blick auf die Kleidung des Großmeisters, erröthete für ihn, und entfernte sich mit seinem Gefolge, nachdem er auf wiederholte Bitte des Großmeisters versprochen hatte, diesen Abend bey Hofe zu erscheinen.

Siebentes Kapitel.
Der Hof zu Jerusalem.

Es kostete Waltern viel Ueberwindung sein Versprechen zu halten, und sich einer Person vorstellen zu lassen, von der er so viel gehört hatte, daß er sie verachtete, und zu einer Zeit bey einem Feste zu erscheinen, da vielleicht seine Brüder in Lebens= gefahr waren. Konrad von Staufen und die zehn englischen Ritter, welchen der Großmeister, um Waltern und ihnen zu schmeicheln, zum An= denken der Schlacht da sie das Kreuz retteten, den Namen Belfort beygelegt hatte, sollten seine Be= gleiter seyn. — Sie fühlten den nämlichen Wider= willen vor der Ceremonie die ihnen bevorstand, wie unser Tempelherr, und manche von ihnen hätten vielleicht lieber einer Schlacht beygewohnt, als die Rolle gespielt, von welcher sie voraus sahen, daß sie selbe würden spielen müssen. Walter hätte vielleicht die ihm von Terrikus zur Audienz bey der Königin bestimmte Zeit vergessen, wenn nicht einer von Sybillens Kammerherrn gekommen wäre, ihn an dieselbe zu erinnern, und ihm und seinen Rit= tern die gnädigste Aufnahme von ihrer Majestät zu versichern. Der Tempelherr hätte sich bald über diesen Ausdruck entrüstet, aber er besann sich, schwieg, und folgte Sybillens Abgeschickten mit seinem Gefolge in einige Entfernung. Man führte sie in das geheime Zimmer der Königin von Jeru= salem, wo sie die Ritter von vielen Damen umge= bend sitzend erwartete. Ihr zwölfjähriger Sohn, der junge Balduin, saß zu ihrer rechten Hand, und Terrikus stand hinter ihr und hatte sich mit einer vertraulichen Art auf die Lehne ihres Stuhls ge=

stützt. — Walter trat ein, und seine Erscheinung mußte sogar nicht mit dem übereinkommen, was Sybille erwartet hatte, daß sie wie vom Schrecken zusammen fuhr, und sich nicht enthalten konnte aufzustehen, und ihm einige Schritte entgegen zu gehen. — Sybille war eine Dame von ohngefähr vierzig Jahren, die in ihrer frühen Jugend sehr schön gewesen seyn mußte, die auch jetzt noch Reize genug hatte, und dieselben durch die Künste des Putzes dergestalt zu erhöhen wußte, daß sie nicht nur gefallen, daß sie vielleicht manchen verblenden konnte. Walter ward nicht verblendet, er sahe hier weder eine Matilde, noch Rosemunde oder Hunberga; die Schönheit, welche vor ihm stand, war von diesen dreyen so verschieden, als die Göttin der Freude von der ernsten Tugend, als sie den jungen Alcides im Traum erschien und jener den Preis streitig machen wollte. Unser Held würde wie jener gewählt haben, wenn von einer Wahl die Rede gewesen wäre; jetzt da es nur auf ein flüchtiges Kompliment ankam, machte er dasselbe so kurz, und auf solche Art, daß die Königin merkte, daß der Glanz ihrer Schönheit von ihm gar nicht bemerkt, vielweniger gefühlt würde. Sie trat mit einem verdrüßlichen Zurückwerfen des Kopfs von ihm hinweg, und winkte einer ihrer Damen, Waltern zu erinnern, daß er sich nunmehr zu dem Könige wenden sollte. Walter, der einen ziemlich großgewachsenen jungen Menschen zur Rechten der Königin wahrgenommen, und sogleich geschloſſen hatte, daß es Balduin ſeyn würde, bedurfte dieſe Erinnerung nicht, und würde ſeine Rede zuerſt an ihn gerichtet haben, wenn ihm nicht Sybille zuvorgekommen, und die erſte Ehrenbezeigung von ihm gefordert hätte. — Er, der ſich noch wohl erinnerte was er in einem Alter von zwölf Jahren geweſen war, wandte ſich zu dem jungen Könige und redete ihn auf die Art an, wie man Könige anredet, bey welchen doch von Rechtswegen die Kindheit kürzere Zeit als bey gemeinen Perſonen dauern ſollte. Balduin lächelte und ſchwieg. Walter ſetzte noch einige Worte hinzu, um ſeiner Majeſtät Zeit zu geben, ſich zu beſinnen, wenn dieſelben ſeine Meynung etwa nicht recht ſollten eingenommen haben, Balduin lächelte abermals und auf ſo eine unbedeutende kindiſche Art, daß Walter ſich kaum des mitleidigen Achſelzuckens erwehren konnte, und ſich vielleicht gar vergeſſen und auf eine verächtliche Art von ihm hinweggedrehet haben würde, wenn nicht die Königin, welche ſich von ihrer gekränkten Eitelkeit wieder ein wenig erholt hatte, das Wort genommen, und Waltern eingeladen hätte, nicht allein dieſen, ſondern alle folgende Abende Theil an den Luſtbarkeiten des Hofs zu nehmen. Hierauf erhuben ſich ſeine Majeſtät, und boten ihrer Frau Mutter auf eine galante Art den Arm, ſie in den großen Saal der Verſammlung zu führen. Die

Königin gieng mit einem gnädigen Blick vor Walter über, den er nicht verstand, obgleich die Worte deutlich darinnen lagen: Du bist zu schön um deine Eroberung so leicht aufzugeben. Ihr folgte, von Terrikus geführt, die erste ihrer Hofdamen, welche auf unsern Tempelherrn einen durchdringenden Blick warf, der von ihm erwiedert ward, weil er in ihrem Gesichte eine Menge bekannter Züge entdeckte, von denen er nicht wußte, wem sie gehörten. — Als hierauf die andern Damen und ihre Führer das Zimmer gleichfalls verlassen hatten, folgte auch Walter mit seinen Rittern.

Walter hatte den Hof zu Marseille, und den noch größern, noch glänzendern zu Rouen gesehen; aber an keinem von diesen beyden war ihm so große Pracht vorgekommen, als er hier auf einem einzigen Saale beysammen sah. Er erstaunte; und es kann seyn, daß dieses Erstaunen nicht allein durch das, was ihm in die Augen fiel, sondern durch einige Nebenideen die er damit verband, verursacht wurde. In Frankreich und zu Marseille herrschte überall Ueberfluß und tiefer Friede, und die Fröhlichkeit nebst dem Reichthum, der an den dasigen Höfen herrschte, war also dem an angenehme Gegenstände gewöhnten Auge nichts Unerwartetes. Aber hier, mitten unter Feinden, in einer Stadt, aus welcher man rund umher keinen

Weg von etlichen Meilen machen konnte, ohne auf das äusserste Elend zu stoßen, hier einen solchen Anblick zu haben, das war für Waltern etwas Unerwartetes, etwas Erschütterndes. Er wäre lieber gleich wieder umgekehrt, Thränen traten ihm in die Augen, es ward ihm zu Muthe wie dem Prinzen aus Dänemark, als er das ferne Geräusch von dem nächtlichen Feste des Königs hörte, welches bis an den traurigen Ort erschallte, wo er stand, um Dinge zu hören, die jeden Tropfen seines Bluts zu Eiß machen, jedes seiner Haare empor sträuben sollten. So war es unsern Walter. Das Getön der festlichen Freude, das ihn umgab schallte ihm wie aus tiefer Ferne, und das Bild des Elends, das in der Nähe von Jerusalem herrschte, stand vor ihm, groß und schrecklich wie der Geist vor Hamlet. — Er war indessen genöthigt sich Zwang anzulegen, und das Schauspiel der Thorheit, an welchem er keinen Theil nehmen wollte, wenigstens eine kurze Zeit vor seinen Augen zu dulden. — Die Königin welche ihn nicht aus den Augen ließ, ließ sich so weit herab, ihm selbst zu unterhalten, und zu versuchen, ob sich ihm nicht einiger Geschmack an dem Tone, der hier herrschte, beybringen ließ. — Seine Antworten auf ihr artiges Geschwätz, waren ihrem Urtheil nach so albern, daß sie durch nichts entschuldigt werden konnten, als durch die Schönheit dessen, der sie aussprach. Sie fand so viel Geschmack an seiner Gegenwart, daß sie sich vielleicht über die schlechte Unterhaltung, die sie bey ihm fand, würde hinweggesetzt, und den ganzen Abend bey ihm verweilt haben, wenn sich Walter nicht so sehr vergessen, und von dem angefangen hätte zu sprechen, was jetzt seine ganze Seele beschäftigte, und wofür man zu Jerusalem so geflissendlich die Augen verschloß. — Was für eine Unhöflichkeit, einer artigen Dame, einer Königin an einem Tage der Freude etwas von Unglücklichen zu sagen, deren Jammer sie lindern, oder von Gefahren, denen sie noch mit einiger Aufopferung entfliehen könnte! Mit einem Blicke voll Unmuth und Verachtung stand Sybille auf, und wandte sich zu Terrikus, gegen den sie ohngefähr eben das Urtheil über Waltern fällte, das die Prinzeßin Alice über ihn gefällt hatte, als er ihre Gnade nicht zu schätzen wußte. Er ist ein roher ungesitteter Mensch, ein Barbar, ein Ungeheuer, sagte sie, welches Terrikus mit einem triumphirenden Lächeln, und einem hoch auf Waltern herabgesenktem Blicke beantwortete.

Die Königin hatte sich so sehr bemüht, Walters Aufmerksamkeit während sie bey ihm saß, allein auf sich zu heften, daß er bisher nur flüchtige Blicke auf die übrigen Gesellschaft hatte werfen können, und daß es ihm ganz unerwartet war, als er den Patriarchen auf sich zu kommen sah. Daß Heraklius in Jerusalem war, wußte er zwar aber den heiligen Mann an diesem Orte zu finden, wer hätte das denken sollen? — Seine Gegenwart an einen so weltlichen Orte, war indessen nicht das einzige was unserm unerfahrnen Tempelherrn auffiel, seine Kleidung reizte sein Erstaunen noch mehr. Was soll ich von derselben sagen? Meine Leser erinnern sich, auf was für Art, wie wir im vorigen Kapitel erwähnt haben, der Großmeister des Tempelordens seine Ordenstracht mit der weichlichsten weibischen Mode zu verbinden wußte, und wir dürfen also nur sagen, daß Sankt Heraklius ihm diesen Kunstgrif vollkommen abgelernt, vielleicht ihm noch zu einen höhern Grade der Vollkommenheit gebracht hatte.

Wie? mein geliebter Sohn! redete der Patriarch den Tempelherrn an, ihr seyd wie ich höre, schon einen ganzen Tag zu Jerusalem, und euer Herz hat euch noch nicht zu euren Vater, euren alten treuen Reisegefährten getrieben? — Habt ihr mir sogar nichts zu sagen? Wie stehts um unsere Angelegenheiten in Europa, wie habt ihr den Zustand unserer Brüder hier im gelobten Lande gefunden? Wie stehts zu Joppe, zu Akkon, zu Saphora? — Walter holte wie von neuen Athem, als er doch endlich von jemanden eine Frage hörte, welche von einigem Gefühl für Dinge von Wichtigkeit zeigte. Er warf einen freundlichern Blick auf den Patriarchen, als er ihm vielleicht in seinem Leben gegeben hatte, und beantwortete alle seine Fragen so vollständig, und so wenig zuträglich für die gute Meynung, die man sich in Jerusalem von dem Zustande der Sachen zu haben zwang, daß der heilige Mann anfieng unruhig zu werden, seinen Stuhl hin und her rückte, und endlich Walters Rede, welche wie ein Strom unaufhaltsam dahin floß, mit einen starken Räuspern unterbrach. — Davon morgen, mein Sohn! fiel er ihm in die Rede, jetzt erlaubt mir, daß ich euch etwas näher mit der Gesellschaft bekant mache, in welcher ihr seyd; ihr müßt wissen, daß ihr noch bey weiten nicht alle eure Freunde gesehen habt. Walter, welcher auf seiner Reise nach Jerusalem eine flüchtige Rede vernommen hatte, als ob Graf Raimunds Tochter aus Europa zu ihrem Vater wiedergekehrt wäre, und der eine so erwünschte Sache nicht unmöglich fand, fühlte bey diesen Worten des Patriarchen sein Gesicht mit einer glühenden Röthe übergossen, sein Herz schlug stärker, und da wir immer nur gar zu geneigt sind, die Erfüllung unserer Hofnungen da zu vermuthen, wo sie am aller unwahrscheinlichsten ist, so stieg schnell der Gedanke in seiner Seele auf, er würde Matilden zu sehen bekommen. Willig folgte er der führenden Hand des heiligen Vaters, die ihn auch wirklich zu einer Dame brachte, aber zu keiner Matilde, sondern zu eben der, die ihm im Kabinet der Königin einen solchen durchdringenden Blick zu warf, und deren Züge auch für ihn etwas Bekanntes hatten.

Gräfin, sagte Heraklius, kennt ihr diesen jungen Mann? — Es ist eben der, der in dem Hause eurer Schwiegermutter der Gräfin von Flandern so viel Wohlthaten genoß, und sich dem ohngeachtet hernach durch jugendliche Unbesonnenheit hinreißen ließ, seine Hand wider euren Gemahl aufzuheben. — Bedenket, daß wir Christen sind, und wendet eure Augen nicht von dem, welcher komt eure Freundschaft zu suchen. — Wir müssen vergeben, antwortete die Dame mit einen gedehnten Tone, indem sie Waltern den Rücken kehrte. — Unser Tempelherr, welcher in diesem Augenblick Remigiens verhaßtes Gesicht erkannte, erstarrte nicht so sehr über diesen Anblick, als über die beleidigende Art, mit welcher Heraklius die Kühnheit hatte, ihn diesem Weibe vorzustellen. — Wer erlaubte euch, sprach er indem er mit einen auf den Patriarchen geworfenen Blicke zurück trat, der diesen Mann hätte vernichten können; wenn er einiges Gefühls wäre fähig gewesen, wer erlaubte euch, mich denen vorzustellen die ich verachte, und da für mich um Verzeihung zu flehen, wo man dieselbe knieend bey mir suchen sollte? — Walter sagte diese Worte so laut, daß Remigia sie noch hören konnte, und sie mit einem wüthenden Blicke beantwortete, aber der Patriarch blieb bey seiner Gelassenheit. Fasset euch, mein Sohn! sagte er, und bedenket, daß ich ein Prediger des Friedens bin, und alles zur Besänftigung erbitterter Gemüther beytragen muß. Walter entfernte sich und verließ die Versammlung mit Ungestüm, und Sankt Heraklius eilte zu Remigien, um sich mit ihr zu freuen, daß er sich sowohl an dem gerochen hatte, der ihm eine Viertelstunde vorher, durch die Stimme der Wahrheit so unsanft aus seinem Schlummer riß. Voller Unmuth kehrte Walter nach Hause zurück, wohin ihn bald der Ritter von Staufen und die Belforte folgten, — meine Leser erlauben mir, daß ich die zehn tapfern Engländer mit dem Ehrennamen benenne, den sie vorigen Tages vom Großmeister erhalten hatten. — Keiner von ihnen war mit dem Hofe zu Jerusalem zufrieden, und ein jeder hatte seine besondern Anmerkungen gemacht, welche, als sie zusammen getragen und allgemein erwogen wurden, unsern Rittern so viel Stof zu Gesprächen gaben, daß sie sich erst gegen den Morgen trennten und zur Ruhe giengen; daher es kam, daß, ehe unser Walter noch aufgestanden war, sich schon ein Abgeschickter vom Patriarchen in seinem Vorzimmer meldete, mit einer dringenden Einladung, den heiligen Vater sogleich zu besuchen. Unser Held hatte wenig Lust zu diesem Gange, und würde ihn, nach dem, was gestern vorgegangen war, wahrscheinlich nie gethan haben. Auf Zureden Konrads bequemte er sich indessen nach Heraklius Bitte, und beschloß auch nochmals zum Großmeister zu gehen, und zu versuchen, ob sich es heute vernünftiger mit ihm sprechen ließ als des vorigen Tages. Das Anbringen des Patriarchen war nichts als eine Entschuldigung wegen des gestern Vorgegangenen, und eine Bitte, seinem Ungestüm doch ein wenig Gränzen zu setzen, sich keine Feinde zu machen, seine wahre Meynung zu verhehlen, die, so gut und edel sie seyn mögte, doch hier keinen Eingang finden würde, sich ein wenig nach dem hier herrschenden Tone zu bequemen, und was der höfischen Klugheitsregeln mehr waren, die Walter mit Stillschweigen übergieng, sich schnell zur Hauptsache wendete und von dem Endzweck seines Daseyns, von der Beschützung des Landes, der vortheilhaften Vertheilung der mitgebrachten Völker, und der Demüthigung der Sarazenen zu sprechen anfieng. Aber der heilige Vater hatte Geschäfte, hofte ihn des Abends bey Hofe wieder zu sehen, und verwies ihn an Terikus.

Walter fand den Großmeister eben so freundlich wie gestern, und eben so wenig geneigt etwas Vernünftiges, zur Sache dienendes zu sprechen; nur dieses führte er ein, daß die Königin sehr großen Wohlgefallen an seiner Ankunft zu Jerusalem hätte, daß sie wünschte, er mögte mit seinen Völkern die Beschützung der Hauptstadt auf sich nehmen, und daß sie, um ihm hierüber das Nöthige zu sagen, sehr wünschte, daß er sich diesen Abend wieder bey Hofe einfinden mögte. — Auf diese Art ward unser Tempelherr nicht allein diesen sondern auch viele folgende Tage aufgehalten, ohne daß etwas in der Hauptsache gethan worden wäre; man bestrebte sich ihn und die Seinigen, durch die üppigsten verführerischten Lustbarkeiten zu verstricken. Königin Sybille bot alle ihre Reize auf, um Walters Herz zu besiegen, indessen die junge Isabelle, Sybillens Tochter, die Gemahlin eines gewissen Grafen Herfrand, bey dem Ritter von Staufen die nämliche Rolle spielen mußte; die Belforte fanden unter den zahlreichen Schönen dieses Hofs gleichfalls ein jeder die Seinige, die es auf sich nahm, seine wilde Tugend zu bändigen, und die Geschichte sagt, daß nicht alle von ihnen so unüberwindlich waren als Walter und Konrad. — Zu der Zeit, als nun Sybille, Heraklius und der Großmeister alle Stunden warteten, daß Walter und die Seinigen völlig zu ihnen übertreten, sich völlig in den Schlummer würden einwiegen lassen, der ganz Jerusalem bezaubert hatte, entschloß sich Walter plötzlich, daß er von keinem Aufschub mehr hören, daß er Terrikus nochmals um seine Entschlüsse fragen, und fielen diese nicht so aus wie er wünschte, sich schnell von Jerusalem entfernen, und zum Grafen Raimund von Tripoli ziehen wollte, welcher sich jetzt zu Tabaria aufhielt. Das Gespräch welches unser Tempelherr mit dem Großmeister über diesen Punkt hielt, ist nicht wörtlich bis auf unsere Zeiten behalten worden; die Geschichte sagt nur so viel, daß Terrikus Waltern, als er in ihn drang, zweyerley Vorschläge that: entweder mit seinen Völkern zu Jerusalem in müßiger Ruhe zu bleiben, und es zu erwarten, ob Saladin ihn daselbst aufsuchen, und den Hauptsturm wagen würde, den man für unmöglich hielt; oder seine Kriegsleute rings um in das Land zu vertheilen, und allein zu Jerusalem zu bleiben, wo man, wie Terrikus sich ausdrückte, ihn so ungern vermißte. Bedenket, Ritter von Montbarry! setzte er hinzu, bedenket, wie viel ihr schon für das Beste der Christenheit gethan habt; ihr habt weder Mühe und Beschwerlichkeit, noch selbst euer Blut geschont, und was habt ihr dafür für Lohn gehabt? Sprecht, ists nun nicht endlich einmal Zeit für euch, das Leben zu genießen, und wenigstens auf eine Weile euch zu erinnern, daß ihr ein Mensch seyd, welcher sowohl Anspruch auf die Freuden der Welt hat, als ein andrer? — Glaubt mir, die Gefahren, die ihr euch vorstellt, sind nichts als eure eignen Hirngespinste. Saladin hat den Muth nicht sich bis nach Jerusalem zu wagen, und thut er es, so wollen wir ihn empfangen, wie er es nicht vermuthen wird. — Walter stand bey Endigung dieser Rede auf, rückte sein Schwert zurecht, und fragte, ob dieses sein endlicher Entschluß sey. — Ja, erwiederte Terrikus, und ich hoffe; ihr werdet euch erinnern, daß ihr dem Haupte eures Ordens Gehorsam schuldig seyd. Ich erinnere mich, sagte Walter mit einer gleichgültigen Miene, was ich dem gemeinen Besten schuldig bin; auch weis ich wohl, daß meine Völker niemand als mir gehorchen werden, und daß ich sie überall selbst anführen will. — Eure Völker? wiederholte Terrikus. — Ja, die Meinigen, sagte Walter, mir wurden sie von König Philippen anvertraut, und mir allein gehorchen sie, wie ich euch schon einmal gesagt habe; ein Drittheil derselben ließ ich zu Akkon, um diesen so wichtigen und so schlechtbesetzten Ort zu schützen; das andre Drittheil, lasse ich euch hier zu Jerusalem, ich denke ihr werdet ihrer Hülfe bald nöthig haben, und mit den übrigen ziehe ich zu Graf Raimunden nach Tabaria, damit ihr hier zu Jerusalem ruhig schlafen könnt. — Terrikus getraute sich nicht dem mächtigen und entschlossenen Tempelherrn etwas einzureden, kaum wagte er es ihn zu fragen, unter wessen Befehl die Völker stehen sollten, die er zu Jerusalem zurück zu lassen gesonnen wäre. Konrad von Staufen, erwiederte Walter, soll mit ihnen zurück bleiben, und meine Stelle vertreten. Ritter! sprach Terrikus in einem Tone voll verbissenen Unwillens, ihr vergeßt, wer ihr seyd und wer ich bin. — Und wo ist eure Macht, euch mir zu widersetzen? versetzte der andre; oder glaubt ihr, daß ich, wenn ich mich vergesse, gegen Odo, oder Andreas, oder auch selbst gegen Arnold eben so würde gehandelt haben? — Wir sind jetzt allein, und ich glaube, ich kann es euch ohne euch zu nahe zu treten, frey gestehen, daß ich nicht mit dem Großmeister, sondern mit dem weibischen Sklaven einer lasterhaften Königin zu sprechen denke.

Wie es einem Ritter möglich war eine solche Beschimpfung ungeahndet zu lassen, weis ich nicht; genug, Terrikus übergieng sie mit Stillschweigen, vergaß aber nicht ihr Andenken, bis auf gelegene Zeit in seinem Herzen zu verwahren.

Achtes Kapitel.
Neue Züge zu dem Bilde der unvergleichlichen Königin Sybille.

Walter machte Anstalten zum Aufbruch seiner Völker, und würde ohne Zweifel gleich des andern Tages die Stadt verlassen haben, wenn sich nicht plötzlich das Gerücht ausgebreitet hätte, daß Graf Raimund des andern Tages daselbst eintreffen würde. — Walter hatte zu viel von diesem großen Manne gehört, er wußte zu gut, daß er der Einzige unter diesem verblendeten Volke war, mit welchem sich Dinge von Wichtigkeit, berathschlagen ließen, als daß er nicht um seinetwillen seine Abreise hätte aufschieben sollen. Zu ihm zu reisen war eigentlich sein Vorsatz; wie glücklich also für ihn, daß er ihn so unerwartet zu sprechen bekommen sollte. — Daß er Matildens Vater war, kam jetzt kaum in Anschlag, denn sein Schchicksal hatte jetzt wieder so eine Periode herbey geführt, da die Liebe von andern wichtigern Dingen fast ganz aus seinem Herzen verdrängt war. — Nur in der Einsamkeit, nur im Traume, stieg zuweilen das Bild seiner Geliebten schnell vor seiner Seele auf; aber er, welcher sich bewußt war, was Gedanken von dieser Art für eine Gewalt über sein Herz hatten wenn er sie zu mächtig werden ließ, riß sich mit Heldenmuth von denselben loß, hatte Entschlossenheit genug, sich jetzt sogar die Betrachtung des Gemähldes zu versagen, das ihm Hunberga von Raimunds Tochter gab, und war mehr als einmal im Begriffe, es Konraden eben sowohl aufzuheben zu geben, als er ihm das Bild und die Briefe seiner Mutter anvertraut hatte; doch blieb es hierinnen immer beym bloßen Entschlusse. —

Die Ankunft des Grafen von Tripoli, welche Waltern so erwünscht war, hatte auf die Gemüther Sybillens, Terrikus, und des Patriarchen eine ganz entgegen gesetzte Wirkung. Die Königin scheute sich vor dem, der mit ihr die Vormundschaft des jungen Königs theilen sollte, und der allemal ein strenger Tadler ihrer Handlungen gewesen war. Heraklius und der Großmeister, fühlten gleichfalls in seiner Gegenwart einen gewaltigen Zwang; ein jeder seiner Blicke strafte das, was sie thaten, und oft ließ er es nicht bey strafenden Blicken bewenden. Sie waren nicht im Stande die Wahrheit zu widerlegen welche aus seinem Munde sprach, und zu schwach, ihn auf andere Art Stillschweigen zu gebieten. Das einzige, was sie thun konnten, war, daß sie ihm durch ihre Lässigkeit, mit der sie die Sache der gemeinen Sicherheit trieben, Gelegenheit zu öftern Abwesenheiten gaben, weil seine Gegenwart bald an diesem bald an jenem Orte des Königreichs erfodert ward, wenn nicht alles zu Grunde gehen, alles in Saladins Hände fallen sollte;

Da Walter seit einigen Tagen nicht mehr nach Hofe kam, so hätte er nichts von dem Empfange des alten Grafen daselbst gewußt, wenn nicht dieser ihm zuvorgekommen, und ihm den ersten Besuch gegeben hätte. Es waren kaum einige Stunden nach seiner Ankunft in Jerusalem verflossen, als er sich bey unserm Walter melden ließ, und ehe er noch die Antwort seines Abgeschickten haben konnte, in sein Zimmer trat.

Ritter! sagte der edle Greis, ich hörte von eurer Gegenwart in dieser Stadt, und beschleunigte darum meine Ankunft. Wir brauchen eure Hülfe, und es ist nöthig, daß ihr sogleich mit euren Völkern aufbrecht. Saladin naht sich mit großen Tagereisen der Gegend von Tabaria, wo wir jetzt unsere Hauptmacht zusammen gezogen haben, und demohngeachtet ohne eure Hülfe vielleicht würden unterliegen müssen, da man hier sogar nicht darauf denkt, meine Bemühungen zu unterstützen. — Man urtheile, wie Waltern bey dieser Anrede zu Muthe ward, und wie sich sein ganzes Herz gegen den aufschloß, der so überein mit ihm dachte, gleich starken Eifer für die gute Sache, gleich großen Unwillen über die Schläfrigkeit fühlte, welche hier alle Gemüther bezaubert hatte so oft es auf einen vernünftigen und heldenmüthigen Entschluß ankam. Drey Stunden vergiengen diesen beyden wie Augenblicke, in einem Gespräch, in welchem sie ganz ihre Gedanken gegen einander enthüllten, alle die Klagen vor einander ausschütteten, die sie mit so vielem Recht gegen die hiesige Lebensart zu führen hatten. Ich komme jetzt von einer Unterhaltung mit der Königin, bey welcher ich fast gänzlich mit ihr gebrochen habe, sagte der alte Graf. Ihr habt den jungen König gesehen, dessen Vormund ich bin, und ich frage euch, ob ihr ihm das Alter von zwölf Jahren zugetrauet hättet, wenn man ihm dasselbe nicht an seiner Statur ansehen könnte? Schon bey Lebzeiten des Königs, seines Vaters, eiferte ich über die weibische Erziehung die man ihm gab; aber dieser ließ sich von seiner Gemahlin beherrschen, und ich ward nicht gehört. Nach seinem Tode drang ich, als sein ernannter Vormund mit mehrerem Ernst auf Verbesserungen in seiner Erziehung, und kam endlich dahin, daß man sich die Anstalten, die ich hierinnen machte, gefallen ließ. Bey meiner Abreise nach Tabaria, ließ ich mir beynahe eidlich von Sybillen versprechen, daß sie nichts in meinen Verfügungen ändern, ihm keinen der Lehrmeister nehmen wollte, die ich ihm zugab, ihn nach und nach zu ritterlichen Uebungen gewöhnen, und ihn vornämlich von den Affenspielen ihrer Hoflustbarkeiten, hinweglassen wollte; und nun urtheilet, wie mir zu Muthe war, als ich jetzt zur Königin kam, und sie mir auf meine Frage nach ihrem Sohne, ein junges Mädchen vorstellte, das ich mit großen Erstaunen ansah, und endlich mit Mühe den jungen Balduin in dieser Kleidung erkannte. Der Grimm in den ich gerieth, ist nicht zu beschreiben; Bedenkt es selbst, mich so gehöhnt, meinen König in so einer unanständigen Gestalt, und mich so ganz, ganz in der Erwartung getäuscht zu sehen, die ich in dem Jahre da ich abwesend war hegte, bey meiner Wiederkunft an meinen Mündel, nur einige Besserung, nur einige Dämmerung von künftigen männlichen oder ritterlichen Eigenschaften zu finden. — Ich weis nicht, was ich zu diesem Anblicke gesagt habe; die unsinnige Königin und ihre Weiber suchten mich zu begütigen, und schrien mir alle mit einem Munde zu, wie ich doch um so eine Kleinigkeit so viel Aufsehens machen könnte, die ganze Sache sey ja nichts als eine Verkleidung zu einem höchst sinnreichen Schauspiele, das ich diesen Abend mit ansehen, und die Talente des jungen Balduins bewundern sollte. Die Talente eines Schauspielers, eines Weibes bewundern? Sie an einem Könige bewundern? sagte ich, oder soll ich nicht vielmehr das Schicksal dieses jungen Sardanapals beweinen, der, ehe er ein Mann wird, seinen Feinden in die Hände gerathen, und ihnen dereinst durch kein ander Mittel als einen unrühmlichen Tod wird entfliehen können? — Ich weis nicht, ob mich das unverständige Gewäsche Sybillens nur halb so sehr geärgert haben würde, so unaufhaltsam es auch zu ihrer Vertheidigung aus ihrem Munde strömte, als die Thränen, in welchen ihr heldenmüthiger Sohn sich badete, und in welchem die andern Weiber ihm treulich Gesellschaft leisteten. Sybille, die den Ernst sah, mit welchem ich redete, und welche wußte, daß ich meinen Drohungen Kraft geben könnte, versicherte mich, daß ihr Sohn nicht so unerfahren in Dingen wäre welche seinem Stande gemäß sind, und wollte schlechterdings, daß ich ihn mit ins Feld nehmen mögte. Aber ich habe mir diese Ehre verbeten. Balduins verzärtelter Körper, würde nicht den Marsch eines Tages aushalten können, und wenn wir ihn gleich in dem sanftesten Wagen mit uns führten, und ein halbes Duzend Hofdamen zu seiner Bedienung mit uns nähmen. Aber ich hoffe wir werden durch eure Hülfe mit Saladin bald fertig werden, und dann will ich nicht von Jerusalem weichen, bis ich aus meinem Mündel nur einigermaßen einen Menschen gezogen habe. — So schloß sich die abentheuerliche Erzählung Graf Raimunds, welche Walter mit Erstaunen angehört hatte. Man machte sich des andern Tages nach Tabaria auf den Weg, nachdem man sehr kaltsinnig von der Königin und ihren Kreaturen Abschied genommen, und Raimund Sybillen noch einige Warnungen, so wie Walter dem zurückbleibenden Konrad von Staufen noch einige Verhaltungsbefehle ertheilt hatte.

Raimund und Walter giengen mit solchen starken Tagereisen fort, daß sie die Gegend von Tabaria einen halben Tag eher erreichten als Saladin. Er führte sein Heer in Person an, und obgleich seine Gegenwart sonst allemal den Seinigen den Sieg mitbrachte, so war er doch diesesmal nicht im Stande, zween solchen Helden wie die christlichen Anführer waren, die Waage zu halten; er ward gänzlich aus dem Felde geschlagen, und seine Person würde vielleicht selbst in Gefahr gewesen seyn, wenn seine beyden Ueberwinder, welche die Grausamkeit ihrer Glaubensgenossen kannten, nicht selbst für einen Mann gezittert hätten, welcher keinen Fehler hatte, als daß er ihr Feind, daß er ein Saragzene war.

Das siegreiche christliche Heer, brachte die Nacht auf dem erstrittenen Schlachtfelde zu. Raimunds Herz hieng nachdem, was er an diesem Tage von Walters Thaten gesehen hatte, ganz an diesem jungen Helden, und er war ebenfalls im Umgange des Grafen von Tripoli so glücklich, als nur ein Sohn im Umgange des edelsten, würdigsten Vaters seyn kann. Ach! ihn einst Vater zu nennen, ihn durch Matilden Vater nennen zu können, das war ein Wunsch, der an diesem Abende nach erfochtenen Siege tausendmal aus seinem Herzen über seine Lippen gehn wollte, ohne daß er es gewagt hätte, diese Gränzen zu überschreiten. Nicht einmal getraute sich Walter Raimunden zu fragen, ob das Gerücht von der Anwesenheit seiner Tochter in Palästina gegründet sey; welches er doch ohne allen Verdacht, ohne alle Verletzung seiner Pflichten hätte thun können. Matildens Name wurde gar nicht unter ihnen genennt. Graf Raimund wußte entweder nicht, daß Walter seine Tochter kannte, oder es war in den damaligen Zeiten nicht Sitte, daß Väter ihrer

Töchter im Gespräch mit jungen Rittern gedachten; und der Tempelherr konnte sich, ich weiß nicht aus was für einer seltsamen Blödigkeit, nicht überwinden, die Unterredung zuerst auf sie zu bringen.

Man beschloß des andern Tages, sobald der Abend einbräch, und die unleidliche Hitze, welche unterschiedliche des Volks mehr angegriffen hatte als das feindliche Schwert, sich nur ein wenig gelegt hätte, nach Jerusalem aufzubrechen. Aber Graf Raimund ward durch einen seltsamen Zufall von einem so schnellen Aufbruch abgehalten. Des andern Tages, da die Sonne mit ihren senkrechtesten Strahlen brannte, langte eine Person im Lager an, auf welche, so unbedeutend sie auch vor sich selbst war, doch für die Einwohner zu Jerusalem, und also auch für Graf Raimunden vieles ankam, und um derentwillen er also genöthiget war, seinen Plan zu ändern. Die weise Königin Sybille, um Graf Raimunden von den ritterlichen Talenten ihres verzärtelten Sohns zu überzeugen, hatte den unseligen Einfall gehabt, den jungen Balduin in eine schwere Rüstung zu stecken, und ihn bald nach der Abreise seines Vormunds nach Tabaria, unter einer sichern Begleitung von funfzig Mann eben den Weg nehmen zu lassen, um daselbst, wo nicht an der Schlacht, doch an den Lorbeern des Siegs Theil zu nehmen. Sie bedachte nicht, oder wollte nicht bedenken, daß sie schon einen Sohn auf diese Art verlohren hatte, und niemand in dem großen mit weisen Männern erfüllten Jerusalem war, der Sybillen den ganzen Unsinn, der in diesem Einfall lag, demonstrirt hätte. Was nutzte dem Heere die Anwesenheit eines Menschen, der an Verstand und Kräften noch weit mehr als an Jahren ein Kind war? Wie war es ihr möglich, wenn sie nur halbe Muttergefühle hatte, ihren Sohn, der für jedes Lüftgen empfindlich war, den Gefahren des Weges, der Ermüdung, und dem brennenden Strahl der morgenländischen Sonne auszusetzen? — Zudem, eine Begleitung von funfzig Mann, wie unanständig für einen König, wie gefährlich in einem Lande, wo man überall von Feinden umringt war? Warum foderte sie nicht dem Ritter von Staufen mehrere Völker ab? und überhaupt, was wollte sie mit der ganzen Kavalkade ausrichten? Raimunden zeigen, daß Balduin eben sowohl eine Rüstung als ein Mädchenkleid tragen konnte? Mehr gewiß nicht. Und um so eines elenden Zweckes willen das Leben eines Sohnes, eines Königes zu wagen? — Wir erzürnen uns, indem wir schreiben über das thörigte Weib, das so handeln konnte, und sind nicht ungeneigt, den Urtheilen Glauben beyzumessen, welche über diese That nachher so häufig sind gefällt worden, und die unsere Leser errathen werden, ohne daß wir nöthig hätten, sie ihnen zu sagen.

Balduin ward mit seiner ansehnlichen Begleitung vor Raimunden gebracht, welcher über diese Erscheinung in solche Wuth gerieth, daß, so gut er auch sonst war, nicht viel gefehlt hätte, daß es die Begleiter des Königs nicht hätten entgelten müssen, sie waren indessen lauter Leute von der niedrigsten Klasse, und man mußte ihre Entschuldigung, den Willen der Königin, dem sie zu wenig waren sich zu widersetzen, gelten lassen. —

Der junge König ward sogleich entwafnet; er ward ohnmächtig als man ihm die schwere Rüstung abzog. Diese ungewohnte Tracht und die heiße Witterung, welche wohl einen stärkern Körper hätte zu Grunde richten können, wären schon genug gewesen ihn dem Grabe nahe zu bringen, aber um ihn vollends aufs Aeusserste zu entkräften, war er die ganze vorige Nacht mit den Seinigen irre geritten, und am Morgen unter einen Trupp flüchtiger Särazenen gerathen, denen er mit Mühe, und bloß durch die äusserste Anstrengung seines abgematteten Pferdes entgangen war; seine Leute folgten ihm mit verhängten Zügel, und holten ihn endlich an einer Quelle ein, wo er seinen Durst eben mit einem Trunke löschte, welcher ihm bey der tödtlichen Erhitzung, in der er war, nothwendig Gift seyn mußte. Raimund liebte seinen Mündel, und hatte bey weiten noch nicht alle Hofnung aufgegeben, dereinst einen König aus ihm zu ziehen, und man stelle sich also seinen Schmerz vor, als er den armen Knaben so dem Tode nahe, vor sich liegen sah. Er raufte sein graues Haar, nannte Sybillen eine Kindermörderin, und überließ sich einem Schmerz, der ihn beynahe unfähig machte, die nöthigen Anstalten zu Balduins Rettung zu treffen. — Walter vertrat indessen seine Stelle, sorgte dafür, daß der junge König zu Bette gebracht und der Sorge der Aerzte überlassen ward; sie zuckten die Achseln und besorgten ein hitziges Fieber, welches zu überwinden sie die Kräfte des Jünglings für zu schwach hielten. Raimund konnte sich nicht entschließen den Kranken zu verlassen; er bat Waltern, allein nach Jerusalem zurück zu kehren, und durch seine Gegenwart zu verhüten, daß der Tod des Königs, dafern er erfolgen sollte, keine nachtheiligen Folgen für das Beste der Christenheit nach sich zog.

Der Tempelherr langte an Sybillens Höfe an, und entledigte sich der Aufträge, die ihm Raimund an sie gegeben hatte, und die nicht die freundlichsten waren, ohne die mindeste Schonung. — Die Königin hörte die Nachricht von der Gefahr ihres Sohnes mit sehr wohlanständigen Thränen an, beklagte seine unglückliche Reise, ohne daß sie gestehen wollte gefehlt zu haben, indem sie ihm dieselbe zumuthete, und schrie Rache über den

grausamen Grafen von Tripoli, welcher von dem
zarten Könige mehr verlangt hätte, als sein kin=
disches Alter leisten könne, und durch seine Härte
allein an dem Untergang ihres Sohnes schuld wäre.
Urtheilet selbst, sagte sie zu Waltern, was wäre
nun dem unglücklichen Balduin besser gewesen, in
Frauenzimmertracht ein Schauspiel aufführen hel=
fen, oder in der Rüstung eines Helden ohne Noth
und ohne Vortheil sein Leben zusetzen? Walter
ergrimmte über die Boßheit, mit welcher sie ihre
Schuld auf Raimunden wälzen wollte, und stellte
ihr mit ziemlichen Nachdruck vor, daß nicht er,
sondern ihre rasende Unbesonnenheit schuld an
Balduins Untergang wäre; aber es war unmög=
lich etwas Vernünftiges mit ihr zu reden, sie blieb
auf ihrer Behauptung, daß Raimund an allem
schuld sey, und wer ihr zuhörte, mußte den Grafen
von Tripoli für den härtesten Tyrannen, und sie
für ein Muster mütterlicher Liebe halten. Walter
ward endlich so aufgebracht, daß er sie ohne Ab=
schied verließ, und wahrscheinlich gleich nach Ta=
baria zurück gegangen seyn würde, wenn ihn nicht
Raimund so dringend gebeten hätte, zu Jerusa=
lem zu bleiben, und durch seine Gegenwart alles
Unheil zu verhüten. — Dieses Letzte zu leisten war
er indessen zu schwach. Raimund hatte zu meh=
rerer Sicherheit des Königs, Walters Völker zu
Tabaria behalten, und unser Held war nur mit
wenigen Dienern in die Hauptstadt gekommen,

wo er zwar noch unter Konrads Anführung einen guten Theil seines Heers liegen hatte, aber demohngeachtet gegen das, was wir bald hören werden, nichts ausrichten konnte.

Des andern Tages nach Walters Ankunft breitete sich das Gerücht von Balduins Krankheit aus, welchem gar bald die Nachricht von seinem Tode hinzugefügt wurde. Die daraus entspringende Unruhe war unbeschreiblich. Das Volk fieng an auf einen neuen König zu denken, einige stimmten auf Herfranden, den Gemahl von Isabellen, Sybillens Tochter, einige auf den Fürsten von Tyrus, Konrad von Montferrat, andere auf den Fürsten von Antiochien, die Meisten aber auf die Mutter Balduins, die unvergleichliche Sybille, welche sich, ich weis nicht wodurch, bey dem Volke sehr beliebt gemacht hatte. — Walter und Konrad von Staufen waren beschäftigt, ihre Kriegsleute auf jeden Fall, der sich begeben könnte, fertig zu halten, und durch ihre Macht die Entscheidung einer so wichtigen Sache wenigstens bis zu Raimunds Wiederkunft aufzuhalten. — Aber wie schon gesagt, sie waren gegen die vereinte Macht des Volks zu schwach. — Sybillens Kreaturen, die sie in allen Ständen hatte, brachten noch, ehe es Abend ward, die getrennten Partheyen alle zu einem einmüthigen Schlusse, welcher durch das geistliche Ansehen des Patriarchen bestätigt wurde.

Montbarry 2. Th.   H

Sybille ward zur herrschenden Königin ausgerufen, und durch eine Deputation vom Volke demüthigst ersucht, des Förderfamsten darauf zu denken, ihren verlassenen Unterthanen auch einen König zu geben, damit sich Jerusalem bis in die spätesten Zeiten ihrer und ihrer Kinder Regierung zu erfreuen hätte. — Walter und Konrad wurden in den geheimen Rath gerufen, wo die Königin mit dem Patriarchen, dem Großmeister und allen ihren Kreaturen versammelt war, man hatte die Gegenwart der beyden Tempelherren nicht verlangt, daß sie ihre Stimme zu etwas hätten geben sollen, sondern nur um der Feyerlichkeit beyzuwohnen, mit welcher Heraklius und Terrikus in ihren und des Volks Namen, Sybillen das Königreich erblich zusprachen, und vorgedachte Bitte an sie wiederholten, deren Erfüllung die Königin mit vieler Huld versprach sich angelegen seyn zu lassen. —
— Walter und Konrad verließen mit Unwillen die Versammlung, und eilten Graf Raimunden Nachricht von dem, was in Jerusalem, wahrscheinlich noch bey Lebzeiten seines Mündels vorgieng, zu geben — Es vergiengen unterschiedliche Tage, ehe sie Nachricht aus Tabaria erhielten, in welcher Zeit bey Hofe tausend Kabalen geschmiedet wurden, indem ein jeder der einigen Einfluß in die Staatssachen hatte, beflißen war, Jerusalem einen König, und Sybillen einen Gemahl zu geben. Diejenigen, deren Absichten das meiste Gewicht hätten,

waren unstreitig die Königin selbst, der Patriarch und Terrikus, und gleichwohl dachte keins von diesen dreyen sonst so einigen Personen in diesem wichtigen Punkt überein. Der Großmeister, welcher ziemliches Wohlgefallen an Sybillens herbstlicher Schönheit und eine heiße innige Liebe zur Krone von Jerusalem hatte, wählte auf seine eigne Person. Der Patriarch würde das nämliche gethan haben, wenn die hohe geistliche Würde, die er begleitete, ihn erlaubt hätte, auf weltliche Ehrenstellen zu denken, und wenn er geglaubt hätte, Sybille, die er eben nicht sehr mehr liebte, könne durch eine irrdische Verbindung mehr sein Eigenthum werden, als sie es bereits seit langen Jahren, in geistlicher Liebe war. — Da es dem heiligen Vater also nicht einfallen konnte, selbst König zu werden, so sann er wenigstens darauf, einen Menschen in diese Stelle einzuschieben, welcher nach der Weise der Könige von Jerusalem leicht zu regieren wäre, und der sich gern mit dem Titel abfinden ließ, ohne eben darum die Rechte der königlichen Würde zu verlangen. Seine Wahl war schon fast völlig auf einen gewissen Veit von Lusignan gefallen, welcher alle erforderliche Eigenschaften eines Königs von Jerusalem in so reichem Maaße hatte, daß man geschworen hätte, er müsse in gerader Linie vor den Balduinen abstammen, demohngeachtet war er nichts als ein gemeiner Edelmann, der nichts weiter thun konnte als die

Stelle eines Hofjunkers ausfüllen, und der ohne seine Talente, die ihm die Natur zu der Würde gegeben hatte, die ihn der Patriarch zudachte, nie den geringsten Anspruch auf eine Krone hätte machen können. Er war sehr groß von Person, und sehr blond, stammelte und lispelte ein wenig, hatte ein wenig Verstand, so viel als man braucht eine Hoflustbarkeit anzustellen, oder derselben beyzuwohnen, so viel Witz als nöthig ist über das Bonmot eines andern, das man nicht versteht, zu lachen, so viel Muth als dazu gehört, dem Feinde bis auf eine halbe Meile entgegen zu gehen und dann zu fliehen, nebst einem überschwenglichen Antheil von Biegsamkeit, Gelehrigkeit und guter Laune, welche fast durch keinen Unfall, keinen Schimpf und Beleidigung zu unterdrücken war. — So war der Mann beschaffen, den Heraklius zu Jerusalems künftigen König bestimmte, und wir werden sehen, ob das Schicksal seiner Wahl beypflichtete.

Sybille, welcher die Wahl eines Gemahls mehr am Herzen lag als irgend jemand, hatte ihre Augen auf einen ganz andern geworfen, als den übrigen nur in den Sinn kam. Terrikus gefiel ihr recht wohl zum Liebhaber, aber nicht zum Gemahl. Mit Veit von Lusignan tändelte sie so gern, und mit noch wenigerer Furcht als mit ihrer Meerkatze, weil er ein viel unschädlicheres

Geschöpf war als diese; aber seine Talente zur
königlichen Würde wollten ihr nicht einleuchten.
Ganz anders waren ihre Gesinnungen gegen Wal=
tern; so schlecht und verdorben auch ihr Geschmack
seyn mögte, so konnte sie ihre Augen doch nicht
gegen seine Verdienste verschließen. Der Stolz und
die Verachtung, mit welcher er ihr begegnete, ver=
mehrte ihre Leidenschaft für ihn eher, als sie sel=
bige verminderte, und die Hofnung daß der Glanz
einer Krone, die sie ihm jetzt anbieten konnte,
im Stande seyn würde ihn zu blenden, verleitete
sie, alle Mittel anzuwenden, ihn nur erst zu einer
geheimen Unterredung mit ihr zu bringen, da sie
denn ihrer Schönheit und ihrer Ueberredungskunst
schon so viel zutraute, ihn zur Einwilligung in
ihre Wünsche zu bewegen.

Es war kein kleines Unternehmen Waltern zu
bereden einen geheimen Besuch bey einer Person zu
machen, die er so sehr verachtete, als Sybillen,
ihn, der von Natur einen Abscheu vor allen ge=
heimnißvollen Gängen und Anschlägen hätte, ihn,
der dieselben doppelt verabscheuen mußte, wenn
eine Person von den Sitten der Königin Antheil an
denselben hatte. Sie und ihre Bedienten mögen
am besten wissen, was für Mühe und vergebliche
Wege es ihnen kostete, ehe sie Waltern dahin
brachten sich zu einer Privatunterredung bey ihr
einzufinden, auch ist mir nie kund worden, welche

Bewegungsgründe oder welche Zaubermittel kräftig genug waren, seinen Entschluß nicht zu kommen, zu erschüttern. Ich weis nur so viel, daß dieser so sehr gewünschte Besuch weder zur Zufriedenheit des einen noch des andern Theils ausschlug. Walter kam voll Unmuth und Zorn in seine Wohnung zurück, und Ihro Majestät befanden sich des andern Tages vor Aergerniß so krank, daß sie kaum so viel Kräfte hatten den Großmeister zu sich kommen zu lassen, und ihm einen Auftrag an unsern Tempelherrn zu geben, welcher darinnen bestand, er solle Jerusalem je eher je lieber verlassen, und sich nie wieder daselbst blicken lassen. — Terrikus, welcher nicht blind gegen die Neigung war, welche die Königin bey allen Gelegenheiten gegen Waltern bezeugte, war ganz entzückt über diesen Ausbruch ihres Zorns, von welchem er wohl merkte, daß er eine Folge verschmähter Liebe war, die ein Weib wie Sybille, nie verzeiht. Er glaubte die beste Zeit getroffen zu haben, wegen seiner Angelegenheiten in sie zu bringen, und sich ihr mit aller ihm eigenen Beredsamkeit zu ihrem König und Gemahl anzubieten; aber er irrte, und ward sehr unfreundlich empfangen. Er begieng die Thorheit ihr seine Muthmaßungen wegen Walters Grausamkeit gegen sie zu entdecken, und verschlimmerte damit seine Sache vollends. Die Königin, um das Ansehen zu haben, als ob sie auf Waltern keinen persönlichen Unwillen hätte, ungeachtet sie ihn, wie sie sagte, aus Staatsursachen von Jerusalem verbannte, zog eine so beißende Parallele zwischen ihm und Terrikus, und setzte diesen in Vergleichung mit jenen so herab, daß der Großmeister sie mit einem Herzen voll Gift und Galle gegen unsern Helden verließ, und ihren Auftrag an ihn mit doppelter Bitterkeit ausrichtete, oder vielmehr, weil er es sich nicht selbst getraute, ausrichten ließ.

Nichts hätte unserm Tempelherrn erwünschter kommen können, als ein königlicher Befehl, der ihn von dem unangenehmen Versprechen lossprach, daß er Raimunden hatte thun müssen, bis zu seiner Ankunft in Jerusalem zu bleiben. — Was konnte er daselbst ausrichten? Sein Aufenthalt in dieser verlohrnen, verwahrloßten Stadt, diente zu nichts, als täglich neue Ausbrüche von Unsinn und Verblendung vor seine Augen und Ohren zu bringen, denen er keinen Einhalt zu thun, vermogte, da indessen seine Gegenwart an tausend Orten nöthig war, die seinen Schutz und seine Vorsorge besser verdienten als das undankbare Jerusalem.

Die Meynug der Königin war eben nicht gewesen nebst Waltern auch seine Leute aus der Stadt zu verweisen; sie sah es gern, von diesen Helden beschützt zu werden, und ihr Anführer, der Ritter von Staufen, der ihr nach Waltern besser als irgend jemand gefiel, hätte vielleicht in der Verlegenheit, in der sie um einen Gemahl war, gar die Ehre gehabt, von ihr einen ähnlichen Antrag wie sein Freund zu bekommen. — Walter war indessen nicht gesonnen, so einsam wie Sybille wünschte, aus Jerusalem zu scheiden. Er machte sich mit allen seinen Völkern zum Aufbruch fertig, und kehrte sich nichts an die Gesandschaften, die man an ihn abfertigte, um ihn von diesem Entschlusse abzubringen. — Die Königin war ausser sich über die Fehlschlagung aller ihrer Entwürfe. Aufgebracht über Waltern, voller Unwillen über Terrikus, entschloß sie sich, um wie sie meynte, beyde recht zu kränken, ihre Hand so schleunig als möglich dem ersten dem besten zu geben, und dadurch zu zeigen, wie wenig sie die Verachtung des einen und die Liebe des andern achtete. —

Hätte wohl der Patriarch sich zu einer glücklichern Stunde als zu dieser bey ihr einfinden können? — Er kam, er that seinen Antrag wegen des edeln Veits von Lusignan. Sybille zuckte, schauerte ein wenig ob dem einfältigen Tropfen dem sie die Krone aufsetzen sollte, und — willigte ein, wozu, wie die Geschichte meldet, die geistlichen Zuredungen des heiligen Vaters, welcher ihr weitläuftig vorstellte, daß für eine Dame wie sie, allemal der einfältigste Gemahl für den größten Helden und Weltweisen zu wählen wäre, gewaltig viel beytrugen.

Walter verließ also Jerusalem, und hatte bey seinem Auszuge noch das Vergnügen, das Freudengeschrey des Volks über seinen neuerwählten König, den gerechten, den gütigen, den frommen, den weisen Veit von Lusignan zu hören. — Sybille hatte sich geirrt, er kränkte sich nicht, er lachte und hatte bey aller seiner natürlichen Ernsthaftigkeit, nicht so bald aufhören können, die poßirliche Figur zu belachen, die Veit in Regalibus machen würde, wenn ihm nicht ehe er eine Viertelstunde Weges über die Stadt zurück gelegt hatte, Graf Raimund mit seinen Leuten begegnet wäre, welcher auf Jerusalem zuzog, und mit seinem traurigen Blicke Walters Lust zum Lachen, auf einmal in finstern Ernst verkehrte.

Neuntes Kapitel.

Graf Raimund predigt mächtig wie ein Prophet, und wird belohnt wie Jerusalem von jeher den Propheten zu lohnen pflegte.

Raimund begleitete die Leiche des jungen Balduins nach dem Grabe seiner Väter, lange hatte der arme Jüngling gelitten, und endlich doch der Wuth der Krankheit unterliegen müssen. Wer vermag den Kampf zu beschreiben! „den Kampf des vollen Lebens im Aufblühn und der innigen Liebe zu diesen blühenden Leben, mit dem Tode, diesem Traum als ob wir vergiengen!" — Umständlich erzählte Raimund Waltern die Geschichte von dem Tode des verwahrloßten Königs, und umständlich erzählte der Tempelherr dem Grafen alles, was bisher in der Hauptstadt vorgegangen war. Raimund erstaunte, daß der unglückliche Balduin schon so ganz von seiner Mutter und dem Volke vergessen war, daß er lange vorher vergessen worden war, ehe er die Welt noch wirklich verlassen hatte, denn nur wenige Tage waren erst seit seinem Tode verflossen, welche der Graf dazu angewendet hatte, dem Leichnam nur die erste Salbung geben zu lassen, damit man ihn vor der Fäulniß sicher nach Jerusalem bringen könnte, wo er völlig balsamirt und beygesetzt werden sollte. Raimunden graute vor dem Empfange den er mit seinem traurigen Gefolge an einen Ort finden würde, wo alles Freude athmete. Ein Schauer überlief ihn, wenn er sich Sybillen im königlichen Brautgewand und ihren ermordeten Sohn zusammen dachte; er meynte, der Leichnam würde anfangen zu bluten, wenn sie sich ihm nahte, denn er sowohl als Walter, und die meisten Personen der damaligen Zeit hiengen der Meynung fest an, daß der Körper des Ermordeten bey Annäherung des Mörders ein Zeichen von sich gäbe.

Der Graf von Tripoli trennte sich ungern von dem Tempelherrn; er versuchte es, ihn zum Umkehren zu bereden. Aber Walter war zu froh, von einem Orte hinweg zu kommen, wo es ihm so wenig gefiel, als daß er dahin hätte zurück kehren sollen. Ich gehe nach Akkon, sagte er, indem er Raimunden treuherzig die Hand drückte, daselbst könnet ihr mich finden, wenn ihr meine Hülfe nöthig habt. Die beyden Helden trennten sich, und ich bin zweifelhaft, welchen ich begleiten, ob ich meinen Lesern die kriegerischen Geschäfte die Waltern zu Akkon erwarteten, oder lieber das erzählen soll, was bey und nach Raimunds Ankunft, bey den Abderiten von Jerusalem vorgieng. Ich wähle das Letztere, und verspreche mich kurz zu fassen, damit wir uns nicht lange von unserm Helden trennen mögen.

Eben das Volk, das vor wenig Stunden seinen neuen König den großen Veit von Lusignan mit der ausgelassendsten Freude bis gen Himmel erhoben hatte, eben dasselbe empfieng nun die Leiche des jungen Balduins mit einem Klaggeschrey, und begleitete sie mit tausend Lobeserhebungen, welche eher auf den König Salomo glorwürdigsten Andenkens, als auf einen zwölfjährigen

Abkömmling der Balduine gepaßt hätte, nach dem königlichen Palaste. — Ein Kämmerling der Königin wurde herabgeschickt, um Graf Raimunden zu bitten, er mögte die Ueberbleibsel seines Mündels nicht hieher, sondern gleich in eine Kirche oder an einen andern schicklichen Ort bringen lassen, auch mögte er der Königin verzeihen, daß sie jetzt schlechterdings nicht im Stande wäre, ihn vor sich kommen zu lassen; aber der alte Graf kehrte sich an nichts, ließ die Leiche in die untere Halle niedersetzen, und gieng ohne Umstände nach dem Zimmer der Königin, wo er sie in Gesellschaft des Patriarchen, des Großmeisters, und ihres würdigen Bräutigams antraf. Meine Leser werden sich wundern, daß Terrikus nach seinen letzten Gespräch mit der Königin, und nach der Erwählung des edeln Veit von Lusignan zu ihrem Gemahl, sich bey ihr konnte finden lassen; aber sie kennen den Ritter von Tremelai noch nicht, wenn ihnen dieses seltsam vorkommen kann. Terrikus besaß eine wundernswürdige Gabe, Dinge zu vergessen, und als ungeschehen anzusehen, die er vergessen wollte; — Er dachte nicht mehr an die Sottisen die ihm die Königin gesagt hatte, um, wenn er daran dächte, nicht dadurch des Vergnügens ihrer Gesellschaft beraubt zu seyn. Daß Veit zum König erwählt und er übergangen worden war, das kränkte ihn weit weniger, als wenn Walter oder ein anderer Mann von Verdiensten diesen Vorzug vor ihm erhalten hätte, er freute sich vielmehr, da ihm nun einmal das Glück nicht günstig gewesen war, daß es die Krone einem solchen hirnlosen Kopfe aufgesetzt hatte, welcher schlechterdings andere für sich mußte denken und handeln lassen. Er sah schon im Geist die Rolle, die auch er bey seiner Regierung würde spielen können, und wünschte Veiten so herzlich Glück, daß man sich über sein gutes Gemüth verwundern mußte. — Sybille, welche seit den drey oder vier Stunden daß Veit ihr Bräutigam war, ihn unausstehlicher als jemals fand, freute sich, ihren beleidigten Liebhaber zurück kehren und in solcher Einigkeit mit ihren künftigen Gemahle zu sehen, und versprach sich daraus goldne Tage für die Zukunft. Heraklius war in einem tiefen Gespräch mit Remigien begriffen, und fühlte keine Eifersucht über die Süßigkeiten die sich die Königin wechselsweise von den beyden andern sagen ließ. — In dieser Situation befand man sich in Sybillens Kabinet, als das Geschrey von der Ankunft der Leiche Balduins erscholl, welches keinen weitern Eindruck auf diese kleine Versammlung machte, als daß man geschwind einen Hofjunker mit den Befehlen an Raimunden hinunter schickte, die wir gehört haben, und die von ihm so wenig geachtet wurden. — Er trat ungemeldet ins Zimmer; Himmel! schrie Veit von Lusignan der ihn zuerst gewahr ward, Himmel! der Vormund der Könige von Jerusalem! Ich sagte

Raimund, ich war der Vormund zweyer dieser Könige, und ich könnte es auch bey dem dritten seyn, da wie es scheint, dieses Scepter aus der Hand des einen Unmündigen immer in die Hand des andern kommen soll. Man wird euch dieser Mühe erheben, sagte die Königin, ihr wißt das Leben und das Glück eurer Mündel zu schlecht in Acht zu nehmen, als daß man sich nach eurer Vormundschaft sehnen sollte. — Was auf diese unbesonnene Rede für eine Antwort erfolgte, ist leicht zu errathen. Sybille, der Patriarch, Terrikus und selbst Veit waren anfangs kühn genug, den Donnerworten die aus dem Munde des alten Grafen giengen, ihr Geschwätz entgegen zu setzen, aber Raimund brachte einen nach den andern zum Stillschweigen, denn die Wahrheit war auf seiner Seite. Die Königin weinte, der Patriarch biß sich in die Lippen und gieng mit großen Schritten im Zimmer auf und ab, Terrikus besahe den Grif seines Schwerts, und König Veit stand mit in die Höhe gezogenen Schultern und Augenbraunen, mit herabgesunkenen Händen und zitternden Knien, — genug, in einer Stellung in einem Winkel, als ob er alle Augenblicke fürchtete der Vormund von Jerusalem würde ihn mit einem Schlage für seinen Mündel erklären, den sonst nie die Könige, sondern nur ungezogne Knaben zu bekommen pflegen. — Endlich schwieg auch Raimund, lehnte sich auf seinem Sitz zurück, und betrachtete mit in=

einander geschlagnen Armen und verächtlichen Lächeln die Verwirrung in die seine Zuhörer durch seine Worte gesetzt worden waren. — Wie sie da sitzen, stehen und gehen! rief er nach einer Weile, kann nur ein Einziges von ihnen ein Wort wider das, was die Wahrheit aus mir sprach, aufbringen? — Lebt wohl! setzte er hinzu, indem er aufstand, ich weis, daß alles was ich sagte, in den Wind geredet war, ich weis, daß ihr eure vergangenen Thorheiten und Unthaten sowohl als euer künftiges Unglück nicht sehen könnt und wollt, und ich trenne mich deswegen von euch und überlasse euch eurem Schicksal. Ich bleibe nur so lange zu Jerusalem, als ich Zeit zur Salbung und Beerdigung der Leiche des unglücklichen Balduins brauche. Niemand unter euch unterstehe sich, ihm zu seinem Grabe zu folgen. Unglück genug für ihn, daß er in seiner kurzen Lebenszeit von Thoren und Bösewichtern umringt war, die sein Herz verderbten, seinen Verstand verwahrloßten, und ihn dem Tode in den Rachen jagten; seine Asche müsse euch heilig seyn, und nicht durch eure Gegenwart verunruhet werden! Nur seiner Mutter sey es vergönnt, noch einmal die kalten Ueberreste ihres Sohns zu sehen, ob sich vielleicht ihr Herz über denselben erweichen, und Entschließungen fassen mögte, die ihrem Range und ihrem Alter anständig wären.

Raimund eilte zu dem Leichname seines Mündels, und brachte die wenigen Tage, die er zu seinem Aufenthalt in Jerusalem bestimmt hatte, auf die Art zu, wie er im Zimmer der Königin gesagt hatte. Balduin ward beerdigt, und Sybille kam nicht die kalten Ueberreste ihres Sohns noch einmal zu sehen, und bey diesem Anblicke ihr Herz zu bessern Empfindungen erweichen zu lassen; vielleicht daß sie auch insgeheim der Meynung beypflichtete, welcher Raimund und Walter, und die Meisten der damaligen Zeit zugethan waren, vielleicht daß sie auch zitterte, aus dem Leichnam des verwahrloßten Balduins bey ihrer Annäherung Blut hervorquellen zu sehen.

Der Graf von Tripoli war im Begrif die Stadt zu verlassen, und Terrikus rieth dem edeln Veit von Lusignan, welcher nun schon seit einigen Tagen Sybillens Gemahl war, sein königliches Ansehn dadurch zu beweisen, daß er dem Vormund von Jerusalem nur für seine Person den Abzug gestattete, und ihm gebieten ließ, alle seine Völker zurück zu lassen. Raimund vernahm den Befehl des ohnmächtigen Veits, eiferte sich ein wenig darüber, wie man sich über den Hohn eines Knaben eifert, und zog mit fliegenden Fähnen und klingendem Spiel, vor dem königlichen Palast über, aus den Thoren von Jerusalem hinaus, ohne einen einzigen von seinen Leuten zurück zu lassen.

Er nahm seinen Zug nach Tabaria, und sorgte dafür, sich wider alle feindliche Anfälle zu schützen, recht als ob ihm das ahndete was bald darauf erfolgte. Sybille war ausser sich vor Wüth über alle den Schimpf den sie von Raimunden hatte erdulden müssen. Die Verachtung, mit welcher er ihr und ihren Kreaturen begegnete, die Schande, von der Leichbestattung ihres Sohnes ausgeschlossen gewesen zu seyn, und die Einsamkeit in welcher der Graf von Tripoli während seines Aufenthalts zu Jerusalem lebte, ohne die Königin eines zweyten Besuchs zu würdigen, waren der Aufmerksamkeit des Pöbels nicht entgangen, und hatten Sybillens Ansehn gewaltig herabgesetzt. — Das wankelmüthige Volk, das vor kurzen die Namen Veit und Sybille wie Götternamen ausgesprochen hatte, fieng an, sich mit allerley lästerlichen Gerüchten, und schimpflichen Liedern von ihnen zu tragen. Einige davon kamen vor die Ohren der Königin, und sie war unbillig genug, den großen, ernsten, edeln Raimund und seine Anhänger für die Urheber solcher Armseligkeiten zu halten, oder wenigstens auszugeben. Sie schnaubte Rache, und Terrikus, welchen die Noth der Christenheit bisher nicht aus seinem Schlummer hätte wecken können, mußte nun um eines beleidigten Weibes willen die süße Ruhe zu Jerusalem verlassen und die Waffen hervor suchen. — Man bemühte sich ein Heer zu sammeln, aber es gieng sehr langsam damit zu. Die Einwohner von Jerusalem schloſſen ſich von dieſem Zuge aus, da ſie hörten daß er wider Raimunden gehen ſollte, wider den, der ihnen ſeit ſo langen Jahren Vater war, der ihnen ſo oft in Gefahr Schutz, und in Theurung Brod gegeben hatte. Der Großmeiſter ſahe ſich alſo genöthigt ſeine Ritter von allen Enden des Königreichs wohin er ſie vertheilt hatte zu ſammlen. Nach Akkon, wo Walter, und Konrad, und Gerhard von Riedeſſer mit ihren Völkern waren, trauete er ſich nicht, weil er wohl denken konnte, daß er bey dieſen keine Hülfe wider den Grafen von Tripoli finden würde; ſein Heer würde alſo ſehr klein und gar nicht furchtbar für Raimunden geweſen ſeyn, wenn nicht eben zu dieſer Zeit die Hoſpitaliter mit einer anſehnlichen Macht aus England nach Jeruſalem gekommen wären. Man war entzükt, als man hörte, daß ſie Akkon vorbey gezogen waren und noch kein Wort mit Waltern und den Seinigen gewechſelt hatten. Man bemühte ſich, ſie auf die Seite der Königin zu ziehen, und Terrikus, dieſer Meiſter in Verdrehungen, wußte dem Großmeiſter der Hoſpitaliter, dem aufrichtigen, argloſen Roger von Mulinis, alles was bisher zu Jeruſalem vorgegangen war, ſo gehäßig vorzuſtellen, Balduins Tod, Raimunds und Walters Abreiſe von Jeruſalem, und tauſend andre Dinge, ihm in einem ſo falſchen Lichte zu zeigen, daß er ſeinen Zweck völlig erreichte. Ritter, ſagte Roger zu Terrikus, wenn die Ritter eures eignen Ordens euch den Gehorſam verſagen, wenn ſie Jerusalem die Völker entziehen, die bloß zu Vertheidigung dieser Stadt nach Paläſtina geſchickt wurden, wenn ſelbſt der alte Raimund treulos wird, ſo verlaßt euch auf uns. Die Hoſpitaliter ſind nicht gewohnt, von ihren Freunden abtrünnig zu werden. Morgen brechen wir mit euch auf, und ſehen, ob wir den Grafen von Tripoli nicht zu vernünftigern Gedanken bringen können. — Ein Handſchlag, und die Sache war richtig. Des andern Tages verließen Roger und Terrikus Jeruſalem mit einem ſehr anſehnlichen Heere. Veit mußte, ſo ſehr er auch bat, auf Befehl ſeiner Königin mit zu Felde ziehen; Terrikus verſprach, ihn wohl in Acht zu nehmen; und Roger ärgerte ſich nicht an ſeinen Schwachheiten, weil er dergleichen ſeit langen Jahren an den Königen von Jeruſalem gewöhnt war, und vermuthlich dachte, es müſſe ſo ſeyn. — Man langte zu Tabaria an, und Graf Raimund ſah ſich auf einmal ſo hart, ſo ernſtlich belagert, als er nicht vermuthet hatte. Er hatte nur auf einen Gegner wie Terrikus gerechnet, aber den Hoſpitalitern war er nicht gewachſen. — Die Noth und Gefahr zu Tabaria ward mit jedem Tage bringender, Raimund ſchickte zu Waltern nach Akkon um Hülfe; aber dieſer war ſelbſt an dieſem Orte von dem Techedin, den ihm Saladin über den Hals geſchickt hatte, ſo enge eingeſchloſſen, daß er eher ſelbſt Hülfe brauchte, als ſie andern geben konnte — Der unglückliche Vertheidiger von Tabaria wandte ſich an den Fürſten von Antiochien, und Philip von Flandern, welche, als er noch Vormund der Könige von Jerusalem war, immer eine besondere Freundschaft gegen ihm vorgegeben hatten; aber auch hier war sein Ansuchen vergebens, und er befand sich in einer Verlegenheit, in welcher es ihm wohl zu verzeihen war, wenn er einen Schritt that, der sich nicht ganz rechtfertigen ließ.

Zehntes Kapitel.

Ende der Belagerung von Tabaria und Akkon.

So sehr Tabaria auch bedrängt war, so hatten die Feinde diese Stadt dennoch nicht so enge eingeschlossen, daß nicht Bothschaften aus derselben und in dieselbe konnten gebracht werden, ohne daß der Feind es gewahr geworden wäre; nur die Zufuhr der Lebensmittel war den Belagerten abgeschnitten, und das frische Wasser, ein so großes Bedürfniß bey der unleidlichen Hitze, begunnte bald gänzlich zu mangeln, da der Hauptquell, welcher alle Brunnen der Stadt mit Wasser versah, in den Händen der Feinde war. Ansteckende Krankheiten fiengen an zu wüthen, und rieben in kurzer Zeit eine große Anzahl der unglücklichen

Einwohner von Tabaria auf. Raimunds Familie hatte bereits einen seiner jüngsten Söhne, und zwo seiner Enkelinnen eingebüßt, die übrigen fühlten schon bald alle die Vorboten der Seuche, und seine Gemahlin war dem Tode nahe. Ein Trunk frisches Wasser hätte sie vielleicht gerettet oder wenigstens gelabt; aber wie war es möglich die Hülfe von den harten Feinden zu erbitten? — Raimund konnte das Elend der Seinigen nicht mehr mit ansehen, konnte das Schreyen der unglücklichen Tabarienser nicht mehr anhören. Er schickte Boten an Terrikus, um zu kapituliren, und zu hören, was für Bedingungen er gegen Uebergabe der Stadt machen würde. Terrikus entzückt, seinen und Sybillens Feind gedemüthigt zu sehen, wünschte nunmehr auch ihn ganz aufzureiben. Die Antwort die er ihm sagen ließ, war: Er hätte keine Bedingungen zu machen, er wolle nur noch einige Wochen vor der Stadt verweilen, und dann gewiß abziehen ohne ihn weiter zu beunruhigen. — Das Leben der Einwohner von Tabaria konnte, wenn keine Aenderung vorgieng, keine Woche mehr gefristet werden, und der grausame Terrikus redete von mehrern Wochen die vergehen sollten, ehe er die Belagerung aufheben wollte. Daß er nach dieser Zeit abziehen würde, war freylich sehr glaublich; warum hätte er länger vor einem Orte verweilen sollen der alsdenn ganz verödet, und im Stande seyn mußte, mit dem Geruche seiner Leichen die ganze Gegend anzustecken? — Raimund überließ sich nach diesem Bescheid der finstersten Verzweiflung, und das Volk, welches etwas von demselben gehört hatte, sann darauf die Stadtthore zu öfnen und den Feind einzulassen, weil man alsdenn doch noch auf einige Gnade hofte. — Um die Gesinnungen des Belagerers indessen zu prüfen, und nicht auf Gerathewohl zu viel zu wagen, entschlossen sich einige, heimlich zu Terrifus überzugehen, und zu sehen, wie sie aufgenommen werden würden; aber der Grausame ließ sie wider alle Rechte der Menschlichkeit theils niedermachen theils in die Stadt zurück treiben. Was hätte Raimund und seine Familie zu erwarten gehabt, wenn sie, wie dem gebeugten Grafen manchmal einfiel, sich in ihres Feindes Hände geliefert hätten? In dieser äussersten Noth erhielt Raimund einen Brief den ich hersetzen will, damit meine Leser von der Wirkung die er that urtheilen, und den Grafen entschuldigen können.

Edler Greis!

Verzaget nicht. Ich weis wie ihr von euren Feinden gedrängt werdet! aber ich, ob ich gleich selbst euer Feind bin, will euch retten. Morgen, ehe der Tag anbricht, wird Saladin den verruchten Terrifus, den er noch von Odos Zeiten her haßt und verabscheut, angreifen, und den Einwohnern eurer bedrängten Stadt Luft machen. Lebensmittel und Erfrischungen werdet ihr überflüßig in dem Lager eurer Feinde finden, welches ich euch Preis gebe. Wenn ich euch einen Freundschafts=dienst erzeige, wenn ich euer und der Eurigen Leben rette, so foderte ich gern zur Belohnung, daß ihr mit den Eurigen eure undankbaren Glaubensgenossen verließet, und euch in die Arme dessen werfen mögtet, welcher eure Tugend und Weisheit zu schätzen weis; aber ich will weder von Belohnungen noch von Bedingungen sprechen, ich kenne eure Gesinnungen, ich weis, daß ihr euch vielleicht schon ein Bedenken machen werdet, mit dem Feinde der Christen durch diesen Brief eine Art von heimlichen Verständniß zu haben. Sollte dieses seyn, so bitte ich euch zu beruhigen. Ihr seyd unschuldig an dem, was ich auf morgen euren Glaubensgenossen zugedacht habe; ihr fodertet mich nicht dazu auf, und nehmet nur gelegentlich eure Befreyung aus ihrer Niederlage. Ich würde euch nichts von der ganzen Sache gemeldet haben, wenn ich nicht eben heute euer äusserstes Elend erfahren hätte, welches ich durch Hofnung lindern muß; denn ihr seyd ein Mensch, und die Verzweiflung könnte euch kurz vor der Aenderung eures Schicksals zu einen schrecklichen Entschluß bewegen. — Ich hoffe, ihr werdet nicht so unsinnig seyn, und euren Retter euren Feinden verrathen; solltet ihr es thun, so fürchtet die Rache,

Saladins.

Was hätte Raimund in der Lage in der er sich befand nach Empfang eines solchen Briefs thun sollen, thun können? — Ich will es nicht entscheiden, sondern erzählen, was er that, und hinzusetzen, daß er meines Erachtens recht handelte. — Er dankte Gott für den Strahl der Hofnung, der sich ihm zeigte, gab Ordre, daß man auf allen Thürmen der Stadt die Bewegungen die im Lager vorgiengen genau beobachten sollte, ließ dem schmachtenden Volke etwas von dem geringen Vorrathe austheilen, den man auf den künftigen Tag verspart hatte, und eilte zu seiner kranken Gemahlin und zu seinen Kindern, um die letzten mit dunkler Hofnung zu trösten, und bey der ersten zu versuchen, ob der Funke des Lebens der noch in ihr glimmte, sich noch so lang erhalten ließ, bis der morgende Tag, ihr und so vielen andern, welche mit ihr auf gleiche Art litten, völlige Rettung mit brächte. Er wich diese ganze Nacht nicht von ihrem Bette, und man stelle sich die Angst vor, mit welcher er jede ihrer Bewegungen bewachte, und ihre scheidende Seele aufzuhalten suchte. — Kaum fieng die erste Dämmerung des Tages an zu scheinen, als von allen auf den Thürmen ausgestellten Wachten Botschaften über Botschaften von einer ungewöhnlichen Unruhe im Lager kamen. Das zunehmende Tageslicht zeigte Raimunden, welcher selbst auf eine Warte gestiegen war, um alles in Obacht zunehmen, den Angrif der Sarazenen ganz deutlich. Terrikus und die Seinen wehrten sich tapfer, der Feind begann, wie es schien zu fliehen, aber der Graf von Tripoli, welcher alles übersehen konnte, merkte gar bald, daß es nur darum geschah, um die Belagerer zur Nachsetzung zu reizen, und den Belagerten Luft zu machen. Es ist unmöglich Raimunds Empfindungen zu beschreiben; Dankbarkeit gegen Saladin, Freude über die Aenderung seines Schicksals, Kummer über die Niederlage seiner Glaubensgenossen, die er vor Augen sah, und Widerwille sich dieselbe zu Nutze zu machen, kämpften in seiner Seele. Und doch — es mußte seyn, es galt hier kein langes Bedenken. — Er ließ die Hauptleute der Stadtbesatzung vor sich fodern, entdeckte ihnen von der Lage der Sachen so viel ihnen zu wissen nöthig war, gab ihnen Befehl zu einen Ausfall, und nahm einen feyerlichen Eid von ihnen, sich an keiner Beute des Lagers, als denen ihnen so unumgänglich nöthigen Lebensmitteln und Erfrischungen zu vergreifen. — Die Tabarienser jauchzten als sie diesen Befehl und die Nachricht von dem Zustande im feindlichen Lager erhielten. Alle Thore wurden geöfnet, das Volk strömte Haufenweis hinaus, und kam bald mit Ueberfluß von allen Arten Speisen und Getränke beladen zurück. Einige hatten sich durch den Geiz verleiten lassen, sich an einigen Kostbarkeiten zu vergreifen; aber die gute Aufsicht welche Raimund hielt, entdeckte gar bald diesen Raub, welcher sogleich zurück gebracht werden mußte. Unter andern zum Theil unnützen Dingen, ward auch König Veit eingebracht, welcher sich nebst einigen seiner Sklaven beym ersten Anblick der Feinde versteckt, und auf diese Art gerettet hatte; sie hatten ihn nicht vermuthet, und nicht vermißt, und es war ihm also leicht gewesen zu entkommen. Graf Raimund schickte ihn mit einigen Aufträgen an Terrikus, die er vermuthlich nicht das Herz hatte auszurichten, ins Lager zurück, und König Veit nahm seine Freyheit mit tausend Danksagungen, tausend Bitten um Verzeyung und Versicherungen an, daß er keinen Theil an Terrikus grausamen Verfahren habe, und wider Willen genöthigt worden sey, ihn auf diesem Zuge zu begleiten. Raimund glaubte dieses gern, und hieß ihn gehen.

Saladin ließ sich, um den Tabariensern Zeit zu gönnen, bis gegen den Abend von dem christlichen Heere verfolgen, und wandte sich alsdenn erst gegen sie zurück, und ließ sie den Nachdruck seiner Macht dermaßen fühlen, daß kaum die Hälfte des Heers flüchtig ins Lager zurück kam. Terrikus, welcher mit einigen Wunden davon kam, vernahm von dem Könige alles, was sich in seiner Abwesenheit begeben hatte. Der Schluß, den er aus dem Ausfall der Belagerten und aus ihrem ganzen Verfahren zog, ist leicht zu errathen. Graf Raimund lebte nach seinen Gedanken in einem heimlichen Verständnisse mit den Sarazenen, und alle Grausamkeiten die man sich bisher gegen Tabaria erlaubt hatte, wurden durch diese Entdeckung gerechtfertigt. — Man wird sich vielleicht gewundert haben, wie der redliche Roger von Mulinis, der mit Terrikus gemeinschaftlich diese Stadt zu belagern auszog, diesem Unmenschen in allen so freye Macht lassen konnte; aber wichtige Angelegenheiten seines Ordens hatten ihn gleich zu Anfang des Zugs wider Raimunden genöthigt, sich von Terrikus zu trennen, er hatte sich nur mit wenigen seiner Leute entfernt, und dem Großmeister den größten Theil seines Heers zu Ausführung seines Anschlags hinterlassen. Auf was für eine Art sich Terrikus seiner Macht bediente, haben wir gesehen; er ließ es nicht genug seyn, die bedrängte Stadt auf unerhörte Art zu ängstigen, er versagte ihr auch sogar alle Kapitulation, er ließ die Unschuldigen die sich aus Verzweiflung in seine Hände gaben, auf die grausamste Art niedermachen. Oft war ihm bange gewesen, wie er dieses Verfahren, das sich nur vor seinen eigenen bösen Herzen rechtfertigen ließ, vor dem gerechten Groß=

meister der Hospitaliter verantworten wollte; aber nun, da er mit einigem Grunde der Wahrscheinlichkeit den Belagerten Bundbrüchigkeit und heimliches Verständniß mit den Sarazenen schuld geben konnte, nun zitterte er nicht mehr vor der Ankunft des edeln Rogers von Mulinis, welche noch denselbigen Abend erfolgte. Terrikus wußte dem Großmeister der Hospitaliter die Sache auf so eine Art vorzustellen, daß dieser sonst so sanfte und billigdenkende Mann in einen Zorn gerieth, in welchem er im Stande gewesen wär, Raimunden mit eigener Hand nieder zu hauen, wenn er in seiner Gewalt gewesen wäre. Gemeine Sache mit den Sarazenen wieder ein christliches Heer zu machen, war in den damahligen Zeiten der ärgste Hochverrath der sich denken ließ, und der nicht anders als mit dem Tode bestraft werden konnte. Der Großmeister des Tempelordens wußte Rogers Grimm wider Tabaria so anzufachen, daß er gewiß einen wüthenden Angrif auf die Stadt gewagt haben würde, wenn nicht das ganze Heer, welches dem Schwert der Sarazenen diesen Tag entgangen war, matt und verwundet gewesen wäre; man mußte sich also diese Rache vergehen lassen. Die Belagerung fort zu setzen, war auch keine Möglichkeit, weil die Tabarienser allen Vorrath an Lebensmitteln so sorgfältig aufgeräumt hatten, daß selbst König Veits Majestät diesen Abend halb hungrig zu Bette gehn mußte. Die gestärkten und gesättigten Einwohner der belagerten Stadt hatten indessen ihren Muth völlig wieder erhalten, man sahe auf den Mauern die besten Anstalten einen Sturm abzuschlagen wenn einer sollte zu besorgen seyn, und bemerkte Bewegungen in der Stadt, welche den Belagerern vor einen Ausfalle bange machten. Man bereitete sich deswegen diese Nacht im Lager zum Aufbruch, und des andern Morgens war das Feld völlig geräumt, und die Tabarienser konnten ruhig zu ihren Thoren aus und eingehen, ohne den Schatten von einem Feinde zu sehen. — Dieser so fröhliche Tag der Befreyung von allem Jammer sollte noch durch eine glückliche Begebenheit merkwürdig gemacht werden.

Unser Walter, von dem wir so lange nichts gehört haben, und welcher wie wir wissen, bisher zu Akkon fast so fest als Raimund zu Tabaria eingeschlossen war, nur daß sein Belagerer kein Terrikus, sondern der sarazenische Techebin war, unser Walter hatte unversehens in seiner Vestung eine Verstärkung von etlichen zwanzig seiner Ordensbrüder bekommen, welche sich, den Feinden unvermerkt, zu verschiedenen Thoren bey Nachtzeit in dieselbe einzuschleichen gewußt hatten. — Eine so geringe Anzahl wäre nun wöl nicht im Stande gewesen dem belagerten Akkon großen Vortheil zu bringen, wenn sie nicht eine Art von wirksamerer Hülfe als die Kraft ihrer Arme mit sich gebracht hätten. Einige von ihnen waren lange Zeit in der Sklaverey der Sarazenen gewesen, und hatten daselbst ihren Herren die Kunst mit dem griechischen Feuer umzugehen, welche die Ungläubigen in der höchsten Vollkommenheit besaßen, so aus dem Grunde abgelernt, daß sie es nun wagen konnten, dieses fürchterliche Vertheidigungsmittel, wider sie selbst zu gebrauchen. Waltern waren diese Ankömmlinge mit ihrer verderblichen Kunst, in der äussersten Noth in der er sich befand willkommen; und man gebrauchte sich derselben mit so gutem Erfolg, daß der Feind die Belagerung in kurzer Zeit aufheben, und Waltern freye Hand lassen mußte, zu ziehen, wohin er wollte. Walter wußte etwas von der unglücklichen Verfassung, in welcher der Graf von Tripoli sich zu Tabaria befand, und die Vorstellung von der Noth seines Freundes, vielleicht auch seiner Geliebten, (denn er glaubte immer noch zuweilen, daß Matilde sich bey ihrem Vater aufhielte,) war es, was ihn antrieb, sich aller Mittel, selbst des grausamen griechischen Feuers zu bedienen, um frey zu werden, und den Geliebten seines Herzens beyspringen zu können.

Die Sarazenen hatten nicht sobald die Gegend vor Akkon geräumt, als Walter sein Volk zusammen zog, nur so viel davon in der Stadt zurück ließ, als zur Beschützung derselben nothdürftig war, und mit dem größern Theil seiner Leute Graf Raimunden zu Hülfe zog, bey welchem er an eben den Tage anlangte, da er von seinen Belagerern befreyt worden war.

Eilftes Kapitel.

Raimunds Weisheit und Walters Tapferkeit unterliegt der größern Anzahl der Thoren.

Der Graf von Tripoli war frey; seine Kinder fiengen an zu genesen; seine Gemahlin war zwar noch dem Tode nahe, aber doch nicht mehr hülflos, und folglich auch nicht mehr ohne Hofnung. Tabaria war gerettet; die Feinde aus dem Felde geschlagen; wie viel Ursachen zur Freude! und doch trauerte der unglückliche Graf. Die Vorstellung, daß Saladin, daß der Feind der Christen sein Retter war, daß seine Befreyung die Folge von der Niederlage seiner Glaubensverwandten war, daß er vermuthlich bey ihnen den Namen eines Verräthers führen müßte, verbitterte ihm alle Fröhlichkeit. Kaum war Walters Erscheinung im Stande ihn ein wenig aufzurichten. Er erfuhr gar bald aus dem Munde des alten Grafen sein bisheriges Ergehen und seine Rettung, die Ursach der allgemeinen Freude, und seines Grams. — Walter bemühte sich seinen Freund zu trösten, und es gelang ihm einigermaßen. Seine Gewissenszweifel ihm zu benehmen, ihm begreiflich zu machen, daß er nicht anders handeln konnte als er gehandelt hatte, brauchte er nicht vielmehr als Saladins eignen Brief, der ihn selbst von aller Schuld an seinem Unternehmen wider die Christen freysprach, ihm deutlich sagte, daß er seine Befreyung nur als eine zufällige Folge, nicht als eine Ursach der Schlacht bey Tabaria anzusehen hatte; daß er bey der Wissenschaft die er um Saladins Vorhaben hatte, nicht anders handeln konnte. Denn was würde es geholfen haben wenn er seine Belagerer vor den Ueberfall der Sarazenen gewarnt hätte? Würde man ihm gedankt haben? Würde des Sultans Absicht dadurch vernichtet worden seyn? Und, hätte er nicht vielmehr, wie sich Saladin in seinem Briefe sehr richtig ausdrückte, unsinnig gehandelt, wenn er seinen Retter an seine Feinde verrathen hätte? — Unser Held war also in dem Versuch, Raimunds Gewissen zu beruhigen, ziemlich glücklich, ihn aber wegen der übeln Meynung, welche die Christenheit von seinem Verfahren haben mußte, zufrieden zu stellen, dieses ward ihm ein wenig schwer. Ein alter Held, der die ganze Zeit seines Lebens redlich und untadelhaft handelte, kann es nicht gleichgültig ansehen, wenn ein Zufall ihm bald am Ziele seiner Laufbahn diesen Ruhm entreißt. Raimund war durch Walters Vorstellungen mit seinem eignen Verhalten nun so weit ausgesöhnt, daß er wünschte, jedermann mögte es nach allen seinen Umständen kennen, und es so beurtheilen, wie es beurtheilt werden mußte. Was Sybille, was der Patriarch, was Veit und Terrikus von ihm dachten, das konnte ihm nun endlich gleichgültig seyn; aber daß sie einen Schein in ihrer Gewalt hatten, seiner Tugend und Redlichkeit einen Schandfleck anzuwerfen, und sie mit einigen Grund der Wahrscheinlichkeit bey dem gutdenkenden Theil der Christenheit zu verleumden, das war ein Gedanke, der ihm das Herz abnagte, und für den Walter kein ander Mittel wußte, als das Versprechen, sich zum Unterhändler zwischen ihm und seinen Gegnern brauchen zu lassen, und ihn vor ihnen zu rechtfertigen. — Mit Terrikus und seinem Anhange eine solche Unterhandlung vorzunehmen, wäre nun wohl eine unnöthige Mühe gewesen, denn diese würden bey allen Vorstellungen doch nie weiter gesehen haben als sie hätten sehen wollen; aber Roger von Mulinis zählte sich, wie Raimund und Walter erfahren hatten, zu ihrer Partie, und sich vor so einem Manne zu rechtfertigen, das lohnte sich schon der Mühe; auch konnte man hoffen, daß er die Augen vor der Wahrheit nicht verschließen, und sähe er dieselbe ein, der beste unverdächtigste Zeuge von Raimunds Unschuld seyn würde.

Walter, der in allen seinen wohlüberdachten Handlungen schnell und mit Eifer zu Werke gieng, machte sich gleich des andern Tages nach seiner Ankunft in Tabaria auf den Weg, das Verlangen seines Freundes zu erfüllen, und unsere Leser, welche wir schon vielleicht zu lange bey trocknen Kriegs = und Staatsangelegenheiten aufgehalten haben, werden uns erlauben, nur ganz kurz zu sagen: es glückte ihm.

Roger von Mulinis, an welchen sich unser Held eigentlich wandte, gab der Stimme der Wahrheit Gehör, er gestand, daß Raimund nicht anders hätte handeln können, und noch mehr, er sah auch alle Tücke ein, welche man bisher wider den Grafen von Tripoli gebraucht, alle Verdrehungen, deren sich Terrikus bedient hatte, sein und Walters Betragen, bey ihm, den Großmeister der Hospitaliter verdächtig zu machen, und ihn auf die falsche Seite zu ziehen. — Terrikus und sein Anhang würden vielleicht einer strengen Ahndung nicht entgangen seyn, wenn nicht Roger eingesehen hätte, daß das Beste der Christenheit allein auf der Einigkeit bestünde, und daß man, um einem so mächtigen Feinde wie Saladin gewachsen zu seyn, sich durch keine Privatangelegenheiten müsse

trennen laſſen. Laßt uns das Vergangene vergeſ=
ſen, ſagte er, Veit und ſeine Königin mögen ihr
Leben fortführen wie ſie es nicht anders können,
für uns thut das wenig zur Sache. Terrikus ſoll
ſeine heuchleriſchen Tücke laſſen, und Walter ſoll
nicht ganz vergeſſen, daß er gleichwohl der Groß=
meiſter ſeines Ordens iſt. Dem unglücklichen
Raimund ſoll nichts von den Begebenheiten zu
Tabaria aufgerückt werden, ſo wie er gleichfalls
die angethanen Beleidigungen vergeſſen, und da=
fern bey irgend jemand noch einiger Verdacht auf
ihn haftete, ſich bemühen wird, denſelben durch
tapfere Thaten wider die Sarazenen auszulöſchen.

Niemand konnte etwas wider den weiſen
Ausſpruch des edeln Rogers einwenden. Sein
redlicher unbeſcholtener Charakter verdiente die
Ehre Schiedsrichter zwiſchen Perſonen zu ſeyn,
die unabhängig von ihm waren, und ſich nur
darum nach ſeinem Urtheil bequemten, weil ſie
es gerecht und unpartheyiſch fanden.

Es ward eine allgemeine Verſöhnung ge=
ſchloſſen. Raimund ward aus Tabaria nach Je=
ruſalem geholt, man bat einander wechſelsweiſe
um Verzeihung, obgleich nicht überall mit gleich
redlichen Herzen. Die Königin lächelte gnädig auf
Waltern herab, Terrikus drückte ihm freundlich
die Hand, und der Patriarch fragte, ob ſein ge=

liebter Sohn nun geneigt wäre, die Beschützung
der Hauptstadt auf sich zu nehmen. Walter versprach alles, doch mit der Bedingung, daß man ihn
in seiner Ruhe lassen, und ihn auf keine Weise
nöthigen mögte, an den Lustbarkeiten oder Kabalen
des Hofs Antheil zu nehmen.

So standen die Sachen eine lange Zeit, bis
sich wieder Gelegenheit zu neuem Zwist zeigte. —
Graf Raimund hatte seine Familie wegen der
schwachen Gesundheit seiner Gemahlin zu Tabaria
gelassen, und es erscholl plötzlich zu Jerusalem das
Gerücht, daß Saladin auf diesen Ort anrückte, um
ihn zu belagern. — König Veit, welcher jetzt wirklich zuweilen wie ein anderer König that und versprach, verhieß dem Grafen die Stadt zu entsetzen,
und seine Familie zu retten. Raimund, um zu
zeigen wie wenig er gesonnen wäre, seinen Pri-
vatnutzen dem gemeinen Besten vorzuziehen, wie-
derrieth dieses. — Saladins Macht, sagte er, ist
zu groß, als daß wir uns wider ihn ins Feld
wagen können, und es ist besser, Tabaria mit allen
seinen Einwohnern kommt in seine Hände, als daß
wir, wenn wir ihm entgegen gehen, unsere wenige
Mannschaft schwächen, und Jerusalem die nöthige
Hülfe entziehen. Terrikus lächelte hämisch, und
gab nicht undeutlich zu verstehen, daß seinen Gedanken nach, hinter Raimunds Worten Verrätherey steckte. Tabaria, sagte er, wird sehr wohl

in Saladins Händen aufgehoben seyn, und die
Familie des Grafen von Tripoli hat freylich bey
seinem alten Freund und Retter, dem Sultan der
Sarazenen nichts zu fürchten. Walter ward um
seine Meynung gefragt, und diesem lag die Mög=
lichkeit, daß seine Matilde zu Tabaria seyn könne,
noch so fest im Sinne, daß er darauf stimmte,
Tabaria müßte unausbleiblich entsetzt, und den
Sarazenen nicht überlassen werden. — König Veit
fiel endlich, da die andern fast alle sich auf Wal=
ters Seite schlugen, nach seiner löblichen Gewohn=
heit den mehrsten Stimmen bey, und der Aufbruch
aus Jerusalem ward auf den dritten Tag festge=
setzt. — Auf Terrikus Anrathen, welcher seinen
heimlichen Groll auf Raimunden nicht lassen, und
keine Gelegenheit versäumen konnte, ihm einen
Schimpf anzuthun, durfte dieser unglückliche Graf,
der nun einmal bey den schwachen Köpfen zu Jeru=
salem in Verdacht der Verrätherey war, nicht mit
zu Felde zu ziehen, sondern mußte zu Jerusalem
bleiben, um wie man vorgab, die Stadt zu decken.
Raimund verstand alles, ohne daß man es ihm zu
erklären brauchte, und trennte sich mit solcher
Wehmuth von Waltern, als wenn er besorgte ihn
nicht wieder zu sehen.

Um mich nicht zu lange bey diesem Heereszuge,
der so unglücklich ablief, aufzuhalten, will ich
nur alle Vorgänge desselben kürzlich erwähnen.

Das christliche Heer stieß bey Marsteck auf Sala=
din, und würde ihm gewiß obgesiegt haben, wenn
nicht der König von Jerusalem sobald er einige
Gefahr zu sehen glaubte, die unglücklichen Tem=
pelherren nach der Weise der Balduine im Stiche
gelassen hätte. Die Schlacht dauerte einen ganzen
Tag, ohne daß die Tempelherrn gänzlich über=
wunden worden wären. Alle Ritter, selbst Terri=
kus, der auch tapfer seyn konnte wenn er wollte,
thaten Wunder bey dieser Aktion. — Innerliche
Verrätherey, Uebergang einiger Hauptleute, die
noch mit in der Belagerung von Tabaria gewesen
waren, und vor allen Dingen Mangel an Lebens=
mitteln, spielte den Sarazenen des andern Tages
den Sieg fast völlig in die Hände. Der weise
Veit hatte nicht vergessen, allen Proviant mit nach
Salnubia zu nehmen wohin er geflohen war. —
Saladin siegte endlich völlig; die meisten der Tem=
pelherren, und auch der Großmeister Terrikus ka=
men in seine Hände. Walter schickte das heilige
Kreuz, um es, da alles unter und über gieng, zu
retten, nach Salnubia; aber König Veit sahe nicht
sobald, daß dieser Ort, wo er sicher zu seyn glaub=
te, auch angegriffen ward, als er diesen größten
Schatz der Christenheit willig hin gab, und da=
durch seine geheiligte Person zu retten glaubte.
Die Sarazenen verstanden indessen nichts von die=
ser Auslösung, sie nahmen das Kreuz und nahmen
den tapfern König von Jerusalem, und brachten

beydes an den Ort wo auch Terrikus hingeführt worden war, welcher sich sehr wunderte, so gute Gesellschaft zu bekommen, und stündlich harrte, auch Waltern als seinen Mitgefangenen zu sehen; aber zum Glück erfolgte dieses nicht. Unser Held zog alle Macht, die ihm noch übrig war zusammen, um Jerusalem zu Hülfe zu ziehen; aber er kam zu spät; Saladin hatte während der Schlacht bey Marsteck durch den Techedin einen Angrif auf Jerusalem thun lassen. Graf Raimund hätte diese Stadt mit seinen Leuten retten können, wenn man ihm nicht aus Furcht der Verrätherey, deren man ihn immer noch beschuldigte, die Obergewalt über die Besatzung so sehr eingeschränckt hätte, daß er wenig ohne Einrede thun konnte. Der Patriarch und die Königin mischten sich in alles, und verderbten dadurch alle gute Anschläge des alten Helden von Tripoli. — Einer der unsinnigsten Einfälle des heiligen Heraklius war dieser, daß er an eben dem Tage, da man sich den Hauptsturm vermuthen konnte, eine Fasten und einen großen Kirchgang anstellte, von welchem Graf Raimund für sich und einige hundert Mann mit Mühe Dispensation erhalten konnte. Saladin wählte unglücklicher Weise eben die Zeit, da man in der größten Andacht begriffen war, zum Angrif. Raimund war zu schwach zum Widerstande. Die Stadt gieng über, und Heraklius, Sybille und alles, alles was Jerusalem enthielt, kam in die Hän=

de der Sarazenen. — Walter erfuhr diese
schreckliche Zeitung noch Zeit genug, daß er sich
von Jerusalem ab, nach Salnubia ziehen konn=
te. Die Nachricht, daß auch diese Stadt, daß
auch das Kreuz in Feindes Händen sey, schlug
ihn fast zu Boden; er faßte indessen seinen Ent=
schluß kurz, eilte nach Akkon, sprach die dasigen
Tempelherren auf, ihm zu folgen, nahm den
gefangenen Nureddin mit sich, und setzte sich, da
fast alle feste Städte hinweg waren, und er sich
zu schwach fühlte Akkon zu vertheidigen, in ei=
ner kleinen Burg fest, von wo er anfieng in
Unterhandlung mit Saladin zu treten. Es ward
ihm nicht so leicht als er geglaubt hatte, gegen
Nureddin, diesen geliebten, so viele Jahre von
seinem Oheim getrennten Neffen, den Großmei=
ster des Tempelordens und das Kreuz einzutau=
schen. Er stellte Terrikus den Brüdern vor,
und ermahnte den einen und die andern, sich
das Wohl der Christenheit angelegen seyn zu
lassen; er aber nahm das Kreuz, den Schlüssel
zum heiligen Grabe und zum Thurm Davids,
nebst noch einigen sehr verehrten Heiligthü=
mern, und setzte sich in Begleitung Konrads und
der Belforte zu Schiffe, um in Europa Hülfe
zu suchen.

Zwölftes Kapitel.

Ritter Konrad ist irre, und zieht Waltern gleichfalls in einen Irrthum.

Wie ganz anders war unserm Walter bey seiner jetzigen Einschiffung zu Muthe, als damals da er von seiner Reise nach Europa zurück kam und zu Joppe anlandete; der hohe Muth der ihn damals beseelte, war durch den schlechten Erfolg, den die meisten seiner Bemühungen in Palästina gehabt hatten, fast ganz niedergeschlagen; die ansehnliche Begleitung von Kriegsleuten, die er aus Frankreich mitbrachte, hatten fast alle Blut und Leben zugesetzt, und nichts damit gewonnen. Man stand auf den nämlichen Punkte wie vorhin, oder vielmehr auf einem noch schlimmern; Jerusalem, und fast ganz Palästina war in der Sarazenen Gewalt, und er reiste in weit geringerer Begleitung, mit weit schlechtern Hofnungen, um Hülfe in einem Lande zu suchen, wo man sich so lange zu besinnen pflegte ehe man sich entschließen konnte, sie zu geben, wo man sich den Gedanken ungescheut erlaubte, den er, wenn er in seinem Herzen zuweilen aufstieg, als gottlos verdammte, den Gedanken, daß man besser thun würde, den Sarazenen ein Land nicht länger zu bestreiten, das bereits so viel Blut gekostet hatte, und deßen ruhige Besitzung für die Christen keinen andern Nutzen haben konnte, als jährlich eine Menge müßiger Pilger an sich zu ziehen, welche Gott durch Sorge für ihre Familien, und Fleis in ihren Berufsgeschäften weit wohlgefälliger als durch die heißeste Andacht bey dem heiligen Grabe hätten dienen können. Durch Vorstellungen von dieser Art ganz niedergeschlagen, und oft auf die Meynung gebracht, welche einem Manne von seiner Art erschütternd seyn mußte, daß er den schönsten Theil seines Lebens zu Verfolgung eines Schattens angewendet habe, daß er in einem Stande lebte, der bey weiten nicht so heilig, nothwendig, verdienstlich und Gott wohlgefällig sey, als er bisher geglaubt hatte, suchte er sich bald seine Zweifel zu widerlegen, bald von denselben loßzureißen. — Seine eignen Angelegenheiten, die er bisher ganz aus der Acht gelassen hatte, um sich für andere aufzuopfern, gaben ihm hiezu den besten Anlaß, und er nahm sich vor, auf der gegenwärtigen Seereise wie auf der vorigen, sie nochmals zu überlegen, und sich zu dem vorzubereiten, was in Europa, was in England, wohin er diesesmal seinen Weg richten wollte, auf ihn warten mögte. Zu diesem Geschäfte waren ihm die Briefe Rosemundens unumgänglich nöthig, und er nahm keinen Aufschub, dieselben von dem Ritter von Stausen, welcher sie noch immer in seiner Verwahrung hatte zurück zu fodern. Ihr sollt sie haben, antwortete Konrad, und das Bild — setzte er hinzu, indem er die goldne Kapsel mit einen Seufzer aus dem Busen zog, da ist es, nehmt es hin dieses schöne Denkmal wie oft bey einem Weibe der Blick eines Engels mit dem treulosesten Herzen verbunden seyn kann. — Walter stutzte über diese seltsamen Worte, glaubte nicht recht gehört zu haben, und verzog, die Hand nach dem Gemählde auszustrecken. — Ja, ja, fuhr Konrad fort, nehmt es nur hin dieses gefährliche Bild, welches mich bald zu euren Mitbuhler gemacht hätte, wenn ich Schönheit ohne Treu und Tugend lieben könnte. — Zu meinen Mitbuhler? fragte der erstaunte Walter, kennt ihr das Original dieses Bildes, es ist meine Mutter. — Wie? rief Konrad, ist das nicht Graf Raimunds Tochter? Ist das nicht die Matilde von Tripoli die ihr so sehr liebtet, von deren Liebe ihr mir so viel erzähltet, und die doch im Stande war einen Mann wie ihr. — Himmel! schrie Walter, was sagt ihr da? was wißt ihr von Matilden. — Der Ritter von Stausen weigerte sich eher etwas zu sagen bis ihm der andere das Original des Bildes genannt, und ihm etwas genauer mit demselben bekannt gemacht hatte, und Walter sahe sich genöthigt, um seinem Ungestüm Einhalt zu thun, ihm das Hauptsächlichste von der Geschichte seiner Mutter zu ent=

decken, ihm sogar einige von ihren Briefen zu lesen. Konrad gerieth nach Endigung dieser Nachrichten in einen Tiefsinn, aus welchem nichts ihn erwecken konnte. Walter brannte vor Ungedulb, eine Erklärung über die räthselhaften Worte zu hören, deren er sich in Ansehung der Untreue deren er Matilden beschuldigte, bedient hatte; aber er mußte für diesen Tag darauf Verzicht thun, und Konraden von sich laßen, welcher in einer Bewegung war, die ich so wenig zu beschreiben vermag, als Walter sich dieselbe erklären konnte. Ich übergehe die fürchterlichen Vorstellungen die sich unser Tempelherr von demjenigen machte, was er von seiner Matilde hören würde, und in welchen ihm nichts zum Troste diente, als daß Konrad in der Person irre war, und daß, so wie er die längst verstorbene Rosemunde für Matilden gehalten hatte, auch wohl das, was er von der letzten zu sagen wissen konnte, ein Mißverständniß, eine Verwechselung der Gegenstände zum Grunde haben konnte.

Mit beschämtem Blick, erschien Konrad des andern Tages bey Waltern, setzte sich an seine Seite und fieng nach einen langen Stillschweigen folgender Gestalt an:

Ich muß mich zwingen, Ritter! muß euch meine Schwachheit gestehen, muß bekennen, daß ich, so lange ein Spötter und Verächter der Liebe, endlich ein Raub dieser fürchterlichen Leidenschaft geworden bin, ein Raub der thörichtsten Liebe, welche je in einem Herzen existirt haben mag. Das öftere Anschauen des Bildes, das ihr mir aufzuheben gabt, entriß mir mein Herz, ich hielt es für Matilden von Tripoli, und ihr könnt euch vorstellen, daß ich mich nicht ohne Widerstand entschloß der Nebenbuhler meines besten Freundes zu werden. Zu schwach der Zauberkraft, die in diesen Gesichtszügen liegt zu widerstehen, überließ ich mich endlich meiner thörichten Neigung, und tröstete mich mit der Hofnung, daß ihr und ich, beyde geweihte Ritter, auch beyde eine Person mit gleichem Glück lieben könnten, ohne Feinde zu seyn. Die Leichtigkeit mit welcher ihr euch des Besitzes dieses Bildes entschlagen, und euch der Ausübung eurer Pflichten überlassen konntet, ohne ein einzig mal nach demselben zu fragen, erregte zuweilen gar den Gedanken in mir, daß eure Liebe schwächer als die meinige seyn, und es euch vielleicht mit der Zeit möglich seyn könne euch derselben um meinetwillen zu entschlagen. — Wenn ihr jemals recht geliebt habt so müßt ihr alle Unmöglichkeiten kennen, mit welchen ein Liebender im Stande ist sich zu schmeicheln. — Nichts wäre fähig gewesen mich von meiner thörichten Leidenschaft loszureißen, als die Entdeckung die ich in den letzten Tagen unsers Aufenthalts in Palästina machte, daß Graf Raimunds Tochter, welche ich für das Original

meines angebeteten Bilds hielt treulos, einem
Walter treulos, und folglich der Achtung eines Her=
zens wie das meinige ganz unwürdig sey. — Ich
hatte mich schon fast völlig überwunden,
gefährliche Bild, in mehrern Tagen nicht
sehen, und nun muß ich aus euren Mund
rechten Gegenstand meiner Liebe kennen lernen,
muß erfahren, daß mein Herz mich nicht täuschte,
daß ich keine verrätherische Matilde, daß es einen
Engel anbetet, für die ich mein Leben hingeben
müßte, wenn er noch auf Erden wandelte. —
Glaubt ja nicht, daß meine Leidenschaft durch die
Vorstellung geschwächt wird, daß sie eine längst
Verstorbene zum Gegenstande hat; sie wird dadurch
nur noch mehr angefacht, und mit Freuden setze
ich alle meine Hofnungen über das Grab hinaus,
wo ja überhaupt allein alles Glück existirt,
das Leute von unserer Art zu hoffen haben. —
Mit diesen Worten sank der unglückliche Konrad
wieder in einen Tiefsinn, der für Waltern ein fürch=
terlicher Anblick war. Er zitterte für den Verstand
seines Feundes, fieng an, alles was er ihn von
Matilden gesagt hatte, für Träumereyen eines
zerrütteten Gehirns zu halten, und nahm sich vor,
ihm keine Frage mehr über diesen Gegenstand vorzulegen. Um indessen seinen Gedanken eine andere
Richtung zu geben, zog er Matildens Bild hervor,
zeigte es ihm und foderte sein Urtheil über dasselbe.
Konrad betrachtete es, legte es kaltsinnig hinweg

und grif nach Rosemundens Gemåhlde, aus dessen
Anschauen er sich nach einer langen Weile mit einem
tiefen Seufzer emporriß, Waltern die Hand drück=
te und plötzlich das Zimmer verließ. — Dieser und
die folgende Tage verflossen, ohne daß die bey=
den Freunde ein Wort über diesen seltsamen Vor=
gang gewechselt hätten. Konrad schien sich vor
Waltern zu schämen, und dieser suchte ihn eben
so geflissentlich auf, als ihn jener zu vermeiden
suchte. Keine Künste der Freundschaft ein krankes
Herz zu heilen, wurden gespart, aber sie würden
wahrscheinlich vergebens gewesen seyn, wenn nicht
Konrad selbst Stärke genug besessen hätte, seine
Schwachheit endlich zu überwinden. — Ritter,
sagte er eines Tages zu Waltern, ich muß euch
bitten, die Gespräche die vor einiger Zeit über ein
gewisses Bild zwischen uns sind gewechselt wor=
den, gänzlich zu vergessen. Sollte ich in Zukunft
aus euren oder irgend eines andern Munde ein
Wort hören, das mir auf die entfernteste Art
eine Schwachheit vorzuwerfen schien, die wie ich
denke, nunmehr besiegt ist, so würde mich keine
Verbindung in der Welt hindern, eine solche Be=
leidigung mit Blut zu rächen. Ich bin ein Mensch
und konnte fehlen, aber wehe dem, der mir meine
Fehler aufrückt! — Walter antwortete auf diese
Drohungen seines Freundes, die er von keinen
andern würde haben gelassen anhören können, mit
einem freundlichen Blick, und der Bitte, sich zu

beruhigen. — Eben so unausstehlich fuhr Konrad fort, würde es mir seyn, wenn ihr, da ich in einem Stück ein Thor war, mich im ganzen für unsinnig halten solltet. Ihr fragt nicht nach den Winken, die ich euch von der Treulosigkeit eurer Matilde gab; haltet ihr sie vielleicht auch für Phantasien eines Träumers? oder ist euch so wenig daran gelegen, diejenige kennen zu lernen, die ihr würdigtet eure Geliebte zu nennen? — Ach Konrad! erwiederte Walter, ich zittere, aus euren Munde zu hören, daß das, was ich so gern für Träume halten mögte, Wahrheiten sind. — Ich bin jetzt gefaßt genug euch alles zu sagen, fiel ihm Konrad in die Rede, und ich will eilen, euch zu zeigen, daß derjenige, dessen Herz an den Reizen einer Verstorbenen hängt, vielleicht nicht ganz so thöricht liebt, als der, welcher sich von einer Treulosen nicht loszureißen vermag, welche nicht für ihn leben will.

Dreyzehntes Kapitel.

Gar eine verwirrte Geschichte, welche sich erst lange darauf in der Folge aufklärt.

Walter schwieg, und der Ritter von Staufen fieng seine Erzählung auf folgende Art an:

Um euch das, was ihr zu wissen verlangt aus dem Grunde zu sagen, wird es nöthig seyn, daß ich euch in jene Zeiten zurück führe, in welcher der gutdenkende Theil unserer Brüder, sich unter eure Anführung begab, um Nureddin, Saladins Neffen, den meuchelmörderischen Händen des Grafen von Flandern und derer, die in seine teuflischen Anschläge willigten zu entreißen. Ihr beehrtet mich mit dem Auftrage, die Beschützung des gefangenen Jünglings über mich zu nehmen, und ihr wißt, mit welchen Freuden ich denselben annahm. — Ich ließ es nicht dabey bewenden, den jungen Sarazenen in seinem Gefängnisse zu bewachen, ich nahm ihn in mein Haus, suchte ihm das, was er in seinem Kerker erduldet hatte, denn ein Kerker war sein bisheriger Aufenthalt, zu vergüten, und brachte alle Zeit, die mir von meinen Geschäften überblieb, in seiner Gesellschaft zu. Unser gegenseitiger Umgang, mein Mitleid mit seinem Schicksal, und seine Dankbarkeit gegen mich, war bald der Grund einer Freundschaft, welche wenig ihres Gleichen kennen wird. Ich brannte vor Begierde ihn zu befreyen, und ward durch die Pflichten, die ich der Christenheit schuldig war, von demjenigen abgehalten, was ich euch wohl hätte thun können, da ihr euch in allen auf mich verließet und in nichts Rechenschaft von mir fodert. Nureddin war zu edel mir etwas wider meine Schuldigkeit zuzumuthen, zu edel, seine Befreyung auf andre Art als öffentlich und mit gegenseitiger Bewilligung solcher Vortheile zu wünschen, die der Wichtigkeit seiner Person angemessen waren. Der Himmel weis, wie sehr ich alle Vorschläge die Saladin seinetwegen so oft thun ließ, begünstigte, und wie ich trauerte, daß man auf unserer Seite so hart war, und Nureddins Gefangenschaft immer ein Jahr nach dem andern verlängerte. Er sah wie unglücklich mich meine Schwachheit, etwas zu seinem Glück beyzutragen, machte, und suchte bey unsern Zusammenkünften diesen Gegenstand so viel als möglich aus unsern Gesprächen zu entfernen. — Unsere Schicksale, unsere Reisen wurden denn meistens bey unsern Unterhaltungen hervorgesucht, und ich kann mich nicht ohne Entzücken, an so manche schöne und wahre Bemerkung, so manchen edeln und großen Gedanken erinnern, den er gegen mich äusserte, und der mir in dem Munde eines Sarazenen doppelt auffallend war. — Aber Nureddin war kein gewöhnlicher Mensch; sein Oheim Saladin hatte nichts gespart, sein Herz und seinen Verstand zu bilden, er hatte ihn frühzeitig der Erziehung seines Vaters, des wilden Assab entrissen, und ihn, ohne Rücksicht auf die Gefahr in die seine Religion kommen könnte, die Jahre seiner frühesten Jugend an verschiedenen christlichen Höfen zubringen lassen. Am Hofe des griechischen Kaisers, und am Hofe des Königs von

Zypern hatte er sich am längsten aufgehalten, und ich bemerkte allemal wenn er auf den letztern zu sprechen kam, daß er sich länger dabey verweilte, und etwas auf dem Herzen zu haben schien, das er sich nicht vorzubringen getraute. Ich muthmaßte schon damals auf eine Liebesbegebenheit, gab mir aber sehr wenig Mühe sein Geheimniß zu erfahren. Nureddin kannte mich als einen Feind und Spötter der Liebe, und blieb also in diesem Punkt allemal zurückhaltend gegen mich, ohne daß übrigens unsere Vertraulichkeit darunter gelitten hätte. — Auf diesen Fuß lebten wir mit einander, als ihr, ich und die Belforte, durch das Loos, oder vielmehr durch die Wahl unsers Freundes Gerhard, zu Begleitern des Großmeisters auf der Reise nach Europa ernannt wurden. Ich trennte mich von meinem Freund Nureddin, und beschwor Gerharden, sich, seine Beschützung und Versorgung eben so angelegen seyn zu lassen, als sie mir gewesen war; er versprach es, und wir reißten ab.

Bey unserer Rückkunft nach Palästina, war eine meiner ersten Fragen an Gerharden nach dem Ergehen Nureddins. — Ich verlangte ihn zu sehen, aber Gerhard wußte immer so viel scheinbare Ausflüchte zu finden, daß unser Aufbruch nach Jerusalem heran kam, ohne daß ich meinen Freund gesprochen hätte. Die Begebenheiten daselbst, und das traurige Ansehn, das die Sache der Christenheit gewann, nebst den Feinden, die ich in meinen eigenen Herzen zu bestreiten hatte, brachten Nureddins Bild eine Zeit lang aus meinen Gedächtniß; aber die Freundschaft zu ihm erwachte mit neuer Stärke, als ihr, da alles für uns verlohren war, den Entschluß faßtet, aus der Gefangenschaft des sarazenischen Prinzen einigen Vortheil zu ziehen. Ich zitterte, daß ihr die Bedingungen seiner Freyheit zu schwer machen, und Saladin, der ohnedem alles in Händen hatte, lieber seinen Neffen noch länger gefangen sehen, als ihn durch wichtige Plätze auslösen mögte. Wie ich gedacht hatte, so gieng es. Ihr wißt, daß Saladin euch gegen Nureddin weder Graf Raimunden, noch Roger von Mulinis, noch eine unserer Hauptfestungen frey geben wollte. Auf mein wiederholtes Bitten gabt ihr endlich nach, fodertet nebst dem heiligen Kreuze nichts als den Großmeister unsers Ordens, welches euch auch endlich zugestanden wurde. Mit Entzücken eilte ich auf euren Befehl zu Gerharden, um ihm Nureddins Freyheit anzukündigen, und meinem Freunde die fröhliche Botschaft, daß er zu Saladin zurück kehren könne, selbst zu bringen; aber wie erstaunte ich, als ich Gerharden in die größte Verlegenheit gerathen sahe, und endlich das von ihm erfuhr, was ihr sogleich hören sollet.

Nureddin war schon seit langer Zeit nicht mehr in seiner Gewalt; da er ihn nicht so sorgfältig bewachet und nicht so fleißig besucht hatte als ich, war es kein Wunder, daß sich das ereignete was wirklich geschahe. Er fand eines Tages, als er einmal seinem Gefangenen zusprechen wollte, an seiner Statt eine verschleyerte Dame die sich ihm zu Füßen warf, sich Graf Raimunds Tochter und Nureddins Geliebte nannte, und ihn bat den Betrug, den die Liebe sie begehen gemacht, zu entschuldigen und zu verhehlen. — Durch Bestechung der Wache, sagte sie, glückte es mir zu meinem Geliebten zu kommen. Die Bitten der zärtlichsten Liebe bewegten ihn endlich, durch die Mittel die ich ihn an die Hand gab seine Freyheit zu suchen und mich hier zurück zu lassen. Glaubt nicht, fuhr sie gegen Gerharden fort, daß meine Gegenwart hier in eurem Gefängnisse euch unnütz seyn wird, mein Nureddin liebt mich so sehr, daß er, wenn ihr meine Auswechselung dereinst zu euren Vortheil für nöthig findet, seinen Oheim bewegen wird alles für meine Freyheit zu thun. — Gerhards Gedanken bey diesem Vortrage kann ich nicht genau bestimmen, nur so viel weis ich, daß er es für gut gehalten hat, diese seltsame Vertauschung der Gefangenen zu verschweigen, und er selbst hat mir gestanden, daß die Gesellschaft der großmüthigen geliebten Nureddins ihm endlich so unentbehrlich geworden sey, daß er mit Zittern daran dächte sich von ihr trennen zu müssen. Ihr kennt ja die weiche gefühlvolle Seele, wie leicht war es, daß weibliche Schönheit ihn bestrickte, da wohl Stärkere in dieses Netz fallen können.

Ich konnte mich nicht enthalten, genauer nach dieser Person zu fragen, und er sagte mir genug, um mich zu überzeugen, daß sie eure Matilde, daß sie eben diejenige wäre, welche ich damals für das Original meines angebeteten Bildes hielt. Der Name Graf Raimunds Tochter, — unter einen andern kannte er sie nicht, — und der Umstand, daß sie bisher in Zypern gelebt habe, und erst seit kurzen nach Paläſtina gekommen wäre, trugen das Meiſte dazu bey, mich in meinen Gedanken gewiß zu machen. Nach ihrer Gestalt fragte ich gar nicht, hatte auch wenig Verlangen diejenige zu sehen, die euch um eines Sarazenen willen untreu werden konnte, und dadurch alle meine Achtung verlohren hatte. — Ich versprach Gerharden sein Geheimniß so lange wir in Paläſtina wären vor euch zu verschweigen, und überließ es ihm die nöthigen Vorkehrungen zu machen, damit es euch und jeden andern verborgen blieb. — Ihr truget kein Verlangen den Gefangenen den ihr euch von Akkon nachführen ließet zu sehen, und es war Gerharden also leicht Graf Raimundens Tochter in Mannskleidern an den Techedin auszuliefern, welcher, wie ihr wißt, den Gefangenen in Empfang zu nehmen, uns auf halben Wege entgegen geschickt wurde. Dieser Techedin war niemand anders als Nureddin selbst, welcher seit seiner geheimen Befreyung, unter verdeckten Namen uns so viel Schaden gethan, welcher nur neulich noch den wüthenden Angrif auf Akkon gethan hat, den ihr mit Mühe durch das griechische Feuer zu nichte machtet, und welcher im Grunde auf nichts als auf die Befreyung seiner Dame, der tugendhaften Matilde abgesehen war, dieser treuen Geliebten, die ihren Walter vergessen, und nach Palästina reisen konnte, um die Freyheit eines Sarazenen mit ihrer eignen zu erkaufen. — O Weiber, Weiber! uns zum Unglück seyd ihr gebohren; einige von euch täuschen uns durch ihre Reize, und überlassen sich lieber jedem andern, als dem wahren treuen Liebhaber, und die guten, frommen, unschuldigen Seelen, die Engelsreize mit Engelsherzen verbinden, diese Rosemunden, gehen hin in ein besser Land, und lassen uns hier auf Erden vergebens suchen, ob wir ihres Gleichen finden werden. —— — Walter hatte dem letzten Theile von Konrads Erzählung mit einem Erstaunen zugehört, welches ihm die Fähigkeit benahm ihn zu unterbrechen. Es war ihm unmöglich zu glauben, daß Matilde die Rolle bey der Befreyung Nureddins hätte spielen können, die sie hier gespielt haben sollte, und gleichwohl wenn er alles zusammen nahm, was der Ritter

von Staufen von Nureddins Geliebten hatte er=
fahren können, und was so wohl, so vollkommen
mit Matildens Geschichte übereinstimmte, so durfte
er fast nicht an der Wahrheit ihrer Beschuldigung
zweifeln. Er fragte Konraden, ob er denn die
Gestalt der Dame nicht mit einem Blick gesehen
habe; um ihm Gelegenheit zu geben, daß er sie
mit Matilden vergleichen könnte? — Ihre Gestalt
habe ich gesehen, erwiederte der andere, als wir
sie dem Techedin, oder vielmehr ihrem Nureddin
entgegen führten, und ich sahe so viel, daß sie
in der männlichen Kleidung, die sie trug, ein
großes und majestätisches Ansehen hatte; sie ge=
nauer zu betrachten, hatte ich weder Lust noch
Gelegenheit. Ich haßte sie als diejenige, die euch
untreu geworden war, und fürchtete ihren Zau=
berblick, weil ich sie für das Original meines ge=
liebten Bildes hielt, von dessen Reizen ich mich,
wie ich fühlte, mit Gewalt losreißen mußte. —
Ich war so unmuthig, daß ich mich meinem Freund
Nureddin nicht einmal offenbarte, welchen ich gleich
unter der Gestalt des sogenannten Techedins er=
kannte, ich kehrte voll Unmuth zu euch zurück,
und trachtete nach der Gelegenheit die sich heute ge=
funden hat, euch von der Liebe zu einer Treulosen
abzumahnen. Walter fragte, ob er ihm nicht
jemanden unter denen, welche mit zu Schiffe ge=
gangen wären zu nennen wüßte, welcher bey der
Ueberlieferung des vermeynten Nureddins gegen=

wärtig gewesen wäre, und Konrad besann sich auf
einen der Belforte, welcher sogleich vorgerufen und
befragt wurde. Der Ritter war so nahe bey dem
ausgewechselten Gefangenen gewesen, daß er voll=
ständige Nachricht von seinen Gesichtszügen geben
konnte. Er beschrieb eine morgenländische Schön=
heit mit feurigen schwarzen Augen, einer bräun=
lichen Gesichtsfarbe und lockigten schwarzen Haar.
— Walter wußte genug, er verlangte nichts mehr
zu hören, und überließ sich von diesem Tage an
dem tiefsten Gram, aus welchem ihn Konrad, wel=
cher sich aus seiner unmöglichen Leidenschaft zu der
verstorbenen Rosemunde, ein wenig besser zu
reißen wußte, oft mit großer Mühe erwecken
mußte. —

So wie Walter Stunden hatte, in welchen
ihn die Ursach seines Grams, Matildens Untreue,
völlig erwiesen war, so kamen hingegen wieder
andere, in welchen er sich mit tausend Zweifeln,
die er in die ganze fabelhafte Geschichte setzte, zu
trösten suchte, und es wäre zu wünschen gewesen,
daß sein Freund die Klugheit besessen hätte, die el=
ben zu nähren, und ihn auf diese Art aufzurichten;
aber Konrads Charakter ließ dieses nicht zu. Eine
Sache, von welcher er selbst überzeugt war, konnte
er um der Ruhe eines andern willen nicht für
falsch ausgeben. Die Redlichkeit seines Herzens,
ließ nicht die mindeste List, nicht die kleinste Ver=

stellung zu, und er war allemal so bereit Walters Zweifel, mit denen er sich schmeichelte, zu zernichten, als ob die Glückseligkeit seines Lebens von ihrer Widerlegung abgehangen hätte. Wenn Waltern einfiel, wie Saladin, der doch schon längst der Gegenwart seines Neffen wieder genoß, diese ihm so vortheilhafte den Christen so nachtheilige Sache hatte verhehlen, wie er sich hatte bereden können, für Nureddin, der schon längst frey war noch hinten nach eine Auslösung zu geben, so wußte ihm Konrad dieses mit der Liebe des jungen Prinzen für die an seiner Statt gefangene Dame, und mit seiner Pflicht auch sie frey zu machen, aufzulösen. Wenn denn Walter weiter fragte, warum Gerhard von Riedesser nicht Graf Raimunds Tochter an ihren Vater ausgeliefert hätte, so versicherte ihm Konrad, daß er diese Frage gleich anfangs an Gerharden gethan, und dieser ihm gesagt habe, wie Nureddins Geliebte ihn oft mit Thränen gebeten hätte, dem Grafen von Tripoli nichts von ihrer Anwesenheit zu sagen, indem er von ihrer Ueberkunft nichts wisse, und sie nur für Nureddin diese Reise unternommen habe. Rechnet zu diesen Umstande, setzte Konrad hinzu, noch die Neigung die Gerhard für seine Gefangene hatte, und die ihn nur gar zu bereitwillig machte, den Bitten seiner Dame Gehör zu geben, und auf diese Art ihres Anblicks so lang als möglich zu genießen. Auch könnt ihr euch vorstellen, daß ihm vor der Vergnü-

wortung grauen mußte, die er zu gewarten hatte,
wenn man die Verwechselung der Gefangenen in=
nen wurde, welches ja unausbleiblich geschehen
wäre, wenn er Graf Raimunds Tochter ihrem Va=
ter überliefert hätte. — Walter war unwillig seine
Fragen so gut, so mehr als wahrscheinlich beant=
wortet zu sehen, und nahm sich vor, seinem Freund,
der so wenig geneigt war ihm zu schmeicheln, keinen
von seinen Zweifeln inskünftige vorzulegen, sondern
allen Trost und alle Hofnung bey sich selbst zu neh=
men. — Die beste Aufklärung aller Widersprüche
erwartete er bey Hunbergen, und er sahe mit
Verlangen, dem Zeitpunkte entgegen, da er aus
Land steigen und dem geliebten Kloster zu Brignolle
würde zufliegen können.

Da Wind und Wetter ihm diesesmal gün=
stig waren, und weder Sturm noch Windstille
seine Fahrt verzögerten, so lief er eher als er
hätte erwarten können im Hafen zu Marseille
ein, fertigte seine Ritter an den Vikomte von
Barral ab, um ihm seine Ankunft zu melden,
und ihn daselbst zu erwarten, er aber richtete
seinen Weg ganz einsam nach Brignolle, um in
den Schooß seiner Pflegemutter der Gräfin von
Flandern sein Herz auszuschütten, und Rath und
Trost bey ihr zu holen.

Vierzehntes Kapitel.

Hunberga sieht weiter als Walter, und tröstet ihn.

Walters Ankunft in dem Kloster de la Celle, seine Aufnahme bey Hunbergen, und die Freude, welche seine Ankunft über die ganze Schwesterschaft von der Aebtißin bis auf die Pförtnerin verbreitete, sind Dinge welche ich meinen Lesern nicht umständlich erzählen darf, um mir die Zeit zu Erzählung wichtigerer Dinge nicht hinweg zu nehmen, auch sind sie bereits mit Hunbergens Klosterschwestern, und mit ihrem Aufenthalte ein wenig bekannt. Gutherzige, umgängliche, freundliche Geschöpfe waren diese Nonnen de la Celle, und meine Leser werden es ihnen zutrauen, daß sie nichts sparten, dem, der sie zu besuchen kam, seine Höflichkeit zu vergelten, und ihm den Aufenthalt bey ihnen so angenehm zu machen, als ihnen möglich war.

Man wird sich erinnern, wie viel unserm Helden seit der Zeit begegnet war, da er so plötzlich durch seinen Waffenträger von der Gräfin von Flandern abgerufen ward. Alle diese Begebenheiten, und noch mehr die Briefe der schönen Rosemunde die ihm Hunberga nachschickte, und tausend Dinge die er über dieselben zu sagen und zu fragen hatte, nahmen die ersten Gespräche hinweg, welche sie Gelegenheit hatten ohne Zeugen mit einander zu führen; aber zu der Frage, die Waltern am meisten auf dem Herzen lag, zu der Frage nach Matilden, fehlte ihm immer Muth und Anlaß. Meine Leser kennen seine Schüchternheit in diesem Stück, welche jetzt noch durch die Furcht vermehrt wurde, Hunberga mögte, wenn er ihr seine eifersüchtigen Grillen in Ansehung Matildens entdeckte, ihm mit der Frage dazwischen kommen, die er nur gar zu oft an sich selbst that, was er für ein Recht habe, Matildens Handlungen zu meistern, oder sie untreu zu schelten, wenn sie einen andern liebte als ihn, den sie in so langer Zeit nicht gesehen, von dessen Liebe sie so wenig Beweise hatte? Auf diese Art ward immer der Name Matildens unterdrückt, und eine Frage die er um ihrentwillen angefangen hatte, plötzlich in seinem Munde verändert, und auf Rosemunden, oder eine andere Sache angewendet, welche ihm jetzt bei weiten nicht so am Herzen lag. —

Hunberga sah seine Verlegenheit, und ermahnte ihn, ja nichts auf dem Herzen zu behalten, was er ihr etwa zu sagen hätte. Denn, setzte sie hinzu, wir haben dießmal wenig Zeit mit einander zuzubringen, deine Angelegenheiten erfodern deine schleunige Abreise nach England, und ich wüßte mir nichts Erwünschteres zu denken als deine Ankunft, ohne welche es hätte geschehen können, daß du dein Vaterland für dein Glück viel zu spät gesehen hättest. — Schon vor vier Monaten erhielt ich diesen Brief vom König von England, welcher dich, seinen Sohn so nahe angeht, daß du ihn selbst lesen mußt.

Walter nahm den Brief aus Hunbergens Hand, küßte ihn, und las folgende Zeilen.

Werthe Gräfin!

Die Undankbarkeit der Söhne Eleonorens vergilt mir es reichlich, daß ich für die Kinder meiner unglücklichen Rosemunde so wenig that. Von Henrichen und Gottfrieden will ich nichts erwähnen; sie sind dahin, ein früher Tod war die Strafe ihrer Undankbarkeit. Richarden wieder in meine Arme zu bekommen, habe ich mehr gethan als vielleicht ein Vater thun sollte, habe ihm alle unbescheidne Foderungen bewilligt, die er an mich that, habe ihm und allen seinen Mitrebellen volle unbedingte Vergebung ertheilt, aber Himmel! daß ich unter den Namen dieser begnadigten Rebellen, auch den Namen meines liebsten Sohns finden mußte, daß Johann von Irrland, dessen Treue ich für unerschütterlich hielt, auch seinen Vater verrathen hat, das ist mehr als ich ertragen kann. Ich verzeihe ihm, und lege mich hin zu sterben; doch wünschte ich vor meinem Tode meinen Sohn Walter noch zu umarmen, und ihm das Land zu bestätigen, das ich, wie ihr wißt, fast von seiner Geburt an für ihn bestimmte. — Eilet, liebe Gräfin! und rufet ihn aus Palästina in die Arme seines sterbenden Vaters. Verlieret keine Zeit, ich bin sehr schwach. —

Diesen Brief, setzte die Gräfin hinzu, als sie sahe daß Walter vor Bewegung nicht sprechen konnte, hatte ich nicht sobald erhalten, als ich einen Boten nach dem gelobten Lande abfertigte, dessen langes Ausbleiben mich auf die Gedanken brachte, er müsse dich nicht getroffen haben. Vor kurzer Zeit schickte ich einige andere ab, deren Wiederkunft du, Gottlob! durch deine Gegenwart zuvor gekommen bist. — Ich habe seit der Zeit fleißige Nachricht von deinem Vater gehabt, er ist fast völlig wieder hergestellt, aber ich halte es demohngeachtet für nöthig, daß du deine Abreise beschleunigest; — König Heinrich ist alt, die Zeit ist kostbar, und du darfst keinen Tag verliehren, den du noch im Umgange dessen zubringen könntest, dem du das Leben zu danken hast.

Walters Gespräch mit Hunbergen hatte durch diese wichtige Nachricht wieder eine ganz andre Wendung bekommen. Die rückständigen Umstände von Rosemundens Geschichte, welche sie ehemals versprochen hatte ihm mündlich zu erzählen, kamen wegen angelegentlicherer Dinge nicht einmal an die

Reihe, wie viel weniger würde an Walters Zweifel wegen Matildens Treue gedacht worden seyn, wenn er nicht ganz auf die Letzt, als er schon einmal von Hunbergen Abschied genommen hatte, wieder umgekehrt wäre, und ihr das entdeckt hätte, was ihm so schwer auf dem Herzen lag, und wozu er den ganzen langen Tag über keine Gelegenheit hatte finden können. — Hunberga hörte seiner Erzählung mit Verwunderung zu, stand einige Augenblicke in Gedanken und fieng dann mit einem kleinen Lächeln an: Beunruhige dich nicht, mein Sohn! so wenig ich im Stande bin, alle diese räthselhaften Umstände aufzulösen, so kann ich dir doch so viel versichern, daß deine Matilde vor zween Monaten noch in Zypern war; ich hatte damals die letzte Nachricht von ihr, und sie versprach mir, daß ich bald wieder von ihr hören würde, welches ich nun täglich erwarte. — Nureddins Geliebte kann sie auf keine Weise seyn; denn erwäge nur den einigen Umstand, von dem ich nicht weis wie er deiner Aufmerksamkeit hat entgehen können: Rechne die Jahre zusammen, in welchen der sarazenische Prinz in der Gefangenschaft war; wo hätte er in dieser Zeit Matilden sollen kennen lernen, welche erst lange nachdem er seine Freyheit verlohren hatte, nach Zypern kam, und vorher nie da gewesen ist. Oder glaubst du, er hat sie in England gesehen, wo er vielleicht nie gewesen ist? oder sie hat sich ihm in Palästina gezeigt, welches Land sie seit ihrem zehenten Jahre nicht betrat? —

Gehe, gehe, mein Sohn, quäle dich mit keinen unnützen Hirngespinsten, sondern brauche deinen Verstand; rechne dir die Möglichkeiten zusammen, und tröste dich. — Für diesen Abend lebe wohl, morgen vor deiner Abreise will ich dir noch einige kleine Erinnerungen, wegen deiner Angelegenheiten in England geben. — Der getröstete Walter umarmte bey diesen Worten Hunbergen, und verließ sie.

Fünfzehntes Kapitel.
Träume.

Die Tröstungen der Gräfin von Flandern erfüllten das Herz unsers Walters mit einem Entzücken, welches ihm den größten Theil der Nacht schlaflos erhielt. — Tausend angenehme Bilder giengen vor seiner Seele über, er fühlte sich so glücklich als er kaum je gewesen war, der Kummer wegen Matildens Wankelmuth, der ihn bisher so sehr gequält hatte, war gänzlich gehoben; je mehr er der Sache nachdachte, je unwahrscheinlicher fand er es, daß sie und Nureddin einander je könnten gesehen haben. Die ganze Sache war also eine Verwechselung der Personen; Graf Raimund hatte ja vielleicht mehr Töchter, eine von ihnen konnte eben sowohl als

Matilde lange aus ihrem Vaterland entfernt, eben sowohl wie sie in Zypern gewesen seyn. Die Aehnlichkeit, die sich nach der Beschreibung des Ritters Belfort, zwischen Matilden und Nuredbins Gebieterin fand, bestand ja in nichts, als in der Farbe der Augen und Haare, in dem bräunlichen Teint, und in der majestätischen Gestalt, welche fast allen morgenländischen Schönen eigen war. — Walter fand dieses alles so wahr, so in die Augen fallend, daß er sich gar nicht erklären konnte, warum ihm dasselbe nicht längst eingefallen war, warum er erst nöthig hatte, von Hunbergen auf diesen Weg geführt zu werden. —

Ein anderer Gegenstand seiner angenehmen Betrachtungen, in dieser schönen schlaflosen Nacht, war der Gedanke, daß er nun seinen Vater bald sehen, daß er ihn nicht, wie er aus seinem Briefe fürchtete, dem Tode nahe, sondern völlig wieder hergestellt sehen sollte. — Dieser liebreiche Vater, streckte die Arme nach ihm aus, er wollte in seinem Anblick die Treulosigkeit seiner andern Söhne vergessen, und Walter nahm sich vor, ihm die kindliche Liebe in vollem Maaße sehen zu lassen, die ihm seine andern Kinder versagt hatten; er sollte in seinen Armen alle Leiden dieser Art vergessen, sein Beyspiel sollte auch seine Brüder zu ihrer Schuldigkeit zurück bringen, und König Henrich sollte den Abend seines Lebens so schön und heiter sehen, als vielleicht kaum der Morgen desselben gewesen war.

Der Gedanke, daß König Henrich, indem er ihn zu sich berufte, die Absicht hatte, ihm den Besitz des schönen Landes, das er ihm bestimmte, zu bestätigen, war auch kein kleiner Theil seines Vergnügens. Vielleicht hätte er mit Freuden auf den Besitz weltlicher Herrschaft Verzicht gethan, und wäre Zeitlebens dem Kreuze gefolgt, wenn keine Matilde auf der Welt gewesen wäre; aber sie war es, die ihm den Titel eines Grafen von Anjou nicht mit gleichgültigen Augen ansehen ließ. — Sein Plan war gemacht. So bald als die ersten süßen Tage des Umgangs mit seinem königlichen Vater verflossen wären, sobald als er die Gewalt über sein Herz erlangt hätte, mit der er sich schmeichelte, so wollte er ihn bewegen, den verlassenen Christen in Palästina ein solches Heer zuzuschicken, als noch kein europäischer Fürst zu einem Kreuzzuge bewilligt hatte, er wollte dasselbe soviel als möglich aus seinem ihm bestimmten Lande verstärken, wollte vom König von Frankreich die Völker fodern die er ihm ehemals versprochen, und bey weiten noch nicht alle geliefert hatte, wollte seine durch ihn bekehrten Brüder, Johann und Richard, auch zu einen ansehnlichen Beytrag bewegen, und nun sich mit einem Heer aufmachen, das ganz Palästina überschwemmen, die Sarazenen völlig demüthigen, Jerusalem in seine Gewalt bringen, und ihn in den Stand setzen könnte, dem heiligen Lande Gesetze vorzuschreiben, welche den Christen auf ewig den Besitz desselben versichern sollten. Zuweilen gieng er in diesen Vorstellungen so sehr ins Detail, daß er schon vor den künftigen König zu Jerusalem sorgte, und sich vornahm, dem alten Raimund diese Krone aufzusetzen, auch war er entschlossen, große Veränderungen bey seinem Orden vorzunehmen, den boßhaften Terrikus abzusetzen, und den tapfern edeln Konrad, zum Großmeister zu machen. — Wenn nun alle diese großen Dinge zu Stande gebracht wären, denn wollte er, überzeugt seinen heiligsten Pflichten Genüge gethan zu haben, seinen Orden und sein Gelübde niederlegen, wollte vor Matilden gar nicht im Ordenskleide erscheinen, sondern sie in weltlicher Tracht aus Zypern abholen, sie nach England zu seinem Vater führen; und aus seiner Hand das edelste Geschenk nehmen das ein Mann sich wünschen kann, eine tugendhafte, schöne, fromme, treue Gattin. — — O wie gerieth seine Einbildungskraft in Feuer, wenn er sich Matilden als die Seinige dachte, wenn er sich die Tage mahlte, welche er als Graf von Anjou, als Vater seines Volks, gehorsamer Sohn seines Vaters, treuer Bruder seiner Brüder, Helfer alles Elends das er lindern konnte, mit der Freundin

seines Herzens verleben wollte! — Auf diese Art
verwachte er die ganze Nacht, und träumte bey
den schönen Bildern seiner Phantasie nicht davon,
daß schon der nächste Morgen, einige von seinen
schönsten Hofnungen zernichten, und ihn dadurch
schlechte Vorbedeutung für die Erfüllung der an=
dern geben würde.

Sechzehntes Kapitel.

Walter lernt zween seiner Brüder kennen.

Walter war des andern Morgens eben im Begrif
sich auf den Weg nach dem Kloster zu machen,
als ein Bote von Hunbergen erschien, welcher ei=
nen Brief an ihn brachte, und die Durchlesung
desselben so eilend machte, daß er ihn mit Unruhe
erbrach, und folgendes las:

Mein Sohn!

Wenn du deinen königlichen Vater noch le=
bend antreffen willst, so eile nach Chinon bey
Saumür, wo er sich, nach der Nachricht die ich
vor einer halben Stunde erhielt, gegenwärtig
aufhält; er ist dem Tode nahe, er verlangt dar=
nach, dir noch seinen Seegen zu ertheilen, und es

ist nothwendig, daß du keine Zeit verliehrst, nicht einmal von mir Abschied nimmst, wenn du denselben noch erhalten willst.

Hunberga.

Die Gräfin von Flandern stellte Walters Abreise so nothwendig, so eilig vor, daß wir uns nicht überreden können, sie durch eine weitläuftige Erzählung seiner Empfindungen bey dieser unerwarteten Nachricht zu verzögern. — Er reiste ab, und setzte seinen Weg mit solcher Eile fort, daß er sich sogar die nöthige Nachtruhe abbrach, um bald an den Ort zu gelangen, wo er den zum ersten, und wahrscheinlich auch zum letzten Male sehen sollte, welchem er sein Leben zu danken hatte. Aber er kam zu spät. König Henrich hatte schon an eben dem Tage seinen Geist aufgegeben, da sein an Hunbergen abgefertigter Bote zu Brignoll angelangt, und Walter von da abgereist war.

Er fand zu Chinon alles in der tiefsten Betrübniß. Der königliche Leichnam war an dem Morgen des Tages, da Walter in dieser Stadt ankam, nach der nahe gelegenen Abtey Fontevrault abgeführt worden, wo er, wie man ihn berichtete, noch so lange zur Schau ausgestellt werden sollte, bis Prinz Richard, der ungezweifelte Erbe der Krone, sich einstellen, und der Beysetzung beywohnen würde. Man setzte noch hinzu, der Verstorbene habe dieses so verordnet, um durch den Anblick seines entseelten Körpers einige Empfindungen der Reue in dem Herzen des Sohnes zu erwecken, der ihm bey seinem Leben so viel Herzeleid gemacht hatte. — Prinz Johann, er, dessen Untreu dem Herzen des Vaters, der ihn so vorzüglich liebte, den letzten Stoß gegeben hatte, war bereits des vorigen Tages zu Chinon angekommen, aber der traurige Anblick der Leiche verbunden mit den Erinnerungen, welche ihm der Bischof von Lincoln im Namen des verblichenen Königs hatte geben müssen, hatten ihn in eine so wüthende Verzweifelung gestürzt, daß er die Stadt halb sinnlos verlassen, und bey seinem Abschied, wie einige gehört haben wollten, gefährliche Absichten wider sein Leben geäussert hatte; einige andre aber, welche den guten Prinzen besser kennen wollten, versicherten, daß sein Schmerz eben so bald nachgelassen haben würde, als er sich von dem Anblick entfernt hätte, der denselben erregte, ja sie setzten sogar hinzu, daß er vermuthlich eben darum Chinon so schnell verlassen habe, um bey der schuldigen Betrübniß über den Tod seines beleidigten Vaters, so leicht als möglich hinweg zu kommen, und geschwind zu seinen gewohnten Vergnügungen zurück kehren zu können.

Walter schauderte über die Gesinnungen derjenigen, die er seine Brüder nennen mußte, und flagte den Himmel an, daß er ihnen das Glück gegönnt hatte, einen Vater zu kennen, und seiner Liebe zu genießen, den er nur im Tode erblicken sollte; einen Vater, den sie kränkten und beleidigten, und den er, hätte er ihn gekannt, ach wie sehr geliebt haben würde, den aus dem Grabe zurück zu rufen, er noch jetzt bereit gewesen wäre, sein Leben hinzugeben. — Man erlaube mir, daß ich Walters Empfindungen, bey dieser Gelegenheit nicht umständlicher auseinander setze, ein jedes fühlendes, mit kindlicher Liebe erfülltes Herz kann sich dieselben vorstellen. — Er riß sich von dem Uebermaaß derselben so viel als möglich loß, und da er in der Erzählung, die man ihm gemacht hatte, den Namen des Bischofs von Lincoln unterschiedlichemal gehört hatte, so fragte er nach demselben; um bey ihm mehr von demjenigen zu hören, was jetzt seine ganze Seele einnahm. Man sagte ihm, dieser geistliche Herr wäre es eben, der dem König fast allein in seinen letzten Stunden beygestanden habe, und er habe sich auch nach seinem Tode nicht von seinem Leichname trennen wollen, habe ihn persönlich nach Fontevrault begleitet, wo er auch, wie man sagt, bis zur Beysetzung verweilen wollte.

Walter fühlte nach dieser Beschreibung des ehrwürdigen Vaters, daß sich sein ganzes Herz zu ihm hinneigte; er liebte den Mann der so handeln konnte, und eilte nach Fontevrault, nicht allein die Leiche seines Vaters zu sehen, sondern auch den kennen zu lernen, der würdig gewesen war, die letzten Seufzer desselben aufzufassen, und aus dessen Munde er erwarten konnte so vieles zu hören, das ihm in seinem gegenwärtigen Zustande wichtig und tröstlich seyn mußte.

Es war Nacht als er zu Fontevrault ankam. Er stieg vor der Wohnung des Bischofs von Lincoln ab, aber man sagte ihm, daß er ihn in der Kirche bey der Leiche des Königs antreffen würde. Mit zitternden Schritten nahte er sich dem Orte, wo man ihn hinwieß, und welchen er, um keinen Zeugen bey dem Auftritte zu haben der ihm bevorstand, ohne Begleiter betreten wollte. — Die Nacht verbreitete tiefe Stille umher, das Volk, welches bey Tag um die Ueberreste seines guten Königs zu sehen und zu beweinen, unabläßig in dem Gotteshause ab und zu strömte, hatte sich verlaufen; die Kerzen, welche sonst in unzähliger Menge in dem heiligen Gewölbe zu brennen pflegten, waren bis auf einige wenige, die bey dem Leichname und auf dem Altare angezündet waren, ausgelöscht; die Gewohnheit, Tag und Nacht ohne Andacht bey der Asche der Verstorbenen murmelnde Gebete zu sprechen, war damals noch nicht durchgängig eingeführt, und nichts unterbrach das tiefe feyerliche Schweigen, das bey Walters Eintritt, in dem Gotteshause herrschte. Eine kalte Luft wie aus einem Grabe wehte ihm aus dem düstern Gewölbe entgegen, welches ihm anfangs ganz öde zu seyn schien, bis er hier und da die Gestalten einiger theils schlafenden, theils wie in tiefes Denken versunkenen Wächter unterscheiden konnte. In der Ferne, auf den Stufen des Altars, welcher der Thür zu welcher er eintrat, entgegen stieß, entdeckte er die Gestalt eines Betenden, der blos mit sich und dem, den er anrief, beschäftigt, nichts wahrzunehmen schien, was um ihn vorgieng. — Walter trat weiter hervor. — In der Mitte des Gewölbes, nicht auf einem kostbaren Paradebette, sondern auf einer kleinen Erhöhung von schwarzen Marmor ruhte der Sarg, der den königlichen Leichnam enthielt; seine Tracht war nicht das königliche Gewand, sondern das schlechte ungezierte Ritterkleid, das er beym Leben beständig zu tragen pflegte. Sein Haupt war unbedeckt, und nur mit einigen grauen Locken geziert, welche seine Schläfe dünn beschatteten und die hohe majestätische Stirn ganz unbedeckt ließen; seine Augen waren wie zu einem tiefen und ruhigen Schlafe geschlossen, eine Idee, welche durch die tief eingefallenen Schläfe und Wangen, und durch einen schmerzhaften Zug um den Mund schnell vernichtet, und mit dem Bilde des Todes verwechselt wurde. Keine Abzeichen königlicher Hoheit sahe man nicht um ihn her, als zu seinen Füßen auf einen noch niedrigern Stein als der Marmor auf welchen der Sarg ruhte, wie unachtsam hingeworfen, die Krone, die dem, der hier schlummerte, bey seinen Leben oft so eine drückende Last war, und welche, wenn man die Miene des Verstorbenen deuten wollte, kaum die Stelle verdiente, die man ihr, verächtlich genug, bey seinem Sarge gegeben hatte. — Walter stand jetzt dicht an der Seite seines verblichenen Vaters. Mit ineinander geschlungenen Armen, mit fest auf das ehrwürdige Gesicht des Todten gehefteten Augen stand er da; er hatte sich das, was er sehn würde, zu lebhaft vorgebildet, hatte sich zu fest vorgenommen, ein Mann zu seyn, und sich nicht von der Gewalt seiner Empfindungen hinreißen zu lassen, als daß er sich nicht lange hätte aufrecht halten sollen, ohne den Gefühlen seines kindlichen Herzens unterzuliegen. Aber endlich siegte die Menschheit; der Schmerz ward ihm zu mächtig, er sank auf die Knie vor dem, dessen Knie er nie lebend hatte umarmen können. Seine Thränen strömten auf die kalte Hand dessen, der ihn so gern vor seinem Tode gesegnet hätte. Seine Empfindungen drückten sich durch Schluchzen und gebrochene Worte aus. Er stand auf, küßte die ehrwürdigen Wangen des Verstorbenen, sank wieder an seine Seite nieder, und würde vielleicht durch das Gedränge von Bildern, die auf seine Einbildungskraft zu stürmten, alle Besonnenheit verlohren haben, wenn nicht eine sanfte Hand ihn ergriffen, und einige freundliche mit einer fast weiblichen holdseligen Stimme ausgesprochene Worte, ihn zu sich selbst gebracht hätten.

Der beschämte Walter, welcher es seinem Stande für schimpflich hielt, sich von dem Uebermaaß irgend eines Gefühls zur Erde beugen zu lassen, erhub sich plötzlich, und sahe den an, der ihn so liebreich erweckte. Er erblickte die schlanke Gestalt eines jungen Mannes, der noch fast an das Alter des Jünglings gränzen mußte; er war in gemeine Priestertracht gehüllt, und nur die Hauptzierde zeigte, daß er einen etwas höhern Rang in der Kirche behaupten mußte. — Sein Gesicht, ob es gleich bleich, und von den Zügen des tiefsten Grams entstellt war, war von einer fast blendenden Schönheit, und für Waltern desto rührender, desto auffallender, weil es ihm das vollkommene Bild seiner Mutter Rosemunde vorstellte. Er trat für Erstaunen einige Schritte zurück. Das, was er in den Briefen seiner Mutter von seinem Bruder Gottfried gelesen hatte, fiel wie ein schneller Lichtstrahl in seine Seele, er kannte den, der vor ihm stand, er eilte auf ihn zu, und schloß ihn mit dem Namen Bruder, in seine Arme.

Das Bild zweyer Brüder, die sich an der Seite ihres verblichenen Vaters zum ersten Mal umarmen, zu schildern, ist meine Feder zu schwach; ich übergehe daher diese Scene mit Stillschweigen, und sage nur so viel, daß Gottfried in den Zügen Walters, den Sohn König Henrichs eben so bald entdeckte, als dieser in den seinigen den Sohn der schönen Rosemunde gefunden hatte, und daß er ihn mit eben so heisser, inniger Liebe an seine Brust drückte, als Walter zuerst gethan hatte. — Ach Bruder, rief Gottfried, nachdem er sich ein wenig von den ersten Stürm der Gefühle erholt hatte, ach, wo hast du so lang verweilt! Wie hat sich unser Vater nach deinem Anblicke gesehnt! seine Seele schien zu zögern, schien immer in den schon fast erstarrten Körper wiederzukehren, aber du kamst nicht, und der Tod brachte dich um das Glück, den Seegen aus seinem Munde zu hören, den er mir für dich zurück gelassen hat; nimm ihn an von meinen Händen! Ewig, ewig sey er kräftig über dir und mir, und das Gebet unsers Vaters am Throne Gottes bestätige ihn!

Walter sank vor seinem Bruder auf die Knie, er legte die Hand auf seine Stirn, und segnete ihn mit den Worten des sterbenden Henrichs, die kurz und voll Nachdruck, Walters ganze Seele erschüt=
terten, und eine Ahndung von demjenigen in ihm erregten, was ihm nur gar zu bald bevorstand. Mich dünkt, sagte er, indem er aufstand, mich dünkt, du habest mich zum Tode eingesegnet; du

sprachst viel von Leben und Glückseligkeit, aber unser Vater meynte das wohl für eine andre Welt, für diese ist der Grund meiner liebsten Hofnungen umgekehrt, da ich ihn nicht mehr lebendig ange=troffen habe. — Was Gottfried hierauf antwor=tete, so wie auch der Inhalt ihres darauf folgen=den Gesprächs, ist nicht wörtlich bis auf unsere Zeiten behalten worden; die Geschichte sagt nur so viel, daß sie dasselbe kurz abbrachen, und nach dem Altar eilten, wo Gottfried vorher gekniet hatte, um daselbst gemeinschaftlich für die Ruhe der Seele ihres Vaters zu beten. — Was nach dieser feyerlichen Handlung unter ihnen vorfiel, läßt sich errathen. Walter wünschte den Bischof von Lincoln zu sprechen, um von ihm umständliche Nachricht von den letzten Stunden seines Vaters zu erhalten, und Gottfried gestand ihm mit einigen Erröthen, daß er, ungeachtet seiner Jugend dieses Amt verwaltete. Du weißt, setzte er hinzu, daß man Aemter von dieser Wichtigkeit ungern jemand vor dem fünfzigsten Jahre ertheilt, und ich bin noch nicht dreyßig; aber ich bemühe mich, um die Gnade dessen, der mich so erhob nicht zu beschim=pfen, den Mangel der Jahre durch Fleiß und Ei=fer in meinen Pflichten zu ersetzen. Und wenn du, erwiederte Walter auf Gottfrieds bescheidne Rede, in deinem ganzen Amte noch nichts gethan hättest das dich desselben würdig machte, so hättest du es durch dasjenige verdient, was du, wie dir jeder=

mann bezeugt, an unserm Vater in seinen letzten Stunden thatest. Gottfrieds Thränen drangen bey Erinnerung an den Todeskampf seines Vaters hervor, Walter begleitete sie mit den seinigen, und der Bischof begann, nachdem er sich etwas gefaßt hatte, die umständliche Erzählung, von König Henrichs Tode, welche wahrscheinlich den beyden Brüdern wichtiger war, als sie meinen Lesern seyn würde; sie verweilten während derselben, und bey den durch sie veranlaßten Gesprächen, bald bey der Stelle wo sie gebetet hatten, bald giengen sie zu der Leiche, bald rissen sie sich, von Schmerz übermannt, von diesem traurigen Anblicke loß, und suchten in den entferntesten Gewölben des Gotteshauses Linderung. — So verstrich eine der merkwürdigsten Nächte in dem Leben unsers Walters, eine Nacht, die, so traurig sie war, doch mit keiner von den festlichen Nächten, die an König in Sybillens Hof unter rauschenden Lustbarkeiten verstrichen, zu vertauschen gewesen wäre.

Der Morgen fieng bereits an den dämmernden Schein der erlöschenden Kerzen bey Henrichs Grabe zu verdunkeln, und der von vielen Wachen ermattete Gottfried hatte sich auf einen niedrigen Sitz am Sarge niedergelassen, und sich ein wenig an die Seite seines Vaters zurück gelehnt, um zu schlummern, indessen Walter dem kein Schlaf in die Augen kam, mit starken Schritten in einiger Entfernung auf und abging, als man ein starkes Geräusch von Pferden am Thore des Gotteshauses hörte, und bald darauf einen Mann in Begleitung vieler Kriegsleute hereintreten, und nach der Stelle wo der Leichnam des unglücklichen Königs ruhte, zueilen sahe. — Wilde Verzweiflung sprach aus seinen Blicken; er faßte die kalte Hand des Verblichnen, und ließ sie schnell fahren indem er mit einem Tone, der sich nicht beschreiben, nur hören läßt, ausrief: Todt? mein Vater todt? und ich sein Mörder? — Gottfried war bey dem ungestümmen Eintritt der Ankommenden aus seinem Schlummer aufgefahren, und Walter hatte sich der Leiche genaht. Beyde wurden von kalten Schauer übergossen, als sie auf die Worte des Fremden, König Henrichs bleiches Gesicht mit einem Strom von Blut überdeckt sahen, das aus seinen Augen quoll, und sein Gewand sowohl als die erstarrten Hände fürchterlich entstellte. — Bist du Richard? fragte Gottfried den Ankommenden mit einem Blick der sein ganzes Gesicht veränderte. — Ja, sagte der andre, ja, ich bins; dieses Blut, das über mich um Rache schreyt, sagt es, daß ich Richard, daß ich der Mörder meines Vaters bin! —

Der Unglückliche sank bey diesen Worten sinnloß zur Erde, und kam auf wiederholtes Bemühen der Umstehenden nur darum zu sich, um einen

verborgenen Dolch zu zücken, mit welchem er sich
das Herz durchbohrt haben würde, wenn nicht ein
junger Mann in Minstrelstracht, welcher besonders
um ihn beschäftigt war, ihm denselben aus der
Hand gewunden hätte. Nicht nur Gottfrieds Herz
erweichte sich bey der fürchterlichen Angst, in der
er seinen Bruder sahe, auch Walter, der ihn anfangs
mit Wuth und Abscheu angesehen hatte, ward be=
wegt. Er nahte sich Richarden, und bemühte sich
gemeinschaftlich mit dem Bischofe von Lincoln ihm
Trost zuzusprechen, eine Bemühung welche ganz
vergebens war, denn Richard hatte den Gebrauch
seiner Vernunft völlig verlohren, und man war
genöthigt ihn mit Gewalt von diesem Orte des
Schreckens hinweg zu tragen. Gottfried ließ ihn
in seine Wohnung bringen, und bat Waltern, ihn
dahin zu begleiten. — Er selbst blieb zurück, um
ehe die Kirche mit Leuten erfüllt wurde, Anstalten
zu machen, die um allen Aufruhr zu verhüten höchst
nöthig waren. Was würde das Volk gesagt haben,
wenn es die Leiche seines geliebten Königs mit
Blut überströmt gesehen, und erfahren hätte, daß
sich dieses schreckliche Zeichen bey der Annäherung
Richards, ihres künftigen Königs begeben hät=
te. — Gottfried fand, als er den Sarg seines
Vaters zudecken lassen wollte, den Dolch, welchen
man Richard entrissen hatte, und an welchem etli=
che Tropfen seines Blutes hiengen, weil sein Retter
die Stärke des Stoßes zwar hatte hemmen, aber

Montbarry 2. Th.   N

ihn nicht ganz verhindern können. — Der Bischof
von Lincoln hob ihn auf und trat mit demselben zu
der Leiche des Königs, welche, so sehr man sich
bemühte sie von dem hervorquellenden Blute zu
reinigen, doch immer von neuen damit überdeckt
ward. O! sagte er, indem er den Mordstahl
langsam aus der Hand zu Henrichs Füßen fallen
ließ, o daß das Blut des unglücklichen Richards,
die Stimme dieses Blutes hemmen könnte, das
hier zum Himmel schreyt! o daß sich der Fluch,
den der sterbende Vater über seinen ungehorsamen
Sohn aussprach, sich in Seegen verwandeln, daß,
wenn er sich in den Wohnungen der Seligen un=
serer erinnert, Richard ihm hinfört so theuer als
Gottfried und Walter seyn mögte! — Mit ge=
faltenen Händen und starr von Erstaunen standen
die Mönche, welche um Henrichs Leichnam be=
schäftigt waren, gegen Gottfrieden da, dessen
gen Himmel gerichtete Blicke, bey Aussprechung
dieser Worte etwas übermenschliches zu haben
schienen. ⚓ Er trat zurük; das Blut hörte auf
zu fliessen; man verschloß den Sarg und die Kirche,
und der Bischof von Lincoln eilte, um seinen un=
glücklichen Bruder zu besuchen, von welchem er,
nach der Weise seiner Zeit aus dem Zeichen, das er
eben gesehen hatte glaubte, daß er nun völlig
mit seinem beleidigten Vater ausgesöhnt, und
fähig wäre, Theil an allen Tröstungen zu nehmen,
die sein frommes brüderliches Herz ihm zuberei=

tete. — Kein Wort sollte er von den schrecklichen Aufträgen erfahren, die der sterbende Henrich ihm an ihn gegeben hatte. Die Absicht des gekränkten Vaters war keine andre, als Reue in dem Herzen seines verführten Sohns zu erwecken, und wie hätte er dieselbe in höherm Grade fühlen können, als er sie diesen Morgen geäussert hatte? — Gottfried glaubte nicht unrecht zu thun, wenn er den Fluch Henrichs für Richarden in Seegen verwandelte, und nahte sich dem Zimmer, worinnen er zu Bette gebracht worden war, mit der Miene, welche vor Zeiten die Engel hatten, wenn sie den Sterblichen eine Friedensbotschaft brachten.

Siebenzehntes Kapitel.
Auch Blondel von Nesle erscheint.

Gottfried hatte den trostvollen Zuspruch, den er im Sinne hatte, für seinen Bruder umsonst bereitet; er war nicht fähig, seine Stimme zu hören; er lag entweder im todtenähnlichen Schlummer oder er erwachte aus demselben zu einen fürchterlichen Toben, welches zu bezähmen bey seiner außerordentlichen Stärke, welche durch die Wuth der Krankheit vermehrt ward, die Kraft seiner

Wächter, so zahlreich sie waren, oft kaum hin langte. Das weiche Herz des Bischofs von Lincoln vermogte nicht solche Anblicke auszuhalten, und Walter bat ihn also sich hinweg zu begeben, für die Beerdigung des Königs, und für die Befriedigung des Volks zu sorgen, welches von Richards Ankunft gehört hatte, und ihn als seinen künftigen Beherrscher zu sehen verlangte. Gottfried zeigte sich ihnen und meldete ihnen Richards Krankheit; sie sahen dieselbe als die Folge kindlicher Betrübniß bey dem Tode eines beleidigten Vaters an, verfluchten die, welche Uneinigkeit zwischen Henrichen und seinen Söhnen stiften konnten, und erhuben die kindliche Zärtlichkeit ihres künftigen Königs, die ihn ihren Gedanken nach in diesen Zustand gestürzt hatte, bis an den Himmel.

König Henrichs Beysetzung ward diesen Abend in aller Stille veranstaltet; niemand als seine beyden Söhne Walter und Gottfried sahen ihn einsenken, und sprachen den Seegen der Auferstehung über die heiligen Gebeine ihres Vaters.

Die hierauf folgenden Tage brachte Walter fast beständig bey dem unglücklichen Richard zu, für welchen er, wo nicht Liebe, doch ein unaussprechliches Mitleiden fühlte. — Man sagt immer, daß in einem Zustande, da ein Mensch seiner Vernunft nicht mächtig ist, sich die unverdächtlichsten Züge seiner Seele entwickeln. Walter mußte dieser Meynung zugethan seyn, denn er glaubte, in Richards Phantasien so viel Kennzeichen eines großen und guten Charakters zu entdecken, daß er sein Schicksal immer mehr zu beklagen, und immer gewisser zu glauben anfieng, er würde bey genauerer Kenntniß seiner Geschichte, Gründe zu Verminderung seiner Schuld und Hofnung finden, dereinst einen Bruder in ihm zu umarmen, der seiner ganzen Liebe würdig wäre. — Richards Krankheit fieng an sich zu mindern, und die tobende Wuth verkehrte sich nach und nach in eine todtenähnliche Schwäche; seine Vernunft war zurück gekehrt, und er war jetzt im Stande Gottfrieds und Walters freundliches und trostvolles Zureden zu verstehen, und zu erwiedern. Er fieng an stärker zu werden, und sich um andre Dinge zu bekümmern, als um die fürchterlichen Ideen, die ihm anfangs beständig vorschwebten, und die man ihm mit Mühe benehmen konnte. — Eine von seinen ersten Fragen in diesem Zeitpunkte war nach seinem Freunde Blondel. Blondel? wiederholte Walter als er den jungen Minstrel seinem Bette nahen sahe, der Richarden das Leben rettete, und sich bisher gemeinschaftlich mit ihm seiner Pflege angenommen hatte. Blondel? rief er aus, indem er ihn in seine Arme schloß, mit dir konnte ich so lange umgehen, ohne in deinen Zügen den ersten Freund meiner Jugend zu erkennen? Und du konnteſt den Namen deines Walters täglich hören, ohne dich ihm zu offenbaren? Wie konnte ich, antwortete Blondel, an irgend eine Freude denken, so lange mein Richard in Gefahr war? Mit diesen Worten eilte er aus Walters Armen zu dem Kranken, welcher sich aufgerichtet hatte, um das, was unter den beyden Freunden vorgieng, mit anzuſehen. Blondel mußte auf ſein Verlangen ihm die Freude erklären, die Walter über ſeinen Namen äuſſerte, und er erfuhr nicht ſobald, daß unſer Tempelherr eben der Walter wäre, den er aus Blondels Erzählungen ſchon ſeit langer Zeit kennte, als ſich ſein ganzes Geſicht aufheiterte, und er über dieſe Entdeckung ein Vergnügen bezeugte, welches Blondels Empfindungen bey dieſer Gelegenheit faſt übertraf. Wie? ſagte er, eben der, den Gottfried meinen Bruder nennt, eben der, den ich dieſe ganze Zeit über, ſo oft ich mich ein wenig erhohlte, an meinem Bette erblickte, eben dieſer iſt dein Walter, den ich mir ſo oft zum Freunde gewünſcht habe? — O komm in meine Arme, kein Name auf der Welt, ſelbſt der Brudername, kann dich mir ſo theuer machen, als der Name des Freundes meines Blondels. — Die beyden Freunde erſchracken über das Feuer mit welchen Richard dieſe Worte ausſprach, und beſorgten von demſelben einen Rückfall ſeiner Krankheit; aber ſie hatten ſich geirrt, ſeine Beſſerung nahm täglich zu, und die Tage, welche Walter, Gottfried und Blondel an seinem Bette zubrachten, fiengen an ruhig und durch die Hofnung seiner baldigen Wiederherstellung oft gar heiter zu werden. Eine dieser heitern Stunden, da Richard in einem erquickenden Schlummer lag, ward von Blondeln zu Erfüllung einer Bitte angewendet, welche Walter schon oft an ihn gethan hatte, und die er ihm, um in der Seele des Kranken keine unangenehme Erinnerungen zu erregen, nicht gewähren konnte, wenn dieser Zeuge davon war.

Achtzehentes Kapitel.

Blondel vertheidigt seinen Freund, und erzählt seine Geschichte.

Du hast, sagte Blondel von Nesle, so oft die Erzählung meiner Geschichte und der Begebenheiten deines Bruders Richard von mir gefordert, und ich eile, dir sie in dieser stillen ruhigen Stunde beyde auf einmal zu geben, da sie beyde auf das Genaueste mit einander verwebt sind. Vielleicht, daß das, was ich dir sagen werde, dich zu billigern Gedanken gegen deinen vortreflichen Bruder bringt, als ich weis, daß du gegenwärtig von ihm hast, und als er selbst von sich hegt. — Der Unglücklithe nennt sich den Mörder seines Vaters, und gleichwohl, was hat er mehr gethan, als seine Brüder, die geliebter wie der von jeher vernachlässigte, zurückgesetzte Richard sich weit mehr gegen einen gütigen Vater versündigten, als er gegen den, der jederzeit streng gegen ihn war. Er wurde aufs Grausamste verführt und getäuscht, und sie hatten wenig andre Verführung als ihr eigenes böses Herz. Er war jederzeit bereit zu seinem beleidigten Vater wiederzukehren, und ihm ward seine Gnade fast nie so milde, so väterlich angeboten, als denen andern, die weit schuldiger als er, sie tausendmal verschmähten. — Nun kommt er, der reuige Sohn auf den ersten Wink seines Vaters, ist bereit, auf alle Bedingungen Verzicht zu thun, die andere in seinem Namen vorgeschlagen hatten, will sich unbedingt der Gnade seines Königs überlassen, und findet ihn — todt. — Er nennt sich seinen Mörder; — der erstarrte Leichnam fängt an zu bluten; — der mit Vorurtheilen angesteckte Richard nimmt dies als Bestätigung seiner Schuld an. O Walter, laß mich abbrechen. Gern mögte ich meine Augen vor den Gräueln eures Aberglaubens verschließen, mit denen die edeln Seelen unserer Zeit, selbst die Walter und Richarde angesteckt sind. — Nie hielt ich viel von dergleichen Zeichen, aber das gegenwärtige wendet mich vollends ganz von dem Glauben an solche Dinge ab. — Wenn König Henrichs Blut um Rache wider seinen Mörder schreyen sollte, warum quoll es nicht bey der Annäherung des gottlosen Johannes aus dem Leichnam hervor? — Wenn einer von Henrichs Söhnen sich den Mörder seines Vaters nennen kann, so ists gewiß dieser, dessen Untreu wie jedermann weis, das Herz des unglücklichen Greises vollends gebrochen, und ihn ins Grab gestürzt hat? — Blondel gerieth bey Endigung dieser Worte in ein tiefes Nachdenken, und Walter überließ sich der angenehmen Vorstellung mit Entzücken, den edeln Richard nicht ganz so schuldig zu finden, als die Meisten, und als er sich selbst hielt.

Blondel von Nesle kam nach einer Weile aus seinen tiefsinnigen Betrachtungen zurück, und nahm das Wort von neuen. — Ich muß dich bitten, Walter, sagte er, die Gesinnungen die ich jetzt gegen dich geäussert habe, vor jedermann, selbst deinem Bruder Gottfried zu verschweigen; er ist gut und edel, und es würde mich kränken, wenn er um meines Unglaubens willen schlecht von mir dächte. Er ist ein geistlicher, und die Lehre von den Vorzeichen gehört ja leider bey uns unter die Glaubenslehren, die man nicht ohne Ruchlosigkeit bezweifeln kann; aber noch einmal, ich bleibe dabey, daß das Bluten der königlichen Leiche von natürlichen Ursachen herkommen kann, und daß mein Richard um dieses Umstandes willen, nicht um ein

Haar mehr Schuld an dem Tode seines Vaters ist
als seine Brüder. — Walter getraute sich nicht
etwas auf diese Meynung seines freydenkerischen
Freundes zu sagen, welcher er im Grunde gern
beygepflichtet hätte, und erwartete den Anfang von
Richards Geschichte, welche ihm Blondel folgender=
maßen gab.

Die Umstände, begann er, in der Erzählung
von Richards Begebenheiten sind so zahlreich, daß
ich, um dich nicht zu lange bey denselben aufzu=
halten, dir das Meiste nur Auszugsweise werde
liefern, und dabey vielleicht manchen kleinen Um=
stand werde übergehen müssen, welcher eine kräftige
Apologie meines Freundes seyn könnte; aber auch
das Wenige was ich dir sagen werde, wird hin=
länglich seyn, ihn in den meisten Fällen zu ent=
schuldigen.

Du erinnerst dich der Zeit, da ich England
zum erstenmal sah, um in diesem Mutterlande der
fröhlichen Kunst zu der ich mich bekenne, meine
Laufbahn als Minstrel anzutreten. — Die eng=
lischen Minstrels welche mich nach England be=
gleiteten, und Rollo, welcher lange an König
Henrichs Hofe gelebt hatte, und vorzüglich von
ihm geschätzt wurde, führten mich bey ihm ein,
und verschaften mir eine Aufnahme, welche fast
meine Erwartung überstieg. — Die Uneinigkeiten

zwischen König Henrichen und seinen Söhnen, hatten damals bereits verschiedne Jahre fortgedauert. Königin Eleonore, das boshafteste Weib das ich jemals gesehen habe, eine Person, der ihr ganzer Charakter aus den Augen sprach, hatte sichs angelegen seyn lassen, das Herz ihres ältesten Sohns, des jungen Henrichs, bey Zeiten wider seinen Vater ihren Gemahl, den sie haßte, weil sie, nicht eben mit Unrecht, seine Treue in Zweifel zog, zu empören. Des alten Henrichs Liebe zu seinem erstgebohrnen Sohn hatte gemacht, daß er mit vieler Leichtigkeit in alle unbescheidne Foderungen, die dem jungen Prinzen und seiner Mutter in den Sinn kamen, gewilligt hatte. Der junge Henrich hatte bereits die Salbung als Nachfolger seines Vaters erhalten; man hatte ihn mit der französischen Prinzeßin Margaretha vermählt, ihn samt ihr zu Rouen schon im Voraus die Krone aufgesetzt, die sie erst nach des Königs Tode tragen sollten, und ihm über dieses, um ihm indessen einen Vorschmack von der königlichen Hoheit zu geben, die Besitzung der Grafschaft Anjou, Maine und Tourraine überlassen. Zur Belohnung dieser mehr als königlichen Gnade, die meines Erachtens sehr nahe an Thorheit und Unbesonnenheit gränzte, trennte er sich ganz von seinem Vater, hieng nur an seiner Gemahlin und an ihrem heimtückischen Vater dem König Ludwig von Frankreich, und war durch keine Bitten, keine Vorstellungen des Königs von England zu bereden, die ihm überlaſſenen Lande zuweilen zu verlaſſen, und am Hofe ſeines Vaters zu leben. — Die ganze Welt weis, und es kann alſo auch dir nicht unbekannt ſeyn, wie weit ſich dieſe Widerſpenſtigkeit erſtreckte, zu was für immer größern Forderungen an ſeinen Vater er ſich nach und nach verleiten ließ, und wie es endlich dahin kam, daß er die Waffen wider ihn ergrif.

König Henrich ſahe den Fehler ein, den er in Anſehung ſeines älteſten Sohns gemacht hatte, und er nahm ſich vor, denſelben an ſeinen drey jüngern Söhnen zu verbeſſern. Was er dem erſten zu viel gegeben hatte, das gab er denen andern zu wenig, beſonders hatte mein Richard das Schickſal, hinter alle ſeine Brüder zurück geſetzt zu werden. Gottfrieds Lebhaftigkeit — ich meyne nicht Roſemundens, ſondern Eleonorens Sohn — und Johannes einſchmeichelndes Weſen erwarb ihnen noch zuweilen eine königliche Gnade, aber Richard, welcher keine von dieſen beyden Gaben beſaß, der immer ernſt, immer nur mit denen ritterlichen Uebungen beſchäftigt war, in denen er vollkommen zu werden ſuchte, bekam wenig freundliche Blicke von ſeinem Vater. — Die Vollkommenheit zu der er es in allen kriegeriſchen Künſten brachte, ſeine unglaubliche Stärke, ſein Heldenmuth und die Tapferkeit, von der er bey ſeiner großen Jugend bereits wichtigere Proben abgelegt hatte, machten ihn seinen Brüdern verhaßt, und seinem Vater furchtbar. Der unglückliche Richard mogte sich bemühen wie er wollte, dem König durch seine großen Eigenschaften Freude zu machen, ein munterer Einfall von Gottfrieden, oder eine Schmeicheley des falschen Johannes that allemal bessere Wirkung. König Henrich sahe in Richarden. nicht den Helden der ihm nachzuahmen strebte, nicht den Sohn, der einst die Stütze seines Reichs geworden seyn würde, sondern einen zweyten Heinrich, einen Feind, der ihn noch furchtbarer seyn mußte, da er alle große Eigenschaften des ältern Prinzen in doppelten Grade besaß. Himmel! wie war es möglich, daß ein so guter, so weiser König ein Herz wie das Herz meines Richards so verkennen, so von sich hinweg schleudern konnte? Warum sahe er nicht ein, daß Richards Tapferkeit, da sie nicht mit dem Stolze und der übeln Gemüthsart seines ältern Bruders verbunden war, ihm nicht nachtheilig seyn konnte? Unmöglich wär es gewesen, daß der König sich selbst so hätte täuschen können, wenn nicht die beyden Prinzen Johann und Gottfried die Kunst gewußt hätten, ihn auf einen falschen Weg zu leiten, und alle Handlungen ihres Bruders verkehrt vorzustellen. Sie hatten zu Boßheiten von dieser Art einen getreuen Gehülfen und Anführer an dem jungen Grafen von Leicester, dessen Name dir schon aus der Geschichte der Fräuleins Anna und Edita bekannt seyn wird. Er war ein Mensch, dessen ganzer Sinn nur darauf gerichtet war, Unheil anzurichten, er that Böses, nicht um einiges Vortheils willen, sondern darum weil es böse war, er konnte heute auf dieser, morgen auf der andern Seite seyn, dann von dem Feinde zum Freunde, und wieder von diesem zu jenem übergehen, ohne einen andern Nutzen dabey zu haben, als jedermann gegen einander aufzubringen, und seine Freude an der daraus entstehenden Unordnung zu sehen. Graf Leicester war ein ganz guter Freund Prinz Richards, und einer von seinen eifrigsten Gefährten in ritterlichen Uebungen, Richard hatte ihn nie beleidigt, als etwa durch höhere Talente, und doch spielte er in Ansehung seiner fast wie nur zum Zeitvertreibe, eine solche Rolle. —

König Henrich ward durch fleißiges Zureden seiner beyden jüngern Söhne und ihres würdigen Gefährten, so furchtsam gegen den unschuldigen Richard gemacht, daß er ihn vom Hofe entfernte. — Der junge Prinz welcher sich den Vorwand, den man zu seiner Entfernung brauchte, so nichtig er seyn mogte, gern gefallen ließ, und zu wenig geneigt war, etwas Arges zu denken, bat um Erlaubniß nach Guienne zu seiner Mutter gehen zu dürfen. König Henrich, welcher den bösen Einfluß kannte, den Eleonorens Ueberredungen haben konnten, und der sie aus dieser Ursach sehr weislich vom Hofe entfernt hatte, schlug diese Bitte ab. Graf

Leicester, welcher diese Bothschaft überbringen mußte, richtete sie auf so eine Art aus, hütete sich so sorgfältig eine einzige Ursach einzuführen warum der König seinen Sohn von seiner Mutter entfernt halten wollte, daß Richard aufgebracht wurde, und auf einige verrätherische Winke, die ihm Leicester gab, sich entschloß, des Verbots seines Vaters ungeachtet, die Königin zu besuchen. — Dieses war der erste Ungehorsam den er seinem Vater bewieß, seinen Gedanken nach, da es einer Mutter zu Liebe geschah, ein sehr unschuldiges, unschädliches Vergehen, aber für ihn der Grund tausendfacher Verirrungen, aus denen er sich nie ganz wieder hat heraus finden können.

Unter verdeckten Namen kam er zu seiner Mutter, die er seit seinen Kinderjahren nicht gesehen hatte, und die ihn mit einer Zärtlichkeit empfieng, welche ihm, der nie von elterlicher Liebe etwas wußte, etwas ganz Neues war, und sein ganzes Herz zu Eleonoren hinriß. Er lebte lange glücklich bey ihr, die einigen trüben Stunden die er bey ihr hatte, waren diejenigen, da sie ihn mit Klagen über seinen Vater unterhielt. Seine Untreu gegen sie, vornämlich die Begebenheiten mit Rosemunde Klifford. — Verzeihe mir Walter, daß ich diesen dir heiligen Namen hier nenne — die Grausamkeit, mit welcher der König sie, seine Gemahlin vom Hofe verstieß, und ihr sogar den Anblick ihrer

Söhne mißgönnte, die Ermordung des Thomas a Becket, des Beichtvaters Eleonorens, und eine Menge anderer Dinge wurden Richarden von seiner Mutter so oft, und auf so eine Art vorgebracht, daß er, so ungern er diese Gattung von Gesprächen auch hörte, und so sehr er auch immer die Partie seines Vaters nahm, doch oftmals ingeheim dachte, Eleonore hätte nicht ganz unrecht, und König Henrich sey zu tadeln. Nach und nach gieng die Königin weiter. Sie beklagte die Härte seines Vaters gegen ihn, legte es ihm deutlicher vor Augen als er es zu sehen wünschte, wie sehr er seinen übrigen Brüdern nachgesetzt würde, sie erinnerte ihn an die Liebe die Johann und Gottfried vor ihm genossen, und an die Vortheile, die sein Vater seinem ältesten Sohne vor allen seinen übrigen Kindern eingeräumt hatte. Bey diesem Punkte hielt sie sich am längsten auf, und machte dem ehrgeizigen Richard die verächtliche Rolle, die er gegen seinen Bruder Henrich spielte, so sichtbar, daß er kein Mensch hätte seyn müssen, wenn nicht ein Funken von Unwillen in seinem Herzen angeglommen wäre. Ihm, diesem so sehr begünstigten Bruder, gab man große Länder ein, gab ihm den Titel eines Königs, da er indessen unter erborgten Namen, in der Dunkelheit, von der Gnade seiner Mutter leben mußte. Dem jungen Henrich gab man eine der schönsten und größten Prinzeßinnen zur Gemahlin, an ihn dachte man nicht, und wenn

er selbst an sich dachte, wenn er seine Augen auf die=
se oder jene Dame warf, so trat man ihm gleich in
den Weg, und suchte alle seine kleinen Intriguen zu
zernichten; dieses letztere, das ihm, so lange er am
Hofe seines Vaters war, so oft begegnete, gieng
seinem zur Liebe geneigten Herzen am allernächsten.
Alle Schönheiten die er angebetet hatte, und die
man ihm schnell aus den Augen rückte, stellten sich
seiner Phantasie vor, und er fieng von neuen an das
zu beklagen, was er längst verschmerzt hatte. —
Eleonore sah die gute Wirkung welche ihre Worte
auf das Herz Richards thaten, sie fieng an weniger
von diesen Dingen zu sprechen, und überließ sie sei=
nem eigenen Nachdenken. — Doch säumte sie nicht
lange, ihn zu einem Schritte zu verleiten, der noch
bedenklicher war als der Besuch, den er wider seines
Vaters Willen bey ihr gemacht hatte.

Eleonorens ältester Sohn Henrich, dankte sei=
ner Mutter das, was sie ehemals für ihn that, so
schlecht, daß er kein Bedenken trug, sich unter man=
cherley Vorwand, eines Theils ihrer Besitzungen
in Guienne zu bemächtigen, und sie zu seinen Län=
dern zu ziehen. Anstatt wegen dieser Ungerechtig=
keit Hülfe bey ihrem Gemahl zu suchen, beredete sie
Richarden, an den französischen Hof zu gehen, sei=
nen Bruder wegen seines Verfahrens zur Rede zu
setzen, und ihn zu bedrohen, daß man, im Fall er
sich weigerte, das angethane Unrecht zu vergüten,

sich durch die Waffen Recht zu verschaffen suchen würde. — Ein ansehnliches Heer stand zu dieser Absicht bereit, und es ist kein Zweifel, daß Richard, der es anführen sollte, durch dasselbe alles würde haben erlangen, und seinen Bruder ziemlich in die Enge treiben können.

Richard trat seine Reise an, aber er hatte nicht sobald seine Unterhandlungen mit seinem Bruder begonnen; als man in England schon alles, und noch viel mehr wußte, als wahr war. — Graf Leicester hatte dafür gesorgt, daß König Henrich zeitig erfuhr, daß Richard seinem Befehl zuwider, sich alle diese Zeit über bey Eleonoren aufgehalten hatte, seine Reise nach dem französischen Hofe wurde auf die gehäßigste Art vorgestellt, und der unglückliche Prinz mit seinem rebellischen Bruder völlig in eine Reihe gesetzt. — König Henrich, welcher ein großer Freund von geistlichen Waffen war, schickte nach Rom, und ließ sich einen Bannstrahl wider seine ungehorsamen Söhne ausbitten, den er unweigerlich erhielt. Der junge Henrich, der von der freyen Denkungsart am französischen Hofe angesteckt war, machte sich wenig aus dem Donner des heiligen Vaters, aber Richards noch unverdorbenes, unverführtes Herz wurde durch den Gedanken, von der Gemeinschaft der Christenheit ausgeschlossen zu seyn, um eines Verbrechens willen von derselben ausgeschlossen zu seyn, dessen Name ihm schon ab-

scheulich war, ganz zu Boden geschlagen. — Er
war anfangs willens nach England zu gehen, und
sich seinem Vater zu Füßen zu werfen; aber die
Vorstellung, daß man ihn doch nicht als einen Un=
schuldigen, der er war, sondern nur als einen reui=
gen Sünder aufnehmen würde, empörte seinen
Stolz. Er wollte der Welt zeigen, daß er kein Re=
bell war, daß er die Hoheit seines Vaters zu beschü=
tzen, nicht zu erschüttern suchte. — Aller Gift den
Eleonore in sein Herz ausgegossen hatte, um ihn ge=
gen König Henrichen aufzubringen, und der nicht
allemal seine Wirkung verfehlte, war jetzt ohne
Kräft. — Er brachte die Angelegenheiten seiner
Mutter mit seinem Bruder zur Richtigkeit, und ver=
ließ Frankreich plötzlich, um nach Schottland zu ge=
hen, und daselbst die grausamen Beschuldigungen
seines Vaters durch die That zu widerlegen. — Du
weißt, mein Walter, wie viel Unruhen Wilhelm
von Schottland dem Könige von England in den
damaligen Zeiten machte, auch wirst du vielleicht
etwas von den Gegenanstalten gehört haben, die
König Henrich machte. — Ansehnlich war das Heer
das er Wilhelmen entgegen schickte, aber die An=
führer waren schlecht, und alles würde verlohren
gegangen seyn, wenn Richards Heldenarm der Sa=
che nicht ein anderes Ansehn gegeben hätte. Wil=
helm von Schottland ward gänzlich gedemüthigt,
und diejenigen vom Heere, welche Richarden kann=
ten, bestanden darauf, ihm die Krone dieses Lan=

des aufzusetzen. Mit Abscheu verwarf er diesen Antrag, und eilte nach England, um den überwundenen Wilhelm zu seines Vaters Füßen zu führen, und sich ihm zu zeigen, als der, der er wirklich war, kein Rebell, sondern der Schützer der Hoheit seines Königs und Vaters. —

Das Gerücht von dem Siege über die Schottländer war Richards Ankunft zuvorgekommen, und man war, als er erschien, schon so mit dieser fröhlichen Zeitung bekannt, daß man sie fast vergessen hatte. König Henrich hatte zu der Zeit als die erste Nachricht von Wilhelms Niederlage nach England kam, eben eine Wallfahrt zu dem Grabe des heiligen Thomas a Becket gethan, dessen Ermordung man ihm schuld gab. — Jedermann behauptete, daß die Vorbitte des lieben Heiligen diesen Sieg über die Schottländer zu wege gebracht hätte; was hatte denn also der tapfere Richard dabey gethan? — Man empfieng ihn sehr kaltsinnig, und entließ ihn mit Mühe des Verdachts, daß er Schottland aus rebellischen Absichten betreten habe. Das eroberte Land, die Frucht von Richards Siegen wollte man anfangs dem Prinzen Johann, des Königs Liebling geben, aber man besann sich doch anders, meynte, Johann könnte indessen mit Irrland zufrieden seyn, und bestätigte den überwundenen Wilhelm in Besitz von Schottland, welches er vom König von England zur Lehn nehmen sollte.

Richard war das Letzte wohl zufrieden, aber daß er sich sonst so in Ansehung seines Empfangs bey seinem Vater geirrt hatte, das durchbohrte sein Herz. Man besann sich lange, ob man ihm des päbstlichen Banns und der väterlichen Ungnade gänzlich entnehmen sollte, und als man dieses nicht Umgang haben konnte, so gab man ihm wenigstens zu verstehen, er mögte nicht bey Hofe bleiben, sondern sich auf ein gewisses geringes Kastell begeben, das ihm verehrt wurde. Nach Frankreich zu gehen, sollte ihm untersagt seyn, denn man hielt dieses Land für die Tugend der englischen Prinzen höchst gefährlich. Prinz Gottfried war vor einiger Zeit heimlich dahin gegangen, und man fieng an Zeitungen von ihm zu hören, welche nicht die besten waren.

Richard sehnte sich nicht nach König Ludwigs Hof, aber seine Mutter hätte er gern in Guienne besucht, und ich weis nicht, was er des Verbots seines Vaters ungeachtet gethan haben würde, wenn ihn nicht die Ueberredungen der Freundschaft davon abgehalten hätten.

Alle diese Dinge, mein Walter, trugen sich vor meiner Ankunft in England zu, und ich habe das Hauptsächlichste, das Innere derselben, erst nach der Zeit, zum Theil erst kürzlich erfahren. — Als ich König Henrichs Hof zum ersten Male sah, waren schon einige Jahre nach dem Siege in Schottland

verflossen, und Prinz Richard hatte alle diese Zeit
über auf seinem Kastelle in trauriger Einsamkeit gelebt, die er nur zuweilen mit einem ganz kurzen Besuche bey seinem ungewogenen Vater verwechselte,
welchen Prinz Johann, Graf Leicester und andere
seines Gleichen so umlagert hielten, daß sich Richard
keiner einzigen Privatunterredung mit dem Könige
rühmen konnte. — Doch fieng der alte Henrich an,
Richarden ein wenig geneigter zu werden, als er
täglich mehr widrige Zeitungen aus Frankreich von
seinen rebellischen Söhnen Henrich und Gottfried
erhielt, und hingegen das stille und unsträfliche Leben sah, das Richard vor seinen Augen führte.

Dieses stille, eingezogne Leben, würde indessen nicht sehr nach dem Geschmack des feurigen Richards gewesen seyn, wenn nicht die Widerwärtigkeiten die er erlebt hatte, seinen Muth niedergeschlagen, und ihm einen Hang zur Schwermuth gegeben
hätten, den er zuvor nicht hatte. Musik und Dicht-
kunst waren seine Hauptbeschäftigungen in seiner
Einsamkeit, und die Liebe zu diesen beyden Wissen-
schaften, die bis zum Enthusiasmus gieng, war es
auch die mir die Freundschaft des edelsten Herzen erwarb, das ich kenne. Verzeihe mir, mein Walter,
wenn ich dich durch diesen Ausdruck beleidige. Es
ist wahr, du bist mein ältester Freund, und ich weis
deinen Werth zu schätzen; aber du warst beynahe
noch ein Kind, als ich von dir getrennt ward, ich ha-

be dich erst seit kurzen wieder, und du kannst meinem Herzen also bey weiten das noch nicht seyn, was mir mein Richard in so vielen Jahren geworden ist.

Er sah mich bey einen von den kurzen Besuchen am Hofe seines Vaters, er hörte meine Lieder, hörte mein Harfenspiel, lud mich zu einem Besuch auf seinem Schlosse ein, und von da an, wurde ich ein unzertrennlicher Gefährte seiner Einsamkeit. — Alle seine Anliegen schüttete er in meinen Schooß aus, alle seine Angelegenheiten stellte er mit mir in Rath, und ich kann mich rühmen, daß ich vielleicht manche seiner raschen Entschließungen gehindert, mancher eine bessere Wendung gegeben habe, als sie ohne die Leitung eines Freundes erhalten haben würde. — Ich war es, der ihn immer von dem Entschluß abhielt, wider den Willen seines Vaters seine Mutter zu besuchen, und die Wahrheit zu gestehen, that ich dieses nicht sowohl aus Ehrfurcht gegen das königliche Verbot, als weil ich eine schlechte Meynung von Königin Eleonoren hatte, und es ihr nicht gönnen konnte, mit ihren giftigen Anschlägen das Gemüth meines Freundes anzustecken. — Richard hörte mein Einreden gefällig an, und folgte gern meinen Rathschlägen. Er sagte mir oft, daß, seit er mich kenne, ihm das Leben wieder anfange lieb zu werden, daß er um meine Freundschaft kein Königreich eintauschen mögte, und daß er in meinem Umgange die ganze übrige Welt vergessen könne. — Seit ich bey

ihm war, besuchte er den Hof seines Vaters seltner
als jemals, und das Gerücht von den glänzenden
Festen, die man in London feyerte, konnte ihn nicht
bewegen seine Einsamkeit zu verlassen. — Ich, ein
Liebhaber der Freude, tadelte ihn oft wegen seiner
Eingezogenheit, und nöthigte ihn zuweilen Men=
schen zu sehen, weil ich fürchtete, das Leben, das
er auf dem öden Kastelle führte, mögte nach und
nach der Gesundheit seines Leibes oder Geistes schäd=
lich werden; aber wenn ich ihn zuweilen zu einem
Besuch bey Hofe beredete, so fand er allemal daselbst
so viel Stof zu neuen Mißvergnügen, daß ich Tage
lang zu thun hatte, ehe ich sein Gemüth wieder auf=
heitern konnte, und daher selbst anfieng, die Einsam=
keit für ihn zuträglicher, als das Hofleben zu finden.

Um diese Zeit war es, als das Gerücht in unse=
re Einöde erscholl, König Henrichs Hof würde bald
einen sehr seltenen, sehr unerwarteten Besuch be=
kommen, auf welchen man, so wenig man sich auch
denselben zur Ehre oder Freude schätzte, die größten
Zubereitungen machte.

Nachdem der heilige Thomas a Becket, sich
durch seine Vorbitte so wunderthätig erwiesen, und
mit derselben König Henrichen Schottland unter=
würfig gemacht hatte, war der Ruf seiner Heilig=
keit, und der Kraft seines Gebets in alle Lande aus=
gegangen, und hatte der Kirche zu Canterbury, wo

er begraben lag, häufige Wallfahrten und Opfer zugezogen. — Was Richarden und mich anbelangt, wir wallfahrteten nicht zu ihm, ob wir gleich in der Nähe seines Heiligthums lebten, und ob es uns gleich nicht an mancherley Anliegen fehlte, in welchen uns die Hülfe eines Heiligen erwünscht genug gewesen wäre; aber nicht gerechnet, daß wir Minstrels, wie uns die Welt schuld giebt, nicht in allen Stücken einen Glauben mit der heiligen Kirche haben, so fühlten Richard und ich auch einen besondern Widerwillen wider den heiligen Erzbischof Thomas a Becket, weil er einen Eingrif in unsere Ehre gethan, und sich den Sieg in Schottland angemaßt hatte, den der tapfere Richard mit seinem Blute erkaufte, ohne zu argwohnen, daß ihm das Gebet eines Heiligen, diesen Ruhm streitig machen würde. Bey diesen Gesinnungen war uns die Post, daß König Ludwigs Majestät sich aus Frankreich zu einer Wallfahrt herüber bemühen würde, mehr ärgerlich als angenehm, und wir beschlossen, weil wir auch übrigens nicht viel von König Ludwigen hielten, bey keinen von den Festen zu seyn, die um seinetwillen angestellt werden sollten. Kaum konnten wir uns entschließen, nach der Ursach seiner Andacht zu fragen, und als wir erfuhren, daß er das Leben seines kranken Sohns, des Prinzen Philip, vom heiligen Thomas erbitten wollte, so wären wir einig, daß dieses Geschäft nicht der Mühe lohnte, einen so weiten Weg zu unternehmen, und daß König Henrich um so einer Kleinigkeit willen, nicht so bereitwillig hätte seyn sollen, einen Feind, mit dem er nur nach Hofart ausgesöhnt war, in sein Land zu lassen.

Ludwig von Frankreich langte mit aller seiner Andacht an König Henrichs Hofe an, und wir erhielten bald Nachricht, daß er seine Tochter Alice mitgebracht habe; ob durch ihr Gebet für das Leben ihres Bruders mehr beym heiligen Thomas auszurichten, als er von dem Seinigen hofte, oder ob er durch ihre Gegenwart andere Endzwecke zu erreichen suchte, kann ich nicht entscheiden, oder vielmehr ich konnte es damals nicht, denn nach der Zeit fiel es jedermann, ausser Richarden, deutlich genug in die Augen, daß König Ludwig sich der Schönheit seiner Tochter bedienen wollte, noch einen von den englischen Prinzen in sein Netz zu ziehen, so wie es ihm vormals durch Margarethens Reize bey dem jungen Henrich geglückt war.

Ich weiß nicht, ob Prinz Johann der Prinzessin Alice und ihrem Vater, keine Eroberung von genugsamer Wichtigkeit zu seyn schien, oder was sie sonst bewegen mogte, ihre Absichten mehr auf Richarden zu richten. — Genug, es war offenbar, daß man seine Augen auf ihn, auf ihn allein gerichtet hatte. — König Henrich hatte seinen Sohn nie aus seiner Einsamkeit zu irgend einem Feste, das bey Hofe gefeyert wurde, einladen lassen, jetzt lamen dergleichen Einladungen sehr oft, und ich erfuhr nachher, daß dieselben nicht die Wirkung des guten Willens König Henrichs, sondern der dringenden Bitten des Königs von Frankreich gewesen waren. Richard nahm keine von diesen Einladungen an, und machte damit seinem Vater eine herzliche Freude, der jetzt nicht sowohl aus Widerwillen gegen Richarden, als aus Furcht, er mögte mit den Gästen aus Frankreich in irgend eine Verbindung gezogen werden, seine Gegenwart bey Hofe nicht gern gesehen hätte. — Als König Ludwig sahe, daß alle seine Bemühungen Richarden bey Hofe zu sehen, vergebens waren, so ließ er sich gefallen, ihm einst ganz unvermuthet einen Besuch auf seinem Schlosse zu geben. — Es ist unglaublich, was für Mühe er sich bey dieser Gelegenheit gab, meinem Richard zu gefallen; es glückte ihm nur gar zu gut, und ich kann nicht leugnen, daß ich selbst eine Zuneigung für diesen huldreichen König zu fühlen und zu glauben anfieng, er könne wohl nicht so falsch und boshaft seyn, als man ihn insgemein schilderte.

Der König von Frankreich fand die Gegend und vornehmlich die Waldung in dem Distrikte unsers Kastells sehr schön, und bat Richarden, zuweilen hier jagen zu dürfen; wer konnte Ludwigen etwas abschlagen? Richard liebte die Jagd selbst, sie war die einzige ritterliche Uebung, die er seit einiger Zeit zu treiben pflegte, und es wurden von diesem Tage an, so fleißige Jagdpartien in Richards Wäldern gemacht, daß man bey Hofe davon zu sprechen anfieng, und dem Prinzen zu verstehen gab, er würde seinem Vater einen Gefallen erweisen, wenn er den Umgang mit König Ludwigen einschränkte. So geneigt Richard gewesen war, die Höflichkeiten des Königs von Frankreich zu erwiedern, so bereitwillig war er auch, dem Befehl seines Vaters zu gehorchen; und als er kein anderes Mittel wußte sich der Zudringlichkeiten Ludwigs zu erwehren, so trug er kein Bedenken, dem Könige von Frankreich nach seiner gewöhnlichen Offenherzigkeit die Ursach zu gestehen, warum er genöthigt wäre, sich seiner Gesellschaft zu entziehen. König Ludwig lachte, versicherte Richarden, daß er lange so ein Verbot von dem mißtrauischen König von England vorausgesehen hätte, daß er der Schwachheit des guten Königs nachgeben, und seine Besuche bey ihm einschränken wollte, und daß er übrigens hofte, es würde den Vornehmsten seiner Hofstatt nicht versagt seyn, sich zuweilen in seinen Wäldern mit der Jagd zu belustigen.

König Ludwig kam von dieser Zeit an nicht mehr, uns in unserer Einsamkeit zu besuchen. Seine Leute besuchten unser Jagdrevier fleißig, und Prinz Richard hielt es nicht für seine Schuldigkeit, Theil an ihrem Vergnügen zu nehmen; ihr Umgang war seh nem Stolz zu geringe, und er mußte nicht, ob ihm nicht derselbe, wenn er auch Gefallen daran gefunden hätte, bald ebenfalls vom Hofe würde verboten werden.

Verschiedne von unsern Jägern, welche den Jagden unserer französischen Gäste beywohnten, erzählten, daß sich oft auch Damen in unserm Walde einzufinden pflegten, davon sie die eine besonders schön beschrieben. Es wird die Prinzeßin Alice seyn, dachte ich, und sagte Richard, ohne daß einer von uns Neugierde genug besessen hätte, ihr zu Gefallen einen Ritt zu thun. Wir hielten uns eingezogen in unserm Schlosse, und erhielten dafür, wie wir von unsern Leuten erfuhren, von den schönen Jägerinnen die oft nach Prinz Richarden fragten, den Namen Menschenfeinde, und mürrische Einsiedler. — Ich scherzte oft mit meinem Freunde über die Mühe die sich Alice seinetwegen gab, er nannte sie weibliche Neugier, und versicherte, daß er sie nie befriedigen würde. Ich leugne es nicht, setzte er hinzu, daß ich ein Freund der Damen, ein Anbeter der Schönheit von jeher gewesen bin, aber sobald ich bey einem Weibe ein größeres Bestreben nach meiner Gesellschaft merkte — sollte es auch aus bloßer Neugier entsprungen seyn, — als ich nach der ihrigen bezeugte, so verlohr sie alles Interessante für mich, und ich flohe sie gewiß in eben dem Maaße als sie mich aufsuchte.

Es ist zu glauben, daß Richard seinem Grundsatze treu geblieben seyn würde, wenn ihm Alice nicht näher getreten wäre, und ihn mit der ganzen Macht ihrer Reizungen angegriffen hätte.

Es war an einem trüben Tage, der uns, ungeachtet wir Männer waren, auf keine Weise ins Freye gelockt haben würde, da sich eine Begebenheit ereignete, welche der Sache auf einmal eine ganz andere Wendung gab. Der Himmel hieng voll Gewitterwolken; der Donner ließ sich bereits von Weiten hören, und abwechselnde Regengüsse kühlten die Hitze, die das Land schon verschiedne Tage gedrückt hatte. Richard und ich saßen in der untern Halle des Schlosses, verkürzten uns die Zeit mit mancherley Gesprächen, mit Gesang und Saitenspiel, weideten uns an den Wohlgerüchen die uns aus der erfrischten Gegend entgegen dufteten, und freuten uns des majestätischen Schauspiels, das das immer näher kommende Gewitter unsern Augen gab. Es kam heran, mit so fürchterlichen Blitzen und Schlägen, und mit so einen überschwemmenden Regen, daß wir genöthigt waren, den Eingang unsers Saals den wir gegen das Feld geöfnet hatten, verschließen zu lassen, um vor den überhandnehmenden Sturme sicher zu seyn. Er hatte bereits über eine Stunde in einem fort getobt, als unsere Leute herein traten, und meldeten: eben wäre ein ganzer Trupp französischer Jägerinnen in unserm

Schlosse abgestiegen, welche vom Ungewitter im Walde übereilt, bey uns Zuflucht suchten; die Ueberbringer dieser Zeitung hatten noch nicht ausgeredet, als wir das Geräusch der Kommenden hörten, und eine Menge Damen eintreten sahen, die, so übel ihnen auch das Ungewitter mitgefahren hatte, doch einen schönen Anblick machten. Vornehmlich zeichnete sich die Vorderste von den andern aus, die ich mir aus ihrem Vortritt und der prächtigen Kleidung die sie trug, gleich vom Anfang als die, die sie war, als die Princeßin Alice vorstellte. Sie trug ein bleichgrünes Jagdkleid, das ein bemantner Gürtel schloß, und ein funkelnder Stein von gleicher Kostbarkeit, hoch über das linke Knie hinauf zog, um den schönsten Fuß zu zeigen, den man sich denken kann. Ihre Gestalt war schön und zierlich, ob sie gleich kaum das Mittelmäßige erreichte, ihre Brust und Arme waren kaum zur Hälfte bedeckt, und der Glanz ihrer funkelnden Augen wurde durch die von der Erhitzung erhöhte Farbe ihrer Wangen, und durch das dunkle Haar, das sie in wilder Unordnung umflatterte, fast verblendend gemacht. — Richard fuhr voll Erstaunen auf, sie zu empfangen, er war über ihren Anblick so ausser sich selbst gesetzt, daß er kaum vermogte ihr etwas auf die Worte, mit welchen sie ihn in dem einnehmendsten Ton anredete, zu antworten. — Und das war Alice? unterbrach hier Walter die Erzählung seines Freundes, ists möglich, daß irgend jemand an der Figur dieser Prinzeßin etwas Einnehmendes finden kann? — Was mich anbelangt ich habe sie gesehen, und nichts an ihr bewundern können, als ihre Frechheit und den Hang zu der zügellosesten Lebensart, der ihr aus den wilden Augen blickt.

Kann wohl seyn, erwiederte Blondel, aber du bedenkst nicht, daß eine Dame von Alicens Gattung, eine andre Figur am Anfang ihrer Laufbahn, als am Ende derselben macht. — Genug, damahls war sie noch schön, sehr schön, und unterließ nicht, uns beyden zu gefallen, doch Richarden etwas mehr als mir. — Ich vermißte freylich in ihrer Person, in ihrem ganzen Wesen den Zauber der Sittsamkeit, der mich bey dem weiblichen Geschlecht immer am Meisten hingerissen hat, aber Richard übersahe diesen kleinen Mangel bey ihren übrigen Reizen. Er nannte das, was mir schon damals ein wenig frech an ihr vorkam, Lebhaftigkeit; die üppige Nachläßigkeit in ihrer Kleidung, die sich nicht nur diesen, sondern alle künftige Tage die sie bey uns verweilte an ihr zeigte, Ungezwungenheit, oder jugendliche Unachtsamkeit; und kurz diese Zauberin nahm das Herz deines Bruders in wenig Tagen so völlig ein, daß er ganz an ihr hieng, für nichts Gefühl hatte, als für sie, und die kleinen Erinnerungen, die ich zuweilen wagte ihm zu geben, auf so eine Art aufnahm, daß ich endlich für gut hielt zu schweigen.

Ich habe schon von mehrern Tagen gesprochen, und du wirst also errathen, daß sich Alice keine kleine Zeit bey uns aufhielt. An Zeitvertreib konnte es ihr nicht bey uns fehlen, denn sie hatte ja die Jagd, und da Richard sie allemal auf derselben begleitete, so ist zu glauben, daß ihr diese Uebung noch angenehmer seyn mußte als zuvor. — Was mich anbelangt, so konnte ich nichts thun, als die Verblendung meines Freundes betrauren. So wenig ich Alicen ihre Schönheit ableugnen konnte, so gefiel sie mir doch gar nicht mehr; tausend Spuren ihres leichtsinnigen Charakters entdeckte ich täglich an ihr, und ich hätte ihr noch gern alles vergeben wollen, wenn ich mich nur hätte versichern können, daß sie die redliche Liebe meines Freundes, eben so redlich erwiederte; aber dawider hatte ich großen Zweifel, unter denen die freundlichen Blicke die sie mir oft nur gar zu freygebig verlieh, noch die geringsten waren. — Du kannst wohl denken, daß ich nicht ermangelte, Richarden meine Gedanken hierüber zu entdecken, aber Alicens Jugend und Lebhaftigkeit entschuldigte alles, und ich hatte geirrt. Doch merkte ich, seit meinen freundschaftlichen Erinnerungen eine große Verminderung der Vertraulichkeit gegen mich bey dem Prinzen; ich erfuhr wenig von seinen Unterhaltungen mit Alicen; sie reiste ab, er begleitete sie, und ich hörte erst bey seiner Rückkunft, daß er einen geheimen Besuch bey König Ludwigen gemacht, ihm seine

Absichten auf seine Tochter entdeckt, und ihm ange=
legen habe, auf Mittel zu denken, wie die Einwil=
ligung seines Vaters zu erlangen wäre. König
Ludwig hatte ihm Alicen zugesagt, hatte sich er=
boten alles beym Könige von England durchzu=
setzen, aber zugleich auch versichert, daß es ihm
unmöglich sey, seine Tochter einem Prinzen ohne
Land zu geben, und daß er darauf bringen wür=
de, daß König Henrich ihn wenigstens eben so gut
als seinen ältesten Sohn mit einigen Ländern versä=
he, deren Beherrschung er sogleich antreten könne.

Dieses war das Signal zu allen den mannich=
faltigen Mißhelligkeiten, die nach der Zeit zwischen
Richarden und seinem Vater fast nicht aufge=
hört haben. König Ludwig fieng seine Un=
terhandlungen sehr listig mit der Vorbitte für Ri=
charden an, daß sein Vater doch einigermaßen auf
seine Versorgung denken mögte. König Hen=
rich ward beleidigt, daß Richard Ludwigen zum
Fürsprecher wählte, und schlug alles ab. Der
König von Frankreich ließ sich nicht abweisen, und
erhielt endlich, daß Richarden Poitu und Guienne
angewiesen wurde, beydes Landschaften, die seine
Mutter besaß, und die ihr eigenthümlich gehör=
ten, weil sie selbige König Henrichen zugebracht
hatte. Richard wurde beleidigt, daß man ihn mit
den Gütern seiner Mutter belehnte; aber ich be=
redete ihn, alles anzunehmen, weil er auf diese
Art am besten im Stande seyn würde die Königin

bey ihrem Eigenthum zu schützen, ohne nöthig zu haben, sich eines Rechts über dasselbe anzumaßen. Königin Eleonore, welche man insgeheim darum befragte, war es zufrieden, daß Richard Graf von Guienne und Poitu hieß, und versprach, ihn bey diesen Titel durch ansehnliche Einkünfte aus ihren Landen zu unterstützen.

König Ludwig konnte sich bey König Henrichs Mildigkeit in diesem Stücke nicht beruhigen, er verlangte eine bessere Versorgung für seinen künftigen Schwiegersohn, und trat allgemach mit den Vorschlägen zu Richards und Alicens Vermählung hervor, welche aber mit solchem Unwillen aufgenommen wurden, daß der König von Frankreich sich entschloß, nebst seiner schönen Tochter England zu verlassen; welches mit desto bessern Anstand geschehen konnte, da er die scheinbare Absicht seiner Reise erreicht, und Nachricht aus Frankreich erhalten hatte, wie Sankt Thomas à Becket den Prinzen Philip völlig gesund gebetet habe.

König Ludwig reiste ab, und es ward ihm leicht den aufgebrachten Richard zur Mitreise zu bewegen. So wenig Gefallen ich auch an seiner Verbindung mit dem französischen Hofe hatte, so konnte ich mich doch nicht überreden, ihn zu verlassen; ich begleitete ihn, und ich hatte bald Gelegenheit, ihm als Freund in neuen Widerwärtig=

leiten beyzustehn. König Ludwig hatte eine Wallfahrt für das Leben seines Sohns gethan, und recht, als ob er daſſelbe mit seinem eigenen erkaufen sollte, ward er vom Schlage getroffen, ehe er noch seinen wiederhergestellten Sohn zu sehen bekam. Richard begleitete seine Alice nach Rouen, ward aber von dem neuen Könige Philip so schlecht empfangen, daß er, weil er keine Macht hatte sich zu rächen, weichen, und seine Zuflucht bey seiner Mutter in Guienne suchen mußte.

Es würde zu weitläuftig fallen, dir alle Unruhen und Zwistigkeiten zu erzählen, die in einer Zeit von etlichen Jahren, zwischen dem Könige von England und seinen Söhnen, und zwischen diesen unter einander vorfielen, es sey genug dir zu sagen; daß, wenn von Bestrafung der Rebellen die Rede war, der unschuldige Richard, der sich ganz ruhig bey seiner Mutter verhielt, oben an stand, da er hingegen, wenn eine Streitigkeit zwischen ihm und seinen Brüdern, oder irgend etwas das seinen Vortheil betraf zu entscheiden war, allemal nachstehen mußte.

Ich weiß nicht was es war, das zu derselbigen Zeit dem alten Henrich auf einmal gütigere Gesinnungen gegen seine Söhne Richard und Gottfried einflößte, ob er seinen ältern Sohn Henrich durch die Gnade gegen seine jüngern Brüder kränken, oder ob er die Vermählung des jüngsten, des Prinzen Johann mit der savoyschen Prinzeßin Adelaide, durch die Gegenwart der beyden andern Prinzen verschönern wollte, genug er berufte sie an seinen Hof, und versprach ihnen völlige Vergebung des Vergangenen, nebst andern ansehnlichen Vortheilen.

Richard ließ sich durch kein Zureden seiner boßhaften Mutter bewegen, die Gnade seines Vaters zu verschmähen; er erkannte das Unrecht, das er seinem väterlichen Ansehen gethan hatte, indem er sich vormals mit Alicen wider seinen Willen einließ. Der üble Empfang den er am Hofe ihres Bruders fand, und der wenige Antheil den sie in all der Zeit, in der er von ihr getrennt war, an ihm zu nehmen schien, hatten ihn fast ganz von der Liebe zu ihr getheilt, und meinen Zuredungen bessern Eingang verschaft, als sie ehedem hatten. —

Er nahm sich vor, zu seinem Vater zurück zu kehren, ohne die geringste Forderung zu seinen Vortheil zu machen. Nur einer einzigen Bitte konnte er sich nicht enthalten, und er trieb sie bey seiner Ankunft am englischen Hofe mit solchem Eifer, daß König Henrich, welcher damals auf der Laune war, Gnade zu erzeigen, sie ihm nicht abschlagen konnte. Es war die Zurückberufung Eleonorens an den englischen Hof; sie ward verwilligt. Die Königin kam auf Einladung ihres Gemahls nach London, ward sehr wohl aufgenommen, bezeigte sich so, daß man mit ihr zufrieden seyn mußte, und verschafte durch ihr Zureden, auch Richarden besseres Ansehn und mehrere Gnade bey seinem Vater, als er je gehabt hatte.

Dieses waren glückliche Tage für meinen Freund, Tage die ihm noch durch eine andre Begebenheit zu den merkwürdigsten seines Lebens gemacht wurden. Du wirst errathen, was ich meyne. Die Erscheinung Matildens bey Hofe, und der Eindruck, den ihre Schönheit auf Richarden machte, ist dir bekannt; aber eins weißt du noch nicht, das ich dir auch schwerlich sagen würde, wenn mich nicht das Kleid, das du trägst, überzeugte, daß du keinen Anspruch mehr auf diejenige machst, die du in deinen ersten Jünglingsjahren zu lieben schienst.

Ja Walter, ich bekenne dir es frey. Matilde war mir von dem ersten Augenblick an, da sie zu Montçon erschien, nicht gleichgültig. Ich unterdrückte bloß dir zu liebe die wachsende Leidenschaft in meinem Herzen. Unaussprechlich schwer ward mir die Trennung von ihr, und in aller der Zeit, da ich von ihr entfernt war, kam ihr Bild nicht aus meiner Seele. Du weißt, wie sehr die Grundsätze der Minstrels die hohe idealische Liebe begünstigen, und du wirst dich nicht wundern, daß ich, ohne Hofnung Matilden jemals zu besitzen, sie zu der Dame meines Herzens gewählt, zum Gegenstand aller meiner Lieder gemacht hatte. Unaussprechlich liebte ich sie, und du kannst dir also eine Vorstellung von dem Eindrucke machen, den ihre Erscheinung bey Hofe auf mein Herz hervor brachte. —

Die Güte, mit welcher sie sich meiner erinnerte, die Freundschaft, die Vertraulichkeit, mit welcher sie mir ihren Umgang gönnte, alle diese Dinge sind dir aus ihrer Geschichte bekannt, aber du weißt nicht, wie viel mein Herz dabey fühlte, wie es so ganz zu derjenigen hingerissen wurde, die ich nur anbeten durfte. — Laß mich hiervon abbrechen. Du weißt was für eine traurige Wendung unser unschuldiger Umgang durch die Eifersucht ihres Gemahls gewann; du weißt, mit wie vielem Glück Prinz Richard unsere Unschuld vertheidigte, auch wirst du dich erinnern, wie schlecht sie seine Liebe, selbst nach dem Tode ihres Gemahls belohnte.

Richard hatte bey Matildens höhern Reizen, Alicen ganz vergessen. Eleonore, welche die Verbindung mit der französischen Prinzeßin so ungern gesehen haben würde als der König, begünstigte seine Liebe zu Matilden, und bewegte auch ihren Gemahl in dieselbige zu willigen. Nur die, auf welche bey dieser Sache alles ankam, nur Matilde blieb unerbittlich; sie schlug die Hand des Prinzen hartnäckig aus, und war dadurch Ursach, daß er in halber Verzweiflung das Königreich verließ, und nach Frankreich gieng.

Ich folgte ihm, und unglücklicher Weise begleitete ihn noch einer, den ich damals noch nicht genugsam kannte, um ihn nach Verdienst zu verabscheuen, und meinen Freund vor seinem Umgange zu warnen. Graf Leicester, welcher bey dem König, und der Königin in Ungnade gefallen war, gesellte sich zu Richarden, um sich an den Eltern zu rächen, indem er ihren Sohn wider sie aufwiegelte. — Er wußte es Richarden so wahrscheinlich vorzustellen, daß Henrich und Eleonore seine Liebe zu Matilden nur zum Schein begünstigt, und ihr insgeheim Hindernisse in den Weg gelegt hätten, daß selbst ich anfieng es zu glauben, und Richarden seinen Unwillen über so eine Falschheit nicht ganz verdenken konnte. Er nahm sich vor, die Hofnung, seinen Vater zu väterlichen Gesinnungen gegen sich zu bewegen, gänzlich aufzugeben, und da Schutz und Ruhe zu nehmen, wo er sie finden würde, ohne weitere Rücksicht auf den Willen des=

jenigen zu nehmen, der sich jedem kleinen Glück das er sich wünschte mit solcher Härte entgegen setzte. — Er hatte demohngeachtet, die schlechte Begegnung die er von König Philipen erdulden müssen, und die Vergessenheit der Prinzeßin Alice noch in zu frischen Andenken, als daß er sich an den französichen Hof hätte wenden sollen. Er nahm sich vor, zu seinem Bruder Henrich zu gehen, der sich, wie er erfuhr, damahls zu Martell, einem Kastell bey Turenne aufhielt.

Er fand den Prinzen tödtlich krank, und nur in manchen Stunden fähig, alles das anzuhören, was er auf dem Herzen hatte. — Der junge Henrich, der bey Annäherung des Todes anfieng alles zu bereuen, was er jemahls wider seinen Vater verübt hatte, war nicht geneigt, Richards Unwillen wider König Henrichen zu stärken; er stellte ihm sein Exempel vor, und redete ihm zu, sich dem kindlichen Gehorsam, den er ihrem gemeinschaftlichen Vater schuldig wäre, auf keine Art zu entziehen. — Bleib bey mir, mein Bruder, setzte er hinzu, ich habe Boten an unsern Vater geschickt, mir seine Vergebung, seinen Seegen, und wo möglich, seinen Besuch vor meinem Tode zu erbitten. — Er wird kommen, er wird mich begnadigen, und dich in meine Rechte einsetzen; sein Herz wird sich gegen dich erweichen, gegen dich, der du ihn nie so sehr beleidigt hast als ich, da er ja selbst gegen mich, den ungehorsamsten seiner Söhne, nicht wird hart seyn können.

Richard blieb bey seinem kranken Bruder, und erwartete von einer Zeit zur andern die Ankunft seines Vaters; aber er kam nicht. Der König von England, der schon so oft die Falschheit seines Sohns Henrich geprüft hatte, hielt alles was er ihm sagen ließ, für einen gelegten Fallstrick, ihn in die Hände seiner Feinde zu bringen, und schickte den Boten des Prinzen mit abschläglicher Antwort zurück. — Das wenige Leben, das bisher noch in dem Kranken geglimmt hatte, verließ ihn auf diese schreckliche Nachricht, er ward ohnmächtig. — Also verstoßen, verlassen von meinem Vater, von Gott verworfen, soll ich mein Leben endigen? sagte er, als er wieder zu sich selbst kam. — Mit diesen Worten kehrte er sich nach der Wand, antwortete nichts mehr auf das Zureden seines Bruders, und verschied.

Richards Betrübniß über den Tod seines Bruders, und sein Unwille, über die Härte des Vaters, der ihn ungetröstet sterben ließ, ist nicht zu beschreiben. Er vergaß die Ermahnungen des Verstorbenen, sein Herz empörte sich wider König Henrichen, ohne daß er im Stande war, dasjenige zu erwägen, was zu seiner Entschuldigung dienen konnte. Selbst die bittre Reue des Vaters, als er erfuhr, daß er dem büßenden Sohne Unrecht gethan hatte, indem er ihm die Vergebung versagte, selbst diese Reue, die den alten König dem Tode nahe brachte, konnte ihn nicht gänzlich mit seinem Verfahren aussöhnen, und Graf Leicester trug Sorge, daß das, was ich zu Vertheidigung des unglücklichen Königs von England vorbrachte, nicht in Richards Gemüthe Platz fand. — Er eilte an König Philips Hof, der ihn diesesmal freundlicher als vor etlichen Jahren empfieng. Der nunmehrige Erbe der englischen Krone war ja wohl mehrerer Ehrenbezeugungen werth, als der damalige Richard, ein Herr ohne Land und nur der zweyte Sohn eines kargen Vaters. — Das Herz meines Freundes war noch so voll von seiner fehlgeschlagenen Hofnung auf Matilden, daß er gewiß nicht an Alicen gedacht haben würde, wenn König Philip ihn nicht selbst erinnert, und ihn versichert hätte, daß er ihre Hand haben könnte, sobald er sie foderte. Richard, ohne zu bedenken, ob Alice seiner Liebe auch noch so werth seyn mögte, als ehemals, erinnerte sich seiner Versprechungen ewiger Treue die er ihr wohl ehe gethan hatte, verdammte seine mißlungene Liebe gegen Matilden als einen Bruch des ritterlichen Worts, und hielt sich für verpflichtet, es Alicen zu halten, ob er gleich nichts mehr für sie fühlte. Er verlangte sie zu sehen, und erfuhr mit Unmuth, daß sie sich gegenwärtig in der Pro=

vinz aufhielt; sein Herz brauchte Beschäftigung; er mußte etwas haben, das ihn aufrecht erhielt, und er hofte dies in der Liebe derjenigen zu finden, die ihm ehmals so theuer war.

Ich bedauerte meinen unglücklichen Freund; die Gerüchte, die in Rouen von Alicen giengen, überzeugten mich, daß sie nicht einen Blick, wie vielweniger die Hand des edeln Richards verdiente. Richard und ich waren ein einzigs Mal bey einer Art von Lustbarkeit, welche am französischen Hofe Mode war, und fanden sie so ungesittet, daß wir ihr nicht noch einmal beyzuwohnen verlangten. Ich sagte meinem Freunde, daß man mich versichert hätte, Alice pflegte diese Gattung von Festen kein einzig Mal zu versäumen, wenn sie zu Rouen wäre. Richard erkundigte sich weiter, und der Umstand, daß Alice allemal maskirt dabey erschienen wär, tröstete ihn mit der Hofnung, daß man die Prinzeßin verkannt, und sie falsch beschuldigt habe. — Ich schwieg, und schmeichelte mir, daß sich schon Gelegenheit finden würde, ihm die Augen zu öfnen, ehe er sich durch eine Verbindung von dieser Art ins äusserste Elend stürzte. — Der Vorsatz den er faßte, Alicen zu besuchen, so sehr man ihn auch bey Hofe zu hindern suchte, machte mir das größte Vergnügen, und ich bemühte mich, ihn auf alle Art zu befördern, weil ich ihn für das beste Mittel hielt, ihm

ſeine Alice kennen zu lernen; aber es fanden ſich bald
Angelegenheiten, die ſeine ganze Aufmerkſamkeit er=
forderten, und ihm alle andre Gedanken völlig ver=
trieben. Dir alle dieſe Dinge umſtändlich zu mel=
den, würde nicht das Werk eines einzigen Tages
ſeyn, auch würde dir es wenig Vergnügen machen,
die verwirrten Streitigkeiten des Vaters und des
Sohns zu hören, bey welchen man oft ſelbſt nicht
wußte, welchem von beyden man Recht geben ſoll=
te. — Das iſt gewiß, daß wenn Richard auch zu=
weilen zu hartnäckig war, man doch oftmals Fo=
derungen an ihn that, welche alle Billigkeit über=
ſtiegen, und bey welchen er recht that, ſie nicht
einzugehen. Dir nur ein Beyſpiel zu geben:
Der liederliche Gottfried hatte es durch ſeine Aus=
ſchweifungen dahin gebracht, daß die meiſten Herr=
ſchaften des Landes, das man ihm überlaſſen hat=
te, der ſchönen Grafſchaft Bretagne verpfändet
waren; um ihm aufzuhelfen, wollte man Richarden
nöthigen, ihm Poitu und Guienne abzutreten, Lan=
de, welche nicht einmal ſein Eigenthum waren, ſon=
dern Eleonoren gehörten. Richard ſtellte die Unmög=
lichkeit vor, dieſen Vorſchlag einzugehen, erbot ſich
aber das kleine Einkommen, das er aus den Lan=
den, von denen er bloß den Namen führte, durch
Gnade ſeiner Mutter genoß, mit Gottfrieden zu
theilen. — König Henrich verwarf dieſes Erbie=
ten, und Prinz Gottfried, dem daran gelegen war,
nur eine Hülfe zu haben, nahm es an. Zur Dank=

barkeit gegen den, der seinen Nothdürftigen Unterhalt mit ihm theilte, trachtete er ihm nach dem Leben. Bey einem zu Rouen angestellten Turnier faßte er einen Ritter in die Augen, den er, wie er noch sterbend bekannte, für Richarden hielt. Er fiel ihn wieder die Gesetze des Ritterspiels mit mörderlichen Waffen an, und derjenige der so angegriffen wurde, war so unglücklich, in Vertheidigung seines Lebens ihn tödtlich zu verwunden. — Gottfried starb, und man ermangelte nicht, Richarden bey seinem Vater als die Ursach dieses Unfalls anzugeben, da doch ganz Rouen, vor dessen Augen die That geschehen war, es besser wußte. Laß mich aufhören Walter, es ist ein mühseliges Geschäft die Ränke nach zu erzählen, mit welchen die Lasterhaften das Leben der Guten und Edeln zu verbittern, und ihre Handlungen zu verleumden wissen.

Sobald als Richards Streitigkeiten mit seinem Vater nur ein Wenig ins Gleiche gebracht waren, so dachte König Philip mit Ernst auf Alicens Vermählung mit deinem Bruder. Es lag ihm zu viel daran, sich die Last, die ihm eine solche Schwester machte, endlich abzuwälzen; aber er war weit entfernt ihm es merken zu lassen, wie froh ihn diese Versorgung der ausschweifenden Prinzeßin machen würde; er rechnete Richarden seine Einwilligung in diese Verbindung als eine Gnade an, und erkühnte sich, Bedingungen zu machen, unter welchen er sich dieselbe allein gefallen ließ. — Eine derselben war, daß Richard seine Braut vor der Vermählung nicht zu sehen bekommen sollte, und die andere, daß er selbst mit König Henrichen wegen seiner Einwilligung handeln, und einige Foderungen an ihn machen wollte, die Richard nicht eher als nach ihrer Bewilligung erfahren sollte. Auf diese Art kam es, daß man dem guten Könige, der damahls ohnedem genug durch die Abtrünnigkeit seines Lieblingssohns Johannes gekränkt werden sollte, die Einwilligung in die Vermählung mit Alicen abtrotzte, und Foderungen an ihn that, die nicht viel geringer waren, als wenn man die völlige Abtretung der Krone an Richarden von ihm verlangt hätte. Ich war so glücklich, diesen letzten Punkt zu erfahren; ich entdeckte ihn meinem Freunde, welcher über die Beleidigung erstarrte, welche man seinem Vater zuzufügen gedachte. Er gieng zu König Philippen, um ihm alle Freundschaft aufzukündigen, und wegen dieses letzten boßhaften Streichs völlig mit ihm zu brechen. Er nahm keine Einrede an, sondern eilte nach Chinon um sich seinem Vater zu Füßen zu werfen, und alles zu wiederrufen, was Philip in seinem Namen gethan hatte; aber, — er kam zu spät. Er fand seinen unglücklichen Vater todt. Du weißt das Uebrige und kannst nun selbst urtheilen, ob Richard sich mit Recht den Mörder seines Vaters nennen kann.

Neunzehntes Kapitel.

Richards fromme Vorurtheile. Walter Graf von Anjou. Blondel Schiedsrichter zwischen zween Brüdern. König Henrichs Todtenfeyer.

So beschloß Blondel die Geschichte seines Freundes, und wir würden uns freuen, wenn sie auf unsere Leser eben die Wirkung thäte die sie auf Waltern hatte.

Ganz mit dem unglücklichen Richard ausgesöhnt, und statt des Widerwillens, den er ehemals gegen ihn fühlte, mit dem lebhaftesten Bedauern erfüllt, entschloß er sich, doppelten Fleiß anzuwenden, sein gekränktes Herz zu beruhigen, und ihm die Vergehungen, in die ihn sein hartes Schicksal gestürzt hatte, in einem mildern Lichte vorzustellen, als er sie sich selbst mahlte. — Es gelang ihm nicht so gut als er gehoft hatte. Richard besserte sich, sein Körper erlangte die völlige Gesundheit; aber seine Seele blieb krank. Er dankte seinem Tröster, dem freundlichen Walter, er liebte ihn mit immer stärkerer brüderlicher Liebe, aber seine Worte die auf die Verringerung seiner Vergehungen abzielten, fanden wenig Eingang. Weit besser glückte es, als der Bischof von Lincoln einst von Büßung derselben sprach, und der Tempelherr hinzusetzte, wenn eine Büßung nöthig wäre, so könnte dieselbe nicht besser geschehen, als durch eine ansehnliche Hülfe, die der leidenden Christenheit im Orient zugeschickt würde. Mit Entzücken faßte Richard dieses Wort auf, ehe es noch ganz ausgesprochen war. Er sprang auf, ergrif Walters Hand, und gelobte mit einem feyerlichen Eide, nicht nur Völker nach Palästina zu schicken, sondern sie selbst dahin zu führen, und durch diese heilige Handlung alle Schuld von seinem Gewissen zu wälzen.

Der Kreuzzug war also beschlossen, Walters heissester Wunsch, den er, bisher mit andern Angelegenheiten beschäftigt, noch nicht hatte äussern können, war erfüllt, und die Seele des armen Richards mehr als zur Hälfte beruhigt. — Die Wolke der Schwermuth, die noch zu manchen Stunden über ihm schwebte, auch diese ward endlich zerstreut, aber nicht etwa durch die Gründe, mit welchen Walter, Gottfried und Blondel ihn zu beruhigen suchten, sondern durch die Erzählung die ihn einst einer von seinen Kammerdienern von

demjenigen machte, was, nachdem man ihn sinn=
los von seines Vaters Leiche hinweg getragen, noch
daselbst vorgegangen war. Der mit seinem Blute
benetzte Dolch, den Gottfried zu den Füßen seines
Vaters legte, das feyerliche Gebet das er für ihn
that, und nach welchem das Blut aus dem Leich=
nam zu quellen aufhörte, diese Dinge waren ihm
weit tröstlicher, überzeugten ihn weit mehr von
der Verzeihung seiner Verbrechen, als alles, was
die Gelehrtesten zu seiner Aufrichtung hätten sagen
können.

Richtet den edeln Richard nicht über diese
Schwachheit, meine Leser, richtet ihn nicht, er war
vielleicht zu sehr von den Vorurtheilen seiner Zeit
eingenommen, aber sein Herz war fromm, recht=
schaffen und gut, und seine Schwachheiten ver=
zeihlich.

Die Mühe, die sich Gottfried und Walter, ihm
zum Besten gaben, erfüllte sein Gemüth mit wah=
rer brüderlicher Liebe gegen sie. — Gottfrieden
hatte er lange dem Namen nach, als den Sohn Ro=
semundens, der Feindin, der Nebenbuhlerin seiner
Mutter, gekannt, und alle Gelegenheiten vermie=
den ihn zu sehen, weil es ihm unmöglich dünkte,
daß er seiner Mutter wegen, jemahls ein brüder=
liches Herz gegen ihn würde haben können. Walter
ward ihm ebenfalls als ein Sohn der verhaßten Ro=

semunde angekündigt, und die Vorstellung, daß er auf diese Art sein Bruder seyn sollte, flößte ihm anfangs mehr Widerwillen als Zuneigung gegen ihn ein. Nun waren diese beyden die Einzigen, die sich ausser Blondels seiner annahmen; sie rissen seine Gewogenheit wie mit Gewalt an sich; sie machten sich ihm unentbehrlich, und er nahm sich vor, den Namen ihrer Mutter zu vergessen, und sie nur als Söhne seines Vaters anzusehen. —

Walters großer heldenmüthiger Charakter verschafte ihm in Richards Herzen einen großen Vorzug vor dem stillen, weiblichsanften Gottfried; er nahm sich vor, ihn, da er nun die Macht dazu hatte, so hoch als möglich zu erheben, und er machte den Anfang dazu damit, daß er ihm die Grafschaft Anjou, von welcher er wußte, daß sie ihm von seinem Vater bestimmt worden war, übergab, und ihn dem Volke, als er sich demselben nach seiner Genesung zum ersten Mal zeigte, als seinen künftigen Beherrscher vorstellte. Walter dankte seinem Bruder mit edlem Stolze, und das Volk jauchzte seinem bestimmten Fürsten Heil zu, und wünschte ihn näher kennen zu lernen: aber Richard befriedigte sie damit, daß er ihn seinen besten Freund, seinen Bruder nannte, ohne sich weiter auf seine Herkunft einzulassen, weil er das Vorurtheil des Pöbels wider Rosemunden und ihre Kinder nur gar zu gut kannte, und sich einiger

Widersetzlichkeit von ihnen befahrte, wenn sie erführen, daß Walter auf diese Art sein Bruder wäre.

Walter ließ diesen Umstand, der sonst seinen Stolz und seine kindliche Liebe zu Rosemunden sehr beleidigt haben würde, aus der Acht, versprach seinem Volke alles, was ein Vater seinen Kindern versprechen kann, und sagte ihnen, daß er sich jetzt nur noch auf kurze Zeit von ihnen trennen wollte, um dem Kreuz nach Palästina zu folgen, und dann sich nimmer wieder von ihm zu trennen. — Das Volk, welches durch die große einnehmende Gestalt seines künftigen Beherrschers, und durch sein leutseliges Betragen ganz bezaubert ward, begleitete den edeln König Richard, und den guten, tapfern, frommen Grafen von Anjou, mit tausend Seegenswünschen, und dieser Tag schloß sich mit einem Feste, das um so viel angenehmer war, je weniger man es zuvor gesehen, und Zubereitungen darauf gemacht hatte.

Richard konnte eigentlich den Titel eines Königs, den ihm das Volk zurief, noch nicht führen, er mußte sich das Recht zu demselben erst in England holen, und dieses so schleunig als möglich zu thun, war das Anrathen aller seiner Freunde. Walter sollte ihn begleiten, aber er schlug es aus, und zwar mit einer Art, die Richarden ein wenig beleidigte; er schützte den Widerwillen vor, den er haben würde, Eleonoren, die er die Mörderin seiner Mutter nannte, zu sehen. Richard beantwortete dieses mit einigen empfindlichen Reden auf Rosemunden, und es war möglich, daß sich durch einige unüberlegte Worte ein Zwist unter den beyden Brüdern entsponnen hätte, der die schlimmsten Folgen hätte haben können, wenn nicht Blondel sich mit eingemischt, und durch die Gewalt die er über beyde hatte, sie dahin gebracht hätte, feyerlich zu geloben, daß keiner von beyden der Mutter des andern ohne die größte Ehrfurcht gedenken, oder wäre ihm dieses nicht möglich, lieber ihren Namen nie in den Mund nehmen sollte. Dir, Walter, setzte er hinzu, muß ich noch das Gelübde auflegen, daß du dich nie erkühnest, deine Hand wider die Mutter deines Bruders aufzuheben, um das Blut Rosemundens an ihr zu rächen. Walter mußte in Blondels dringendes Begehren willigen, und versicherte, daß ihm dieses Versprechen sehr leicht würde, da fast keine Nacht vergieng, in welcher ihm nicht Rosemunde erschien, und ihn von aller Rache gegen ihre Feindinnen abmahnte. O die sanfte, milde, verzeihungsvolle Seele! rief er, indem er ihr Bild küßte, welches er nie von sich ließ. Betrachte sie Richard, und sehe, ob du im Stande bist, diesen Engel zu schmähen. Richard nahm das Bild, betrachtete es, und gab es Waltern mit einem Seufzer zurück. Laß es genug seyn, Bruder, sprach er, indem er seine Hand drückte. Laß uns nicht mehr über das Recht oder Unrecht derjenigen streiten, die uns die Liebsten auf der Welt sind. Verehre Eleonoren als die Mutter deines Richards, so wie ich Rosemunden als die Mutter meines Walters, ohne ihre gegenseitige Feindschaft weiter in Betrachtung zu ziehen. — Blondel fand für gut, daß dieses Gespräch abge= brochen und nie wieder hervorgesucht würde, auch sorgte er selbst dafür, daß Walter Richarden nicht mit nach London begleitete, sondern, dafern er ja mit nach England gehen wollte, sich einen andern Weg wählte. Walter hatte sich diesen andern Weg schon längst gewählt. Nichts war ihm jetzt in England so theuer, als das Grab seiner Mutter, und der Wunsch dieses zu besuchen, war jetzt das einzige, was ihn in das Land trieb, wo er zuerst das Licht der Welt erblickt hatte. — Richard trat seine Reise zuerst an, und Walter verweilte noch einige Tage zu Saumür, theils um als nunmehri= ger Graf von Anjou einige Verfügungen in seinem neuen Lande zu treffen, und sich den Besitz desselben zu versichern, theils um Boten an die Gräfin von Flandern, und an Konraden von Staufen zu schicken. Der erstern meldete er alles, was sich bisher mit ihm zugetragen hatte, und bat sie zu= gleich um Bestellung eines Briefs an Matilden. Und Ritter Konraden trug er die Besorgung der

Ordensangelegenheiten in Frankreich, und besonders die Zusammenbringung der Völker auf, welche König Philip ehemals nach Palästina hatte schicken wollen, und von denen man kaum die Hälfte gesehen hatte.

Den Tag vor seiner Abreise nach England, besuchte er nochmals das Grab seines Vaters in der Abtey Fontevrault, und gelobte bey seiner Rückkunft aus Palästina seiner Asche ein Denkmaal, welches der Größe dessen, für den es bestimmt war, und der kindlichen Liebe dessen, der es errichtete, angemessen seyn sollte. — Lange betete er in dem heiligen Gewölbe, und pries sich glücklich, daß das Land, das ihm die Milde seines Vaters bestimmt hatte, den Ort mit einschloß wo seine Gebeine ruhten.

Zwanzigstes Kapitel.
Wallfahrt zu Rosemundens Grabe.

Der Graf von Anjou, oder um mich schicklicher auszudrücken, weil er vor Ablegung des Ordenskreuzes keinen weltlichen Ehrentitel führen durfte, unser Tempelherr, hatte nun keine weitern Ge=

schäfte in seinen Landen, er ließ, wie er glaubte die Regierung derselben, in der Hand redlicher Leute, und eilte nach England zum Grabe seiner Mutter. — Er würde bey der Gemüthsfassung in der er war, wenig Lust gehabt haben, König Richards prächtige Residenz zu sehen, und den Feyerlichkeiten seiner Krönung beyzuwohnen, wenn ihn auch nicht der Widerwille vor Königin Eleonorens Anblicke, von diesem Orte zurückgeschreckt hätte. Er suchte Stille und Einsamkeit, wählte die ödesten und unbesuchtesten Wege zu dem Orte wohin er gedachte, und langte endlich auf dem Schlosse Klifford an, dem Orte, wo seine Mutter das Licht der Welt erblickt hatte, wo er voraus wußte, daß ihm jede Kleinigkeit merkwürdig seyn würde, und von wo er nur noch wenig Meilen bis nach Godstow zu reisen hatte, wo Rosemunde begraben war.

Dieses Schloß, welches, wie meine Leser sich erinnern werden, nach dem Tode des Vaters und Bruders unserer Rosemunde an einen weitläuftigen Verwandten ihres Hauses, an eben den widerwärtigen Lord Klifford fiel, welchen man aus dem vorigen Theile als Matildens Gemahl zu kennen die Ehre hat, war nach seinen Absterben an seine Schwester gekommen, die ganz das Gegentheil von ihrem Bruder war, und die Walter aus Hunbergens Erzählungen und Rosemundens Briefen unter den Namen Lady Marie, als eine von den vertrautesten Freundinnen seiner Mutter kannte. Diese Dame hatte den ersten Theil ihrer Jugend in eben dem Marienkloster zu Godstow zugebracht, dessen Rosemunde in ihren Briefen so fleißig erwähnte. Durch Verheyrathung war sie aus England hinweg gekommen, und erst nach ihres Bruders Tode, als Wittwe dahin zurück gekehrt. — Sie wählte das Schloß Klifford zu ihrem Aufenthalte, und brachte ihre Zeit damit zu, daß sie das Andenken ihrer unglücklichen Freundin, bald an dem Ort ihrer Geburt, bald bey ihrem Grabe feyerte. — Als Walter zu Klifford anlangte, befand sich die Besitzerin des Schlosses zu Godstow, wo sie sich gemeiniglich etliche Wochen aufzuhalten pflegte, und wo Walter sich vornahm, sie aufzusuchen, weil er sehr nach ihrer Gesellschaft verlangte, und von ihr vielleicht noch manches Merkwürdige von seiner Mutter zu hören hofte, von welcher ihm alles merkwürdig war, von der er nie genug hören konnte. — Ich halte mich nicht bey dem auf, womit er sich bey seiner kurzen Anwesenheit auf dem Schlosse beschäftigte, und womit ihn ein alter Hausverwalter, der Rosemunden noch gekannt hatte, unterhalten mußte, sondern ich sage nur, daß er sich einsam und zu Fuße nach dem Marienkloster auf den Weg machte, wo die Gebeine seiner Mutter ruhten. Sie hatte, wie er aus ihren Briefen wußte, diesen Weg auf diese Art zu machen gepflegt, und dieses war genug für ihn es ebenfalls zu thun.

Nie hat wohl ein Pilger die heiligen Oerter wohin ihn seine Andacht führte, mit heißern, innigern Gefühlen, und tiefern Nachdenken betreten, als er die Gegenden, wo seine Mutter gewandelt hatte. Der einsame Pfad zwischen dem Fluß und den Bergen hin, wo König Arthurs Geist sich sehen ließ, das schöne Thal, wo das Marienkloster lag, und tausend unnennbare Dinge, die ihm durch die Erzählung des alten Hausverwalters zu Klifford angemerkt worden waren, beschäftigten ihn so sehr, vergegenwärtigten ihn Rosemundens Bild so ausserordentlich, daß er in diesen Gedanken vor der Pforte des Klosters ankam, ehe er es geglaubt und gewünscht hatte, ob er gleich vielleicht dreymal so viel Zeit auf diesem Wege zugebracht, als ein anderer gethan haben würde. —

Er fragte an der Pforte nach Lady Marien, und wurde ohne weitere Nachfrage ins Sprachzimmer geführt. — Die Art, mit welcher er sich dieser ehrwürdigen Dame bekannt machte, die Aufnahme die er fand, ihre gegenseitigen Klagen über den Verlust derjenigen, deren Andenken in den Herzen der meisten schon längst erloschen war, und andere dahinauslaufende Dinge, werden mir meine Leser wohl nicht zumuthen, weitläuftig anzuführen, da sie vermuthlich ein größeres Verlangen nach dem erzählenden Theil der Gespräche haben, den die Dame mit Waltern hielt, und nicht ohne Grund hoffen werden, in demselben vielleicht etwas von der Art zu hören, wie die unglückliche Rosemunde durch Eleonorens Wuth den Geist aufgab.

Alles, sagte Lady Marie zu Waltern, als er das nämliche Verlangen gegen sie äusserte, das ich bey meinen Lesern vermuthe, alles, was ich von dieser schrecklichen Begebenheit weis, habe ich bloß von Hörensagen; denn ich kam einige Jahre nach Rosemundens Hinrichtung zu Klifford an, und erfuhr zu Anfang nicht vielmehr, als den Umriß ihrer Geschichte, welcher mir noch dazu eben nicht zum Vortheilhaftesten für die Verstorbene vorgetragen wurde. — Ihr kennt die Eigenschaften wahrer Freundschaft, und wißt, wie wenig sie geneigt ist, nach einem vielleicht falschen widrigen Schein zu urtheilen. Ich glaubte wenig von dem, was das Gerücht sagte, und besuchte in den ersten Tagen meines Auffenthalts zu Klifford, dieses Kloster, wo die Gebeine meiner Freundin ruhten. Die Aebtißin, noch eben dieselbe, welche ihr aus den Briefen eurer Mutter kennen werdet, war, wie ihr denken könnt, wenig geneigt, ein milderes Urtheil über diejenige zu fällen, welche um irdischer Liebe willen dem heiligen Klosterstande untreu ward. Der jüngere Theil der Nonnen, die größtentheils

Rosemundens Gespielinnen gewesen waren, befriedigten mich etwas besser, sie redeten mit Liebe und Achtung von ihr, klagten daß die Aebtißin so viel Schwierigkeiten gemacht habe, ihrer Asche eine Stelle zu vergönnen, und daß der Konvent durch nichts ihre Hartnäckigkeit habe brechen können, als durch die Vorstellung, daß das ganze Kloster fast allein von den reichen Schenkungen des alten Lord Klifford unterhalten würde, und es also eine Unbilligkeit wäre, welche von König Henrichen nicht ungeahndet bleiben würde, wenn man der Tochter ihres Wohlthäters das Begräbniß in ihren Mauern versagen wollte.

So viel wußten mir die Nonnen zu erzählen, was aber die Art des Todes meiner unglücklichen Freundin anbelangt, so waren sie so unwissend als ich: Denn obgleich Hunberga bey ihrer Anwesenheit in England, lange zu Godstow gewesen war, so hatte sie sich doch nie in umständliche Erzählungen dieser traurigen Geschichte eingelassen, doch verwiesen sie mich an einen alten Mann, der ihre Kirche fleißig zu besuchen pflegte, und allemal so lange, und mit so augenscheinlicher Betrübniß bey Rosemundens Grabe verweilte, daß sie alle glaubten, er müsse mehr von ihr wissen, und daß sie ihn längst darum würden befragt haben, wenn dieses bey der strengen Aufsicht der Aebtißin möglich wäre.

Meine Begierde nach nähern Nachrichten von Rosemundens Tode, machte, daß ich diesen Wink nicht aus der Acht ließ, und nicht eher ruhete, bis ich den Mann von welchem die Rede war, bey dem Grabe eurer Mutter angetroffen hatte. Wer er war, und was er erzählte, sollt ihr aus seinem eigenen Munde erfahren, ich aber will euch nur noch kürzlich das Uebrige erzählen, was sich seit der Zeit mit Rosemundens Asche zugetragen hat. — Die feindselige Aebtißin starb, und eine von den Freundinnen eurer Mutter kam an ihre Stelle. Zu eben dieser Zeit bekam das Grab, welches ihre Gebeine umschloß, einen Besuch, den es längst hätte erhalten sollen, wenn nicht Vergessenheit unsern Namen nur gar zu bald aus dem Andenken unserer überlebenden Freunde hinweg löschte. — Wiewohl, ich thue vielleicht dem guten König Henrich Unrecht; er wurde vielleicht bis dahin durch unübersteigliche Hindernisse von der Pflicht auf dem Grabe seiner Rosemunde zu weinen abgehalten.

Er kam nach Godstow, und meine guten Freundinnen die Nonnen, ließen mich von Klifford nach ihren Kloster holen, um mich mit ihnen in einer Bitte zu vereinigen, die sie bey dem Könige anzubringen hätten.

Henrich hatte ansehnliche Stiftungen gemacht, um für die Ruhe der Seele seiner unglücklichen

Geliebten zu beten, aber dieses dünkte den gutherzigen Nonnen, welche diese Pflicht ohnedem niemals versäumten, überflüßig; sie wollten etwas anderes; und ich trat ihnen mit meiner Bitte bey, dasjenige vom Könige zu erlangen, was sie kaum so sehnlich wünschen konnten als ich. Henrich gestand uns alles mehr als gern zu, und wir machten unverzüglich Anstalt, Rosemundens Asche aus dem kleinen Gewölbe, in welchem sie bisher beygesetzt gewesen war, in die Mitte des Chors der Klosterkirche zu bringen, und ihr ein Denkmaal zu errichten, welches der Größe unserer Freundschaft für die unglückliche Verstorbene angemessen war. Wir wollten auch die kurze Innschrift verändern, welche die vorige in allen Dingen karge Aebtißin hatte setzen lassen; aber der König meynte, sie wäre dem Charakter Rosemundens, ihrer Stille und frommen Einfalt, ihrer Liebe zum unbekannten Leben, und ihrem Abscheu vor allem was Ruhm und hohe Titel hießen, so angemessen, daß sie bleiben müsse *).

Henrich besuchte unser Kloster nach diesem noch verschiedne Mal, beschenkte es mit ansehnlichen Freyheiten und verweilte gern in unserer Gesellschaft; aber er fand sich allemal insgeheim bey uns ein, und blieb endlich, als die Verdrüßlich-

---

*) Tumba Rosamundae.

leiten mit seinen ungerathenen Söhnen zunahmen, gar aus, weil seine kriegerischen Geschäfte fast immer seine Anwesenheit an andern Orten nöthig machten. In einer solchen Zeit war es, da der Vorsteher unsers Klosters, der alte Bischof Hugh von Lincoln, welcher sonst nie in unsere Gegend gekommen war, Godstow besuchte. — Das marmorne Grabmal unserer Rosemunde, zog seine Aufmerksamkeit auf sich, er las die Aufschrift, und ließ sich, weil sie so kurz war, das Uebrige von einigen Umstehenden erklären, welches auf eine nur gar zu nachtheilige Art für die Verstorbene geschah. Er entbrannte in heiligem Eifer, belegte Rosemunden mit den schimpflichsten und pöbelhaftesten Namen, löschte mit eigener Hand die Lichter aus die ihr zu Ehren brannten, riß die schwarze seidne Trauerdecke von dem Grabstein, und verließ nicht eher die Kirche, bis das ganze Denkmaal durch alle Werkleute welche die Gegend zusammen bringen konnte, zertrümmert, und der Erde gleich gemacht war. — Die Nonnen hatten in dieser Noth zu mir um Hülfe geschickt, aber ich kam, so sehr ich eilte, zu spät; der heilige Mann hatte sich sogar an dem Innern des Sarges vergriffen, und die Gebeine Rosemundens herausgeworfen. Ich setzte mich ihm mit allen Ansehn, das mir mein Stand und meine Unabhängigkeit von ihm gab, seiner religiösen Wuth entgegen, und brachte es durch meine Drohungen mit der Rache des Königs dahin, daß er das Kloster murrend verließ, und es nicht wagte, denen Nonnen eine einzige von den Bußen aufzulegen, die er ihnen wegen der Verunheiligung des Klosters zugedacht hatte. Ich sah mich, nachdem ich den Bischof ausgetrieben hatte, unter den Trümmern des Monuments und des bleyernen Sarges, nach den Gebeinen meiner Rosemunde um, und fand sie glücklich beysammen, weil man die Vorsorge gebraucht hatte, sie bey der Begräbniß in wohlriechendes Leder einzuhüllen, um sie auf diese Art für der Fäulniß zu verwahren. Die Asche meiner Freundin war mir zu heilig, als daß ich sie weiter beunruhigen, und in diese innere Hülle hätte eindringen sollen, ich brachte sie in Begleitung aller Nonnen in das kleine Gewölbe, wo sie vormahls geruht hatte; wir sorgten dafür, daß sie noch diesen Abend in ihre alte Gruft beygesetzt, und mit dem Stein der ihren Namen trug, und ganz unversehrt geblieben war, bedeckt wurde. —

König Henrich, welcher eben damahls von einer Reise aus Frankreich zurück gekommen war, erhielt von allem Nachricht, und Bischof Hugh, würde eine strenge Ahndung für seine Verwegenheit zu gewarten gehabt haben, wenn ihn nicht sein hohes Alter, und vielleicht das Aergerniß, das ihm meine Widersetzlichkeit bey seinem heiligen Eifer verursachte, ehe aus der Welt gerissen hätte.

als wir Antwort vom Hofe haben konnten. — Der König versprach, nächstens selbst in unsere Abtey zu kommen, und das Grabmaal seiner Rosemunde wieder her zu stellen, welches aber nicht erfolgt ist. Der Tod übereilte ihn, und eure Mutter ruht noch immer in dem kleinen Gewölbe, das ihr vom Anfange von der vorigen Aebtißin eingeräumt wurde.

Sehr weislich und zur größten Freude unserer Klosterfrauen, gab der König, dem Sohne der schönen Rosemunde das Bisthum ihres Feindes. Euer Bruder Gottfried war Bischof von Lincoln und Vorsteher dieses Hauses, er ist oft bey dem Grabe seiner Mutter gewesen; unsere Nonnen beten ihn an, und er begegnet ihnen mit der vorzüglichsten Achtung, aber nie hat er sich bereden lassen, das Monument zu erneuern, das sein Vorgänger zerstörte. Er hat dieses Kloster mit den reichsten Schenkungen versehen, aber ausdrücklich verboten, nichts von denselben auf Veränderung, oder Verzierung ihres Grabes zu verwenden. Wenn ich den Charakter meiner Mutter recht kenne, sagte er, so würde sie euch das nämliche verboten haben. Unbekannt und unbemerkt ruhen ihre Gebeine nach ihrem Tode, so wie sie ihr Leben führte. Die Bosheit welche sie bey ihrem Leben in der tiefsten unbekanntesten Einsamkeit aufsuchte, würde nicht ermangeln, so wie schon einmal geschehen ist, ihre

Ruhe nochmals zu stören, und nicht eher aufhören zu wüthen, bis auch der letzte Staub ihrer Asche von den Winden verweht wäre. Heilig sey euch dieses Gewölbe, und ich gebiete euch, meinen Leich=nam nach meinem Tode zu den ihrigen zu bringen, und denn die Gruft zu vermauern, ohne einige An=zeige, wer hier schlummert. Der große Engel am Tage der Auferstehung, wird unsern Staub zu finden wissen, und gnädig wird unser Richter seyn. — So sprach euer verehrungswürdiger Bruder, und fast mit eben diesen Worten hinterließ er uns seinen Befehl schriftlich, der uns so heilig ist, daß wir schon jetzt niemanden den Zutritt bey Rosemun=dens Grabe verstatten, den wir nicht besonders kennen. — Der Mann, von dem ich euch gesagt habe, daß er euch genaue Nachricht von dem Tode eurer Mutter würde geben können, wurde durch die Schwierigkeit die er fand, sein Gebet wie er pflegte, täglich bey ihrem Grabe zu verrichten, bewegt, in meine Dienste zu treten, um immer Zutritt daselbst zu haben. Er befindet sich auch gegenwärtig hier, und es kommt nur auf euch an, ob ihr ihn sogleich sehen wollet.

Lady Mariens Erzählung hatte Walters Ge=müth auf so verschiedne Art angegriffen, daß er eine lange Weile verzog auf ihre letzten Worte zu antworten. — Am Meisten beunruhigte ihn gegen=wärtig dieses, daß er seinen so lang gefaßten Vorsatz seiner Mutter ein prächtiges Denkmaal zu bauen fahren lassen sollte; dieses war mit eine von den Absichten seiner Ueberkunft, und es ward ihm schwer, dieselbe aufzugeben, indessen machten Lady Mariens Vorstellungen und genauere Ueberlegung der Gründe seines Bruders, daß er endlich diesen Entschluß bey Seite setzte, aber sich nicht enthalten konnte, einen andern zu fassen, den er zu der Zeit noch verschwieg, welcher ihm aber, wie wir in der Folge sehen werden, ebenfalls fehlschlug. Er brach gegenwärtig sein Gespräch mit der Dame kurz ab, und bat sie, den Mann herbeyfodern zu lassen, von dem sie gesprochen hatte, den er so sehr zu sehen wünschte, und welchen meine Leser im folgenden Kapitel kennen lernen sollen.

Ein und zwanzigstes Kapitel.

Rosemundens Todtenfeyer.

Unsere Worte, unsere Gedanken werden oft von den Unsichtbaren belauscht.

Der Herbeygeforderte erschien. Ein majestätischer Greis, dem noch jugendliche Heiterkeit auf der Stirne saß, und den Walter aus den wenig veränderten Zügen würde gekannt haben, wenn er sich auch nicht in der Tracht seines Standes gezeigt hätte, und dadurch doppelt kenntlich geworden wäre. Walter eilte auf ihn zu, und schloß ihn in seine Arme. O mein Rollo, mein Vater mein Lehrer! rief er aus, indem er seine Liebkosungen verdoppelte, ists möglich, daß ich euch noch diesseits des Grabes finde? — O ja, mein Sohn, erwiederte der Alte, und die Freude euch wieder zu sehen, wird mein Leben noch mehr verlängern.

Es würde unnöthig seyn, alle die Reden aufzuzeichnen, die zwischen dem Tempelherrn und dem alten Minstrel geführt wurden. Erinnerung vergangner Dinge, Erzählung bisheriger Schicksale, Fragen nach alten Freunden, kurz alles, was beym Wiedersehn lang getrenntgewesener Freunde vorzufallen pflegt, das kam auch hier an die Reihe, vornehmlich fragte Rollo nach Blondel und Hunbergen, von denen er die letztere zuletzt bey ihrer Anwesenheit auf Lord Kliffords Schlosse einigemal insgeheim gesprochen, und den ersten, das letzte Mal an König Henrichs Hofe gesehen hatte, als er denselben verließ, um den Rest seiner Tage in der Einsamkeit zuzubringen.

Walter beantwortete diese Fragen so kurz er konnte, um bald auf die große Frage zu kommen, die er an Rollo, wegen der letzten Schicksale seiner

Mutter zu thun hatte. Kommt mit mir zu Rosemundens Grabe, erwiederte der Greis mit einem tiefen Seufzer. Laßt uns in der Nähe ihrer heiligen Asche das Andenken ihrer letzten Leiden feyern.

Sie empfiengen den Schlüssel zu dem Begräbnisse aus Lady Mariens Hand, und Walter folgte seinem Freund stillschweigend nach der Klosterkirche. Es war in den ersten Tagen des Frühlings, die Luft athmete noch kalt, obgleich die Sonne mit verneuter Kraft vom wolkenlosen Himmel strahlte, und Gras und junge Blumen aus den Gräbern des Kirchhofs, über den sie giengen, hervorlockte. Ein heiliger Schauer, und Ahndung der Auferstehung durchbebte Waltern, wie er, seinem Freund zur Seite, über die stillen Grabhügel wallte, er schwieg mit ernst zur Erde gesenkten Blick, und Rollo schloß die öde Kirche auf. —

Sie wandelten durch manches schallende Gewölbe, ehe sie zu der Stelle kamen, wo Rosemundens Gebeine schlummerten. — Rollo öfnete die Halle, und sie traten ein. — Einige abwärtsgehende Stufen führten sie in ein kleines reinliches Gewölbe, welches von einem in der Höhe angebrachten Fenster, das ins freye Feld gieng, genugsames Licht erhielt, daß man alle seine Gegenstände unterscheiden konnte. In einer großen Vertiefung der Mauer, welche die gutherzigen Nonnen mit den Trümmern des weißen Marmors von Rosemundens zerstörten Grabmaal sehr zierlich hatten belegen lassen, sahe man den Stein mit dem Namen derjenigen, welche hier ruhte, der, wenn er hinweggenommen wurde, den Sarg der Verstorbenen, und einige theils frische, theils welke Blumenkränze zeigte, womit ihre Verehrerinnen ihr Grab von Zeit zu Zeit zu schmücken pflegten, und welche hier, von den ersten Schneeblumen des frühen Lenzes, biß auf die spätesten Rosen, biß auf die noch spätern Zeitlosen oder andre einfache geruchlose Kinder des Herbsts und Winters niemals ausgiengen.

Den Eindruck den der erste Anblick der Ruhestatt seiner verewigten Mutter auf Waltern machte, und alle Ausbrüche der Liebe und des Schmerzens denen er sich überlassen mußte, übergehe ich mit Stillschweigen. Rollo wußte das Ungestüm seiner Empfindungen zu mildern, sie setzten sich in einen Strahl der Frühlingssonne, welche durch das hohe Fenster auf das Grabmaal fiel, auf einen Marmorstein nieder, welchen man zur Seite desselben, zur Ruhe derjenigen angebracht hatte, welche gern hier verweilten, und Rollo fieng die Erzählung von Rosemundens Tode folgendermaßen an:

Ihr werdet euch nicht wundern, daß ich so großen Antheil an der hier Schlummernden nehme,

wenn ich euch sage, daß ich sie von ihrer ersten
Kindheit an kannte, daß ich sowohl ihr Lehrer
war als ich der eurige gewesen bin. O! wie viel
interessante Dinge könnte ich euch von ihren frühe=
sten Jahren, von den ersten unmerklichen Entwicke=
lungen ihrer Vollkommenheiten, und von so man=
chen kleinen Begebenheiten sagen, in welchen sich
ihr ganzer Charakter so deutlich ausdrückte, als
wie in den größern, welche nachmahls den wich=
tigsten Einfluß auf ihre Schicksale hatten. Doch
davon ein ander Mal.

Mein Schicksal brachte mich fast zu eben der
Zeit, da Hunberga, welche mit Rosemunden erzo=
gen ward, nach Hofe kam, eben dahin. — Ich
folgte ihr nachmahls, da sie Gräfin von Flandern
ward, nach Montçon. Ich war der Vertraute
ihrer und Rosemundens Angelegenheiten. Man ver=
traute mir eure Erziehung an, ich wußte um alles
was euch und eure Mutter angieng, aber es fand
sich keine Gelegenheit für mich, nach England zu
gehen, und die theure Lady Rosemunde wiederzu=
sehen, bis auf den Zeitpunkt, da mich die Gräfin
von Flandern an König Henrichs Hof schickte, um,
wie sie vorgab, daselbst die Angelegenheiten des
jungen Blondels zu treiben. — Im Grunde war
dieses nur der Vorwand meiner Reise, denn meine
Hauptaufträge bestanden darinnen, mit euren
Eltern Abrede zu nehmen, ob, und auf was für

Art sie eure Ueberkunft nach euren Vaterlande veranstalten wollten, nach welcher sich vornehmlich eure Mutter so herzlich sehnte.

Ich erfuhr auf dem Wege, daß König Henrich gegenwärtig in Frankreich wäre, aber ich versparte meine Geschäfte bey ihm, bis nach meinen Besuch bey Rosemunden, und setzte meine Reise, mit einer Eile die ich mir fast selbst nicht erklären konnte, nach Woodstock fort, wo sich eure Mutter damahls aufhielt.

Aber wie soll ich euch die Verwirrung, in der ich alles daselbst fand abschildern? Die Gräfin von Flandern hatte mir viel von der Stille und Einsamkeit dieses Schlosses, von den immer verschloßnen Thoren, und tausend andern Dingen gesagt, welche König Henrich, zur Sicherheit seiner Rosemunde in der Gegend wo sie lebte, veranstaltet hatte, aber ich fand nichts von dem allen. — Alle Pforten des Schlosses waren geöfnet, und lieffen Haufen von lärmenden Pöbel aus und ein, welche dem Ansehen nach, von, und zu einem sehr lustigen Anblicke giengen und kamen, weil man überall Geschrey und lautschallendes Gelächter hörte. Ich fragte einige die mir begegneten, was es gäbe? und erhielt nichts zur Antwort, als man hätte Lady Rosemunden gesehen, oder man gienge hin, sie zu sehen. — Eine Ahndung von einem

Unglück, das ich selbst nicht zu nennen wußte, übergoß mich mit einem kalten Schauer. Ich trat mit Zittern in das Schloß, wo überall die nämliche Verwirrung herrschte. Ich eilte nach einer von den untern Hallen, wo ich den meisten Ab- und Zufluß des lermenden Pöbels sah, und hatte daselbst einen Anblick der zu schrecklich war, als daß ich im Stande seyn sollte, ihn euch vollkommen zu schildern. Eine kleine Anzahl von Leuten, die ich für Bediente des Schlosses hielt, hielten die ofnen Thüren besetzt, und bemühten sich, das unverschämte Eindringen des Pöbels, in dieses Heiligthum zu verhindern, da sie zu schwach waren es gänzlich aus dem Schlosse zu treiben. — Ich drängte mich hindurch, ich fragte die Umstehenden, und erhielt endlich doch so viel zusammenhängende Antwort: Lady Rosemunde, die Beyschläferin des Königs, habe sich diesen Morgen selbst ermordet, und also ein Ende genommen, welches man nach ihrem gottlosen Leben längst hätte erwarten können. — Ich weis nicht, wie ich Kraft genug haben konnte, diese Nachricht anzuhören, ohne sinnlos zur Erde zu sinken, oder wie es kam, daß ich, da ich Leben und Besonnenheit behielt, nicht denjenigen, welcher so viel Schmähungen in einem Athem ausstieß, auf der Stelle ermordete. —

Ein gewaltiger Stoß des nachdringenden Volks brachte mich jetzt auf einmal völlig an das

Thor der Halle, zu welcher sich jedermann drängte, um das zu sehen, wofür ich mein Leben hätte hingeben mögen, um es nie erblickt zu haben, — Rosemunde lag in der Mitte des Saals auf der blosen Erde, mit Blut übergossen, unter den Händen einiger bey ihr knienden Weiber, welche sich zu bemühen schienen, das Blut zu stillen, und Leben in den erstarrten Körper zu bringen. Aber gerechter Gott! schrie ich, indem ich mein Schwert auszog, und einen von den Leuten bey der Gurgel faßte, welche am Innern des Thors stunden, um das Eindringen des Pöbels zu verhüten, welche Raserey, den Augen des Pöbels einen solchen Anblick so lange zu gönnen! Wir sind zu schwach, antwortete ein anderer, der sich zitternd bemühte, seinen Gefährten aus meinen Händen zu retten. — Das will ich sehen, schrie ich mit wüthender Stimme. Man verschließe augenblicklich die beyden Eingänge, wo das wenigste Gedränge des Volks ist, man bedecke die blutende Leiche mit einem Tuche, und diejenigen unter euch, welche Schwerter oder andre Waffen haben, stellen sich hier an meine Seite, und folgen meiner Anführung. Die unglaubliche Schnelligkeit, mit welcher diese Befehle vollzogen wurden, zeigte mir, daß es diesen verzagten Leuten nicht sowohl an guten Willen, als an Entschlossenheit, und einem Anführer gefehlt hatte. — Sie beredeten den Pöbel, um ihn von den andern Thoren abzutreiben, sich nach dem Haupteingange zu begeben, wo sie das traurige Schauspiel besser würden sehen können, indessen ich an dem Hauptthore mit entblößtem Schwert auf einen erhabenen Sitz, den ich herbey= tragen ließ, in die Höhe trat, so, daß mich jeder= mann sehen konnte. — Mit erhabner Stimme be= fahl ich dem Volke, im Namen des Königs diesen Ort zu verlassen, und die Wohnung derjenigen nicht länger zu beunruhigen, die nicht durch Selbst= mord, sondern durch meuchelmörderischen Ueber= fall, ihr edles Leben verlohren hätte. Ein wüstes Geschrey, und verdoppeltes Eindringen des Pö= bels beantwortete meine Rede; aber ich sprang herab, und einige Hiebe, mit welchen ich diejeni= gen, welche dem Thor zunächst standen, zu Boden stürzte, nebst einen Duzend blinkender Schwerter, die in diesem Augenblick hinter mir erschienen, ver= breiteten ein solches Schrecken unter dem tollen Haufen, daß sie mit großem Geschrey und solcher Eil entflohen, daß verschiedne von ihnen zu Bo= den getretten wurden, welche durch ihr Geschrey um Hülfe, den Wahn des Pöbels von einer großen Anzahl Gewafneten von denen sie verfolgt wur= den, vermehrten. — Wir jagten ihnen mit so vielen Geräusch als möglich nach, warfen ihnen die Verwundeten, die sie hinterlassen hatten, hin= ten nach, und verschlossen hinter ihnen das Thor, mit allen Riegeln die es hatte.

Nachdem ich auf diese Art in weniger als einer Viertelstunde das Schloß gereinigt hatte, eilte ich in den Saal zu Rosemundens Körper, versuchte alle Künste die ich besitze, um die Seele in denselben zurück zu rufen, und überließ mich, als alles vergebens war, dem ausschweifendsten Schmerz, den ein Vater bey dem Tode seines Kindes fühlen kann. Erst gegen den Abend faßte ich mich so weit, daß ich die Leiche in ein anderes Zimmer bringen, und alle Bediente des Hauses zusammen kommen ließ, um von ihnen den wahren Verlauf dieser entsetzlichen Begebenheit zu erfahren. — Diese armen Leute verehrten mich seit dem, wozu ich sie diesen Morgen angeführt hatte, wie eine Gottheit, und nahmen die harten Verweise, die ich ihnen wegen ihrer Unentschlossenheit und Zaghaftigkeit gab, mit Demuth an; was aber die Erzählung der traurigen Geschichte anbelangt, so verwiesen sie mich an eine von den Weibern, welche ich zuerst bey dem Leichnam gesehen hatte, und von welcher sie mich versicherten, daß sie von allen unterrichtet wäre.

Die Erzählung dieser Frau war zu umständlich, als daß ich sie euch wörtlich mittheilen könnte, höret also nur das Vornehmste derselben. — Sie hielt sich weitläuftig bey den Verfolgungen auf, welche die Königin schon seit Jahren über eure unglückliche Mutter gehäuft hatte, und welche ihr bereits aus ihren Briefen kennt. Der Tod des alten Ritter Thomas von Nesle, dessen sie zu Anfange ihres letzten Briefs, welchen Huuberga in meiner Abwesenheit erhielt, gedenkt, entriß ihr, wie sie sich sehr wohl selbst ausdrückt, ihre letzte Stütze; er war der treuste, klügste und tapferste Beschützer den ihr der König zugeben konnte, und bey seinem Leben war es Eleonoren unmöglich, ihrer Feindin etwas anzuhaben. Er starb aller Wahrscheinlichkeit nach an Gifte, den ihm die Königin, durch die Gehülfen ihrer Bosheit, welche sie an allen Orten hatte, beybringen ließ. Rosemunde betrauerte ihn wie eine Tochter, sie veranstaltete sein Leichenbegängniß aufs prächtigste, und begieng die Unvorsichtigkeit, ihn durch alle Bedienten des Schlosses zu Grabe begleiten zu lassen, indessen sie nur mit zwo Weibern im Schlosse zurück blieb.

Diese Zeit nutzte Eleonore, welche von allem Nachricht haben mußte; sie drang mit einigen ihrer Bedienten in die untere Halle, wo sie die über den Tod ihres Beschützers weinende Rosemunde antraf. — Sie fiel sie mit der Wuth einer Furie an, belastete sie mit den fürchterlichsten Flüchen und Drohungen, und wollte sie nöthigen ihr zu folgen, und in einem entfernten Kloster auf ewig auf König Henrichs Umgang Verzicht zu thun. Rosemunde widerstand ihr mit der ihr eigenen Sanftmuth und Standhaftigkeit, sie bat, sie weinte, sie umarmte ihre Knie, und war in dieser Lage so schön, daß Neid und Erbitterung auf einmal in dem Herzen der boshaften Königin die Oberhand gewann, und sie ihr mit einem Dolche fünf Stiche versetzte, davon schon ein einziger hinlänglich gewesen wäre, sie zu tödten; zwey derselben giengen in die rechte Seite, zwey in die Brust, und mit dem letzten durchbohrte sie ihr die Gurgel. Nach vollbrachter That winkte sie ihren Bedienten, welche Rosemundens Weiber hatten abhalten müssen, ihrer Gebieterin zu Hülfe zu kommen, und entflohe.

Man bemühte sich, das Blut der Verwundeten zu stillen, aber umsonst, man suchte sie ins Leben zurück zu rufen, aber ihre Seele war bereits entflohen. Die Leichenbegleiter kamen zurück, aber kaum die Hälfte derselben, denn die übrigen, welche von Eleonoren bestochen waren, und wußten, was in ihrer Abwesenheit auf dem Schlosse vorgehen sollte, fanden nicht vor gut, dahin zurück zu kehren, sondern richteten, wie wir nachmahls erfuhren, ein anderes Geschäft aus, welches ihnen Eleonore aufgetragen hatte, um den schrecklichen Tod ihrer Nebenbuhlerin auch noch schimpflich zu machen, und ihren Körper wo möglich, dem Spott und der Wuth des Pöbels Preiß zu geben.

Diese treulosen Bedienten eilten in die nahgelegnen Flecken, breiteten aus, ihre Gebieterin habe sich selbst das Leben genommen, und setzten hinzu, sie glaubten, daß es zu wagen wäre, sich der Schätze des Schlosses zu bemächtigen, ohne daß man eine Ahndung vom Könige befürchten dürfe, welcher nach dieser That seiner Geliebten, ihrer gewiß nicht mehr achten, und den größten Abscheu vor den Andenken einer Selbstmörderin haben würde. — Auf dieses ausgestreute Gerücht erfolgte das, was ich selbst mit angesehen hatte. — Der Pöbel war ins Schloß gedrungen, ehe noch Rosemundens wenige Bedienten sich von ihrer Bestürzung erhohlen konnten. Der eine Theil des wüthenden Haufens entblößte das Schloß von allen Kostbarkeiten, und zertrümmerte das, was sich nicht mit fortbringen ließ, indessen die übrigen sich mit dem Angaffen des schrecklichen Schauspiels in der untern Halle beschäftigten, und nur durch die schwache Gegenwehr der wenigen Bedienten, die um Rosemundens Leiche versammlet waren, verhindert wurden, sich an derselben zu vergreifen. Hier war es, wo ich eintrat, und wenigstens die Gebeine derjenigen rettete, deren Leben für uns unwiederbringlich dahin war.

Ich besorgte, der aufgebrachte Pöbel mögte einen neuen Angrif auf das Schloß thun, wenn es kund würde, mit wie geringer Macht er von uns in die Flucht getrieben worden wäre, und wie wenig man sich vor uns zu fürchten hatte: ich nahm daher schleunig meine Maasregeln, gab den Bedienten des Schlosses Freyheit zu gehen wohin sie wollten, und machte mich noch dieselbige Nacht, in Begleitung eines einzigen nebst Rosemundens Leiche auf den Weg, um sie an irgend einen Ort in Sicherheit zu bringen. Ich fiel auf das Marienkloster zu Godstow, wo ich glaubte, man würde die Ueberreste der unglücklichen Tochter Kliffords, des Wohlthäters dieses Hauses, mit Freuden aufnehmen. Wie sehr ich mich irrte, wird euch bereits bekannt seyn, und ich brauche meiner Erzählung also nichts weiter hinzuzusetzen, als daß ich meine Reise eilig fortsetzte, sobald ich durch Bitten und Drohungen endlich ein kleines Plätzgen für meine Verstorbene erlangt hatte. — Was mit Rosemundens Asche nachher vorfiel, wisset ihr ebenfalls aus Lady Mariens Erzählung, und ich habe bey Erwägung dieser Dinge mich oftmahls glücklich gepriesen, daß ich diese heiligen Gebeine mit so ausserordentlicher Sorgfalt verwahrte, recht, als ob mir geahndet hätte, daß die Wuth ihrer Verfolger auch nach ihrem Tode nicht aufhören würde. — Walter hatte dieser Geschichte mit einer Bewegung zugehört, welche sich besser denken als beschreiben läßt, er war bald unruhig in

Gewölbe auf- und abgegangen, hatte bald das Behältniß das Rosemundens Ueberreste umschloß, knieend umarmt, bald sich weinend an die Seite des Erzählers niedergeworfen; Rollo mußte seine Thränen hier mit den seinigen begleiten, und beschloß endlich seine Erzählung folgendermaßen: —

Ich eilte nach Frankreich, weniger um Blondels Angelegenheiten bey König Henrichen zu treiben, als um Rache bey ihm, wider die Mörderin Rosemundens zu bitten. Es gelang mir mit Mühe vor ihn zu kommen; Er war von Rosemundens Ermordung bereits benachrichtigt. Sein Herz glühte von Wuth und Rache wider Eleonoren, aber sie war ihm zu furchtbar, und die ganze Strafe die er wagen durfte ihr anzuthun, war die Verbannung nach Guienne.

Alle Begebenheiten, welche hierauf erfolgten, sind euch bereits bekannt. Eure Verfolger trieben euch von Montçon, ich folgte Blondeln nach England, wohin, wie ihr wißt, Hunberga und Matilde bald nachkamen. — Ich erfuhr nichts von ihrer Anwesenheit, bis bey Matildens Erscheinung am Hofe. Ich machte alsdenn einige geheime Besuche bey Hunbergen, so lange sie sich zu Godstow und Klifford aufhielt. Matildens Schicksale trieben die Gräfin von Flandern, wie ihr wißt, auch von diesem Orte, und sie trug mir bey ihrer Abreise die Pflicht auf, die sie nun selbst nicht mehr ausüben konnte, die Pflicht, bey dem Grabe ihrer unglücklichen Freundin für die Ruhe ihrer Seele zu beten, welcher ich, wie mein Gewissen, und diese heiligen Gewölbe zeugen können, treulich nachgekommen bin. — Ich sonderte mich ganz von König Henrichs Hofe ab, und führte hier zu Godstow ein einsames Leben. Nach Klifford kam ich nicht, das Leben, das der gottlose Gemahl Matildens, und seine boßhafte Geliebte, Edita daselbst führten, war mir ein Dolch ins Herz, wenn ich mich erinnerte, was sonst in diesem Schloß für Ruhe, für heilige Stille und Frömmigkeit gewohnt hatte. Lord Klifford starb, und hatte Editen bis an seinen Tod vergebens mit der Hofnung geschmeichelt, sie zu seiner Gemahlin zu machen. Sie verbarg das Andenken ihrer Vergehungen in diesem Kloster, wo sie noch jetzt in schlechten Ansehn bey den bessern Theil der Klosterschwestern lebt. Ihr werdet sie nicht zu sehen bekommen, denn sie scheuet das Licht, und wird niemand weniger geneigt seyn sich zu zeigen, als Euch. — — Walter schien auf den letzten Theil von Rollos Erzählung gar nicht geachtet zu haben, er saß tiefdenkend an seiner Seite, und unterbrach erst nach einer langen Weile das Stillschweigen, das nach Endigung seiner Rede herrschte. —

Rollo, sagte er, indem er seine Hand faßte und fest in die Seinige drückte, ich muß euch einen Wunsch vortragen, der schon bey Lady Mariens Erzählung entstand, und nun durch eure Erzählung erhöht worden ist. — Dieser elende Winkel ist unwürdig die Asche meiner Mutter zu beherbergen. Ich hoffe, die Klosterfrauen werden mir dieses Heiligthum nicht versagen, werden Rosemunden das Glück nicht mißgönnen, neben ihrem Gemahl zu schlummern. Ich bringe die Ueberreste meiner Mutter nach Fontevrault, wo König Henrichs Gebeine ruhen, und errichte beyden, bey meiner Wiederkunft aus dem gelobten Lande ein Denkmaal, das der zerstörenden Hand der Zeit, und aller menschlichen Wuth Trotz bieten soll.

Walter war bey Endigung dieser Worte, in der Heftigkeit des Affekts mit welchem er sprach, aufgestanden, und es erhob sich ein leises Flüstern um ihn, wie das Flüstern des Abendwinds im Frühlingslaube. Walter horchte hoch in die Höhe, und Rollo sprang auf, und sahe Waltern mit einem Blicke an, der sich nicht beschreiben läßt. — O! rief der Tempelherr mit ausgebreiteten Armen, und emporgehobenen Augen, o Geist meiner Mutter Rosemunde! der du mich jetzo umschwebst, ich schwöre! — aber schnell unterbrach seine Worte ein verdoppeltes Rauschen, es tönte um ihn wie ein starker Wind über ein reifes Erntefeld fährt, daß alle Aehren sich neigen, und im Aufstehen sich zischend berühren. — Walters Locken und sein fliegendes Gewand wehten, sein Schwert klirrte in der Scheide, und Rollo winkte ihm von der obersten der Stufen des Gewölbes, die er in dem Anfall von Schrecken betreten hatte, ihm eilend zu folgen. — Walter gehorchte, Rollo verschloß das Gewölbe, sie giengen durch die einsame Kirche, wo es ihnen, wie es ihnen dünkte, aus allen Gewölben nachflüsterte, und der Wiederhall den Ton ihres Fußtritts doppelt zurück gab. Rollo verschloß das Kirchthor, und war so wenig als Walter geneigt, das Stillschweigen zu unterbrechen, das sie anf diesem ganzen Wege beobachtet hatten.

Was war das? fragte Walter endlich, indem er still stand und nach der Kirche zurück sah, die sie nun schon auf zwanzig Schritte hinter sich hatten. Wenn ich euch meine wahre Meynung sagen soll, erwiederte Rollo, so hättet ihr den letzten Theil eurer Reden im Gewölbe sollen ungeredet lassen. — Rosemundens Asche darf nicht weiter beunruhigt, darf nicht von ihrer stillen Wohnung entfernt werden. — Habt ihr dergleichen schon mehr gehört? fragte Walter weiter. Ein einzig Mal, sagte der andre, als ich einst mit Lady Marien bey dem Grabe saß, wo wir heute gesessen haben, und ich vielleicht mit zu vielem Feuer den Wunsch nach Rache an Eleonoren äusserte, da umsaußte es uns noch fürchterlicher als heute; wir flohen, und haben nie ein ähnliches Gespräch nach dem in dem Gewölbe geführt. — Offenbar ist die Absicht die ihr äussertet, dem Geiste eurer Mutter, der uns fast sichtbar umschwebte, zuwider. Der Schwur den ihr aussprechen wolltet, ward unterbrochen; das Geräusch verdoppelte sich. — — Walter unterbrach Rollo mit Unwillen, und behauptete, das was sie gehört hätten, könne eben sowohl ein Zeichen des Beyfalls, als der Mißbilligung gewesen seyn. Der Alte schwieg, und der Tempelherr konnte sich nicht enthalten seinen Wunsch noch an demselben Tage Lady Marien, und dem ganzen Konvent vorzutragen, welcher mit allgemeiner Betrübniß und tausendfachen Einwendungen aufgenommen wurde. — Es that Waltern weh, die guten Nonnen so empfindlich zu kränken; aber es war ihm unmöglich, seine Absicht ganz aufzugeben, und alles, was man von ihm erhalten konnte, war, die Sache mit dem Bischof von Lincoln in Ueberlegung zu ziehen, da sie es nicht wagen dürften, ohne dessen Einwilligung hierinnen etwas zu beschließen.

Walter besuchte des nächsten Tages Rosemundens Begräbniß allein, er brachte nach der Zeit oft halbe Tage in demselben zu, und man will angemerkt haben, daß von dieser Zeit an, nichts weiter von dem Wunsche erwähnt wurde, welcher den Klosterfrauen so zuwider war, und daß er sogar beym Abschied dessen nicht gedacht, auch gegen den Bischof von Lincoln nie davon geredet haben soll.

Zweyundzwanzigstes Kapitel.

Die Helfer der Christenheit vermehren sich stärker, als es Waltern lieb ist.

Sollten sich meine erleuchteten Leser an dem letzten Theil des vorigen Kapitels geärgert haben, so muß ich sie bitten, sich in die letzten Jahre des zwölften Jahrhunderts zu versetzen, in welche dieser Theil unserer Geschichte fällt, und sich dasselbe mit allen seinen Aberglauben, Visionen, Ahnbungen, und allen dahinauslaufenden Meynungen recht lebhaft vorzustellen, und dann zu urtheilen; ich aber wende mich zu dem Verlauf meiner Geschichte, ohne mich von etwas andern leiten zu lassen, als von der Wahrheit, und dem, was uns in dem Dunkel der Vorzeit oft ihre Stelle ersetzen muß, von der Wahrscheinlichkeit.

Es wurde Waltern schwer, den Ort zu verlassen, wo er bisher so lange mit dem schwermüthigen Vergnügen, welches seinem Charakter das Angemessenste war, verweilt hatte. — Doch seine Pflicht wollte es, und er trennte sich von allem, was ihn in dem Marienkloster zu Godstow lieb war. — Er hatte verschiedne Mal Briefe von Blondel aus London gehabt, in welchen er ihm den guten Fortgang der Werbungen zum Kreuzzuge meldete, und hinzufügte, daß der Bischof Wilhelm von Tyre, dessen Vermittelung sich Walter ehmals beym König von Frankreich bedient hatte, herüber gekommen wäre, und sehr stark an einem Vergleich zwischen König Richarden, und König Philipen arbeitete. Es wäre sehr wahrscheinlich, fuhr er fort, daß seine französische Majestät sich persönlich zum Kreuzzug bequemte, und um die gehörige Abrede deswegen mit dem König von England zu nehmen, nebst seiner erlauchten Schwester der Prinzeßin Alice nächstens einen Besuch in London machen würde. Blondel muthmaßte die Absichten dieser beyden edeln Geschwister sehr richtig; Königin von England zu werden, wäre freylich das wünschenswertheste Glück für die Prinzeßin von Frankreich gewesen, deren Schönheit und guter Ruf in gleichem Grade zu sinken anfiengen, und die es also nöthig hatte, daß ihrem Ansehn auf eine mächtige und glänzende Art wieder aufgeholfen würde.

Walter hatte wenig Wohlgefallen an diesen Anschlägen auf seinem Bruder, doch hoffte er, er würde diesesmal besser im Stande seyn Alicens Schlingen zu entgehen, als damahls, da sie durch die Blüthe der Schönheit in der sie noch war, gefährlicher gemacht wurden als sie jetzt seyn konnten. — Die Nachrichten von dem Eifer, mit welchen man überall auf Hülfe für die morgenländische Christenheit dachte, waren ihm angenehmer; doch war es, als wenn er es ungern sah, daß König Philip den Kreuzzug in eigener Person mit beywohnen wollte, er sahe tausend unangenehme Folgen voraus, die aus den verschiedenen Charakteren der beyden kreuzfahrenden Könige entstehen könnten, und seine Furcht, die nachmals nur gar zu gut erfüllt wurde, vermehrte sich, als er hörte, daß auch Kaiser Friedrich mit in ihren Bund treten, und eine ansehnliche Volkshülfe, unter Anführung des stolzen, unruhigen Herzogs Leopold von Oesterreich nach Palästina schicken wollte. — Was für eine Menge Heerführer, die alle zu einem Zweck arbeiten sollten, und alle von verschiednen Interesse, von verschiednen Affekten, und was noch das Schlimmste war, alle von heimlicher Eifersucht gegen ihren gegenseitigen Ruhm angetrieben wurden.

Walter versprach sich wenig Gutes hiervon, er wünschte jetzt nichts sehnlicher, als nur ein kleines Heer, bloß unter seinem Befehl zu haben, und es je eher je lieber nach dem heiligen Lande führen zu können; Wunder würde er damit gethan, und alle fremde Hülfe unnöthig gemacht haben. — Die Erfüllung dieses Wunsches war indessen unmöglich. Das Volk das er aus seinem eignen Lande aufbringen konnte, war nicht hinlänglich. Richarden hatte er bereits mit Freuden zum Gefährten beym Kreuzzug aufgenommen, und konnte, und wollte ihn nicht dahinten lassen. — Wo Richard war, drängte sich König Philip mit ein, und zu diesem gesellte sich unhintertreiblich der Kayser und der Herzog von Bayern, und der Helfer der bedrängten Christenheit wurden so viel, daß Waltern bange ward, sie bald in gänzlicher Hülflosigkeit zu sehen. —

Mit bekümmerten Herzen trat er seine Reise an, sehnte sich nicht darnach London zu besuchen, wo er so viel Personen wußte die er haßte, und nur zween die ihm lieb waren, schifte nach Frankreich über, hielt sich kurze Zeit in der Grafschaft Anjou auf, und eilte nach Marseille, um nicht allein seine dasigen Freunde zu besuchen, sondern auch Nachricht einzuziehen, was Konrad von Staufen, und die Belforte, in den ihnen aufgetragenen Geschäften ausgerichtet hätten. Er langte an, man nahm ihn mit tausend Freuden auf, und seine Ritter legten Rechenschaft ab, wovon sich nicht viel sagen läßt, als daß die schöne Grafende noch immer die schöne Grafende war, und daß die Ritter bey König Philipen nichts von der ehemals versprochenen Volkshülfe erhalten hatten, weil er, wie er gesagt hatte, seine Leute selbst wider die Sarazenen anführen wollte. — Konrads Gesicht und sein ganzes Betragen trug das Gepräg der tiefsten Schwermuth, welches er zwar auf das schlechte Glück in seinen Verrichtungen rechnete, wovon aber Walter die wahre Ursache nur gar zu gut errieth. Der Eifer, mit welchen er nach allen Dingen fragte, die sich in Rücksicht auf die schöne Rosemunde zugetragen hatten, und die Art, mit welcher er Walters Erzählungen anhörte, zeigten nur gar zu deutlich, was uns in unsern Zeiten unglaublich vorkommt, daß er sich noch nicht ganz von seinen Gefühlen für eine Verstorbene loßreißen konnte. — Wie sehr bedauerte Walter seinen unglücklichen Freund, und, wie sehnlich wünschte er, daß eine lebendige Schönheit, Rosemunden verdrängen mögte; aber da die reizenden Marseillanerinnen nichts ausrichten konnten, welche Konrad täglich vor Augen hatte, so war wenig Hofnung zu seiner Genesung.

Die Tempelherren, die Walter nach Marseille geschickt hatte, hatten die viele müßige Zeit die sie daselbst fanden, unter andern auch zu einem Besuche bey ihren Brüdern in Barzellona angewen=

det, von welchen sie bey Walters Ankunft erst kürzlich zurück gekommen waren. Konrad wußte ihm so viel von dem alten Robert Burgundio zu erzählen, und beschrieb ihm das Verlangen, das dieser ehrwürdige Greis nach ihm hatte, so lebhaft, daß Walter seinen Besuch bey demselben beschleunigte. — Er hatte mit Richarden verabredet, seine Ankunft zu Marseille zu erwarten, und von da nebst ihm nach Palästina abzugehen; Blondel schrieb aus London, daß die Zeit des Abzugs nicht mehr weit entfernt sey; Walter wollte vorher auch noch die Gräfin von Flandern besuchen, und er hatte also Ursach zu eilen, damit er keins von seinen Geschäften versäumte.

Drey und zwanzigstes Kapitel.

Der Greis von Barcellona.

Wie der Vater den Sohn, so empfieng der Greis von Barzellona unsern Tempelherrn. Robert sah in Waltern ganz den Mann, der er in seiner Jugend war, und Walter in ihm, den, der er zu werden wünschte. Walter brauchte dem alten Tempelherrn wenig oder nichts von seinen Angelegenheiten und von dem Zustand der Christenheit in Orient zu sagen, denn dieser wußte schon alles, und sprach von allem so, als ob er selbst dabey gewesen, alles selbst mit angesehen hätte; die Heiterkeit und Stärke seines Geistes bey seinem hohen Alter war unglaublich. Keine Fehler, welche die Seele nur gar zu oft beym Verfall des Körpers annimmt, kein Eigensinn, keine mürrische Laune, nichts von dem allen zeigte sich bey ihm; die einzige Schwachheit die man ihm Schuld geben konnte, war, daß er bey der Stärke seiner Seele, die Hinfälligkeit seines sich zum Grabe neigenden Körpers vergaß. Er trug noch die Rittertracht, die er vor funfzig Jahren trug, wollte das Schwert noch regieren, das er damahls regierte, glaubte sich fähig, alles das noch zu thun, was er in seinen jugendlichen Jahren that, und zürnte, wenn man ihm hierinnen widersprach, oder wenn ihm sein eignes Gefühl widerlegte. Walter wußte dieses aus Konrads Erzählungen, und schonte den ehrwürdigen Alten. Robert erbot sich, ihm alle Befestigungen seines Schlosses zu zeigen. Seine Ritter sollten, von ihm angeführt, Waltern ihre Stärke in ihren gewöhnlichen Uebungen sehen lassen, er wollte mit ihm eine Reise durch die ganze Gegend von Barzellona thun, welche meistens den Tempelherren gehörte, um ihn mit allen ihren Besitzungen bekannt zu machen; aber Walter beredete den jugendlichen Greis, dessen Kräfte durch diese Dinge völlig erschöpft worden wären, unter den Vorwand eigner Müdigkeit, die wenigen Tage, welche er bey ihm zubringen könnte, im Zimmer zu verweilen, oder nur kleine Spaziergänge in den umliegenden Gegenden zu unternehmen. Robert lachte, meynte in Walters Jahren wäre er nicht so leicht zum Geständniß der Müdigkeit zu bringen gewesen, und triumphirte über seine größere Stärke; ein Vorzug den der junge Tempelherr dem Alten mit Vergnügen überließ, und auf nichts dachte, als wie er in der kurzen Zeit, die er bey ihm bleiben konnte, so viel Vortheil als möglich aus seinem Umgange ziehen wollte. — Sein Wunsch ward erfüllt; Robert gewann ihn so lieb, daß er nicht gern eine Stunde von ihm seyn mogte, und war so bereitwillig ihm über alles was er wollte, Unterricht zu geben, als Walter denselben von ihm zu erbitten. Seine Aussprüche trugen zuweilen das Gepräg einer mehr als menschlichen Weisheit, und seine Gedanken in Ansehung der Zukunft, deren Wahrheit wie wir wissen, Walter schon erfahren hatte, konnten oft fast prophetisch genannt werden. Robert leugnete dieses, gestand aber ein, daß lange Erfahrung, und eine gewisse Fertigkeit in Vergleichung geschehener und gegenwärtiger Dinge, einem Greise oft Aufschlüsse über die Zukunft gäben, welche dem jüngern Theil der Menschen übernatürlich schienen. — Ob dieses wahr war, ob Robert wirklich keine andere Kentniß künftiger Dinge hatte, als die aus diesen Quellen entspringt, das weis ich so wenig zu sagen, als worinnen im kleinsten Detail die Gespräche bestanden, welche die beyden Tempelherren alle diese Tage über mit einander hielten. —

Aber sie mußten sich trennen, selbst Robert meynte, es sey Zeit zu diesem Schritt der beyden so sauer ward. Lebt wohl! mein Vater, sagte Walter zu dem Greiße, lebt wohl! vielleicht daß wir uns bald wiedersehen. Vielleicht? wiederholte der Alte, warum nicht gewiß? O glaubt mir, mein Sohn! wir sehen uns gewiß und bald wieder, und an einem Orte, den ihr vielleicht nicht für den ersten Ort unserer Wiedervereinigung haltet. Walter, der gewohnt war, Dinge aus dem Munde des Greises zu hören, die er nicht völlig verstand, und wußte, daß Robert nicht gern weitläuftige Erklärungen gab, ließ diese Rede unerörtert vorüber gehen, aber bey einigen andern Ausdrücken, deren sich der alte Held gebrauchte, konnte er nicht so gleichgültig seyn; er drang in ihn, sich näher zu erklären, aber vergebens.

Schon oft hatte er Roberten mit seiner Liebe zu Matilden, und mit seinem Vorsatz unterhalten, sobald die Sarazenen gedemüthigt, oder nur genugsam geschwächt wären, das Ordenskreuz niederzulegen; Dinge, wider welche der Greis nie den geringsten Schatten der Mißbilligung hatte blicken lassen, aber jetzt, da er dieser Dinge noch einmal gedachte, und sich des Ausdrucks bediente, er hofte, ihm Matilden in Kurzen als Gräfin von Anjou vorzustellen, — da konnte sich Robert eines unwilligen Gelächters nicht enthalten. — Höret doch auf, sagte er, mir Dinge vorzureden, die nie geschehen werden. Matilde wird eher Königin von England, als Gräfin von Anjou seyn, und ihr könnt euch noch allenfalls mehr Rechnung auf die Krone von Jerusalem, als auf die Regierung des Landes machen, das euch euer Vater bestimmt hat. — Ich habe schon gesagt, daß Walter sich vergebens bemühte, eine Erläuterung dieser Worte zu erhalten. Robert drückte ihm nochmals die Hand, und ermahnte ihn, nie muthlos zu werden, wenn ihn auch alle irrdische Hofnungen trügen sollten; wenn wir uns wiedersehn, setzte er hinzu, so wollen wir uns von bessern Freuden und Hofnungen unterhalten, als die, mit welchen jetzt eure Seele angefüllt ist.

Roberts Abschiedsreden gaben Waltern Stoff zu mancherley Nachdenken; er errieth oftmahls ihren Sinn ganz genau, er sah sich denn mit einem kleinen Bedauren in der Welt um, die so schön war, ihm jetzt mit so viel neuen Freuden entgegen lächelte, die er ungern so bald verlassen hätte; aber bald faßte er sich wieder, und beschloß alles willig von der Hand der Vorsehnng hinzunehmen, jedes Schicksal für Glück zu halten, das ihm beschieden wäre.

Neue Gegenstände verdrängten die Gedanken, die er von dem Greis von Barzellona mitgebracht hatte, nach und nach. — Er kam wieder zu Marseille an, er erfuhr, daß man fast die Wochen abzählen könnte, in welchen Richard nach Marseille kommen, und nebst ihm, den Zug nach dem heiligen Lande antreten wollte, und er eilte nach Brignolle, um die Gräfin von Flandern noch einmal zu sehen, und, wie er hofte, nur auf kurze Zeit von ihr Abschied zu nehmen. Fast war dieser Abschied für eine so kurze Trennung als sie vermutheten, zu traurig. Möglich ists, daß Roberts bedenkliche Worte Waltern noch im Sinne schwebten, und ihm alle seine Hofnungen zweifelhaft vorstellten; aber er hütete sich wohl, Hunbergen etwas von denselben zu sagen, und also konnten sie unmöglich auf ihre Seele einen Einfluß haben, und ihrem Betragen das Aengstliche, Kummervolle beylegen, das sie noch keinmal so sehr, als bey diesem Abschiede geäussert hatte. — Matildens war bey diesem kurzen Besuche nur wenig gedacht worden. Hunberga sagte ihm nur so viel, daß sie noch immer so schön, gut und treu wär, wie jehmals, und daß sie sich vorgenommen habe, Zypern nicht eher zu verlassen, bis er sie, wie er in seinem letzten Briefe versprochen habe, selbst von da abholen würde. — Der Gedanke an diese fröhliche Zusammenkunft, war im Stande allen Gram, und alle böse Ahnbungen aus seinem Herzen zu treiben, er stellte sich dieselbe so nahe vor, als wenn schon alles geschehen wäre, was vor derselben hergehen sollte; er kehrte schon nebst den andern christlichen Fürsten siegreich aus Palästina zurück, die Fesseln des Gelübdes waren gebrochen, alle Hindernisse überwunden, und Matilde sein. An das Hirngespinst von ihrer Untreu ward gar nicht mehr gedacht.

Bey seiner Rückkunft von Brignolle, nach Marseille, wurde er durch die Anwesenheit seines Freundes Blondel von Nesle sehr angenehm überrascht. Er war König Richarden, welcher in wenig Tagen folgen wollte, zuvorgeilt, um Muse zu haben, Waltern von allen zu benachrichtigen, was sich, seitdem sie zu Saumür von einander geschieden waren, bey und mit seinem Bruder zugetragen hatte. — Die Erzählung war lang, und wir halten es also für gut, mit derselben ein neues Kapitel anzufangen.

Vier und zwanzigstes Kapitel.

Der Leser kommt in schlechte Gesellschaft.

Eine geringe Schönheit siegt über die schöne Alice von Frankreich.

Mit wie viel Freude, begann Blondel, unser Richard, von seinem Volke aufgenommen wurde, und wie wenig Hindernisse er zu übersteigen hatte, um in alle Rechte seines Vaters eingesetzt zu werden, das habe ich dir bereits geschrieben, so wie viel andre Dinge, die du nun weitläuftiger von mir erfahren sollst. — Selbst der unbändige, leichtsinnige Johann demüthigte sich vor ihm, und wollte sich dann, so geschwind als möglich wieder entfernen, aber Richard hielt es für besser diesen gefährlichen Menschen, immer unter seinen Augen zu haben, und er mußte bleiben. — Der Aenderungen und Verbesserungen die der neue König zu machen fand, waren unzählige, und es wäre zu wünschen gewesen, daß er dieselben nicht damit angefangen hätte, daß er seine Mutter von einem abgelegenen Schlosse zurück rufte, wo sie in den letzten Jahren ihres Gemahls hatte leben müssen, weil sie ihre alte Neigung, Unruhen anzustiften, von neuem hervorgesucht, und dem von allen Seiten geplagten Henrich tausenderley Verdruß damit verursacht hatte.

Sobald Eleonore bey Hofe ankam, so bekam alles ein anderes Ansehn. Richard ließ sich nur gar zu sehr von ihr regieren, und sie brauchte sein Ansehn zu Ausübung solcher Ungerechtigkeiten, welche, wie ich befürchte, Quellen grosser Unruhen werden können, und die seine Gegenwart in seinem Lande so nöthig machen, daß ich hätte wünschen mögen, ihn von dem Zuge nach dem gelobten Lande abhalten zu können. Aber Versuche von dieser Art sind umsonst; er hat noch immer seine schwermüthigen Stunden, in welchen er sich durch nichts, als den Gedanken an seine Wallfahrt beruhigen kann. — Mit vieler Mühe habe ich von ihm erhalten, daß er mich in England zurück läßt. Zwar ist meine Macht gering, ungeachtet ich das Herz des Königs habe; meine Gegenwart soll wenigstens dazu dienen, alle heimliche Anschläge auszuspähen, die zum Nachtheil Richards geschmiedet werden, und sie alsdenn durch die Hülfe mächtigerer Personen, zu nichte zu machen.

Ich tadelte Richarden vor einem Augenblicke, daß er Eleonoren zu viel Gewalt über sich gönnte, und du kannst versichert seyn, daß ich dieses boßhafte Weib so von Herzen hasse, als du die Mörderin deiner Mutter; demohngeachtet habe ich es für gut gehalten, es nicht mit ihr zu verderben; Sie wird in Richards Abwesenheit in England bleiben, sie wird hoffentlich den Vortheil ihres Sohns, der ihr eigner Vortheil ist, erkennen, und zu befördern wissen, und durch das Ansehn, das ich theils bey ihr schon habe, theils noch zu erlangen hoffe, denke ich, mich ihrer Macht zu bedienen, daß es Richards Feinden nicht so leicht werden soll, einen Nutzen von seiner Abwesenheit zu ziehen.

Siehe, das sind die Anschläge der Freundschaft für Richard, und der Ergebenheit gegen meinen

König. Gebe Gott, daß sie mir gelingen, und wir uns alle in Europa fröhlich wiedersehen. Laß mich jetzt zu Fortsetzung meiner Geschichten zurückkehren.

Die Ungerechtigkeiten, welche Eleonore unter Richards Namen bereits begangen hatte, dir weitläuftig zu erzählen, würde unnöthig seyn, auch hast du vielleicht von ihren unglaublichen Gelderpressungen, und von den Grausamkeiten gehört, die in England wider die unglücklichen Juden verübt worden sind, um sich ihrer Schätze zu bemächtigen, und denen Richard, als er durch mich hinter dieselben kam, noch mit Mühe Einhalt thun konnte.

Ungeachtet dieser Beweise von Eleonorens schlechter Denkungsart ist demohngeachtet seine Liebe und Achtung zu ihr unauslöschlich. Es wird ihm so schwer, sich von ihr zu trennen, daß sie ihn auch auf seiner Reise nach Marseille begleitet, und erst wenn er Europa verlassen hat, nach England zurückkehren wird, welches ich dir unter andern auch darum sage, damit du dich gefaßt machest, deine Feindin mit Anstand vor Augen zu sehen, ohne irgend etwas zu thun, das dich mit deinem Bruder entzweyen könnte. —

Walter ließ bey diesen Worten einen tiefen Seufzer aus, und bat seinen Freund fortzufahren.

Ich habe dir von den Unterhandlungen Bischof Wilhelms, zu einer Vereinigung König Richards und Philips geschrieben, auch habe ich etwas davon erwähnt, daß wir den König von Frankreich, nebst seiner schönen Schwester, in London erwarteten. Königin Eleonore, welche die Absicht dieses Besuchs so gut errieth, als ich, zitterte vor dem Gedanken Alicen zu ihrer Schwiegertochter und zur Nebenbuhlerin in Macht und Ansehn zu bekommen. Sie wünschte Richarden verheyrathet zu sehn, aber die Gemahlin die sie ihm wünschte, sollte ganz unter ihrer Regierung stehen, ganz von ihr übersehen werden, gar keinen Anspruch darauf machen können, selbst zu herrschen. — Als eine sehr weise Dame warf sie ihre Augen auf die Prinzeßin Berengaria von Navarra, und gewiß, sie hätte nicht besser wählen können, denn diese wird ihr sicherlich auf keine Art Eintrag thun. Ohne eben gerade zu häßlich oder einfältig zu seyn, kann die gute Prinzeßin so wenig Anspruch auf Schönheit oder Klugheit machen, daß ich glaube, sie kann Jahre lang an einem Orte seyn, ohne von andern unterschieden, oder nur bemerkt zu werden; man sieht sie, man spricht mit ihr, man hört sie nennen, vergißt sie wieder, fragt von neuen nach ihren Namen, und spricht mit ihr zum zweiten und dritten Mal, ohne sich bewußt zu seyn, daß es nicht das Erste ist.

So gieng es auch Richarden mit der guten Berengaria, er hatte sie schon zu Guienne bey seiner

seiner Mutter gesehen, sie war auch jetzt mit in ihrem Gefolge, man stellte sie ihm überall entgegen, suchte ihn auf alle Art auf sie aufmerksam zu machen, suchte ihre kleinen Talente zu heben, und ins Licht zu stellen; umsonst, sie war und blieb uninteressant für ihn, und die Königin gab fast alle Hofnung auf, sie zu ihrer Schwiegertochter zu machen. Ihre Unruhe hierüber ward durch die Furcht für Alicens Zukunft vermehrt, und sie war so besorgt wegen des Entschlusses von dem sie befürchtete, daß ihn Richard ergreifen würde, daß sie sich an mich wandte, und sich, wie sie glaubte, sehr listig bemühte, mich über die Neigungen meines Freundes auszuforschen.

Sie hatte keiner List hierzu nöthig. Richards eignes Bestes erfoderte es, ihn von Alicen abzubringen; und ich hielt es für keine Sünde, hierinnen mit Eleonoren gemeine Sache zu machen, vornehmlich, da wir nichts dabey zu thun hatten um zu unserm Zweck zu kommen, als die Sache gehen zu lassen wie sie gieng. — Ich konnte der Königin, ohne die Wahrheit oder meine Treue gegen ihren Sohn zu beleidigen, offenherzig gestehen, daß Richard keine Liebe mehr für Alicen fühlte, und ihr nie seine Hand geben würde, wenn er nicht glaubte, daß er durch Pflicht und ehmalige Versprechungen dazu verbunden wäre. Ihm es in die Augen fallend zu machen, daß er gegen eine

Dame wie die französische Prinzeßin, keine Pflicht hätte, glaubte ich nichts weiter nöthig zu seyn, als daß man sie vor seinen Augen erscheinen und handeln ließ, vornehmlich, da ihre Schönheit nicht mehr von der Art war, daß sie ihn gegen ihren Fehler blind machen konnte.

Eleonore wurde sehr durch meine Tröstungen gestärkt, wandte mir um derentwillen eine besondere Huld zu, und erwartete nun Alicens Ankunft mit Ruhe.

König Philip traf bald darauf in London ein, und wurde mit aller der Ehrerbietung und Freundschaft empfangen, welche ihm Bischof Wilhelms Unterhandlungen bey Richarden verschaft hatten. Richard machte sich nun auch gefaßt, Alicen zu empfangen, die ihm mit aller Pracht einer Königin entgegen trat, und keine Künste des Putzes gespart hatte, ihre vor der Zeit verwelkte Schönheit zu erhöhen. Es war zum Erstaunen, wie sie sich verändert hatte. Ihren Jahren nach, hätte sie noch lange blühen können, aber daß sie jemahls geblüht hatte, davon zeigten sich keine Spuren auf ihren verfallenen Wangen. Ihren großen, weitgeöfneten feuerlosen Augen sahe man so manche unter Tanz und rauschenden Lustbarkeiten durchwachte Nacht an; ihr Haar hatte durch die Künste, welche die Koketterie erfand seine Schönheit zu erhöhen, die dunkle Farbe verlohren, war verbleicht, und mußte hier und da durch falsche Locken ersetzt werden, welche dem Auge des Kenners nicht entgiengen, — ihre — doch laß mich diese Schilderung abbrechen, die ich durch ihre ganze Person hindurch führen könnte, ohne dir die ganze Unannehmlichkeit ihrer Figur deutlich genug vorzustellen, wenn du sie nicht selbst gesehn hättest. — Mit vieler Urtheilskraft hatte sie, um mit ihren Reizen nicht ganz zurückzubleiben, lauter alte Damen zu ihren Begleiterinnen gewählt, und von Personen ihres Alters niemand unter ihrer Hofstatt gebuldet, als die einige Anna, ihre traute Gefährtin auf dem Wege der Thorheit und des Lasters, die ihr weder durch Schönheit, noch andre Verdienste, im Lichte stehen konnte.

Richard sahe Alicen mit Erstaunen an, er musterte ihre Gesichtszüge, und bemühte sich in denselben die Schönheit zu entdecken, die ihn ehemahls an seiner reizenden Jägerin so bezauberte. Alice war gefällig genug, dieses Erstaunen als eine Wirkung ihrer Annehmlichkeiten anzusehn. Richards Frage nach ihrem Befinden, und seine Besorgniß, sie mögte erst kürzlich von einer schweren Krankheit aufgestanden seyn, brachte sie aus ihrem Irrthume zurück, und färbte ihre Wangen mit einer Röthe des Zorns. Was für eine Unbescheidenheit, eine Dame, welcher man nichts als Jugend, Munterkeit und blühende Gesundheit an=

sehen sollte, zu fragen, ob sie etwa kürzlich erst vom Krankenbette aufgestanden sey? — Die Prinzeßin wußte sich indessen ganz gut in die Sache zu schicken, sie verbiß ihren Unwillen, beantwortete die Frage des Königs mit Ja, und nahm von dem Augenblicke an, ein schmachtendes, schwaches, kränkliches Wesen an sich, welches sie wo möglich noch unangenehmer machte, als sie zuvor war. — Der großmüthige Richard hatte Mitleid mit der verstellten Kranken, er begegnete ihr mit freundschaftlicher Höflichkeit, und hielt es für seine Pflicht, ihr den ganzen Abend Gesellschaft zu leisten. — Alice besaß Verstand, sie hatte ihren Sinn darauf gesetzt, Königin von England zu werden; sie kannte Richards schwache Seite, und es ist kein Zweifel, es würde ihr endlich gelungen seyn, ihren alten Liebhaber von neuen zu betrügen. Schönheit die man in meinem Alter durch Krankheit verliehrt, kann wieder hergestellt werden. Eine treue Liebhaberin darf den Verlust ihrer Reize nicht auch durch den Verlust ihres Liebhabers büssen. Das Wort eines Ritters ist unverbrüchlich, Richard liebte ehemals Alicen, und bewarb sich um ihre Hand, also muß er sie auch immer und ewig lieben, und sein Glück in der Verbindung mit derjenigen suchen, die nur für ihn lebte, bloß um seinetwillen, Gesundheit, Reize und alles verlohr, das ihr nur durch die Hand desjenigen kann ersetzt werden, um dessen willen sie ihr Leben im Gram verzehrte.

Dieses waren Alicens eigne Worte, und Sentenzen von dieser Art ermangelten nicht einen tiefen Eindruck auf König Richarden zu machen. Ich durfte es nicht wagen, Alicen in ihrem wahren Lichte zu zeigen, weil es mir an Beweisen fehlte. Königin Eleonore schäumte für Wuth über Alicens Sieg, sie nannte mich einen Verräther, einen Mitverschwornen der Prinzeßin, und es würde ohne Zweifel alles über mich hinaus gegangen seyn, wenn sich nicht ein Zufall ereignet hätte, welcher der Sache eine andre Wendung gab, und Richarden nahe am Abgrunde des Verderbens rettete.

Alice hatte allezeit einen erklärten Bewunderer ihrer Reize, Liebhaber, oder Freund, oder Günstling, oder wie man es nennen will, den sie so oft als jedes andre Stück ihres Putzes oder Zeitvertreibes zu verwechseln pflegte. — Sehr lange, — ach viel zu lange für seine Wünsche war jetzt Graf Leicester in ihrer Gnade gewesen. — Er hatte sich etliche Jahre lang am französischen Hofe aufgehalten, hatte Alicen gefallen, hatte wenig Geschmack an ihr gefunden, und demohngeachtet, um zuweilen eine sehr schöne junge Dame zu sehn, die in ihren Diensten war, ihren Liebhaber vorstellen müssen. Fräulein Anna, welche sich gleichfalls zu Alicens Hofstatt rechnete, und schlau genug war, Leicesters wenige Neigung für ihre Prinzeßin zu merken, schrieb seine häufigen Besuche auf ihre

Rechnung, und begünstigte seine Aufwartungen bey Alicen so sehr als möglich, um seines Anblicks genießen zu können. Leicester täuschte beyde, täuschte Annen und ihre Prinzeßin, um seine wahre Neigung zu verhehlen, und gab sich dadurch so gänzlich in die Gewalt dieser beyden Weiber, daß sie ihn weit ärger tyrannisirten als er sie, und ihn jede viertelstündige Unterredung mit seiner eigentlichen Geliebten, durch den peinlichsten Zwang erkaufen ließen, den er Tage lang bey den beyden ungeliebten Schönen ausstehen mußte, um den Augenblick abzulauschen, da er seine wahre Gebieterin ungestört sehen konnte. — Er besaß nicht Herz genug, die Larve endlich abzulegen, und war also genöthigt, um nicht sich, und die, welche er liebte in das größte Unglück zu stürzen, Alicen nach England zu folgen. — Die Prinzeßin sah den Gram der ihn verzehrte, und deutete ihn auf ihre baldige Vermählung mit dem König von England. Ihn zu trösten, versprach sie ihm die Fortdauer ihrer Liebe, doch nur mit der Bedingung, daß er Fräulein Annen heyrathete, und dadurch ungetrennt bey ihr blieb. Leicester war in Verzweifelung über diese Vorschläge, er faßte allen seinen Muth zusammen, sich zu weigern. Alice sah diese Weigerung für einen Beweis seiner Liebe zu ihr an. Anna ward aufgebracht, schob die Schuld ihrer Verschmähung auf ihre Gebieterin, welche ihr Leicesters Hand nicht gönnte; man veruneinigte sich, man

man machte sich die bittersten Vorwürfe; Alice
drohte, und Anna, um ihrer Rache zuvorzukom=
men, stellte sich besänftigt, und meldete sich noch
diesen Abend bey König Richarden, um ihm in An=
sehung seiner Braut die Augen zu öfnen. — Der
Anklagen, welche über Alicen zusammengebracht
wurden, waren unzählige und von solcher Wich=
tigkeit, daß eine einzige schon hinlänglich gewe=
sen wäre, die Beklagte der Ehre Richards Gemah=
lin zu heißen, unwürdig zu machen. Der erstaunte
Richard foderte Beweise, sie boten sich von allen
Seiten dar, selbst Graf Leicester, um Alicen loß zu
werden, zeugte wider sie. — Die Beklagte wurde
vor das Gericht ihres Bruders und ihres Bräuti=
gams gefordert, und die Unmöglichkeit sich zu ent=
schuldigen, machte, daß sie sich ganz in ihrer wah=
ren Gestalt, ganz mit der Wuth und Frechheit
zeigte, die ihr keine Entschuldigung überließ, und
Richarden auf ewig von ihr befreyte. König Philip,
der nur gar zu viel von dem ausschweifenden Leben
seiner Schwester wußte, und sie eben darum so gern
zu Richards Gemahlin gemacht hätte, hätte herzlich
gern diese scharfe Untersuchung vermieden, aber er
ward übereilt, er hatte keine Zeit auf Ausflüchte zu
denken, und traute Alicen List genug zu, sich besser
aus der Sache zu helfen; aber da sie sich so in ihrer
ganzen Blöße zeigte, da ward sein Herz mit Ab=
scheu, nicht gegen ihre Laster, sondern gegen ihren
Mangel an Verschlagenheit erfüllt. Er gab König

Richarden Recht, und schickte die Verbrecherin nach einen strengen Kloster nicht weit von Rouen, in welchem er sie vermuthlich nicht lange lassen wird. Auch Anna gab endlich alle ihre Gedanken auf ihren geliebten Leicester auf, und entschloß sich, den Schleyer zu Fontevrault anzunehmen. Vielleicht, weil sie gehört hatte, daß dieses Kloster von Mönchen und Nonnen bewohnt würde, welche alle unter einer Aebtißin stehen, aber sie kannte die strenge Regel dieses Hauses nicht, und würde das freye ungezwungene Leben das sie in demselben erwartete, nicht daselbst gefunden haben. — Auch erreichte sie es nicht; wir erhielten noch vor unserer Abreise aus London Nachricht, daß sie auf dem Wege meuchelmörderisch ums Leben gebracht worden sey, auf wessen Befehl, läßt sich errathen.

Wie sehr Königin Eleonore und ich uns freuten, daß wir so ohne unser Zuthun von Alicen befreyt wurden, und Richarden gerettet sahen, das ist nicht zu beschreiben. Berengaria gewann auch durch diese Begebenheit. Ihr stilles unschuldiges Leben stach so sehr gegen Alicens Ausschweifungen und ihr frommes ehrliches Gesicht und unaffektirtes Betragen, gegen der andern verwelkte Reize und buhlerische Sitten ab, daß es Eleonoren wenig Mühe kostete, sie zu Richards Gemahlin zu machen. Die Vermählung ward in größter Stille vollzogen, und König Philip mußte den Platz von

einer andern einnehmen sehen, den er seiner Schwe=
ster zugedacht hatte, und von welchen er nimmer
geglaubt hätte sie durch eine Berengaria ver=
drängt zu sehen.

Was mich anbelangt, so hätte ich Richar=
den gern eine vollkommenere Gemahlin gegönnt;
aber wo hätte er die finden sollen? Es ist nur
eine Matilde in der Welt, und diese ist dein.
Einen Gedanken an sie würde er sich zur Sün=
de schätzen. Die andern Damen, auf die er
hätte denken können, sind theils schon verlobt,
und theils alle Berengarien oder Alicen in höhern
oder geringern Grad. — Er mag also seine Prin=
zeßin von Navarra behalten. Er liebt sie zwar
eben nicht, aber er kann sie leiden, und er
wird vielleicht in Zukunft Freundschaft für Sie
haben. Sie betet ihn an, sie wird ihm treu
seyn, und so wird er vielleicht eine der erträg=
lichsten Ehen mit ihr führen, die sich denken
läßt.

Sobald diese Angelegenheiten in Richtigkeit
gebracht waren, so dachte man im Ernst auf
die Beschleunigung des Kreuzzugs, ehe die zur
Schiffahrt günstige Jahrszeit verstrich. — König
Philip hatte funfzig tausend Mann zusammen
gebracht, und obgleich Richard um die Hälfte
mehr liefern konnte und wollte, so beredete ihn

doch der König von Frankreich, sein Heer nur dem seinigen gleich zu machen. Man ließ die Völker nach Bezelay auf den Gränzen von Burgund vorausgehen, wohin ihnen die Könige gefolgt sind, um sie auf der dasigen ungeheuren Ebene zu mustern.

Wenn es nach Eleonorens Willen gegangen wäre, so hätte Richard niemanden als ihr die Regierung in seiner Abwesenheit anvertraut aber die Grausamkeiten, die sie ohne Regentin zu seyn, bereits in seinen Namen verübt hatte, mächten ihn behutsam. Er begnügte sich damit, ihr nicht alle Gewalt und Ansehn zu entziehn, aber er setzte ihr, um sie in Schranken zu erhalten, zwey Bischöfe an die Seite, welche den Namen der Statthalter des Reichs führen, und auf keine Art von ihr abhängen. Unglücklicher weise ist seine Wahl mit auf Longchamp, Bischof von Elly gefallen, welcher ganz eine Creatur von Eleonoren ist, und dessen Bosheit sein Mitstatthalter, der redliche Bischof Hugh von Durham, schwerlich wird überall Einhalt thun können. — Mir ist bange vor allen den Unordnungen, die eine solche Regierung in Richards Abseyn verursachen kann, und ich kann mich nicht enthalten, den Wunsch zu wiederholen, daß der fatale Kreuzzug vorüber, und Richard wieder in seinen Landen seyn möchte.

Wie viel Ursach der König hat sich für seinen unruhigen Bruder Johann zu fürchten, das ist offenbar, und ich kann es nicht mißbilligen, daß er seinetwegen die strengsten Maasregeln genommen hat; aber das ist zu tadeln, daß er sich von Eleonoren auch wider deinen Bruder den Bischof von Lincoln hat einnehmen lassen, und ihm sowohl, als den Prinzen Johann geboten hat, während seiner Abwesenheit England mit keinem Fuße zu betreten.

Mich dünkt, unterbrach Walter Blondeln, mein Bruder ist durch den königlichen Namen ganz ein anderer Mann geworden als er zuvor war. Glaube das nicht, erwiederte der andere nach einigen Nachdenken. Sobald du ihn wieder allein in deiner Gesellschaft haben wirst, so wird er wieder der alte Richard seyn. — Jetzt wird er in allen was er thut, von Eleonoren angeführt und gelenket. — Sie und Berengaria, welche ihn auch nach Palästina begleiten wird, sind ihm nach Vezelai gefolgt, um der Musterung des englischen und französischen Heers beizuwohnen; es fielen bey derselben Verdrüßlichkeiten zwischen den Königen vor, welche einen kleinen Vorschmack gaben, wie es in Palästina gehen wird, aber es wurde alles beygelegt, und man schied in guter Freundschaft von einander. Philip ist nach Genua gegangen um sich und seine Völker daselbst einzuschiffen, und Richard wird mit den seinigen in wenig Tagen hier seyn, um nebst dir seine Reise von Marseille aus anzutreten.

Blondels Geschichte enthielt so viel Stof zum Denken und zum Sprechen, daß die beyden Freunde sich erst spät in die Nacht trennten. Mancherley Besorgnisse raubten Waltern in dieser Nacht den Schlaf, und er ließ es den andern Morgen sein erstes seyn, Konraden von Staufen und die Betforte zu sich zu fodern, um mit ihnen den Zustand der Sachen in Erwägung zu ziehen.

Die Ritter verbanden sich aufs neue, alles für das Beste der Christenheit aufzuopfern, und kein anderes Interesse als dieses zu kennen. Walter musterte sein kleines Heer, das er aus Anjou mitgebracht hatte, und welches gegen Philips und Richards hundert tausend Mann, kaum gezählt zu werden verdiente. Indessen bestand es aus lauter ausgesuchten Leuten, welche meistens von Stande und guter Denkungsart, und ihrem neuen Grafen so ergeben waren, daß er hoffen konnte, mehr mit ihnen auszurichten, als vielleicht mit einer dreymal größern Anzahl Volks. — Sie leisteten ihrem guten Fürsten nochmals ungefodert den Eid der Treue, und bezeugten das sehnlichste Verlangen nach dem Augenblicke, da er von seinem Gelübde losgesprochen, den Namen eines Grafen von Anjou öffentlich würde führen dürfen, mit welchem sie ihn am liebsten nannten.

Fünf und zwanzigstes Kapitel.

Der Leser ist zweifelhaft wer von beyden am thörichsten handle, der große Isaak Comnenus, oder die stolze Eleonore.

Richard kam an; Freude und Liebe glänzten in den Augen der beyden Brüder, als sie sich wieder sahen. Walter schätzte Richarden ungeachtet seiner kleinen Schwachheiten, und Richard vergaß den einzigen kleinen Fehler den er an Waltern kannte, er vergaß, daß er Rosemundens Sohn war. Nicht so Königin Eleonore; sie haßte Waltern, und schwur, ihn ewig zu hassen; Richard und Blondel hatten sich vergebens bemüht, sie auf bessere Gedanken zu bringen. Alles, was sie über sich erhalten konnte, war, daß sie ihn gar nicht zu bemerken schien, und sich völlig so betrug, als ob er nicht zugegen gewesen wäre. Sie hätte keine bessern Maasregeln zum Vergnügen unsers Tempelherrn nehmen können. Ihr bloßer Anblick war ihm schrecklich; er sah den Dolch noch in ihrer Hand, sah seine Mutter vergeblich bittend vor ihr auf den Knien, und sie mit dem Blute dieser Unschuldigen besprützt. Er würde es nicht haben aushalten können, ein Wort zu ihr zu sagen, oder von ihr anzuhören. Er wandte seine Augen von ihr ab, und entfernte sich so schnell als möglich von jedem Orte, wo sie sich befand.

Die junge Königin Berengaria hielt es für Pflicht, dem Bruder ihres Gemahls schwesterlich zu begegnen, und Walter, der ihr den Mangel an glänzenden Talenten, um ihres unschuldigen truglosen Herzens willen, gern übersah, erwiederte ihre Höflichkeiten wie sich es geziemte; eine Sache, die der alten Königin so anstößig war, daß die arme Berengaria noch diesen Abend ihren ganzen Zorn darüber empfinden mußte, und angewiesen ward, sich in Zukunft zurückhaltender aufzuführen.

So war das Betragen der Hauptpersonen gegen einander, und Blondel, welcher bey allen Zutritt hatte, von allen geschätzt wurde, bemühte sich, dasselbe so viel als möglich zu mildern, und in Schranken zu halten, damit von allen Seiten aller Unwille verhütet würde.

Blondel trennte sich den Abend vor der Abreise von seinen Freunden, um nach England zurückzukehren: aber Königin Eleonore fand so grosten Widerwillen an der Zuneigung die Richard und Berengaria unserm Walter bezeugten, daß sie sich nicht überwinden konnte, sie ohne Aufsicht in seiner Gesellschaft zu lassen, und ihnen dadurch Raum zu geben, sich noch fester mit dem Sohn ihrer Feindin zu verbinden. Sie änderte ihren Entschluß, und Blondel, welcher ihre Gegenwart in England zu Richards Besten für höchst nöthig hielt, mogte bitten wie er wollte, alles war umsonst, und nichts konnte sie von dem Vorsatz abhalten, ihren Sohn mit nach dem heiligen Lande zu begleiten.

Ob Richarden, ob Berengarien, ob Waltern diese Reisegefährtin gleich lieb war, kann ich nicht entscheiden, es sey mir genug, zu sagen, daß die Flotte mit dem ersten günstigen Winde abseegelte, und zu Anfang die schönste Hofnung hatte, Palästina in ungewöhnlich kurzer Zeit zu erreichen; aber der Wind änderte sich und man sahe sich genöthigt, zu Meßina zu landen, und daselbst bessere Witterung abzuwarten. König Philipen, welcher wie wir wissen von Genua aus abgesegelt war, hatte das nämliche Schicksal getroffen. Richard fand ihn zu Meßina, und war gezwungen, nicht nur manchen Tag, sondern etliche Monate in der Gesellschaft dieses Königs zuzubringen, mit welchem sich seine Einigkeit in der größten Entfernung noch am besten erhielt. —

Wenn ich die Geschichte Richard des Ersten, Königs von England, und nicht eigentlich die Geschichte meines Walters unter Händen hätte, so würde man mir es verdenken können, daß ich wenig oder nichts von den Uneinigkeiten der beyden Könige zu sagen Willens bin, welche sich während ihres Aufenthals zu Meßina entspannen *), aber Walter nahm weiter keinen Theil an denselben, als daß er überall der gerechten Sache, welche auf Richards Seite war, beytrat, und durch den Ernst und die Entschlossenheit, mit welcher er alles betrieb was auf ihn ankam, jedermann, selbst Philippen, selbst seinem Bruder Richard, Furcht und Ehrerbietung einflößte, und Königin Elonoren, die oft geneigt war eine Sache nur darum falsch und verdächtig zu finden, weil Walter sie billigte, einmal so in die Enge trieb, daß sie es nie wieder wagte, ihm offenbar entgegen zu arbeiten, sondern wieder zu ihren alten Entschluß,

---

*) Wilhelm, König von Kastilien, der Gemahl Johannens, einer Schwester König Richards, war ohne Erben gestorben, und hatte, seiner Gemahlin zum Nachtheil, das Reich seiner Tante Konstantie hinterlassen, deren natürlicher Bruder Tancred dasselbe zu behaupten suchte. Richard war, wie sich denken läßt, auf der Seite seiner Schwester, und König Philip, der durch eine unwiderstehliche Gewalt, allemal zum Unrecht hingerissen wurde, auf Konstantiens und Tancreds Seite. Dies war der Grund seiner Uneinigkeiten mit Richard zu Meßina.

ihn gar nicht zu sehen, zu kennen, und zu bemerken, zurück kehrte.

König Philip, dem recht viel daran gelegen zu seyn schien, Grund zu Zwistigkeiten mit seinem Bundsgenossen Richard zu suchen, war nicht zufrieden, daß er ihm um fremder Angelegenheiten willen Unruhe machte, er trat ihm immer näher, er suchte seine ehmalige gebrochne Verlobung mit Alicen wieder hevor, ließ Winke wegen der Unschuld seiner Schwester fallen, und nannte Berengarien Richards unrechtmäßige Gemahlin. Versuche, welche durch Hülfe Tancreds, dessen wir in der Note gedacht haben, eines heimtückischen, boßhaften Menschens, endlich in wirkliche Thätlichkeiten zwischen den beyden Königen ausarteten; aber Philip kam zu kurz, und mußte schweigen, da man ihm die weltkündige, schlechte Aufführung Alicens so deutlich vor Augen legte, daß jederman sie der Ehre, Königin von England zu heißen, unwürdig erkennen mußte.

Alles ward endlich beygelegt, und Richard gebrauchte sich des ersten günstigen Winds, um von Meßina hinweg zu kommen, von wo König Philip schon zween Tage zuvor, fast mitten im Ungewitter, aus Unwillen abgesegelt war. Das Glück war dem Könige von Frankreich günstiger als Richarden. Ein Sturmwind faßte die französische Flotte, und führte sie, zwar etwas unsanft, aber desto geschwinder dem Ziel ihrer Reise näher, dahingegen Richards Schiffe, durch den nämlichen Wind zerstreut, und erst nach etlichen Tagen wieder zusammen gebracht wurden.

Das Schif, auf welchem die beyden Königinnen, Eleonore und Berengaria sich befanden, wurde zuerst von der Flotte abgerissen, und nach der Insel Zypern verschlagen. Die hervorragenden Klippen über welche sie hinweg geschleudert wurden, beschädigten das Schif so sehr, daß alle Kunst der Seeleute kaum hinlänglich war, das eindringende Wasser abzuwehren, und die Lücken zu verstopfen.

Man warf in den Hafen zu Limisso Anker, und dachte sich keine Schwierigkeit hier zu landen, aber man hatte sich geirrt. — Die Insel Zypern wurde von einem Fürsten beherrscht, der in seinen Landen, wie er sich auszudrücken pflegte, niemanden den Eintritt auf so leichte Bedingungen verstattete.

Um meinen Lesern dieses etwas deutlicher zu erklären, wird es nöthig seyn, sie näher mit dem Könige von Zypern bekannt zu machen. Isaak, ein Prinz aus dem Hause der griechischen Kaiser, war an dem Hofe seiner weitläuftigen Vettern erzogen worden, denn nur einer weitläuftigen Verwandschaft mit den großen Comnenen konnte Prinz Isaak sich rühmen. Der damahls regierende Kaiser Alexius, hatte eine besondere Huld auf seinen Vetter Isaak geworfen, und ihn nicht allein mit einer seiner Stiefschwestern vermählt, sondern ihn auch zum Beherrscher der Insel Zypern gemacht, auf welche er von seinen Urvätern her, einen kleinen Anspruch machen konnte.

Prinz Isaak war ein hochmüthiger, schwülstiger Mensch, welcher beständig von großen Dingen träumte, und es nicht für unwahrscheinlich hielt, bereinst noch griechischer Kaiser werden zu können, obgleich dieses unmöglich war, wenn nicht alle seine Vettern mit allen ihren Söhnen und Neffen ausstarben, und er allein überblieb. — Die Ehre eine kaiserliche Prinzeßin zur Gemahlin zu haben, die Erlaubniß, welche Alexius ihm ertheilte, den Namen Comnenus zu führen, und der Besitz einer so hübschen Insel wie Zypern, war ihm das Unterpfand von dem, was künftig noch einmal aus ihm werden könnte. Der Titel, König von Zypern, war ihm für seine großen Erwartungen zu gering, und er hatte nicht sobald seine Regierung angetreten, als er sich in Hinsicht auf seine künftige Größe immer in Voraus Kaiser nennen ließ, ein Titel, welchen ihm niemand versagen durfte, wer eine gnädige Miene von ihm erwartete. — Die

Pracht die er am griechischen kaiserlichen Hofe gesehen hatte, suchte er auf alle Art im Kleinen nachzubilden. Sein Palast war dem kaiserlichen zu Konstantinopel vollkommen ähnlich, nämlich in der Anlage, denn da es ihm unmöglich gewesen war, ihm den nämlichen Umfang zu geben, den der Palast seiner Vettern hatte, so war er ganz nach dem verjüngten Maasstabe gebaut, und die innere Einrichtung widersprach dem Anstrich von Größe den die Aufenseite trug, auf eine so unangenehme Art, daß man ungern daselbst verweilte, und nicht recht wußte, was man aus dem Ganzen machen sollte. Bey der Einrichtung seines ganzen Hofstaats, bey der Benennung seiner Hofbedienten, bey seiner Leibwache, bey Besetzung seiner Tafel, bey der Wahl seiner Kleidung und seines Schmucks, kurz bey allem fand sich die nämliche Aehnlichkeit und Unähnlichkeit mit dem Hofe der Comnenen; überall gleiche Aufenseite, gleiche Benennungen, und alles, wenn man es in der Nähe betrachtete, nur nach verjüngtem Maasstabe. —

Ich weis nicht, ob meine Leser mir es verzeihen werden, daß ich mich so lange bey einer Person aufgehalten habe, welche kaum eine Nebenrolle in der Geschichte meines Walters zu spielen hat; aber der Charakter des Königs von Zypern, schien mir zu merkwürdig zu seyn, um ihn ganz mit Stillschweigen zu übergehen, auch hat derselbe

einen zu großen Einfluß in das, was wir künftig
von Isaaks Handlungen hören werden, als daß
meine Leser ganz unbekannt mit demselben seyn
dürften. Um ihnen dieses zu beweisen, kehre ich
zu meiner Geschichte zurück.

Eleonore und Berengaria waren in den Hafen
von Limisso eingelaufen, und machten sich eben
gefaßt, mit den ihrigen das beschädigte Schif zu
verlassen und ans Land zu steigen, als sie von
dem Volke, das sich am Strande versammelt hat=
te, versichert wurden, daß sie dieses nicht ohne
kaiserliche Erlaubniß thun dürften. Man hinter=
brachte Eleonoren diese Rede, welche dieselbe mit
einem höhnischen Gelächter beantwortete, und ihren
Leuten befahl, mit der Ausladung des Schiffes
fortzufahren. — Das Volk widersetzte sich, und
sprach von Beleidigung des Kaisers; die Schifleute
verlangten den Namen des Kaisers zu wissen, wel=
cher durch die Landung an einer kleinen Insel be=
leidigt werden könnte? Die durch das Beywort
klein beleidigten Insulaner, schritten zu Thätlich=
keiten; und die Sache würde schlimm abgelaufen
seyn, wenn man nicht von der Stadt her, einen
Trupp, oder wie Kaiser Isaak sich ausgedrückt haben
würde, ein fliegendes Heer von funfzig Mann hätte
anrücken sehen, welches den Strand besetzte, und
die ans Land gestiegenen, in das Schif zurück
trieb. — Der Anführer verlangte die Namen der=

vornehmsten Ankommenden zu wissen, und als man ihm die beyden Königinnen von England nannte, so verlangte er bey ihnen vorgeführt zu werden. — Ohne sich an den Ausbruch von Zorn zu kehren, mit welchen Königin Eleonore ihn empfieng, versicherte er sie im Namen seines Kaisers, daß sie in seinen Landen sehr liebe und willkommene Gäste seyn würden, wenn sie sich nur bequemen wollten, denselben für denjenigen zu erkennen, der er wäre, und für welchen er sich in dieser Schrift bekannt machte. Mit diesen Worten ließ er Königin Eleonoren ein großes Pergament überreichen, welches mit so ausschweifenden Ehrentiteln des Prinzen Isaaks, und so ruhmrediger Bekanntmachung aller seiner Ansprüche angefüllt war, daß die stolze Königin von England, die niemanden nur einen Schein von Größe gönnte als sich selbst, voll Zorn auffuhr, den großen Isaak einen kleinen thörichten Prinzen schalt, und das Verzeichniß seiner Hoheiten zur Erde warf. — Es ist unmöglich die Bestürzung zu beschreiben, welche diese Unthat, dieser Hochverrath wider die höchste Majestät ihres Beherrschers, bey den Abgeschickten erregte, sie nahmen die entheiligte Schrift zu sich, und verließen das Schif mit stillschweigenden Zorn. Die Mannschaft welche den Strand besetzte, ward stündlich vermehrt, so, daß man nach und nach wohl etliche hundert bewehrte Soldaten rechnen konnte, und das Schif stand auf dem Punkte im

Hafen umzukommen, weil die Macht der Schifleute kaum noch hinlänglich war, es über dem
Waſſer zu erhalten. Berengaria fiel Eleonoren
zu Fuße, und bat ſie, ſich nach der Schwachheit
des Königs von Zypern zu bequemen, und ihm
alle Titel zuzugeſtehen, die er ſich gäbe, damit
man nur das Leben rettete; aber die hartnäckige
Eleonore war unerbittlich; ſie nöthigte die Schifleute, ſich mit dem beſchädigten Schiffe noch einmal ins Meer zu wagen, und zu verſuchen, ob
es möglich wäre, an einer andern Seite zu landen. So gefährlich dieſes Unternehmen war, ſo
glückte es dennoch. Das auf allen Seiten waſſer-
ſchöpfende Schif, wurde mit unglaublicher Mühe
aus den Hafen gebracht, und lief gegen Abend,
in einer kleinen Bucht der Inſel ein, wo man kaum
Zeit hatte, die Perſonen welche es enthielt, und
die nöthigſten Sachen ans Land zu bringen; es
ſank, und unſere Reiſenden ſahen ſich in einer Gegend, die ſie anfangs für ganz öde hielten, bis
ihnen, als ſie um die Klippen hinum kamen,
welche ihnen die freye Ausſicht ins Land benah-
men, ein Haus von mittelmäßiger Größe in die
Augen fiel, in welchem ſie ſich vornahmen zu
übernachten.

Berengaria bat Eleonoren mit Thränen ihre
Unbiegſamkeit abzulegen, und dafern die Beſitzer
dieſes Hauſes etwa auch für Kaiſer oder Könige

wollten angesehen seyn, ihnen alles zuzugestehen, damit man nicht wieder in so ein Unglück wie das letztüberstandne gerathen mögte. Eleonore, welche durch die ausgestandene Todesangst ein wenig nachgebender geworden war, beantwortete die Bitte ihrer Schwiegertochter mit Stillschweigen, und befahl einem ihrer Bedienten, ihre Ankunft in dem vor ihnen liegenden Hause zu melden und um Herberge zu bitten, doch ohne den Stand der Ankommenden zu melden. — Die beyden Damen folgten ihm in einer kleinen Entfernung, und befahlen ihren Leuten am Strande zu bleiben, und weitere Befehle daselbst zu erwarten.

Sechs und zwanzigstes Kapitel.
Lady Klyfford.

Meine Leser werden sich vielleicht schon längst gewundert haben, warum ich fast ein ganzes Kapitel lang bey den beyden Königinnen von England verweilt habe, die uns doch gar nicht so nahe angehn, daß wir ihrentwegen unsern Walter mitten im Sturme auf dem wilden Meere hätten verlassen sollen; aber sie dürfen nur noch etwas weiter lesen, um überzeugt zu seyn, daß ich sie zu ihrem Besten eher als Waltern ans Land gebracht habe, damit sie eher als er, in die Gesellschaft einer Person kommen, welche ihnen vielleicht nicht ganz unwichtig ist.

Der Abgeschickte kam eilig zurück, und meldete, die Dame des Hauses sey so bereitwillig zu ihrer Aufnahme, daß sie käme, sie selbst in ihre Wohnung einzuholen. Warum sagt ihr nicht lieber Schloß? antwortete Eleonore, denn ich denke doch wohl, daß auf dieser närrischen Insel alle Hütten Schlösser, und alle Bäuerinnen Damen heißen werden.

Sie giengen weiter, und sahen aus dem zierlichen Hause das im Glanze der Abendröthe dastand, eine jugendlich schöne, majestätische Person ihnen mit so geflügelten Schritten entgegen eilen, als ob sie ihre liebsten Freunde zu empfangen käme; ihr Gewand war schwarz, und ein dünner röthlicher Schleyer, der ihr Haar bedeckte, ward von dem Winde der ihr entgegen gieng so zurückgeweht, daß man alle Züge ihres Gesichts deutlich erkennen konnte. — Sie hatte sich den Kommenden bis auf einige Schritte genähert, als sie mit allen Merkmahlen des Erstaunens zurück trat, und ausrief: Wie? Eleonore, Königin von England? — Eleonore schien gleiche Verwunderung zu fühlen, sie trat der jungen Dame näher, faßte ihre

Hand, drehte sie einigemal hin und her, betrachtete sie vom Kopf bis zu Fuß, ließ ihre Hand sinken, und wendete sich zu Berengarien, indem sie ausrief: Mein Gott! das ist die Matilde von Tripoli, die einmal beynahe das geworden wäre, was ihr jetzo seyd.

Ich weis eben nicht, ob es die vortheilhafteste Art ist, einer Dame vorgestellt zu werden, wenn sie sogleich beym ersten Anblick erfährt, daß sie in uns eine ehmalige Nebenbuhlerin sieht, auch war es schwerlich Eleonorens Absicht, Berengarien durch diese Worte für Matilden einzunehmen. Die junge Königin von England war indessen zu gut, oder zu einfältig, durch die Rede ihrer Schwiegermutter zu einigen Mißfallen an derjenigen bewogen zu werden, welche ehmals von Richarden geliebt wurde. Gute Lady Klifford, sagte sie, indem sie Matildens Hand freundlich drückte, werdet ihr der Mutter und der Gemahlin König Richards wohl ein Nachtlager versagen? — Matilde legte die Hand auf die Brust und antwortete mit einer sittsamen Verbeugung, daß sie die Ehre zu schätzen wisse, so hohe Damen zu bewirthen.

Aber, fuhr sie fort, indem sie Berengarien verließ, und sich zu Eleonoren wandte, aber meine Königin, warum sehet ihr diejenige so ungnä=

dig an, die ihr wohl ehedem eures Schutzes wür=
digtet? O! niemahls, setzte sie hinzu, indem sie
ein Knie auf die Erde setzte und die Hand der al=
ten Königin küßte, niemahls will ich vergessen, wie
mich diese theure Hand vor der Grausamkeit mei=
nes Gemahls so großmüthig schützte, wie sie be=
reit war, mir das kostbarste Geschenk zu geben
das sie geben konnte, und das ich nur um meines
Unglücks willen ausschlagen müßte! — Stehet
auf, Matilde, erwiederte Eleonore, indem ihr Ge=
sicht ein wenig freundlicher ward, ihr seyd unwi=
derstehlich wenn ihr bittet. Ich zürne nicht auf
euch. Es ist freylich euer Unglück und Richards
Glück, daß nicht ihr, sondern Berengaria von
Navarra Königin von England wurde. Matilde er=
röthete, und führte ihre Gäste nach ihrem Hause,
wo sie nichts sparte, sie nach der ausgestandenen
Gefahr zu erquicken, welche ihr Berengaria mit
geschwätziger Vertraulichkeit erzählte. Matildens
hauswirthliche Sorgfalt, die wir schon aus dem
ersten Theile dieses Buchs kennen, erstreckte sich
auch über das Gefolge der beyden Königinnen, wel=
ches, wie wir wissen, am Strande zurück geblieben
war, und diese Leute wurden, weil das Haus zu
ihrer Aufnahme zu klein war, unter Zelten so wohl
bewirthet, daß sie das Unglück, den glänzenden
Hof des Kaisers von Zypern nicht gesehen zu haben,
dabey verschmerzen konnten.

Sieben und zwanzigstes Kapitel.

Matilde ist vertraulicher gegen Berengarien als vonnöthen gewesen wäre.

Die Königinnen brauchten einige Tage, ehe sie sich von den Mühseligkeiten ihrer Reise völlig erholen konnten. Matilde wartete sie mit schwesterlicher und kinderlicher Sorgfalt, und es gelang ihr, die das Schicksal hatte fast von jedermann geliebt zu werden, nicht allein Berengarien ganz für sich einzunehmen, sondern auch Eleonoren zu mehrerer Freundlichkeit gegen sich zu bewegen. — Nur dann war Eleonore unzufrieden mit ihr, wenn das Gespräch auf den König von Zypern kam, und Matilde, welche freylich seine Thorheiten nicht entschuldigen konnte, sich bemühte, die aufgebrachte Königin zu besänftigen, und ihr die Gedanken der Rache auszureden, welche sie wider ihn im Sinne hatte. — Es ist eine eurer albernsten Gewohnheiten, sagte sie dann, die ich schon in vorigen Zeiten an euch getadelt habe, daß ihr alle Welt entschuldigen wollt, und immer eine Ursach in Vorrath habt, warum man wider den oder jenen nicht zürnen soll. — Ich habe Ursach, sagte Matilde, mich des Königs von Zypern anzunehmen, ungeachtet ich gegen seine Schwachheiten nicht blind bin.

Er ist viele Jahre mein Beschützer gewesen, und hat mir tausend Gutes erwiesen; er ist der Vater einer Freundin, die ich liebe, ob sie gleich nicht allemal ganz redlich gegen mich handelte. Er schätzt mich bey allen seinen Stolze würdig, mich seine Tochter zu nennen, ob er gleich hierbey einige Nebenursachen hat, die ich nicht auf meine Rechnung schreiben darf. Eleonore schüttelte den Kopf, und meynte bey allen diesen Dingen hätte sie eine Menge Aber genannt, welche alle Verbindlichkeiten aufhüben. Ein Fürst, setzte sie hinzu, dem ich so große Schwachheiten zu gute halten muß wie ihr diesem Isaak, der Vater einer Tochter, welche nicht allemal redlich gegen mich handelte, und derjenige, der mich aus Nebenabsichten seiner Tochter nennt, hat wenig Foderungen an mich zu machen, und ich bitte euch, redet mir nichts mehr von diesem gottlosen Menschen, an dessen Untergange ich arbeiten will, so lange mir die Augen offen sind. — Matilde schwieg, und Berengaria, welche nach Art aller Leute von mittelmäßigem Verstande, sehr neugierig war, ergrif die erste Stunde da sie mit Lady Klifford allein war, sie zu bitten, ihr über alle diese Dinge die sie zu Eleonoren gesagt hatte, eine Erklärung zu geben. Matilde bedachte sich ein wenig, und entschloß sich endlich, als sie nicht einsah, was es ihr oder ihren Freunden für Nachtheil bringen könnte, Berengarien zu erzählen, was ihr seit ihrem Aufenthalt auf der Insel Zypern begegnet wäre, und was es mit dem Prinzen Isaak und seiner Tochter eigentlich für eine Beschaffenheit habe. Vielleicht irrte sie, indem sie gegen eine Person wie Berengaria war sich zu dieser Erzählung bequemte; aber sie traute der jungen Königin mehr Verstand zu als sie besaß, und hofte, sie würde die Bedingung erfüllen, unter welcher sie diese Dinge zu wissen verlangte, und die alte Königin zu mildern Gedanken gegen den König von Zypern bewegen.

Acht und zwanzigstes Kapitel.

Etwas von der Prinzeßin Zoe und Nureddin Saladins Neffen.

Die Ursach, fieng Matilde ihre Erzählung an, welche mich von England nach Brignolle ins Kloster trieb, ist zu bekannt, als daß ich sie zu wiederholen brauchte; tausendfacher Gram begleitete mich dahin, verbitterte mir mein Leben, und machte mir selbst die Gesellschaft meiner Pflegemutter, der vortreflichen Gräfin von Flandern, zur Vermehrung meiner Leiden; sie litt so viel als ich, und wir konnten eine der andern nur wenig Trost gewähren. Der Verlust einer geliebten Person machte uns beyde unglücklich.

Matilde, Matilde! unterbrach hier Berengaria die Erzählerin, ihr übergeht hier eine Menge Dinge die ich zu wissen verlange. — Die Ursach warum ihr die Hand meines Richards außschlagt und das Kloster wähltet, die Ursach des Grams der euch und die Gräfin von Flandern verzehrte, der Name der Person, deren Verlust euch unglücklich machte, alles dieses dürft ihr mir nicht verschweigen.

Matilde zuckte die Achseln und wollte weiter reden, ohne die Gewissensfragen zu beantworten, aber Berengariens ungestümes Eindringen nöthigte sie endlich, ihr etwas von ihrer frühern Liebe zu entdecken, und sie wegen des Namens ihres Geliebten auf ein andermal zu vertrösten. — Die junge Königin war übel zufrieden ihre Neugier nicht völlig gestillt zu sehen, und Matilde, welche es schon halb und halb bereute, sich auf diese Erzählung eingelassen zu haben, fuhr folgendermaßen fort, doch mit mehrerer Kürze und Zurückhaltung, als sie sich anfangs vornahm.

Mein Aufenthalt in dem Kloster de la Celle wurde mir ungemein durch die Gesellschaft einer jungen Dame versüßt, von welcher ich etwas mehreres sagen muß als ihren blosen Namen; — Es war die Prinzeßin Zoe, die Tochter des Königs, in dessen Gebiete wir uns gegenwärtig befinden. Sie war, ehe Prinz Isaak die Krone von Zypern erhielt, an dem griechischen kaiserlichen Hofe erzogen worden, und hatte von demselben eine Menge vorzüglicher Talente mitgebracht, welche ihre Schönheit noch erhöhten. Ein Unglück war es für sie, so wie ich es, wenn ich nach meinem Beyspiel urtheilen soll, allemal für ein Unglück halte, daß sie ihr Herz von einer frühen Liebe hatte einnehmen lassen, und noch dazu von einer Liebe, in welcher sie wenig Hofnung hatte, einmal glücklich zu seyn. Nureddin, der Neffe des Sultans Saladin, hatte sie zu Konstantinopel kennen gelernt; er liebte sie und sie ihn, ohne daß eins von beyden daran dachte, daß ein sarazenischer Prinz und eine christliche Dame nicht leicht an eine Verbindung denken konnten.

Berengaria kreuzte sich hier, und meynte, sie könne nicht viel von dieser Zoe halten, und sie wunderte sich, wie es Matilden möglich gewesen sey, eine Freundschaft mit einer Person zu stiften, von welcher sich so wenig Gutes erwarten ließ.

Vielleicht, meine Königin! erwiederte Matilde mit einem kleinen Lächeln, würdet ihr die gute Zoe mit eben so viel Freundschaft beehrt haben als mich, die ich ja vielleicht manchen Fehler, manche Schwachheit an mir habe, die ich auf den ersten Anblick für denen verbergen kann, denen ich gefallen will. — Berengaria fühlte den Verweis nicht, den ihr Matilde in diesen Worten, wegen der ziemlich voreiligen, sehr feurigen Freundschaft machte, mit welcher sie selbe gleich mit der erſten Stunde an beehrt hatte, sie ſchwieg, und die Erzählerin erzählte weiter.

Ohne der Prinzeßin Zoe ihre Neigung für Nureddin zur Sünde zu rechnen, glaube ich doch, ich würde behutſamer in meiner Freundſchaft für ſie geweſen ſeyn, wenn ich dieſelbe mit allen den Begebenheiten hätte voraus ſehen können, an welchen dieſe unzeitige Liebe ſchuld war, und in welche ich nur gar zu ſehr mit verflochten wurde. — Zoe kam vom griechiſchen Hofe hinweg, ſie folgte ihrem Vater nach Zypern, und Nureddin ſäumte nicht lange, ihr dahin zu folgen. — König Iſaak war zu eiferſüchtig auf ſeine Ehre, als daß er nicht das geheime Verſtändniß der beyden Liebenden bald hätte gewahr werden, und auf alle Art zu zerſtören ſuchen ſollen. Seine Tochter als die Geliebte eines Sarazenen zu wiſſen, das dünkte ſeinem chriſtlichen Gemüthe der höchſte Schimpf, der ſich denken läßt. Indeſſen mußte er Nureddin wegen der Macht ſeines Vetters, des großen Saladins, ſcheuen, er durfte es nicht wagen, ihm den Hof zu verbieten, und das Einige was er thun konnte, die beyden Liebenden zu trennen, war, daß er ſeine Tochter vom Hofe entfernte. Um es dem jungen Prinzen deſto ſchwerer zu machen ſeine Geliebte wieder zu finden, ſchickte er ſie über Meer nach Frankreich in das Kloſter zu Brignolle de la Celle.

Hier war es, wo ich sie kennen lernte, wo ihre Schönheit, ihre gute Gemüthsart, ihre Talente, und vornehmlich ihre Munterkeit, welche mir manche trübe Stunde aufheiterte, mich ganz für sie einnahm. — Nureddin hielt sich nach der Entfernung seiner Geliebten nicht lang mehr in Zypern auf, und Prinz Isaak hielt es für gut, sobald der sarazenische Prinz seinen Hof verlassen hatte, seine Tochter zurück zu berufen. Es wurde der Prinzeßin von Zypern nicht schwer, mich zur Mitreise zu bewegen. Die Gräfin von Flandern redete mir zu die Einsamkeit des Klosters zu verlassen, welche nur dazu diente, meinen Gram zu vermehren. Zoe bat, und ich hatte mich zu sehr an ihre unterhaltende Gesellschaft gewöhnt, als daß ich sie hätte vergeblich bitten lassen.

Meine Aufnahme am Hofe des Prinzen Isaaks war vorzüglich gut, dieser König mußte sich von meinem Stande große Vorstellungen gemacht haben, sonst wäre es unmöglich gewesen, daß er sich mit so vieler Herablassung gegen mich hätte betragen können; aber sobald diese Täuschung aufhörte, sobald er erfuhr, daß ich nichts mehr als Lady Klifford war, so minderte sich seine Freundlichkeit. Es wurde meiner Freundin zu verstehen gegeben, es schicke sich nicht für eine kaiserliche Prinzeßin, sich mit einer simpeln Gräfin so gemein zu machen, und als Zoe diese Ermahnung wenig achtete, und

auch ich, ohne stolz zu seyn, mich des Umgangs
der Prinzeßin von Zypern nicht unwürdig achtete,
so bat man uns, lieber den Hof zu verlassen und
aufs Land zu gehen, wo wir, ohne den Wohlstand
zu beleidigen, unsere Vertraulichkeit nach Gefallen
fortsetzen könnten. Wir waren dieses sehr wohl
zufrieden. Weder Zoe noch ich hatten Wohlgefallen
an dem gezwungenen Ton, der bey Hofe herrschte,
und wir sündigten daselbst so oft wider die Etiquette,
welche von erstaunlichen Umfang war, daß wir
immer getadelt wurden, und in der Einsamkeit
erst anfiengen von neuen zu leben. Hier war es,
wo Zoe mir ihre Liebe zu Nureddin offenbarte, und
wo auch ich vertraulicher gegen sie ward, und ihr
mehr von meinem Zustande entdeckte, als ihr zuvor bekannt war. — Und vermuthlich auch mehr
als ich weis und wissen darf, fiel Berengaria ein.
— Das, wovon ich jetzt vornemlich spreche, be-
trift meine Herkunft. Zoe wußte noch nicht, daß
Graf Raimund von Tripoli mein Vater war, sie
wußte noch nicht, daß ich seit meinem zehnten
Jahre von ihm getrennt, mich oft, ach wie sehr
in seine Arme zurück sehnte, und so fleißig nach
ihm als nach meinen Walter seufzte. Walter? sagte
Berengaria, o Matilde! nun weis ich euer Geheimniß. Walter, der Bruder meines Gemahls,
ist also euer Geliebter? — Wir kommen von unserer Geschichte ab, versetzte Matilde, indem ihr
eine glühende Röthe, welche ihr ganzes Gesicht

übergoß, beynahe die Augen verdunkelte. — Zoe wußte nicht sobald alle meine Angelegenheiten, als sie mir täglich zuredete, meinem Vater meinen Aufenhalt zu melden, und um meine Zurückberufung anzuhalten. Du nimmst mich dann mit dir, sagte sie, und ich bin eben in dem Lande, wo mein Nureddin lebt, kann ihn vielleicht wiedersehen, und ungestörter als hier seines Umgangs genießen. Glaubst du, erwiederte ich, daß dein Vater in diese Reise willigen wird? O nimmermehr! war ihre Antwort, aber ich folge dir insgeheim, und man soll, ich stehe dir dafür, meine Flucht viel zu spät erfahren, um uns wieder einzuholen, oder wegen des Freundschaftsdiensts, den du mir leistest, Ungelegenheit zu machen. Sie theilte mir hierauf einen so schlau und tiefsinnig angelegten Plan zu dieser Intrigue mit, daß ich erstaunte, und vor Verwunderung mich so sehr in dem Charakter meiner Freundinn geirrt zu haben, welcher lauter Einfalt und Truglosigkeit zu sehn schien, kein Wort aufzubringen vermogte. Von jeher habe ich einen Abscheu vor allen krummen und verstohlnen Wegen gehabt, und es läßt sich also errathen, wie ich die Vorschläge, welche mir Zoe that, aufnahm. Ich hatte die Freude, sie, wie mich dünkte, zu ihrer Pflicht zurückzubringen, ich versprach ihr oder vielmehr ich mußte ihr versprechen, ihre Angelegenheiten in Palästina zu treiben, und tausenderley Bestellungen an Nureddin mitzunehmen, und von diesem Augenblicke an, wurde kein Wort mehr von dem unsinnigen Einfall einen Vater zu verlassen, um einem Geliebten zu folgen, unter uns gedacht.

Demohngeachtet lag sie mir an, ich mögte um meines eigenen Bestens willen, bey ihrem Vater um Erlaubniß anhalten, eine Bothschaft an den meinigen schicken zu dürfen. — Du wirst ruhiger seyn, sagte sie, wenn Graf Raimund um deinen Zustand weiß; und sollte er dich denn ja von hier abfordern, so muß ich dein Glück dem meinigen vorziehen, muß mir es gefallen lassen, deine Gesellschaft zu missen, da deine Zufriedenheit auf der Wiedervereinigung mit deinem Vater beruht.

Zoe trug dem Könige von Zypern mein Anbringen selbst vor. Seine Achtung für mich wurde durch die Kenntniß meiner Herkunft vermehrt, und er erzeigte mir die Gnade ein eigenes Schif mit meinen Briefen nach Palästina abzuschicken. — Ich zählte alle Stunden bis auf die Wiederkunft desselben, und durfte sie nicht lang vergeblich erwarten. Wind und Wetter waren günstig gewesen, und es ließen sich au einem Tage, da ich mich dessen am wenigsten versahe, Abgeschickte aus Palästina bey mir melden, welche mit meinem Schiffe zurück gekommen wären, und eine

Werbung von Wichtigkeit von Graf Raimunden bey mir anzubringen hätten. Mein Herz hüpfte für Freuden, und das Vergnügen, das meine Freundin Zoe bezeugte, war nicht viel geringer als das meinige. —

Ich ließ die Boten meines Vaters vor mich kommen, und erhielt die entzückende Einladung, zu ihm zu kommen, und mein bisheriges Pilgerleben aufzugeben. Nichts hatte ich an dieser freudenvollen Bothschaft auszusetzen, als daß ich sie nur mündlich erhielt; o eine Zeile von der Hand meines Vaters würde mir meine Zurückforderung doppelt angenehm gemacht haben.

Ich war bereit, den Abgeschickten Graf Raimunds, welche ein zu meiner Abreise prächtig ausgerüstetes Schif mit in den Hafen gebracht hatten, gleich des andern Tages zu folgen, aber Zoe bat mich, ihr noch acht Tage lang meine Gesellschaft zu gönnen. Prinz Isaak wollte uns diese Tage des Abschieds mit mancherley Lustbarkeiten an seinem Hofe verkürzen, aber wir erwählten in unserer Einsamkeit zu bleiben, und die letzten Stunden vor unserer Trennung noch recht zu genießen. Zoe kam wenig von mir, ausser wenn sie an einem Briefe schrieb, welchen ich an Nureddin mitnehmen sollte, und welcher sehr lang werden mußte, weil er sie oft lange genug von mir entfernte. —

Der Tag der Abreise erschien. Zoe und ich hatten den Abend vorher noch den zärtlichsten Abschied von einander genommen, ich hatte auf ihr Zureden, das Schif aus dem großen Hafen in die kleine Bucht nicht weit von diesem Hause kommen lassen, wo ihr, meine Königin! gelandet habt, und Zoe hatte gebeten mich den Morgen meiner Abreise bis an den Strand begleiten zu dürfen, weil sie sich mit den am Abend genommenen Abschiede nicht befriedigen könnte. — Ich stand früh auf sie zu wecken, aber wie erstaunte ich, als ich in ihrem Zimmer alles still und öde, ihre Lagerstatt leer, und niemand von ihren Bedienten gegenwärtig fand, der mir dieses Räthsel erklären konnte. — Ich hätte denken können, sie hätte sich vor mir auf den Weg nach dem Schiffe gemacht, ich hätte mir vielleicht irgend eine andere Vorstellung von ihrer Abwesenheit machen können, aber es war als ob mir auf einmal ein dunkles Bild von der ganzen Wahrheit vorschwebte, welches nur gar zu bald bestätigt und aufgeklärt wurde.

Ich sah auf ihrem Tische den Brief an Nureddin liegen, welcher ihr so oft zum Vorwande dienen mußte sich von mir zu entfernen, und an welchen ich sie noch des vorigen Abends schreibend antraf; ich fieng an ihn zu lesen, und die Aufschrift sagte mir, daß er nicht an Nureddin, sondern an mich gerichtet war. Ihr sollt ihn hören, denn er kann euch die beste Aufklärung über das Räthselhafte dieser Geschichte geben. — Matilde holte den Brief und las folgendes:

Liebe Matilde!

Verzeihe, daß ich mich deines Namens gebrauche, um zu meinem Geliebten zu kommen; verzeihe, daß dein Brief an deinen Vater unbestellt blieb, und daß ich mit dem Schiffe, das du an Graf Raimunden zu schicken dachtest, an Asad, den Vater meines Nureddins, schrieb, und ihm die Mittel an die Hand gab, mein Glück und das Glück seines Sohns zu befördern. Mein Nureddin ist gefangen, und ich eile unter deinen Namen hin, ihn zu befreyen; du wirst mir doch die Ehre gönnen, um mehrerer Sicherheit willen, Matilde von Tripoli zu heißen, da ich dir mit Freuden den Namen abtreten wollte, mit welchem ich diesen Brief schließe.

Zoe, Prinzeßin von Zypern.

Unter diesem Briefe lag, ich weis nicht von ohngefähr oder um mir ihre Anschläge etwas deutlicher zu machen, der Entwurf ihres Briefs an Asad, welchen ich euch, meine Königin! gleichfalls lesen will:

Ihr schreibt mir, Asad, daß mein Nureddin nun schon so lange ein Gefangner der Tempelherren ist, und daß keine Mittel zu seiner Befreyung etwas fruchten wollen? Verlaßt euch auf die Liebe, sie soll ihn befreyen. — Ihr könnt dem Hauptmanne des Schiffes, das euch diesen Brief überbringt, in allen trauen. Er ist an Graf Raimunden abgeschickt, aber er weis, daß er nicht mit ihm, sondern mit euch zu handeln hat. Kehrt mit ihm zurück, fodert Matilden von Tripoli in Graf Raimunds Namen nach ihrem Vaterlande zurück, und verlaßt euch darauf, daß nicht sie, sondern Zoe euch nach Pallästina folgen, und unsern Nureddin befreyen wird.

Mein Erstaunen, meine Verwirrung über diese Dinge ist nicht zu beschreiben. — Ich schickte nach der Bucht an dieser Seite der Insel, sie war leer und man sah nur noch am Rande des äussersten Horizonts ein Seegel, das dem Auge bald völlig entrückt wurde. Ich stellte weitere Untersuchungen an, und fand, daß einige meiner Bedienten fehlten, welche die Einschiffung meiner Sachen zu besorgen hatten, und welche sich mit der Prinzeßin heimlich verstanden, ihre Sachen statt der meinigen zu Schiffe gebracht, und mit ihr die Insel verlassen hatten.

Mein erstes Geschäft war, dem Prinzen Isaak die Flucht seiner Tochter schriftlich zu melden; er kam fast ohne alle Begleitung in dieses Haus, um die Sache genauer zu untersuchen; ein Besuch, welchen ihm ausser dem äussersten Nothfall seine

Hoheit nicht würde gestattet haben. Es glückte mir bloß durch die Briefe seiner Tochter, mich gegen ihn zu rechtfertigen, und seinen Zorn von mir abzuwenden. Er entließ mich des Verdachts, daß ich einen geheimen Antheil an der Entfernung der Prinzeßin hätte, aber er verlangte schlechterdings, daß ich um diesen schimpflichen Schritt seiner Tochter zu verhelen, jedermann in dem Wahn lassen sollte, als ob Matilde abgereist, und Zoe zurück geblieben wäre. Es war ihm weniger um die Flucht seiner Tochter als um das Urtheil bange, das die Welt über dieselbe fällen würde. Die Sache wurde verhehlt, und er gab sich so vollkommen zufrieden, daß er sich nicht einmal die Mühe nahm seiner Tochter nachzuforschen.

Meine wenigen Bedienten mußten schwören, den ganzen Vorgang zu verschweigen, und mich nie anders als die Prinzeßin von Zypern zu nennen. Ich verstand mich gern zu der strengsten Eingezogenheit, und auf diese Art hat niemand etwas von dieser seltsamen Geschichte erfahren. Jedermann hält die Besitzerin dieses Hauses für die Prinzeßin Zoe, und ich würde es nicht haben wagen dürfen, mir gegen euch und eure Gefährten einen andern Namen zu geben, wenn die Königin Eleonore und ihre Leute mich nicht gekannt hätten, und es mir unmöglich gewesen wäre, mich bei ihnen für eine andere auszugeben als die ich bin.

Ich habe nach Joens Abreise einmal Briefe von ihr gehabt, in welchen sie ihren Betrug etwas freundschaftlicher als in dem ersten entschuldigt, und mir umständlich meldet, wie es ihr mit der Befreyung ihres Nureddins gelungen ist. Sie ist lange an seiner Statt bey den Tempelherren gefangen gewesen. — Saladin, welcher ein Feind aller Betrügereyen ist, hat anfangs wenig Gefallen daran gefunden, Nureddin auf diese Art frey zu sehen, und sich, um die Prinzeßin Zoe zu bestrafen, wenig Mühe gegeben, sie aus ihrer Gefangenschaft zu befreyen. — Nun aber ist sie, wie sie mir schreibt, in Damaskus, und steht auf dem Punkte, die Gemahlin ihres Geliebten zu werden. Durch ihre Vorbitte genießt auch Asad, welcher bisher um alter Sünden willen von Saladins Hofe verbannt war, wieder die völlige Gnade des Sultans, und darf nicht mehr wie er bisher gethan haben soll, durch Betrug und hinterlistige Nachstellung, sein Glück zu machen, oder Rache zu üben suchen, welches ich darum erwähne, weil ich zuverläßig weis, daß der Bruder eures Gemahls, eben der Walter, dessen ihr vorhin erwähntet, seinen Verfolgungen besonders ausgesetzt gewesen ist, und oft auf dem Punkte gestanden hat, in seine grausamen Hände zu fallen.

Berengaria wunderte sich sehr, wie Leute ihres Gleichen zu thun pflegen, über alles, was sie da gehört hatte; meine Leser aber, hoffe ich, werden sich nicht sowohl über diese Geschichte wundern; als sich vielmehr vermittelst derselben allerley erklären, worüber sie sich vielleicht in Ritter Konrads Erzählung in einem der vorigen Kapitel dieses Buchs gewundert haben.

Neun und zwanzigstes Kapitel.

Berengaria schwatzt. Die Königinnen verlassen Matilden. Prinz Isaak beobachtet selbst in der Gefangenschaft den kaiserlichen Wohlstand.

Berengaria nahm sich fest vor, die Matilden gelobte Verschwiegenheit nicht zu brechen, und bey Eleonoren das Wort des Prinzen Isaaks zu reden, ohne ihr etwas von der Geschichte zu erzählen, mit welcher sie sich diese Vorbitte bezahlen ließ. —

Aber noch an demselbigen Abend war die Unterhaltung zwischen den beyden Königinnen so mager, und Eleonore sagte es Berengarien so oft, daß sie unausstehlich langweilig sey, daß sie wenig Verstand, wenig Gabe zur Unterhaltung besitze, und was dergleichen Höflichkeiten mehr waren, welche die junge Königin oft von ihrer Schwiegermutter anhören mußte, daß die gute Dame um ihre Ehre zu retten, ihre Schätze aufthat, und eins nach dem andern hervorlangte, was sie von Matilden erfahren hatte. — Die alte Königin nahm den meisten Antheil an dem Winke, den ihr die unvorsichtige Berengaria von Walters und Matildens Liebe gab, welche sie doch nur aus einem einzigen Worte geschlossen hatte. — Die junge Königin, welche Matilden recht von Herzen liebte, hatte nichts Böses bey der Entdeckung dieses Geheimnisses im Sinn, aber die arme Lady Klifford hatte des andern Tages so viel ungnädige Mienen, und so viel spitzige Reden von Eleonoren zu erdulden, daß sie etwas wider sie habe, und zuweilen ziemlich richtig Berengariens Geschwätzigkeit muthmaßte.

Sie hatte wenig Zeit hierüber nachzudenken, denn noch des nämlichen Tages, breitete sich in der Gegend ein Gerücht aus, welches immer mehr bestätigt würde, und das Matilden plötzlich um ihre königlichen Gäste brachte.

Meine Leser werden mir erlauben, sie nicht mit dem Gerücht, sondern mit der Sache, wie sie an sich selbst war, bekant zu machen. —

Die Flotte des Königs von England wurde, wie wir zuvor erwähnt haben, vom Sturme fast ganz und gar zerstreuet. Die Art, wie das Schif der beyden Königinnen zu Limisso anlangte, haben wir erzählt. Das Schif, auf welchem sich Richard und Walter befanden, wurde in den nämlichen Hafen getrieben. Man wollte ans Land steigen, und fand die nämlichen Widersetzlichkeiten, sollte sich nach den nämlichen Zumuthungen bequemen, die man der Königin Eleonore gethan hatte. König Richard fand sie eben so lächerlich, widersetzte sich denselben mit eben solchem Unwillen, würde aber vielleicht aus Mitleid gegen den thörichten Kaiser von Zypern, und aus Verlangen einen so merkwürdigen Potentaten kennen zu lernen, nachgegeben haben, wenn er nicht von ohngefähr die Begegnung erfahren hätte, die dem Schiffe der beyden Königinnen vor Kurzen in eben diesem Hafen wiederfahren war. — Niemand wußte wo es hingekommen war; jedermann meynte, es würde wohl untergesunken seyn, und der Gedanke, daß seine Mutter und seine Gemahlin Opfer der Thorheit des Prinzen Isaaks geworden wären, setzte Richarden in eine solche Wuth, daß er sich vornahm das Aeusserste zu thun, und das Leben seiner Geliebten an ihrem Mörder zu rächen. — Sein Schif war unbeschädigt und mit guter Mannschaft versehen, es gesellten sich noch einige andere von seinen verschlagenen Schiffen zu ihm, und es ward ihm nicht schwer, sich des Hafens zu bemächtigen.

Walter hatte seinen Bruder noch nicht in vollem Grimme gesehen; Richard verdiente in dieser Verfassung allemal den Namen **Löwenherz**, den man ihm hernach um einer andern Begebenheit willen gab, so vollkommen, daß sich nichts vor seiner Wuth retten konnte. Wie ein wildes grausames Thier, schonte er im ersten Anfalle des Zorns nichts was ihm vorkam, und keine Vorstellungen waren im Stande, ihn zu besänftigen.

So handelte er auch jetzt: Walter suchte ihm vergebens Einhalt zu thun; er gieng mit den Seinen wüthend zum Land hinein, und ließ überall die Spuren seines Zorns zurück. Prinz Isaak, dem es nicht an Tapferkeit fehlte, gieng seinem Gegner mit keinen ganz unbeträchtlichen Heer entgegen, aber er war zu schwach. Richards Macht vermehrte sich; es fanden sich immer mehrere Schiffe seiner verschlagenen Flotte im Hafen ein, und er konnte mit der Mannschaft die sie enthielten, sein Heer immer verstärken; dahingegen sich die Macht des Königs von Zypern verminderte. Prinz Isaak ward gefangen, und, Walters Bitten ungeachtet, mit Ketten belegt. Richard ward Meister der Residenz, und ließ es nun sein Erstes seyn, zu Land und zu Wasser nachzuforschen, ob jemand etwas von den verlohrnen Königinnen gehört hätte, oder ob sie umgekommen wären, in welchem Fall Prinz Isaak das Leben gleichfalls einbüßen sollte.

Das Gerücht von diesen Dingen war es, was Matilden ihre Gäste raubte. Die beyden Königinnen machten sich auf, um ihren Sohn und Gemahl mit ihrer Gegenwart zu erfreuen, und das Schicksal des unglücklichen Prinzen Isaaks wurde durch ihre Erscheinung auf einmal verändert. König Richard ließ ihm seine Ketten abnehmen, und ihm Hofnung zur völligen Freyheit machen; aber die rachgierige Eleonore erfuhr nicht sobald diese Milderung, als sie darauf drang, daß er, wenn man ihm ja das Leben schenken wollte, doch noch einige Zeit seine Ketten tragen müßte. Richard, welcher seiner Mutter nichts versagen konnte, willigte ein, und Prinz Isaak legte bey dieser Gelegenheit einen neuen Beweis seiner seltsamen Denkungsart ab.

Er hatte am Hofe seiner Vettern der griechischen Kaiser oft gesehen, daß man Gefangene von hohen Range mit goldnen oder diamantnen Ketten belastet hatte; eine Sache, welche ihm so anständig vorkam, daß er, im Fall er einmal auch Gefangene von solcher Wichtigkeit bekommen sollte, sich vornahm, sie auf gleiche Art auszuzeichnen. Zu diesem Ende bewahrte er seit langer Zeit in seiner Schatzkammer eine Last silberner Ketten, weil er nicht im Stande war welche von größerer Kostbarkeit anzuschaffen. — Nie war er so glücklich gewesen, sie einem gefangenen Fürsten oder Könige an=

zulegen, sondern die Ehre sie zuerst zu tragen, war ihm selbst vorbehalten.

Als man auf Eleonorens Befehl kam, ihm die Fesseln von neuem anzulegen, so zuckte er einen verborgnen Dolch, und drohte, sich selbst zu ermorden, wenn man ihn nicht mit Ketten beehrte, welche seiner Hoheit angemessen wären. — Der Mangel solcher Kostbarkeiten, und das Ungestüm dererjenigen welche auf ihn eindrangen, nöthigte ihn endlich, König Richarden bitten zu lassen, daß ihm erlaubt seyn mögte, die silbernen Ketten zu tragen, welche man in seiner Schatzkammer finden würde. — Ein solcher Grad von Thorheit, wurde von Richarden mit Erstaunen angehört. Walter hatte Mitleiden mit dem unglücklichen Fürsten, der nicht um Freyheit, sondern nur um silberne Ketten bat; er verdoppelte seine Vorbitte für den Gefangenen. Berengaria fiel ihrem Gemahl zu Fuße, und bat, was sie schon oft vergebens gebeten hatte, um Gnade für den Prinzen Isaak. Glücklicher weise nannte sie jetzt Matildens Namen, und wußte, als Richard durch denselben aufmerksam gemacht wurde, den Antheil den Lady Klifford an dem gefangenen Könige nahm, so gut vorzustellen, daß er sogleich frey erklärt, und vor Richarden geführt wurde.

Richard war nicht so ungroßmüthig einem Begnadigten, einen Prinzen von Isaaks Stande beleidigend zu begegnen, und Isaaks Stolz diente ihm dazu, ihn mitten in seiner Erniedrigung aufrecht zu erhalten. Er betrug sich gegen den König von England mit solchem Anstand, daß Richard Achtung vor ihn haben mußte. — Er speißte diesen Abend an der königlichen Tafel, und man fand an ihm, seine Träume von Hoheit bey Seite gesetzt, welche er jetzt klug genug war, nicht zum Vorschein zu bringen, einen Mann an ihm, dem es nicht an Verdiensten fehlte. Welches aber die erzürnte Eleonore nicht finden konnte.

Dreyßigstes Kapitel.

Berengaria thut Matilden durch ihre Geschwätzigkeit einen wichtigen Dienst.

Der Name Matilde, welchen Berengaria bey ihrer Vorbitte für den Prinzen Isaak nannte, hatte in Richards und Walters Herzen eine gewaltige Erschütterung gemacht; sie brannten vor Begierde, mehr von ihr zu hören, und konnten, weil sie sich beyde vor Eleonoren scheuten, der Zeit kaum erwarten, da sie mit der jungen Königin würden allein sprechen können.

Richards angelegentliche Nachfrage nach Lady
Klifford, würde einer andern als Berengarien ein
Stich ins Herz gewesen seyn; sie fühlte keine Eifer=
sucht dabey, sondern erzählte alles, was sich in ih=
rem Hause zugetragen hatte, mit so unverstelltem
Lobe, und so umständlicher Beschreibung ihrer
Schönheit und Güte, als wenn sie nie ihre Neben=
buhlerin gewesen wäre. — Die Geschwätzigkeit,
mit welcher sie Matilden bey der alten Königin so
schlechte Dienste gethan hatte, ohne daß sie es
wünschte, schafte hier ihrer Freundin ebenfalls
ohne ihr Wollen und Wissen einen unglaublichen
Vortheil.

Ungeachtet die Geschichte von der Prinzeßin
Zoe gar nicht zur Beantwortung von Walters und
Richards Fragen gehörte, so war sie doch einmal
so ins Schwatzen gekommen, daß alles, was sie
wußte, wie ein Strom unaufhaltsam hervorstürzte.
Richard nahm nur mittelmäßigen Antheil an dieser
Geschichte, aber Walter? — O wie ists möglich
seine Empfindungen über die völlige unerwartete
Entwickelung einer Begebenheit zu beschreiben,
welche ihm, wie wir wissen, ehemals so viel Sorge
machte! Er fragte Berengarien zwanzigmal, ob es
wahr, ob es möglich wäre, daß die Dame, welche
sich in Palästina für Matilden ausgegeben hätte,
die Prinzeßin Zoe wäre; und als sie ihm dieses be=
jahte, und noch einige Worte fallen ließ mit was

für Bewegung Lady Klifford seinen Namen einmal ganz unversehens genennt habe, so gerieth er in eine solche Entzückung, daß er lieber auf der Stelle zu ihr geeilt wäre, um sich ihr zu Füßen zu werfen. Richard beredete ihn, seine Reise nach Matildens einsamen Hause bis auf den andern Tag zu verspa‍ren. Ich beneide dich, setzte er hinzu, um den An‍blick dieser Unvergleichlichen; gehe hin, melde ihr, daß ich bald bey ihr seyn, und sie an die vorigen Zeiten erinnern werde. Noch einmal, Walter, ich beneide dich! — O, erwiederte der andere, indem er Berengariens Hand in die seinige legte, bey so einer guten Gemahlin hast du niemanden zu beneiden. Richard seufzte, und schloß Berenga‍rien, die ihn ganz traurig ansah, in seine Arme, und Walter entfernte sich.

Ein und dreißigstes Kapitel.

Wiedersehn, Liebe, Einfalt und Bosheit.

Die Ahndung der Freuden des Wiedersehns, die unser Tempelherr sich so oft geträumt hatte, und die jetzt in solcher Nähe auf ihn warteten, erhielten ihn diese ganze Nacht schlafloß; er stand vor Auf‍gang der Sonne auf, um seine Reise nach dem Orte anzutreten, wo er die sehen sollte, die seinem Herzen alles war. Die Liebe unsers Walters zu Matilden wird vielleicht manchen meiner Leser sonderbar vorkommen, und sie würden es auch vielleicht in den jetzigen Zeiten seyn. Walter und Matilde hatten sich bloß als Kinder gekannt, ihre Neigung war, da sie von einander getrennt wurden, nicht viel mehr als kindische Freundschaft, die auf seiner Seite durch die Zeit und andere Dinge viel von ihrem Feuer verlohr. — Er ward älter; Matildens Bild fieng an wieder in seinem Herzen aufzuleben; er stellte sich sie vor, wie sie jetzt seyn müßte, er suchte unter den mannichfaltigen Schönheiten die er in Palästina sahe, ob er eine finden könne, die ihr zu vergleichen wäre; aber umsonst; keine entsprach dem Bilde, das er sich von ihr machte. Er kam nach Europa, er hörte von Matilden, er sah ihr Bild, und was er von ihr sah und hörte, übertraf die am höchsten gespannte Vorstellung von ihrer Vortreflichkeit, die er sich in den Stunden verliebter Schwärmerey von ihr gemacht hatte. Er erfuhr, daß sie ihn noch liebte, und sein Herz ward dadurch vollends gänzlich zu ihr hingerissen. — Sein Gelübbe raubte ihm oft alle Hofnung einst glücklich in seiner Liebe zu seyn. Eitle Eifersucht und falscher Verdacht ließen ihn an ihrer Treue zweifeln, und wenn er alles dieses überwand, so schlug ihn der Gedanke zu Boden, daß er ihr kein Glück anzubieten habe, das ihrer würdig wäre. — Alle diese Hindernisse waren jetzt überstanden. Er konnte, er durfte an sie denken, er war im Stande ihr mit seiner Hand ein glänzendes Glück zu geben, und in dieser Lage sollte er sie ganz unvermuthet, so schön, so treu, so zärtlich als jemahls wieder sehen. — Lieben Leser! denkt euch, was das für ein Wiedersehen seyn mogte, und verzeiht mir, wenn ich die ausführliche Schilderung desselben übergehe. Sie würde allemal unvollkommen ausfallen, sie würde unvollkommen seyn, und wenn sie von Walter und Matilden selbst gezeichnet würde, die doch unstreitig am Besten wußten, wie ihnen in diesen Augenblicken zu Muthe war, und man wird uns, die wir nie etwas ähnliches erfuhren, um so viel lieber verzeihen, daß wir einen Schleyer über diese Scene ziehen.

Walter saß bey seiner Matilde. Der erste Sturm der Empfindungen war vorüber; sie schwiegen und nur ihre Thränen redeten — doch noch einmal, es ist unmöglich, meine Leser! zu beschreiben was sie sprachen, und wie sie handelten, es ist unmöglich, den Zeitpunkt zu bestimmen, da sie anfiengen zusammenhängend zu sprechen, zusammenhängend zu denken, — den Zeitpunkt, da ihnen die Freude sich wieder zu

umarmen, die ihnen anfangs nur Traum zu seyn
dünkte, zur Wirklichkeit ward.

Matildens Schönheit, welche alles übertraf
was Walter je gesehen hatte, und ihr hohes
majestätisches Wesen wäre vielleicht im Stande
gewesen, ihn furchtsam und zurückhaltend zu machen, aber sie ließ es nicht dazu kommen. —
Vielleicht hätte ihr nach dem Urtheil meiner Le-
serinnen ein wenig Sprödigkeit gegen den nicht
übel gestanden, welchen sie so lang nicht gesehen, den sie nur als Knabe kannte, und der
ihr noch so wenig Beweise seiner Zuneigung gegeben hatte. — Aber ein solches Betragen wäre ganz wider Matildens unschuldigen offenherzigen Charakter gewesen. Der Walter, den sie
jetzt vor sich sah, so sehr ihn auch die Zeit verändert haben mogte, war ihr noch eben derselbe, den sie zu Montçon, kurz vor ihrer unvermutheten Trennung kannte und liebte; nur ein
Tag war in ihrem Gedanken zwischen der damahligen Trennung, und dem heutigen Wiedersehen, und sie erwies ihm eben die unschuldige
vertrauliche Liebe, mit welcher sie ihm damahls
begegnete. — O selig der, der nach Jahre langer Abwesenheit so eine Geliebte wieder findet,
und o selig, wer, wenn er sie fand, ihrer Liebe
noch so würdig war, wie Walter der Liebe seiner Matilde.

Mancher Tag vergieng, ehe unsere Lieben=
den nur daran denken konnten, sich zu trennen.
— Walter konnte sich nicht enthalten, diese se=
ligen Tage, die schönsten die er je gelebt hatte,
je leben sollte, immer noch um einen zu verlän=
gern, und Matilde war zu glücklich in seinem
Umgange, als daß sie ihn das traurige Wort
Abschied so bald konnte erwähnen hören. — Es
war also gut, daß andre an ihrer Statt an
das dachten, was nun einmal unumgänglich nö=
thig war, wenn sie vollkommen glücklich werden
sollten.

Richarden, ward nach Walters Abreise aus
der Residenz die Zeit nicht so kurz als seinem
Bruder. Er konnte nicht ohne Eifersucht an ihn
und Matilden denken. Er machte sich Vorwür=
fe wegen der Ungerechtigkeit, die er an seiner
Gemahlin begieng, welche wenigstens wegen ih=
rer gränzenlosen Liebe zu ihm, verdiente allen
Matilden der ganzen Welt von ihm vorgezogen
zu werden. Eleonore quälte ihn mit ihrer üb=
len Laune, und er sahe sich genöthigt, um die
Grillen zu verjagen, sich mit Geschäften zu über=
laden, und sich dadurch die Gedanken an an=
dere Dinge zu vertreiben.

Berengaria hatte bey ihrer Schwiegermut=
ter auch so wenig frohe Stunden, daß sie sich

herzlich nach der Reise ins heilige Land sehnte, weil sie hofte, die Veränderung der Gegenstände würde auch eine Aenderung in Eleonorens Laune verursachen. Unaufhörlich ward sie von der alten Königin mit Vorwürfen gequält, bald über ihre wenige Klugheit, bald über ihren Mangel an Schönheit und Talenten, bald über ihre Anhänglichkeit an Waltern und Matilden, welche beyde ihr doch in der Liebe ihres Gemahls den größten Eintrag thaten. Eleonore ließ es an keinen Versuchen fehlen, in Berengariens Herzen das Feuer der Eifersucht gegen Lady Klifford anzuzünden; aber sie schlugen alle fehl, und die junge Königin erklärte sich eines Tages öffentlich, als Eleonore Richards Liebe gegen Matilden, in seiner Gegenwart, ziemlich unbescheiden erwähnte, sie wäre bereit, das Herz ihres Gemahls und den königlichen Namen mit ihr zu theilen, wenn sie wüßte, daß dies ihn glücklich machen würde, aber freylich, setzte sie hinzu, indem einige Thränen aus ihren Augen fielen, um ihrentwillen verstoßen zu seyn, das würde mich ins Grab bringen! Nein, das sollst du nicht! sagte Richard indem er sie feurig in seine Arme schloß, und wehe dem, der es wagt, dein unschuldiges Herz mit so einer ungegründeten Furcht anzustecken! — Bey diesen Worten warf er einen zornigen Blick auf Eleonoren, und verließ das Zimmer.

Richard hatte nun alles zum Abzug nach Palästina fertig gemacht, seine zerstreute Flotte war ganz wieder beysammen, und erwartete im Hafen zu Limisso des günstigen Windes, und es fehlte nichts weiter, als daß auch Walter, er, der den Grund zu diesem großen Unternehmen wider die Sarazenen gelegt hatte, sich einstellte, und das hinausführen hülfe, was sowohl angefangen war. — Richard wäre ihm schon lang nachgereißt, weniger um ihn von Matilden abzuholen, als um selbst diese geliebte Person zu sehen, aber er zitterte so sehr vor ihrem Anblick als er sich nach demselben sehnte. Er wußte, was er Berengarien schuldig war, er wußte, was er immer noch für Matilden fühlte, und ihm war bange, das unschuldige Herz der ersten zu kränken, und die Tugend der andern zu beleidigen, wenn er nicht im Stande wäre, seine Empfindungen vollkommen zu verhehlen.

Wäre Berengaria weniger gut und nachgebend gewesen, hätte sie mehr Eifersucht gegen Matilden bezeugt, Richard hätte sie längst ingeheim besucht; eine Freyheit, die er sich jetzt unmöglich gestatten konnte. Er lud seine Gemahlin ein, mit ihm zu Matilden zu reisen, und Waltern von da abzuholen; und sie nahm diese Einladung mit so viel Freude an, als ob sie nichts von der Schönheit ihrer Nebenbuhlerin zu fürchten gehabt hätte.

Eleonore wurde durch diesen Einfall ihres Sohns, und durch die Gefälligkeit ihrer Schwiegertochter von neuen aufgebracht; sie suchte diesen Besuch zu hindern, und da dieses unmöglich war, so drang sie sich zur Reisegefährtin auf, um durch ihre Gegenwart alles Böse verhindern, oder vielmehr alles Schlimme noch schlimmer machen zu können.

Ich weis nicht, ob Waltern und Matilden die unvermuthete Erscheinung der Ankommenden lieb war, oder nicht. Richards Gegenwart konnte ihnen nicht mißfallen; aber die Ursach seiner Ankunft, die baldige Trennung, Walters Reise nach dem gelobten Lande, der zweifelhafte Ausgang der dasigen Unternehmungen, die Ungewißheit in der alle ihre Hofnungen standen, wenn man in Palästina nicht glücklich war, alle diese Dinge, welche sie bisher so viel als möglich zu vergessen gesucht hatten, fielen ihnen nun mit doppelter Stärke aufs Herz, und verbitterten ihnen die Freude über die Ankunft ihrer Freunde.

Ueber niemand freute man sich weniger, als über die alte Königin; ihre Gegenwart, ihre ungnädigen Blicke, ihre beißenden Anmerkungen, welche sie sich vornämlich gegen Matilden über Waltern erlaubte, waren überall überley. — Selbst Richard, der doch weit mehr Liebe für sie hatte als sie verdiente, selbst er, wünschte sie nach England zurück, und hätte ihr die Begleitung nach dem heiligen Lande, mit der sie ihn beehren wollte, herzlich gern erlassen. Berengaria ließ sich nichts abhalten, Waltern und Matilden ihre Freundschaft zu bezeugen, und sie wagte es sogar, als sie sahe wie schwer es den beyden Liebenden werden würde, sich zu trennen, Lady Klifford zur Mitreise einzuladen. Richard gab seiner Gemahlin einen freundlichen Blick, und vereinigte seine Bitten mit den ihrigen; Walter bat gleichfalls, bat viel dringender und unwiderstehlicher als die andern, und — Matilde willigte ein.

Unmöglich ists, den Zorn der alten Königin hierüber abzuschildern; sie verließ mit Ungestüm die Gesellschaft, und Berengaria eilte ihr nach, sie zu besänftigen. —

Ein fürchterliches Ungewitter brach über sie los; sie sollte versprechen, ihre Einladung zu wiederrufen, oder auf Eleonorens Gesellschaft Verzicht zu thun. — Die junge Königin bat, stellte die Unmöglichkeit vor, weigerte sich, so gut es ihre Furchtsamkeit zuließ, und berief sich auf ihren Gemahl. — Eleonore ward endlich des vergeblichen Zuredens und Drohens müde; sie eilte nach ihrem Wagen, um allein nach der Residenz zu fahren, und sagte Berengarien, welche sie zitternd begleitete, noch zum Abschiede: Sie würde ihre Unbesonnenheit bereuen, und es nur gar zu zeitig erfahren, daß eine Person von so geringer Schönheit wie sie, nicht Ursach hätte, ihren Gemahl, der ihrer ohnedem wenig achtete, die Gelegenheit zur Untreu selbst an die Hand zu geben. Wenn werdet ihr doch lernen, setzte sie hinzu, indem sie ihr den Rücken kehrte, daß ihr nie gefallen, nie bemerkt werden werdet, wo Matilde ist? — Mit diesen Worten warf sie sich in ihren Wagen, und Berengaria gieng weinend zur Gesellschaft zurück, wo sie einfältig genug war, alles zu erzählen, was Eleonore gesagt hatte. — Richard, Walter und Matilde errötheten aus verschiednen Ursachen, und hielten es für gut, der erzürnten Königin nachzueilen, um sie zu besänftigen. — Du mußt dich hüten, sagte Walter, deine Mutter zu beleidigen; sie hat zu viel Gewalt in deinem Königreiche, und könnte sich deiner Abwesenheit zu deinem Schaden bedienen.

Man langte kurz nach der Ankunft Eleonorens in der Stadt an. Richard sprach eine ganze Stunde allein mit ihr, und es gelang ihm, sie zu beruhigen. Aber sich wieder von Waltern, Matilden, und Berengarien sehen zu laſſen, oder wie ſie vorgehabt hatte, den Zug nach Paläſtina mit anzutreten, dazu war ſie nicht zu bewegen. — Unſere Freunde reiſten mit ihrer Flotte allein ab, und ſie blieb in Zypern bey dem Prinzen Iſaak zurücke, welchen König Richard auf Matildens Vorbitte, wieder in den Beſitz ſeines Kaiſerthums geſetzt hatte, und der jetzt mit Eleonoren auf einen ganz artigen Fuß lebte. — Er begleitete die Kreuzfahrenden bis an den Strand, und verſprach Richarden nochmahls für die ſichere Ueberkunft ſeiner Mutter nach England zu ſorgen, wo wir ſie zu rechter Zeit wieder finden werden.

Zwey und dreyßigſtes Kapitel.

Angelegenheiten der Chriſtenheit.

Wir haben bey Walters langwieriger Anweſenheit in Europa ſo lange nichts von dem Zuſtande in Paläſtina erwähnt, daß es nöthig ſeyn wird, ehe unſere Reiſenden daſelbſt ankommen, etwas Weniges davon zu ſagen.

Aber nur etwas Weniges; denn wie wäre es möglich alle Verwirrungen umständlich zu schildern, welchen dieses unglückliche Land unterworfen war! — Meine Leser werden sich vielleicht noch erinnern, wie traurig es bey unsers Walters Abreise daselbst aussah. —

Jerusalem und alle Festungen von Wichtigkeit waren in Saladins Händen; die königliche Familie und alle Personen von einiger Wichtigkeit gefangen; Walter hatte, um doch den Beschützern der Christenheit ein Oberhaupt zu geben, mit Mühe den Großmeister Terrikus frey gemacht, und dieser, welcher sonst nicht ungeschickt war, das Haupt eines großen Heers zu seyn, und eine Sache die schon auf gutem Wege war, vollends glücklich hinauszuführen, konnte sich so wenig in den schlechten Zustand der Sachen finden, und lud durch die verkehrten Anstalten, die er traf, den Unwillen seiner Ordensbrüder so oft auf sich, daß man ihm zu verstehen gab, er würde besser thun, seine Würde niederzulegen, damit man sie einem Tüchtigern auftragen könnte. — Terrikus hatte die Beschwerden des Ranges, nach welchen er vordem so eifrig strebte, genug geschmeckt, um ihrer überdrüßig zu seyn. Er legte das Großmeisteramt willig nieder, und erbot sich nach Rom zu gehen, um daselbst eben das Geschäft zu treiben, das Walter in Frankreich und England trieb. Er kam nicht lange nach Waltern in Europa an, und hatte beym Pabste fast eben so gutes Glück als Walter an seinem Orte. Seine Beredsamkeit bewegte den heiligen Vater das Kreuz so eifrig predigen zu lassen, und denen, die der Fahne des Kreuzes folgten, so viel Indulgenz zu versprechen, daß auch die schläfrigsten Gemüther erweckt wurden, und alles sich zum Kreuzzuge rüstete. Die Hülfe, welche Kaiser Friedrich der morgenländischen Christenheit zuschickte, war vornämlich auf Terrikus Rechnung zu schreiben, und man sagt, daß er es weder an Briefen noch mündlichen Ueberredungen habe fehlen lassen, ihn zu dem zu bewegen, was er leistete.

Die Tempelherren hatten indessen darauf gedacht, den erledigten Platz des Großmeisters zu besetzen, und ihre Wahl war sehr glücklich auf unsern alten Bekannten, den redlichen Gerhard von Riedesser gefallen. — Seine Tapferkeit und seine vortreflichen Anstalten brachten gar bald wieder einige Vestungen in die Hände der Christen, welche man den Sarazenen wieder überließ, um die königliche Familie und andere Personen von Wichtigkeit damit auszulösen. Der Patriarch St. Heraklius war der einige, an den er nicht dachte, aber Saladin, welcher so wenig ihn als Königin Sybillen groß geachtet hatte, gab ihn zur Zugabe auch mit los, und that dadurch der Christenheit und der allgemeinen Ruhe einen schlechten Dienst. — Graf Raimund war durch Saladins Güte, der ihn vorzüglich schätzte, schon längst wieder frey, und lebte zu Tabaria, welches Gerhard auch wieder erobert hatte, im Schooße seiner Familie; aber Alter, Krankheit und ausgestandner Gram hatte seine Leibes- und Gemüthskräfte geschwächt, und er sollte nur noch so lange leben, um Matilden wieder zu sehen, sie als seine Tochter zu erkennen, und dann seine Augen auf ewig zu schließen. König Veit ließ sich nach seiner Befreyung bereden, sich bey aller seiner Schwäche seinem furchtbaren Feind Saladin entgegen zu setzen. Der Patriarch wars, welcher ihm diesen thörichten Einfall in den Kopf setzte, der wahrscheinlich sehr schlimm abgelaufen seyn würde, wenn sich nicht Tempelherren zu ihm gesellt, und sich seiner angenommen hätten. Der neue Großmeister, unser guter Freund Gerhard, hatte zwar ganz guten Fortgang in seinen Unternehmungen wider die Sarazenen gehabt; eine Menge Vestungen waren nach Auslösung der Gefangenen wieder in seine Gewalt gekommen, und sein Heer war nicht ganz unbeträchtlich, demohngeachtet aber hielt er für gut, vorsichtig zu handeln, und weitere Hülfe zu suchen. Graf Philip von Flandern, und der Fürst von Antiochien, hatten sich bey der größten Noth der Christenheit so schläfrig bezeigt, daß man nicht wußte, ob man sie zu den Freunden oder Feinden rechnen sollte. Ein etwas besseres Zutrauen hatte man zu dem Fürsten von Tyrus, und dieser war es, den König Veit und die Tempelherren zu ihrem Gehülfen wählten.

Konrad von Montferrat, Fürst von Tyrus, war gar ein seltsamer Mensch; stolz, hartnäckig, eigensinnig, tapfer, und zuweilen auch großmüthig; das Letzte höchst selten, das Erste aber fast allemal. Sich Saladin entgegen zu setzen, und die Schmach der Christenheit zu rächen, war sein ganzer Wunsch, und ein Vorhaben, zu welchem er sich seit langer Zeit um desto gewisser zu siegen, rüstete. — Aber diese Ehre mit den Tempelherren und König Veiten zu theilen, das war ihm unausstehlich; er schlug ihnen seine Hülfe ab, und ließ sie allein nach Akkon ziehen, welche Stadt man jetzt vornämlich aus den Händen der Sarazenen zu retten suchte. Um Konraden zu zeigen, wie wenig man seine Hülfe vermißte, wendete man bey der Belagerung von Akkon doppelte Stärke und Klugheit an, und hatte den Sieg schon fast in Händen, als ein hinterlistiger Streich des boshaften Konrads, den die Geschichte nicht meldet, alles veränderte, und die Sarazenen im Besitz dieser Hauptvestung bestätigte. — Veit, welchem keine Kronibrigung zu groß war, um seinen Zweck zu erreichen, und welcher sich wohl um der geringsten Dinge willen tief unter seine Würde herab gelassen hatte, demüthigte sich sehr vor den hochmüthigen Fürsten von Tyrus, und brachte ihn durch tausend niederträchtige Schmeicheleyen, die Konrad von Montferat wohl vertragen konnte, dahin, daß er sich endlich bewegen ließ, mit ihm und den Tempelherren, gemeine Sache zu machen. Der Graf von Flandern, und der Fürst von Antiochien gesellten sich auch zu ihnen, und man wollte nun Saladin mit vereinter Macht begegnen und einen Hauptsturm auf Akkon wagen. Aber die Menge der Anführer that dem christlichen Heere Schaden; die Philipe, die Konrade, die Veite, und wie sie alle heißen, waren so selten einig, daß endlich nach Gewohnheit die armen Tempelherren im Stiche gelassen wurden, und unser Gerhard von Riedesser bey einem Ausfall den die Sarazenen aus Akkon thaten, nebst achtzehn seiner Ordensbrüder das Leben einbüßte.

Um diese Zeit war es, da der abgesetzte Großmeister Terrikus nebst einem Theil der kaiserlichen Hülfsvölker nach Palästina kam. — Der Orden war ohne Haupt, Terrikus hatte der Christenheit durch seinen Vorspruch in Europa große Dienste gethan, Philip von Flandern und die Fürsten von Tyrus und Antiochien waren auf seiner

Seite; man vergaß das Vergangene, und setzte ihn wieder in die Stelle ein, welche er vorher besessen hatte. — O, wäre unser Walter damals in Palästina gewesen, als sein edler Freund Gerhard starb, niemand würde ihn die Ehre Großmeister zu werden bestritten haben! Viele der Brüder nannten schon seinen Namen; aber er war abwesend, Terrikus kam ihm zuvor, und er fand also seinen alten Feind bey seiner Ankunft wieder auf der Stelle, von welcher er im Stande war, ihm so vielen Schaden zu thun, und alle seine schönsten Hofnungen zu nichte zu machen.

König Philips Flotte war eher nach Palästina gekommen, als die englische, aber die Ankommenden ließen sich die Ursache, warum sie da waren, wenig angelegen seyn, sie hatten von den Mühseligkeiten der Reise noch nicht ausgeruht, als Richard mit den Seinigen ans Land stieg, und gleich des ersten Tages sehen ließ, warum er gekommen wär. Von Herzen liebte er seine Berengaria, und an Matildens Anblicke hieng seine ganze Seele; aber er hatte den Grundsatz, daß Weiber sich nicht in die Gesellschaft von Kriegsleuten schickten, und Walter brachte sogleich die Damen zu Graf Raimunden nach Tabaria, wo die junge Königin ihre Niederkunft, welcher sie in wenig Monaten entgegen sah, abwarten wollte. — Walter nahm sich nur so viel Zeit, dem sehr schwachen Graf

Raimund seine Tochter in die Arme zu liefern, und sich einige Augenblicke an der Freude der einen und des andern zu ergötzen, und eilte nach dem Lager König Richards zurück, um nun ernstlich über das zu Rathe zu gehen, was man zu thun habe, und wovon ich meinen Lesern, die bereits schon zu viel von Kriegsangelegenheiten gehört haben, im künftigen Kapitel nur etwas Weniges melden will.

Drey und dreyßigstes Kapitel.

Richard verliehrt seine Gemahlin, und Walter seine Geliebte.

Die Tempelherren, König Veit, der Graf von Flandern, die Fürsten von Tyrus und Antiochien, und wer sich der Sache der Christenheit annahm und auf den Untergang der Sarazenen dachte, jauchzte über die Ankunft der Könige von Frankreich und England, und über die große Macht, die sie mit sich brachten. — Die Ehre der feyerlichen Einholung, welche König Philipen wiederfahren war, erzeigte man auch Richarden. Das getheilte Interesse der christlichen Anführer machte, daß ein jeder darauf dachte, die Neuankommenden auf seine Seite zu ziehen, und sich durch ihre Hülfe unüberwindlich zu machen. Die Fürsten von Tyrus und Antiochien, Philip von Flandern, und Großmeister Terrikus hatten schon große Vertraulichkeit mit König Philipen von Frankreich gestiftet, und sie hoften, mit Richarden auf den nämlichen Fuß zu leben, aber sie irrten sich. Der König von England schlug sich auf keine Seite. Er erklärte sich, daß er die Absicht, warum er gekommen war, ohne Ansehn der Person, und ohne Aufschub treiben würde, und daß er verlangte, daß sogleich Anstalt zu irgend einen Unternehmen gemacht würde, welches die Sarazenen wenigstens zum Anfang schrecken, und den Christen einen festern Fuß verschaffen könnte. Er sagte dies mit solchem Ernst, und so einer königlichen Miene, daß alle zitterten, und kaum die Einwendung wagten, daß man den ermüdeten Völkern vorher Ruhe gönnen müße, ehe man etwas unternähme.

Die Franzosen, erwiederte Richard, haben, wie ich hoffe, endlich ausgeruht, und die Engländer sind nicht um der Ruhe, sondern um der Arbeit willen herüber gekommen; — Ein einiger Tag wird hinlänglich seyn, die Schwachen unter ihnen herzustellen, und diese Zeit bin ich gesonnen dazu anzuwenden, von euch zu hören, was wir zu des Landes Besten zu thun haben.

Was man hierauf antwortete, und wie es Richarden gelang, alle diese theils unruhigen, theils schläfrigen Köpfe zur Vernunft zu bringen, weis ich nicht; nur so viel weis ich, daß man des andern Tages bereit war, vor Akkon zu gehen, und es mit vereinter Macht aus Saladins Händen zu reißen.

Richard, welcher überall handelte, als ob er allein zu befehlen hätte, ordnete, wer zurük bleiben, wer diesen und jenen Posten besetzen, was man in diesen und jenen Fall thun sollte; die erschrocknen Könige und Fürsten gehorchten, weil sie sich in der Bestürzung auf nichts anders besinnen konnten, und behielten es sich vor, Richarden inskünftige zu zeigen, was sie jetzt in der Eile nicht konnten, daß ein jeder von sich selbst abhieng, und keiner von ihnen, seinen Anordnungen zu gehorchen verbunden wäre. Die Thoren! Das einzige Mittel etwas auszurichten wäre gewesen, wenn sie sich hätten gefallen lassen, ihre Privatabsichten bey Seite zu setzen, und in der Sache der Christen wider ihre Feinde, alle einem Einzigen Oberhaupte zu gehorchen. — — Richard wollte selbst vor Akkon gehen, und wählte Leopolden, Herzog von Oesterreich, und Waltern, mit dem kleinen Heer seiner neuen Unterthanen zu Begleitern.

Die Dauer der Belagerung, die tapfere

Vertheidigung der Belagerten, und Richards endlichen Sieg ausführlich zu beschreiben, würde zu weitläuftig seyn. — Das griechische Feuer, dessen sich die Sarazenen aus der Stadt so wohl zu gebrauchen wußten, vereitelte anfangs alle Hofnung, Akkon in die Hände der Christen zu bringen; aber die Materialien zu diesem furchtbaren Vertheidigungsmittel fiengen den Feinden an zu fehlen, und Akkon gieng über.

Saladin kannte den Vortheil, den ihm der Besitz dieser Vestung gab, zu gut, als daß er sie nicht auf alle Art in seine Hände zurück zu bringen suchen sollte. Er that Vorschläge, Richard machte Bedingungen, aber er war so wenig gesonnen, eine Stadt, welche ihm so viel Mühe und Blut gekostet hatte, zurückzugeben, und seine Foderungen waren so überspannt, daß Saladin sie verwerfen wußte. Er verwarf sie mit den äussersten Uebermuth, und meine Leser werden mir verzeihen, wenn ich, um Richards Ehre zu schonen, verschweige, wie dieser König, dessen wüthenden Zorn sie kennen, Saladins Widersetzlichkeit an den gefangenen Sarazenen rächte. Herzog Leopold half treulich dazu, daß Richards grausame Befehle ins Werk gerichtet wurden, und ermangelte nicht, sie hintennach aufs strengste zu tadeln. Walter hinderte und rettete, was er retten und hindern konnte, und

schwieg, wo der Tadel zu spät gekommen
wäre.

Sáladin glühte von Rache gegen Richar=
ben; er wußte, daß die Gemahlin des Königs
von England zu Tabaria ihre Niederkunft er=
wartete. Graf Raimund war todt, bey dessen
Leben er sich nie an dem Orte wo er war wür=
de vergriffen haben; seine Familie hatte sich nach
seinem Tode aus Tabaria entfernt, und nur
Berengaria und Matilde waren zurück geblie=
ben. Walter hatte ihnen die Belforte zuge=
schickt, um der Besatzung, welche Richard der
Stadt nach Raimunds Tode gab, zu Anfüh=
rern, und den Damen zu Beschützern zu dienen.
— Alles dieses war dem Sultan bekannt, und
er eilte nach Tabaria, um Berengarien und
Richards künftigen Erben in seine Gewalt zu
bekommen, durch welche er nicht allein Akkon,
sondern noch mehr verlohrne Vestungen ohne
Bedingung einzulösen hofte.

Richard glaubte Tabaria zu gut beschützt,
und Saladin nahm seine Maaßregeln mit zu
vieler Behutsamkeit, als daß man etwas von
seiner Absicht hätte muthmaßen und auf bessere
Sicherheit der Königin hätte denken sollen. Ueber=
dieses gab es auch zu Akkon neue Auftritte,
welche einen zu wichtigen Einfluß auf das Ganze

hatten, als daß wir sie mit Stillschweigen übergehen sollten.

Königin Sybille war, wie wir wissen, schon längst, schon mit ihrem Gemahl zugleich, aus der Gefangenschaft befreyt worden; aber eine besondre Neigung, die sie zu den Sarazenen, vornämlich zu dem schönsten und vornehmsten derselben, zu Sultan Saladin hatte, lockte sie immer dahin, wo sie ihn, oder jemand von den Seinigen antreffen konnte. Saladin sahe sie, ungeachtet er ihren königlichen Stand wußte, für eine Person von geringerer Wichtigkeit an, als sie war, und sie hatte also überall Freyheit, zu kommen und zu gehen, ohne daß man sie beleidigte, oder ihr etwas mehr als gewöhnliche Höflichkeit erwieß. Eine Königin ohne Land, eine Königin wie Sybille, was für Achtung und was für Nachstellung sollte diese zu befürchten haben? — Sybille hatte immer einen Vorwand, Besuche in den sarazenischen Festungen abzulegen; bald war es eine Unterhandlung, bald ein anderes Geschäfte, das sie bey Saladin zu verrichten hatte, ungeachtet jedermann wußte, daß niemand ihr etwas an den Sultan auftrug, und daß dieser sie oft nicht einmal vor sich ließ. —

Bey einen von diesen Besuchen, die sie vornämlich in Akkon abzulegen pflegte, weil Salabin sich meistens daselbst aufhielt, bey einen von diesen Besuchen war es, daß Richard die Stadt belagerte, und die christliche Sybille sah sich auf einmal mit den Sarazenen eingeschlossen. Sie wollte sich ihrer gewöhnlichen Freyheit gebrauchen ungehindert aus= und einzugehen, wie es ihr beliebte. Aber Richard wußte nichts von diesem Vorrechte, und sie war gezwungen, die ganze Belagerung auszuhalten.

Saladin ward genöthigt die Stadt zu verlassen. Nicht allein seine Schwäche und Richards siegreiche Waffen, sondern eine fürchterliche Seuche, welche zu Akkon zu wüthen anfieng, beschleunigte seine Entfernung; vielleicht wäre es ihm ohne diesen Umstand möglich gewesen, sich noch einige Tage länger zu halten.

Richard traf die nöthigen Anstalten zum Besten der unglücklichen Stadt, ohne sie selbst zu betreten, oder jemand von seinen Leuten, deren Gegenwart daselbst nicht unumgänglich nöthig war, den Eintritt zu erlauben. Königin Sybille war gänzlich vergessen, die Sarazenen hatten sie zurückgelassen, und die Christen vermißten sie nicht. Sie hatte einige ihrer jüngern Kinder bey sich gehabt, welche von der Seuche aufgerieben wurden, die nunmehr auch sie anfiel, und sie in wenig Tagen ins Grab streckte.

König Veit, dessen kleines Glück zu sehr auf dem Leben seiner Gemahlin beruhte, als daß er sie ganz hätte vergessen, ganz sorglos ihrentwegen seyn können, hörte nicht sobald, daß Akkon eingenommen wäre, als er eilte, Sybillen zu besuchen. Er fand sie todt, und mit ihr giengen alle seine Hofnungen zu Grunde. — Umsonst bemühte er sich nun ferner, sich das Ansehn eines Königs von Jerusalem zu geben. Die, durch welche er diesen leeren Titel führte, lebte nicht mehr, und er war nichts weiter als Sybillens Wittwer, Veit von Lusignan. Isabelle, Sybillens Tochter, maßte sich den Titel der Königin an, und ihr Gemahl Herfrand betrat die Stelle, welche Veit verlassen hatte; aber auch dieser wurde von derselben vertrieben; man trennte ihn von Isabellen, und gab ihr den wunderlichen Fürsten von Thyrus, Konrad von Montferrat, zum Gemahl, welcher etwas mehr Macht hatte als Veit und Herfrand, den Titel, auf den sie Anspruch machten, zu behaupten.

Unglaubliche Unruhen und Verwirrungen wurden durch diese drey Könige von Jerusalem verursacht. Jeder hatte unter den Helfern der Christenheit seine Anhänger, aber Richard erklärte sich für keinen, sondern sahe dem Unwesen mit Mitleiden zu, und rieth, man mögte sich erst bemühen Jerusalem wieder zu erobern, ehe man darauf dächte, wer daselbst König seyn sollte.

Dieses fiel den streitenden Partheyen aufs Herz; die drey Könige von Jerusalem waren vorzüglich der Meynung, daß Richard Recht habe, und wunderten sich, wie ihnen dieses nicht eher eingefallen sey. Indessen war es eine Sache von Wichtigkeit, und die Herren, Grafen, Fürsten, Ritter und Könige, welche zu Zeiten sehr bedächtig waren, urtheilten, daß man es reiflich überlegen müßte. — Man setzte eine eigne Kommission nieder, um die Sache zu untersuchen, und fand endlich nach langen Forschen und Abwägen aller Gründe, daß — — Jerusalem nicht zu belagern sey.

Richard und Walter rissen sich voll Unmuth aus der Versammlung, wo ihnen dieser weise Schluß bekannt gemacht wurde, welchen umzustoßen ihr Ansehn, dem man sich jetzt nicht mehr so willig wie im Anfange unterwarf, nicht hinlänglich war. — Sie beschlossen bey dem Heer, das ihnen zustand, Leute zu lassen, auf welche sie sich verlassen konnten, und mit einer kleinen Begleitung nach Tabaria zu gehen, um in den Armen ihrer Geliebten allen Verdruß zu vergessen, den ihnen der Umgang mit den sinnlosen verkehrten Leuten verursachte, mit welchen im christlichen Lager alles überschwemmt war.

Richard und Walter eilten nach Tabaria, ohne etwas von dem zu ahnden, wie sie es daselbst finden würden; denn Saladin hatte Maasregeln genommen, welche es unmöglich machten, daß die Christen eher etwas von der Belagerung dieser Stadt erfahren konnten, bis er zurückgeschlagen, oder sie in seinen Händen war.

Die Belforte hatten sich in der Vertheidigung der ihnen anvertrauten Stadt wohl gehalten. Die beyden ersten Stürme wurden glücklich abgeschlagen. — Matilde, welche nicht von Berengariens Seite wich, brauchte alle Vorsicht, der schwachen, furchtsamen Königin zu verbergen, daß Saladin vor den Thoren wäre; aber in der Folge war es unmöglich sie ganz unwissend zu erhalten. Die feindlichen Angriffe wurden ernstlicher, Geschrey und Lärm nahm zu, und sie mußte es merken, daß die Sache nicht so unbedeutend, nicht so leicht zu überstehen sey, als ihr die tröstende Matilde einbilden wollte. — Angst und Schrecken verursachten ihr eine unzeitige Niederkunft. Ihr schwacher zärtlicher Körper machte alle Hülfe der Aerzte und alle Sorgfalt ihrer Wärterin Matilde vergeblich, sie lag empfindungslos in ihren Armen. — Ihre

Seele war nach den Gedanken aller Anwesenden bereits entflohen, als sie sich noch einmal ermunterte, die Hand ihrer Freundin faßte, und mit einer haftigen Stimme sprach: Matilde! sage Richarden, daß er dich zur Königin von England macht, ich gebiete es ihm! Wer weis ob Walter je der Deinige wird! Den letzten Theil dieser Worte sprach sie mit kaum hörbaren Ton, und sank in ihren Todtenschlummer zurück, in welchem sie auch den Geist aufgab. — Matildens Thränen, die Mühe die sie sich gab, wenigstens Berengariens Leiche ihrem Gemahl aufzubewahren, das Begräbniß der Königin, welches die Länge der Zeit unumgänglich nöthig machte, die Angst und langwierige Vertheidigung der Belagerten, und alles was dahin gehört, will ich übergehen. Genug, dem Sultan war zu viel an der Eroberung von Tabaria gelegen, als daß er dieselbe so leicht hätte aufgeben sollen. Die Stadt gieng über; Matilde kam in Saladins Hände. — Er sah es ihr an, daß sie eine Person von Wichtigkeit war, und wollte sich durch sie für die fehlgeschlagne Hofnung, die Königin von England in seine Gewalt zu bringen, schadloß halten.

Das Gerücht von diesen traurigen Begebenheiten, kam Richarden und seinem Bruder auf dem Wege nach Tabaria entgegen. Der

Verlust dieser Stadt, Berengariens Tod, und
Matildens Gefangenschaft, waren Unfälle, die
unserm Helden fast zu schwer wurden zu ertragen, doch verscheuchte die Begierde nach Rache
endlich den unthätigen Schmerz, und die Begierde Matilden zu retten, welche beyden gleich
stark anlag, brachte sie zu dem Entschlusse, den
wir im folgenden Kapitel hören werden.

Vier und dreißigstes Kapitel.

Vorbereitungen zu einem Abentheuer.

So herzlich Richard den Verlust seiner Berengaria beklagte, so war doch seine Freundschaft
für Matilden, wie er das Gefühl für sie nannte, so groß, und das Verlangen, aus ihrem
Munde umständliche Nachricht von dem Tode seiner Gemahlin zu erhalten, so bringend,
daß alle andere Gefühle dadurch verdrängt wurden, und er auf nichts dachte, als Lady Klifford ihren Räubern zu entreißen. — Walter
hatte nicht nöthig seiner Liebe zu Matilden und
seiner Begierde sie zu retten, gegen seinen Freund
und gegen sein eignes Herz falsche Namen zu
geben; Matilde war seine Geliebte, und er hat-

te das Recht, alles für sie zu thun was ihm seine Leidenschaft eingab.

Saladin hatte seine Gefangene nach Jerusalem geführt, und unsere beyden Helden wären, in dem ungestümen Eifer der sie beseelte, lieber mit dem ganzen christlichen Heere vor diese Stadt geeilt, um sie und diejenige welche ihre Mauern einschlossen, in ihre Gewalt zu bringen; aber wie war dieses möglich!

Der einmüthige Schluß, Jerusalem nicht zu belagern, welchen die christlichen Heerführer erst kürzlich gefaßt hatten, würde um Matildens willen nicht gebrochen worden seyn. Sollte denn Walter sein kleines Heer mit Richards funfzigtausenden zusammen setzen und Jerusalems Belagerung allein unternehmen, so würde ihm dieser Streich bey der Tapferkeit und der noch stärkern Liebe die ihn beseelte, zwar gelungen seyn; aber wo war nur ein Anschein von Hofnung, daß die andere Könige und Fürsten, ihm dieses Unternehmen gestatten, daß sie es geduldig ansehen würden, wenn diese Stadt, um deren Besitz einer den andern beneidete, in des gehaßten Walters, und in des stolzen Richards Hände käme? — Unmöglich wäre es unsern Helden gewesen, sich zu gleicher Zeit wider Saladins Macht, und wider ihre christlichen Bundesgenossen zu wehren und beyden obzusiegen; und dieser Vorschlag ward also gleich verworfen. Richard sprach von Auslösung Matildens mit irgend einer wichtigen Vestung, oder einer großen Summe Geld; aber Walter wußte wie wenig Saladin das Geld achtete, und wußte aus ähnlichen Beyspielen, wie langsam die Christen waren, für Gefangene von der größten Wichtigkeit, den Sarazenen einen ganz geringen Platz zu überlassen; was hatte denn also Matilde von ihnen zu hoffen? Ihre Gefangenschaft und ihre Freyheit, konnte ihnen gleichgültig seyn, und Walters Feinde wären gewiß geneigter gewesen, ihr die erste als die letzte zu gönnen. — Also auch dieser Vorschlag war vergeblich, und Walter faßte einen Entschluß, der seiner Liebe und seinem Heldenmuth vollkommen angemessen war.

Ich will das Aeußerste wagen, sagte er. Ich kenne Saladins Großmuth, und die Treue mit welcher er über einen einmal gegebenen Worte hält. Er hat mir unzählige Mal Beweise seiner Achtung gegeben. Das Versprechen, das er mir bey Odos Tode, vor vielen Jahren that, daß ich allemal ungehindert zu ihm kommen, und frey wieder von ihm gehen könne, ich mögte ihn finden wo ich wollte, dieses königliche Versprechen, ist gewiß jetzt noch so gültig bey ihm, als im Anfange; die Begegnung die ich bey ihm antraf, so oft mich das Kriegsglück in seine Hände spielte, hat mir es hinlänglich bewiesen. Ich will ganz allein, ohne die Begleitung eines einzigen Menschen nach Jerusalem gehen, meine Matilde von ihm zurückfodern, oder mich an ihrer Stelle zu seinen Gefangenen liefern. Meine Person ist doch vielleicht in den Augen des christlichen Heers von größerer Bedeutung als die Person eines Weibes, und ich kann eher auf meine Auflösung hoffen, als Matilde auf die ihrige.

Thue was du willst, sagte Richard, aber so viel schwöre ich dir bey dem königlichen Namen den ich führe, und bey dem heiligen Grabe, zu welchem wir als Pilger wallen, ich begleite jeden deiner Schritte.

Walter erschrack über diesen Schwur; er bat seinen Bruder zu wiederrufen, er stellte ihm vor, daß er nicht das freye Geleit bey Saladin mit ihm gemein habe, daß seine Person von zu großer Bedeutung wäre, als daß Saladin ihn frey ziehen lassen, oder ihn um eine Kleinigkeit wieder hingeben sollte; er gab ihm zu bedenken, daß seine Gefangenschaft und Auslösung die Christenheit um ihre größten Vortheile bringen, und unter den christlichen Anführern, welche theils für, theils wider ihn wären, eine Uneinigkeit verursachen würde, die das fürchterlichste Blutbad nach sich ziehen könnte; aber umsonst. — Es kann seyn, sagte Richard, daß du Recht hast, aber ich habe geschworen, und wehe dem, der einen Eid, wie der meinige, bricht! Ueberdieses habe ich das zu meinem Vortheil, daß man bey den Sarazenen zwar meinen Namen und meine Rüstung, aber nicht meine Person kennt, gieb mir eins von deinen Kleidern, oder das Kleid deines Waffenträgers, gieb mir den Namen eines deiner Ordensbrüder, und alles wird gut und sicher gehen; ich werde seyn wo du bist, und werde Matilden befreyen helfen, die meinem Herzen nach Berengariens Tode, und der Treue die sie dieser armen Unglücklichen bewieß, theurer als jemals ist.

Walter mußte nachgeben. Richard verkleidete sich; beyde hüllten sich in lange Mäntel, um die Ordenstracht zu verdecken, und sie machten sich mit den ersten Schatten der Nacht auf den Weg, den Freundschaft und Liebe ihnen bezeichneten.

Weder Walter noch Richard hätten es gern gesehn, wenn man bey dem christlichen Heer etwas von ihrem Vorhaben gemerkt hätte. Sie hätten alle Vorsicht gebraucht, damit man sie nicht vermissen konnte. Man wußte, daß sie ihren Weg nach Tabaria gerichtet hatten, um die Königin von England zu besuchen. Das Gerücht von den unglücklichen Begebenheiten in dieser Stadt, war nicht so bald vor unsere Helden gekommen, als Konrad von Staufen mit einem ansehnlichen Heer herüber gerufen ward, die eroberte Vestung den Händen der Sarazenen entreissen zu helfen. Richard und Walter traten ihren geheimen Weg vor seiner Ankunft an, aber sie hinterließen ihm Nachricht wo sie hingiengen, und Verhaltungsbefehle, wie er ihre Abwesenheit verhehlen, und überall handeln sollte als wenn sie gegenwärtig wären; eine Macht die sie gar wohl in den Händen desjenigen lassen konnten, den König Richard immer mit so vielem Recht den Ritter von fester Treue zu nennen pflegte.

Um ihren Weg vor christlichen und sarazenischen Augen desto besser zu verhehlen, verließen unsere beyden Abentheurer die gerade Straße nach Jerusalem, und nahmen einen Umweg, der zwar ihre Reise sehr verlängerte, aber sie eben so sicher an Ort und Stelle bringen mußte als die Heerstraße, wenn man ihn nur vorsichtig genug und nicht bey Nacht antrat. — Graf Raimund, welcher damals als er noch Vormund der Könige von Jerusalem war, oft

Urſache hatte ſeine Mündel zu belauſchen, war auf dieſem Wege oft nach der Hauptſtadt gereiſt, und hatte unvermuthet vor den Balduinen und Sybillen geſtanden, da ſie indeſſen auf der Heerſtraße häufige Wachen ausgeſtellt hatten, welche ſeine Ankunft zeitig genug melden ſollten, um in einer Verfaſſung vor ihm zu erſcheinen, welche alle Verweiſe unmöglich machte.

Graf Raimund hatte nach der Zeit Waltern dieſen Weg bezeichnet, und dieſer glaubte ihn gut genug gemerkt zu haben, um ſeinem Begleiter zum Wegweiſer dienen zu können.

Er irrte ſich indeſſen, und ſo gut anfangs alle Merkmale der Richtigkeit des Wegs zutrafen, ſo zweifelhaft wurden ſie nach und nach, bis ſie ſich endlich ganz verlohren, und unſere Reiſenden ſich hin und her wandten, ohne zu wiſſen, ob ſie ſich nord= oder weſtwärts lenken ſollten. Der Weg gieng über einen Theil des Libanons, aber um nicht von dem vorgeſchiebnen Pfade abzuweichen, durften ſie ſich nicht der höchſten Höhe der Gebirge nähern, ſondern ſie mußten ſich zeitig wieder abwärts lenken; demohngeachtet fühlten ſie, daß ſie immer unmerklich höher ſtiegen, und das kleine Geſträuch zwiſchen den höhern Bäumen immer dichter ward. Sie giengen zurück, um die alten Cedern wie=

der zu erreichen, von denen man sagt, daß sie die Waſſer der Sündfluth noch geſehen haben, und deren damahls noch zwey und dreißig waren. — Biß an dieſe Stelle wußten ſie, daß ihr Weg richtig geweſen war, und Walter getraute ſich, ſich wieder zurecht zu finden, wenn er dieſe Bäume wieder zu Geſicht bekäm. Aber alle Mühe dahin zu gelangen war umſonſt, ſie giengen rück- und vorwärts, ſie ſchweiften zur rechten und zur linken Seite aus, und immer war es, als ob ſie im Kreiſe umher giengen, denn immer kamen ſie wieder auf die alte Stelle.

Einen ganzen Tag hatten ſie in dieſer Verwirrung zugebracht; die Nacht brach ein, und ſie beſchloſſen einen bequemen Ort zur Ruhe zu wählen, eine ſparſame Mahlzeit von ihren mitgenommenen Lebensmitteln zu halten, und ſich dann dem Schlafe, welchem ſie beyde faſt nicht mehr widerſtehen konnten, zu überlaſſen.

Sie führten ihren Vorſatz aus. Die Müdigkeit beſiegte die ſorgenvollen Gedanken, welche ſie hätten wachend erhalten können, und der Strahl der Morgenſonne erweckte ſie erſt zur Fortſetzung ihrer Reiſe. — Sie ſtanden auf, ſie giengen noch etwa funfzig Schritte vorwärts, und plötzlich zeigte ſich ihren Augen ein ganz unerwartetes Schauſpiel.

Das Gebürge senkte sich auf einmal ziemlich jäh in ein tiefes Thal, das an Schönheit alles übertraf was die glühende Einbildungskraft des Dichters nur zu fassen, nicht zu schildern vermag, und von dessen Beschreibung wir, die wir keine Dichter sind, uns weislich enthalten. — Was würde es auch dem Leser frommen, wenn wir ihm eine unabsehnliche Fläche mit einem Gehege von mit Cedern bekrönten, himmelhohen, steilen Gebirgen umschlossen hinmahlten, und alle Zauberreize der Natur, alles, womit sich in diesem Buche die Gegenden von Marseille, und die um das Marienkloster zu Godstow, und die in der Insel Zypern auszeichnen, hineinbrächten, was würde es ihm helfen? Er sähe doch nichts von dem allen, und wir wären zu schwach, es ihm anschaulich zu machen.

Ueberrascht, stillschweigend, mit weitgeöfneten Augen standen Walter und Richard da, als ob sie wünschten, das Ganze, das sich ihnen so herrlich darstellte, auf einmal fassen, und das entzückende Bild immer bewahren zu können. — Was ihnen den Anblick der lachenden Gegend noch reizender machte, war das Leben welches hier überall herrschte, denn ein großer Theil dieses ungeheuren Thals, war mit einer unzählbaren Menge kleiner friedlicher Hütten bedeckt, deren Aeusserliches von blühendem Wohlstand sprach, und deren Einwohner, so wie sie aus denselben dem anbrechenden Tag entgegen an ihre Arbeit giengen, durch ihre Anzahl und muntere Thätigkeit, das schönste Bild des ländlichen Glücks entwarfen, das sich denken läßt.

So reizend dieses Schauspiel war, so hielten sich doch Richard und Walter nicht lange bey Betrachtung desselben auf. Sie fiengen an einen bequemen Weg abwärts zu suchen, um sich unter diese fröhlichen Leute zu mischen, und bey ihnen Nachricht zu erhalten, wo sie wären, und wo sie sich wieder auf den rechten Weg finden sollten. Sie fanden, was sie suchten. Sie kamen ohne sonderliche Mühe hinab, und sahen und erfuhren, was ihr, meine Leser! auch sogleich erfahren sollet.

Fünf und dreyßigstes Kapitel.
Der Alte vom Berge.

Ein Trupp von Männern und Weibern umringte die Herabkommenden, deren Kleider diesen Leuten zeigten, daß sie keine Eingebohrne des Landes, sondern Fremde waren. Richard und Walter betrachteten und wurden betrachtet; sie fanden die Weiber dieses Volks sanft und schön, und die Männer fast riesenförmig, und von einem wilden entschlossenen Ansehn. Wie man sie fand, konnten sie aus nichts als allenfalls aus dem gefälligen Lächeln und dem leisen Flüstern der Weiber schließen.

Richard brach zuerst das Stillschweigen, und fragte, wo sie wären. — Uns ziemte vielleicht besser als euch, antwortete einer von den Männern, zu fragen wer ihr seyd, und was ihr im Lande der Asaßinen zu suchen habt?

Manche unter meinen Lesern, welchen das Volk der Asaßinen unbekannt ist, — deren es doch wie ich denke, wenig geben wird, — werden hier vermuthen, daß ich sie zu irgend einem idealischen Volke führen, sie auf den zehn folgenden Bogen mit der moralischen und politischen Verfassung desselben bekannt machen, und ihnen in dieser Beschreibung, wie in einem Spiegel, alle Mängel und Verbesserungen unseres heutigen Nähr=Lehr=Wehr= und obrigkeitlichen Standes zeigen werde; aber mit nichten, meine Freunde! Wenn ihr zu solchen Dingen Lust habt, so muß ich bitten, euch in die Länder am Südpol zu bemühen, wo sich dergleichen Observationen weit beſſer anbringen laſſen, als bey dem Volke der Aſaßinen, welches wirklich einmal exiſtirte, ob es gleich jetzt ausgeſtorben ſeyn mag, wirklich ſeine eignen Geſetze und Staatsverfaſſung hatte, ob ſie gleich nicht ſo beſchaffen waren, daß ſie ii end einem andern Volke zur Warnung oder Nachahmung brau..., belegt zu werden.

Richard und Walter hörten nicht ſobald en Namen des Volks, als ſie gleich wußten wo ſie ſich befanden, und zu dem Fürſten geführt zu werden verlangten. — Dieſer Fürſt doch, meine Leſer! welcher unter euch kennt nicht den Alten vom Berge, den König und Prieſter ſeines kleinen Volks, ihn, der mit einem einzigen Wink den Glauben und die Handlungen ſeiner Unterthanen regierte, ihn, der im Stande geweſen wäre durch ein Wort, die größte Unthat zur lobenswürdigſten Handlung zu machen, welche, wie ſein Volk feſtiglich glaubte, blos weil er es gebot mit den höchſten Fr..en des Paradieſes belohnt wurde. — Er ...nnte gebieten, die halbe Welt auszurotten, ..d ſeine Unterthanen hätten eher ihr Leben als den Verſuch aufgegeben, ſeinen Willen zu bewerkſtelligen. Die ſeiner Rache geweihten Opfer mußten fallen, es war nun in ihren geheimſten am feſteſten verſchloßenen Zimmern, oder mitten auf den

Straßen ihrer Stadt, mitten in den volkreich=
sten Versammlungen. Wenn List und Geschwin=
digkeit nicht hinreichte die Thäter zu retten,
so starben sie freudig über der That, hielten sich
für Märtyrer, und erlangten, wie sie meynten,
nach ihrem Tode die höchste Staffel hinmlischer
Seeligkeit zum Lohn ihrer Treue. — Abscheulich
waren diese Grundsätze, und doch beruhte auf
ihnen allein die Ruhe des kleinen Reichs, das
der Alte des Berges regierte; das fast göttliche
Ansehn, das er bey seinen Unterthanen hatte,
erhielt Ordnung unter seinem Volke, und mach=
te ihn seinen Feinden furchtbar. Unmöglich wä=
re es ihm gewesen, sich so lange mitten unter
größern und mächtigern Fürsten unabhängig zu
erhalten, wenn man nicht gewußt hätte, daß die
kleinste Beleidigung, der kleinste Anschlag den
man wider ihn machte, und den er, wie durch
eine Art von Allwissenheit, vermittelst seiner
überall zerstreuten Spione augenblicklich erfuhr,
unausbleiblich durch den Tod, den Tod der ei=
nigen rechtschuldigen Person gerochen wurde. —
Nie schadete er ungereizt, und so schrecklich und
gewiß seine Rache auch allemal war, so wußte
man doch durch viele Jahrhunderte hindurch,
kein einziges Beyspiel, daß jemand ein Opfer
derselben geworden wäre, der es nicht vollkom=
men verdient hätte. Gerechtigkeit und weit um=
fassende Einsicht schien das Erbtheil dieser klei=

nen Prinzen zu seyn; sie nannten sich Nachahmer des großen Richters, und Diener seiner Rache, und niemand kann ihnen nachsagen, daß sie diese furchtbaren Titel jemals mißbrauchten. Sie hatten die volle Macht, Ungerechtigkeiten auszuüben in Händen, da der blinde Gehorsam ihres Volks alles für Recht hielt was sie geboten, aber nie weis man, daß sie Ungerechtigkeiten ausgeübt hätten.

Zu diesem ehrwürdigen und furchtbaren Fürsten wurden Walter und Richard geführt. Er nahm sie freundlich auf, versprach, sie auf den rechten Weg bringen zu lassen, und bat sie, weil ihr Ansehn ihm gefiel, einen Tag oder zween bey ihm zu verweilen, und der Güter zu genießen, die Gott und die Natur seinem Lande verliehen hätte. Dieses waren seine eignen Worte, und er band sich bey denselben an die strengste Wahrheit. — Die Güter, deren sein Volk im Schooß der Ruhe genoß, waren blos diejenigen, die ihnen ihr fruchtbares Thal gewährte, die, deren man in den Zeiten des goldnen Alters genoß, sie kannten und begehrten keine andern; sie waren reich in ihren Besitz, und wurden von denen an sie gränzenden Völkern für arm gehalten, welches noch eine Ursache mehr war, daß man es nie unternahm, den Frieden, der in ihrem kleinen Lande herrschte, zu unterbrechen.

Der Fürst der Asaßinen gewann Waltern und Richarden lieb, er nannte sie Söhne der reinen unverderbten Natur, und ließ sie ungern von sich. — Die beyden Brüder dachten ihm beym Abschiede ein Merkmal ihres Zutrauens zu geben, und nannten ihm ihre Namen, um welche sie noch niemand befragt hätte. Der Alte lächelte und sagte, wie sollte ich die Söhne der frommen Rosemunde und der boshaften Eleonore nicht kennen! Geht hin, setzte er hinzu, und grüßt meinen Bruder Saladin, wenn ihr zu ihm kommt. Ich habe nichts auf ihn zu sprechen, aber unterschiedlichen von den Anführern des christlichen Heers mögte ich vielleicht bald ein Zeichen meines Andenkens geben, doch weil mich noch keiner persönlich beleidigt hat, als Konrad von Monferrat, der sogenannte König von Jerusalem, er, der heimliche Anschläge wider die Ruhe meiner Kinder schmiedet, so mag es vorjetzt bey diesem bleiben. Sagt ihm, daß er meine Rache fürchte!

Richard und Walter verließen mit Erstaunen diesen wunderbaren Mann, und folgten dem Wegeweiser den er ihnen gab, und der sie bey Einbruch der Nacht durch einen Weg, der wie durch Zauberey abgekürzt ward, bis an die Mauern von Jerusalem brachte.

Sechs und dreyßigstes Kapitel.
Richard, Walter und Saladin.

Saladin war gewohnt, jeden Fremden welcher ihn zu sprechen verlangte, sogleich vorzulassen, und Walter und sein Bruder wurden in der nämlichen Stunde, da sie die Stadt betraten und Gehör beym Sultan verlangten, vor ihn geführt.

Die Brüder traten ein, sie schlugen ihre Mäntel zurück und standen in voller Ordenstracht vor ihm. — Saladin erstaunte. — Wie, Ritter! rief er nach einer kleinen Weile aus, indem er auf Waltern zugieng, wie? ihr wagt es, euch in die Hände eures Feindes zu liefern? — Ist Saladin Walters Feind? fragte der andere. Nein, erwiederte er, aber der Sultan wohl der Feind des Tempelherrn. Ich stehe hier nicht vor euch als Tempelherr, versetzte unser Held, sondern als Walter, Odos Freund, dem Saladin ehemals Erlaubniß gab, frey zu ihm zu kommen, wenn er wollte, und der sich dieser Erlaubniß noch nie bediente — als heute. — O, sagte der Sultan! dieses Versprechen ist verjährt, die Fürsten sind vergeßlich! — Ich rede mit Saladin, sprach der Tempelherr. Laßt uns die Umstände bey seit setzen, mein Walter! fieng jetzt Saladin lächelnd an, setzt euch an meine Seite, und sagt mir, was

ihr von Odos Freund verlangt. Aber wer ist euer
Begleiter? — Seine Kleidung wird euch antwor=
ten, sagte Walter. Ich wollte lieber ihr hättet
mir geantwortet, erwiederte der Sultan, indem
er Richarden mit einen durchdringenden Blick an=
sah, das Kleid kann trügen, aber Walter nicht. —
Der Tempelherr erröthete. — Nun es mag gut
seyn, fieng Saladin nach einem kleinen Still=
schweigen an, ich will nicht in euch bringen. Euer
Begleiter mag sich auch setzen, hieher oder dort=
hin, nur nicht mir gegen über; ich bin nicht alle=
mal ganz kaltblütig beym Anblick meiner Feinde.
Richard setzte sich trotzig an Walters Seite, und
betrachtete Saladin mit funkelnden Augen. Der
Sultan schwieg, und Walter nahm das Wort. —
Mein Saladin, sagte er, indem er seine Hand
freundlich drückte, was that ich euch, daß ihr mir
meine Geliebte raubtet? Vergrif ich mich je an dem
was eurem Herzen theuer war? Raubte ich euch
Nureddin anders als aus Noth? Erschwerte ich euch
seine Befreyung? — Ihr hättet niederträchtig ge=
handelt, wenn ihr mir sie erleichtert hättet! unter=
brach ihn Saladin; Nureddin war nicht euer Ge=
fangner, er gehörte eurem ganzen Volke; aber
Matilde ist mein, und ihr sollt sie heute wieder
haben, wenn ihr sie nicht sicherer bey mir, als
bey euren verrätherischen Glaubensgenossen hal=
tet. — O Walter, Walter! wie verblendet seyd
ihr! warum setzt ihr euer Glück so weit? so aufs

Ungewisse hinaus? Bleibt bey mir; sie ist heute noch die Eurige. Warum wollt ihr zu einem Volke zurückkehren, das eure Tugend nicht zu schätzen weis? das euch um eure liebsten Hofnungen betrügen, den Besitz eurer Geliebten so lang verzögern wird, bis ihr ihn mit dem Grabe vertauschen müßt? — Ich kenne diese Leute besser als ihr; glaubt mir, sie sind eurer Treue nicht würdig. — Wem meynt denn wohl Saladin, versetzte Walter, daß ich meine Treue gelobt habe? Meinem Gott und meinem Gewissen, oder falschen, nichtswürdigen, verrätherischen Menschen? — Ihr mögt wohl Recht haben, sagte Saladin mit einem Seufzer, indem er aufstand, und sich einer Seitenthüre nahte, welche in seinen Harem führte. — Kommt und seht eure Geliebte, und fragt sie selbst, ob sie euch folgen oder bey mir bleiben will; aber soll dieser uns auch begleiten? — Wo ich bin, muß mein Freund auch seyn; sagte Walter, indem er seines Bruders Arm ergrif und Saladin nachtrat. O, wenn ihr es verlangt, antwortete der Sultan, so schlage ich ihm nichts ab, und wenn er Richard, wenn er der grausame Mörder meiner unschuldigen, wehrlosen, sich seiner Gnade ergebenden Unterthanen selbst wäre. Meynt ihr wohl, daß Saladin so hätte handeln können? — Saladin nicht, sagte Walter, aber wohl der Sultan von Damaskus. Ach ich weis eine Zeit, da ich unter dreyßig gefangenen Tempelherren der einzige war

deſſen Leben verſchont ward! — Laßt uns ver=
geſſen! ſagte Saladin indem er ſich umdrehte und
mit einer Thräne im Auge Walters Hand ergrif.
Auch ich will vergeſſen, ſetzte er mit einen Blick
auf Richarden hinzu, will vergeſſen und den ſcho=
nen, den nicht mein Schwert, ſondern freyer
Wille, und zu großes Zutrauen auf meine Gros=
muth in meine Hände lieferte. Richard wollte
antworten, aber Walter drückte ſeinen Arm den er
in den Seinigen hielt, und winkte ihm zu ſchwei=
gen. Ich weis nicht, ob der verkleidete König von
England dem Verlangen ſeines Freundes gefolgt
hätte, wenn man ſich nicht in dem nämlichen Au=
genblicke an Ort und Stelle befunden hätte. —
Es öfnete ſich eine Thür, und Saladin führte die
Fremden in ein prächtig erleuchtetes Zimmer, in
welchen drey Damen auf niedrigen Küſſen ſaßen, und
in einem emſigen Geſpräch begriffen zu ſeyn ſchie=
nen. Eine von ihnen entfernte ſich, und die andern
beyden traten dem kommenden Sultan entgegen.

Sieben und dreyßigſtes Kapitel.

Abentheuer in Saladins Harem.
Ein trauriger ahndungsvoller Abſchied.

Daß eine von dieſen beyden Damen Matilde war,
iſt überley zu erwähnen. Saladin hatte keine Zeit

die beyden Liebenden einander vorzustellen; sie flogen einander in die Arme, ohne sich an die Gegenwart des Sultans zu kehren. Saladin lächelte, und führte die andere Dame in das nächste Zimmer. Die Freuden des Wiedersehns brauchen keine Zeugen, sagte er, und euch, setzte er hinzu, indem er sich zu Richarden umdrehte, euch wollte ich rathen uns zu folgen, oder einen andern Weg zu wählen, denn ich vermuthe, ihr werdet hier überley seyn.

Richard blieb, und das Gespräch das sich zwischen ihm, Waltern und Matilden erhub, werden mir meine Leser erlauben mit einem Strich zu bezeichnen. — Es enthielt nichts, das man sich nicht selbst denken kann, und doch enthielt es zu viel, um glücklich nachgeschrieben zu werden.

Unsere Freunde wurden nicht in ihrer Unterhaltung gestört, und der anbrechende Tag fand sie noch beysammen, ohne daß sie mit ihren Gesprächen zu Ende waren. Matilde bat ihre Freunde, ihren Besuch zu wiederholen, um das, was sie ihnen zu sagen hätte, in besserer Ordnung als heute zu vernehmen; sie trennten sich, und fanden des andern Tages keine mehrere Schwierigkeit Zutritt zu erhalten, als den ersten.

Den Tod eurer guten Gemahlin, fieng Matilde an, indem sie sich zu Richarden wandte, habe ich euch geſtern umſtändlich erzählt. Mich dünkt, unterbrach ſie der König von England, mich dünkt, ihr habt doch einen Umſtand verſchwiegen, den ich von andern gehört habe. Wo bleibt der Befehl, den euch die ſterbende Berengaria an mich auftrug? — Matilde ſchlug erröthend die Augen nieder, und fuhr fort: — Tabaria kam in Salabins Hände, und ich ward ſeine Gefangene. Schon mein Stand und mein Geſchlecht verſchaften mir eine gütige Begegnung von dieſem liebreichen Fürſten, aber der Name von Graf Raimunds Tochter, und Walters Geliebten, für welche ich mich bey unſerer Ankunft zu Jeruſalem zu erkennen gab, machte, daß er mich wie eine Tochter anſah, daß er mich der Prinzeßin Zoe, der Gemahlin ſeines Neffen gleich ſetzte. Ihr habt ſie geſehen, ſie war eine von den Damen, die ihr des erſten Abends bey mir fandet. Unſere Freude bey unſerer erſten Zuſammenkunft könnt ihr euch denken. Ihr wißt, daß ich nicht in allen Urſache hätte mit ihr zufrieden zu ſeyn; aber was iſt die Freundſchaft nicht geneigt zu verzeihen! Und wie viel muß man nicht der Liebe zu gute halten! Was ſie that, geſchah um Nureddins willen, wer wüßte, ob ich für meinen Walter weniger gethan hätte. — Das Vergnügen, bey dieſer meiner alten Freundin zu ſeyn, und die Vorſtellung von der Unruh und Gefahr welche auſſerhalb Jeruſalem herrſchte, machten, daß ich weniger um meine Loslaſſung bat, als ich vielleicht sonst gethan haben würde. Ich begnügte mich, euch, mein Walter! schriftlich zu trösten; aber ich merke, daß mein Brief nicht in eure Hände gekommen ist. — Man gab mir hier in Saladins Harem dieses Zimmer ein, welches ehmals von Königin Sybillen ist bewohnt worden, und dieser kleine unbedeutende Umstand gab mir Gelgenheit zu einer Entdeckung, welche für die Unglückliche, welche sie betraf, von der äussersten Wichtigkeit, und auch mir und euch, wie ihr in der Folge sehen werdet, nichts weniger als unbedeutend war.

Ich hatte einige Tage lang dieses Zimmer bewohnt, und bald in Saladins, bald in Zoens, bald Nureddins Gesellschaft zugebracht. Die Gesellschaft meiner Freunde machte vermuthlich, daß ich bey Tage dasjenige nicht wahrnahm, welches in der Stille der Nacht niemals meiner Aufmerksamkeit entgieng. — Ich war des Abends nicht so bald allein, als sich die Tapeten zu bewegen schienen, ein leises Geräusch mich umflüsterte, und oft sogar klagende Töne in meinen Ohren erschallten. Ich hielt es anfangs für Phantasie, aber als in der einen Nacht das Geräusch sich in einen unruhigen Lärm, und in ein ziemlich lautes Klopfen verwandelte, welches mir aus einen tiefen Winkel nahe bey meinem Bette zu kommen schien, so ward ich unruhig. Oft stand ich auf dem Punkte aufzustehen, und die Sache genauer zu untersuchen; aber die Sklavinnen, welche man mir zugegeben hatte, welche alles hörten was ich hörte, und die noch eine größere Furcht vor den wandernden Geistern hatten als ich, hielten mich davon ab.

Das Geräusch ließ nach; der anbrechende Tag vertrieb meine Furcht; ich dachte der Sache reiflicher nach, ich beschloß eine Untersuchung, und nahm mir vor, weil ich mich doch nicht ganz allein an dieselbe getraute, die Prinzeßin zu meiner Gehülfin zu wählen. — Zoe war bereit, und bezeugte mehrern Muth zu unsern Unternehmen als ich. Wir entfernten unsere Aufwärterinnen, wir räumten mit eigener Hand die an der Wand stehenden Möbeln hinweg, wir zogen die Tapeten zurück, wir klopften an das Tafelwerk; aber alles umsonst, bis wir an den Winkel in meiner Schlafkammer hinter dem Bette kamen, wo auf die erste Berührung eine Thüre aufsprang, welche auf eine enge finstre Treppe führte. Zoe, die einen Ueberfluß an Muth hat, und sich gern damit groß macht, war gleich bereit ohne Licht hinunter zu steigen, und ihre Untersuchung weiter zu treiben. Ich hielt sie zurück, denn ich ward gewahr, daß auf den obersten Stufen etwas zu liegen schien, über welches sie hätte straucheln und fallen können. Sie bückte sich, darnach zu greifen; aber das Gefühl einer eiskalten Menschenhand, welche sie zu fassen bekam, machte, daß sie ein lautes Geschrey außstieß, und ohnmächtig zu Boden sank. Ich wußte nicht, was sie so erschreckt hatte; ich rufte meine Leute; man brachte die Prinzeßin wieder zu sich selber, und sie hatte sich nicht sobald völlig erholt, als sie mir entdeckte, was sie gesehen oder vielmehr gefühlt hatte. Man brachte Licht, unsere Sklavinnen mußten die Sache, von welcher ich wenig glaubte, besser untersuchen, und o Himmel! Zoe hatte Recht; auf den Stufen der Treppe lag der erstarrte Körper einer Weibsperson, welche ich sogleich aufheben, und auf mein Bette legen ließ. — Wir gaben uns alle mögliche Mühe sie zu sich selbst zu bringen, welches uns endlich gelang. Sie schlug die Augen auf, und foderte mit kaum hörbarer Stimme eine Erquickung; wir labten sie so gut wir konnten, und die Begierde, mit welcher sie das, was wir ihr gaben genoß, bestätigte das, was uns ihr verfallner abgezehrter Körper schon gesagt hatte, daß Hunger und Durst ihr ohne unsere Hülfe bald das Leben würden geraubt haben, und das Geräusch, welches ich vornämlich in der letzten Nacht gehört hatte, von der letzten Anstrengung ihrer Kräfte herrührte, welche sie brauchte, sich aus ihrem abscheulichen Kerker zu reißen und ihr Leben zu retten. — Ihre Kleider waren sehr zerrissen und unreinlich, aber von solcher Kostbarkeit, daß man wohl sahe, daß sie keine Person von geringem Stande seyn mußte. Unsere Neugierde wurde durch diesen Umstand vermehrt, und wir warteten mit Verlangen, bis unsere Kranke sich genugsam erholt haben würde, uns alle Nachrichten zu geben, die wir verlangten.

Es stand etliche Tage an, ehe sie im Stande war, etwas Zusammenhängendes zu sprechen, und was wir alsdenn erfuhren, will ich euch nicht mit ihren Worten, sondern nur kürzlich erzählen; denn wie wäre mir es möglich, alle Abscheulichkeiten zu wiederholen, die sie uns von ihrer grausamen Kerkermeisterin, der ehmaligen Bewohnerin dieser Zimmer, der gottlosen Königin Sybille erzählte.

Die Unglückliche welche hier eingekerkert war, und an deren Quaal sie sich täglich geweidet hatte, war niemand anders, als Remigia, Graf Philips von Flandern Gemahlin. Ihr wißt es, ihr habt mir es selbst gesagt, in was für Ansehn ihr sie an Sybillens Hofe gekannt habt. Sybillens alter Liebhaber, Heraklius, schien Geschmack an Remigiens Umgang zu finden; die Königin, welche nicht gern einen einzigen von ihren Anbetern missen wollte, überzeugte sich von seiner Untreu, und rächte sich an ihrer Nebenbuhlerin. Remigia kam vom Hofe hinweg, man wußte nicht wie; man sprengte ihren Tod aus, da sie indeß sen in diesem entsetzlichen Behältnisse, welches die Königin in die dicke Eckmauer des Schlosses hatte hineinarbeiten lassen, ihr elendes Leben zubrachte; die Nähe in welcher sie ihre unglückliche Nebenbuhlerin bey sich hatte, machte, daß ihr fast keiner ihrer Seufzer entgieng, welche ihr der Hunger und die Schmerzen der Geißelung, die sie oft ausstehen mußte, auspreßten. Sybille weidete sich an ihrem Elend, und beklagte, als sie diesen Palast verlassen mußte, nichts so sehr, als den Verlust dieses teuflischen Vergnügens. Eine ihrer Kammerfrauen, welche menschlicher dachte als ihre Königin, hatte Mittel gefunden, nachdem diese schon das Schloß verlassen hatte, in dieses Zimmer zu kommen, um Remigien zu befreyen. Aber einige Drohungen, welche diese Unbesonnene wider ihre königliche Kerkermeisterin ausstieß, machten ihrer Befreyerin bange, die Sache mögte entdeckt und sie selbst ein Opfer von Sybillens Rache werden. Remigia mußte also zurückbleiben, doch versorgte sie Sybillens Kammerfrau, mit einem großen Vorrath von allerley Lebensmitteln, mit welchen sie in ihrem engen Kerker ihr Leben bisher hingebracht, und nun, da sie merkte, daß diese Zimmer wieder bewohnt wurden, vom Hunger getrieben, sich hervorgemacht, und unsere Hülfe gefunden hatte.

Remigiens Gesundheit ward unter unserer Pflege bald völlig wieder hergestellt. Das aus gestandne Elend und ihre unvermuthete Rettung, schienen eine große Veränderung in ihrem bösen Herzen verursacht zu haben. Du hast sie in vorigen Zeiten gekannt, du weißt wie sie ihre Bosheit sogar auf uns beyde, die wir sie nie beleidigt hatten, erstreckte, wie sie uns, da wir noch Kinder waren, haßte, und wie sie uns in unsern höhern Jahren durch ihren Gemahl und ihre Töchter auf tausendfältige Art zu schaden suchte. Wir wußten es nicht, wie vielen Antheil sie an unsern mannichfaltigen Unfällen hatte, aber das Bekenntniß welches ihr ihre Reue jetzt auspreßte, erklärte mir manche Dinge, welche mir vordem unbegreiflich waren. Sie kannte mich nicht, sie wußte nicht, daß ich eben die von ihr und den ihrigen so sehr gehaßte und verfolgte Matilde war, und ich konnte also dem, was sie mir in den Stunden der Reue entdeckte, desto sicherer glauben. Ich tröstete sie nach Möglichkeit; ich verdoppelte meine Sorgfalt für sie, und verbarg ihr, um sie zu schonen, meinen Namen, weil ich mir wohl vorstellen konnte, daß die Quaal ihres Gewissens, und ihre Beschämung durch die Gegenwart derjenigen, welche vordem ein Gegenstand ihrer Verfolgung war, vermehrt werden würde. —

Die Prinzeßin Zoe, welche eben so viel Mitleiden für diese reuige Sünderin fühlte als ich, nahm sie nach iher völligen Genesung in ihr Frauenzimmer auf, und da man daselbst nicht alle die Vorsicht brauchte, um welche ich gebeten hatte, so währte es nicht lange, daß sie meinen Stand und Nahmen erfuhr.

Eben der gestrige Tag, mein Walter, da der Sultan dich und den König von England so unvermuthet zu mir brachte, eben dieser war der Tag dieser Entdeckung. Remigia kam mit der Prinzeßin in mein Zimmer, sie warf sich mir zu Füßen, und Zoe bemühte sich, ihr, die vor Thränen nicht sprechen konnte, das Wort zu reden, und ihr meine Vergebung zu erbitten, die ich ihr längst gegeben hatte. Remigiens Demüthigung beschämte mich, ich mußte mit ihr weinen, ich bat sie aufzustehen, und nie wieder an Dinge zu denken, welche längst vergessen wären. Nein, Matilde! sagte sie, nicht vergessen, wenigstens bey mir nicht, wenigstens nicht eher, bis ich euch alle meine Verschuldungen bekannt habe, welche ich leider nicht wieder gut machen kann. Nicht ihr allein seyd es, von der ich Verzeihung zu bitten habe; Nicht Walter ist es allein, der mir so manchen gelungenen und mißrathenen Anschlag, den ich meinem Gemahl wieder ihn eingab, zu vergeben hat. Sie, die vornähmlich durch unsere Bosheit litt, sie ist nicht gegenwärtig, und nie, nie werde ich ihr meine Reue über das bezeugen können was ich that. — Wisset, daß Hunberga ohne unsere Bosheit noch in dem Besitz von Montçon seyn, daß sie ohne dieselbe nie die Kränkung und Beschimpfung erfahren haben würde, welche sie nach ihres Gemahls Tode leiden mußte. — Ihr wißt, daß ich lange vorher ehe mein Gemahl nach Palästina kam, dahin abreiste. Meine Absicht war, meinen Schwiegervater, Hunbergens Gemahl, den alten Grafen Theodbrich wider seine unschuldige Gemahlin einzunehmen. Da aber dieses unmöglich war, so bediente ich sowohl, als hernachmals auch mein Gemahl uns der Verstellung, und gaben für Hunbergen eben so herzliche Liebe vor, als er für seine Gemahlin hatte. Daß Graf Philip der Mörder des Tempelherrn Andreas war, wurde ihm gar verschwiegen, welches uns bey der zunehmenden Schwäche des alten Grafen, und der Einsamkeit in welcher er in den letzten Jahren seines Lebens zubrachte, etwas Leichtes war. Er fühlte sein herannahendes Ende. Er befahl seinem Sohn Philip, noch eine Schrift zum Besten seiner vortreflichen Gemahlin, wie er Hunbergen allemal nannte, zu verfassen. Er sagte sie ihm selbst in die Feder, und ich wollte wünschen, daß sie noch vorhanden wäre; nicht allein die ansehnlichen Vortheile, welche er der Gräfin von Flandern darinnen zugestand, sondern vornämlich die Ausdrücke voll Liebe und Hochachtung, deren er sich gegen sie gebrauchte, würden ihr Trost und Vergütung wegen dessen seyn, was sie durch unsere Bosheit gelitten hat. — Es wurde meinem Gemahl Philip nicht schwer, diese Schrift, sobald er sie seinem Vater Theodorich vorgelesen hatte, unterzuschlagen, und dem schwachen Grafen an deren Statt diejenige zur Unterschrift vorzulegen, welche Hunberga erhalten hat. Die andere, welche eigentlich für sie bestimmt war, wurde verbrannt, und dadurch nach unsern Gedanken alle Möglichkeit aufgehoben, unsere Betrügerey zu entdecken. Aber ich weis nicht, durch was für Mittel einige Jahre nachher der damalige Großmeister des Tempelordens, Odo, eine Muthmaßung von dieser Sache erhalten haben mußte. Er kam eines Tages zu uns nach Antiochien, wo wir uns damahls aufhielten, entdeckte Philipen seine Vermuthungen, und brachte uns durch Drohungen so weit, daß wir ihm alles gestanden. Er gieng noch weiter: Er nöthigte Philipen auf eine Art, die mir selbst unbekannt geblieben ist, ein schriftliches Bekenntniß dieser Betrügerey zu verfassen, und es in seine Hände zu liefern. — Graf Philip zitterte vor dem Gebrauche, welchen Odo von dieser Schrift machen könnte, aber sein Tod, welcher bald darauf erfolgte, setzte uns aus aller Sorge. Philip fand Mittel, dieses ihm so nachtheilige Bekenntniß, das sich in Odos Verlassenschaft mit einem Briefe von ihm an Hunbergen vergesellschaftet wiederfand, wieder in seine Hände zu bringen; es wurde sogleich den Flammen übergeben, und das Versprechen, welches meinem Gemahl nachmals bey einem Zweykampfe abgenöthigt wurde, diese Schriften wieder auszuliefern, würde ihm, so bereitwillig er es auch gab, unmöglich gewesen seyn zu erfüllen; doch zweifle ich nicht, er würde, wenn es die Noth erfordert hätte, sich schon durch eine andre List herausgeholfen haben.

Siehe, sagte Matilden zu ihrem Walter, so endigte Remigia ihre Rede, und sie wird sich nicht weigern sie dir selbst zu wiederholen, und auf alle Art zu bekräftigen, wenn du es verlangst.

Walter verlangte Remigien nicht zu sehen, er vergab ihr, aber er konnte sich nicht überwinden, ihr zu trauen, und warnte auch Matilden, sich nicht zu sehr auf ihre Reue und Bekehrung zu verlassen. — Der übrige Theil dieses Abends wurde so wie unterschiedliche folgende von den drey Freunden mit Gesprächen von ganz anderer Art zugebracht. Liebe, Freundschaft, Trennung und Wiedersehn, waren ihre Gegenstände, oft auch das Wiedersehn in jenem Leben. Walters Herz war oft so voll von traurigen Ahndungen, daß er alle seine Hofnungen auf das gegenwärtige Leben aufgab, und die Erfüllung seiner Wünsche, den freyen, ungestörten, ungetrennten Genuß der Liebe seiner Freundin, ganz in die Gegenden jenseit des Grabes hinaus setzte. Nie war dieser Gedanke stärker

in ihm, als um Abend des Abschieds. Saladins und
Zoens Vorstellungen hatten Waltern bewegt, seine
Matilde zu Jerusalem zu lassen, bis sein Gelübde
aufgelößt wäre, und er ihr die Hand geben konnte.
Ungern willigte Matilde ein, sich von ihrem Bräutigam zu trennen, aber sie mußte seinen Bitten
nachgeben. Weinend, stand sie vor ihm, faßte seine Hand, schloß ihn in ihre Arme, riß sich von ihm,
und kehrte wieder zurück, um den Abschied von
neuen anzufangen.

Matilde, rief Walter, du tödtest mich durch
deinen Schmerz, fühlst du auch die Ahndung, die
ich habe? Fühlst du es auch, daß du auf dieser
Welt nie die Meinige seyn wirst? — Matilde
schwieg und weinte. O, wenn du dieses fühlst,
fuhr Walter fort, wenn diese Thränen Zeugen dieses Gefühls sind, so schwöre mir den
Eid, den ich dir vorlegen will, schwöre mir, ihn
wie du ihn schwören würdest, wenn dein Walter
bleich, entstellt, mit dem Tode ringend vor dir läg,
und diesen Schwur als den letzten Beweis deiner
Liebe von dir foderte. Matildens Gesicht heiterte
sich auf, sie faßte seine Rechte in ihre beyden gefall-
teten Hände, und sprach mit einem Blicke, in
welchem der ganze Himmel war: Daß ich mit meinem Walter sterben will!

Nein, das sollst du nicht, fuhr der Tempelherr fort, schwöre mir, damit durch meinen Tod

nicht die Erde zweyer guter Männer beraubt werde; (auch Richard würde sterben, wenn du ihm alsdenn deine Hand versagtest,) schwöre mir, sein Weib zu seyn. Berengaria gönnes ihm, und dir gebietet es der sterbende Walter. Matilde erbleichte, und lehnte sich an seine Seite. Siehe hier, fuhr der Tempelherr fort, indem er seiner Geliebten den langen rosenfarbnen Schleyer, welchen sie immer zu tragen pflegte, abnahm, und ihn um Richards Lenden schlang, siehe, Richard hier das Unterpfand, daß dir Matilde nach meinem Tode dasjenige nicht versagen wird, was ihr jetzt Liebe und Kummer nicht versprechen lassen. Bey Endigung dieser Worte faßte Walter Richards Rechte, und wollte sie in Matildens Hand legen, aber sie sank in dem Augenblick empfindungslos zur Erde. Walter rief ihre Weiber zu Hülfe, drückte den letzten Abschiedskuß auf ihre Wangen, Richard küßte ihre erstarrte Hand, und sie entfernten sich.

Walters Abschied von Saladin war zärtlich, aber kurz; er zitterte, daß die ungewogenen Blicke, welche Richard und der Sultan mit einander wechselten, endlich in Worte ausbrechen, und die Kühnheit des Königs von England ein schlimmes Ende nehmen mögte. — Lebt wohl! sprach Saladin zu Walters Gefährten, und sagt Richarden von meinetwegen, daß er von mir lernen soll, mit

Feinden umgehn. Ich schlage keinen, antwortete
Richard, indem er sich trotzig umwandte, dessen
Leben ich nicht mit dem Schwerte erobert habe.
Walter, der sich vor Saladins Gegenantwort
fürchtete, faßte seinen Freund beym Arme, und
führte ihn fort. Sie verließen Jerusalem, und
langten auf der Heerstraße zur gewöhnlichen Zeit
zu Tabaria an.

Acht und dreyßigstes Kapitel.

Walter steht vor Gericht, wird seiner Ordenszeichen beraubt, und geht mit Konraden
als Pilger nach Rom.

Daß Tabaria wieder in den Händen der Christen
war, hatten sie schon zu Jerusalem erfahren.
Saladin sagte es Waltern selbst an, und scherzte
mit ihm über den Muth, mit welchem er und
sein Begleiter sich zu einer Zeit in die Hände ihres
Feindes wagten, da man nicht abließ, ihn von
neuen zum Zorn zu reizen. — Die Art mit welcher
er dieses sagte, und die Ausdrücke deren er sich
bediente, bezeugten das noch mehr was Walter
längst gemerkt hatte, daß er Richarden kannte,
und bewegten ihn, seinen Abschied zu beschleuni-

gen, weil er fürchtete, Saladins Großmuth würde
in die Länge nicht hinreichend seyn, den Anblick
seines Feindes zu ertragen.

Jetzt waren sie wieder in Tabaria. Konrad
von Staufen legte Rechnung von seinem Verfah=
ren ab, und der Besitz der Vestung, aus welcher
er die Sarazenen vertrieben hatte, zeigte genug=
sam an, wie wenig man bey der Gegenwart die=
ses Helden, Richarden und Waltern hätte ver=
mißen sollen.

Demohngeachtet waren sie vermißt worden,
und nicht allein dieses, sondern trotz der Vorsicht,
welche Konrad von Staufen brauchte, um alles
verborgen zu halten, war bey dem Orden bereits
alles bekannt, was sie vorgehabt hatten, und wo
sie gewesen waren. Ihr Aufenthalt bey dem Alten
vom Berge, der Besuch bey Saladin zu Jerusalem,
die Ursache warum Matilde daselbst zurückgelassen
worden war, alles wußte man, und vermittelst
weitläuftiger Zusätze noch vielmehr als mit der
Wahrheit überein kam. Die Traurigkeit, welche
Ritter Konrad bey dem Empfang seines Freundes
blicken ließ, hatte diesen schon etwas Schlimmes
sollen muthmaßen lassen, aber er war es gewohnt
Konraden traurig zu sehen, und schob seine
Schwermuth auf das Andenken der schönen Rose=
munde; aber er irrte sich. Der Ritter von Stau=

sen mußte, was die Tempelherren wider ihren Ordensbruder, den unglücklichen Walter schmiedeten, er sah wie vielen Schein der Wahrheit sie vor sich hatten, und wie schwer es seinem Freunde werden würde, seine Unschuld zu retten. — Der Eid des Ordens band ihn, Waltern die Anklagen ausführlich zu entdecken, welche man wider ihn zusammen gebracht hatte, und er mußte sich gnügen ihm überhaupt zu sagen, was für ein Ungewitter bevorstünde.

Walter erstaunte; wie sollte er das Bewußtseyn seiner Unschuld mit einer Anklage vor den ganzen Orden zusammen reimen, einer Anklage, die man wider diejenigen von den Brüdern, die so wie er, zu den höchsten Ordnungen gehörten, nur in äusserst wichtigen Fällen zu wagen pflegte. Er verlangte seinen Ankläger zu wissen, und erstaunte, daß es einer von den Belforten war, welche Saladin während seines Aufenthalts zu Jerusalem auf seine Bitte losgegeben hatte, und für deren Treue er sein Leben verbürgt hätte. — Richard schäumte vor Wuth. Er bestand darauf, daß sein Bruder sich in seinen Schutz begeben, und der Macht seiner Feinde Trotz bieten sollte. Du bedenkst nicht, antwortete Walter, daß ich noch nicht von meinem Gelübde losgesprochen bin, daß ich mich nicht entbrechen kan, vor dem Richterstuhl zu erscheinen, vor welchen ich als Tempel-

Herr gehöre. — Das ist kein anderer, fiel Richard ein, als der Richterstuhl des Pabsts. In Europa, sagte Walter, und hier in Asien, des Großmeisters Terrikus, meines Feindes. Freylich, setzte er hinzu, bin ich auf diese Art schon so gut als verurtheilt; aber ich muß erscheinen, muß mich vertheidigen, wenn ich mich nicht schon im Voraus des Kreuzes und des Schwerts verlustig machen will, das ich trage. Und das du ablegen mußt, wenn du Matilden besitzen willst, sagte Richard. Ja, mein Freund! versetzte Walter, ablegen will ich es, aber geraubt, wegen angeschuldigter Verbrechen geraubt, darf mir es nicht werden, wenn ich nicht Matildens, und deiner, und aller meiner Freunde unwürdig seyn will. —

Unsere drey Freunde, Walter, Konrad und Richard, brachten nach diesem Gespräch, welches des Abends nach Ankunft der beyden Brüder zu Tabaria vorfiel, eine schreckliche Nacht zu. Konrad war in Verzweiflung, daß er so wenig zu einer Sache sagen und helfen konnte, wovon ihm so viel bewußt war. Richard sann auf Mittel, seines Bruders Ehre zu retten, und Walter, der noch der Ruhigste war, sann nach, was man ihm schuld geben könnte, und tröstete sich seiner Unschuld, die, wenn man sie auch nicht sollte erkennen wollen, ihn doch in den Augen der Redlichen nie ganz würde sinken lassen.

Die Gesandten des Großmeisters, welche Waltern im Namen des ganzen Ordens auffordern sollten, Rechenschaft wegen einiger seiner Handlungen zu geben, erschienen des andern Tages; Richard wüthete und brohte, Walter war willig den Abgeordneten zu folgen, er bat seinen Bruder zu Tabaria zu bleiben, und Konrad von Staufen, welcher in Abwesenheit seines Freundes zum Ordensmarschall erwählt worden war, begleitete den Tempelherrn. Er kam zu Akkon an, er wurde nach dem Tempelhofe geführt. Das ganze Kapitel war versammelt. Walter trat in die Versammlung, und erwartete seinen Ankläger. Ueberall herrschte tiefes trauriges Schweigen. Jedermann der Waltern vordem geschätzt und geliebt hatte, wendete die Augen von ihm; seine Feinde suchten mit höhnischer Freude Spuren der Angst und Verwirrung auf seinem Gesichte zu entdecken, sie fanden nichts in seinen Zügen als ruhige Hoheit, und wandten sich unwillig hinweg.

Mein Walter, fieng Terrikus mit seiner gewöhnlichen heuchlerischen Freundlichkeit an, wie kränkt es mich, euch in solcher Gestalt vor unserer Versammlung zu sehen; euch, der ihr ehemals unser Stolz und unsere Zierde waret. Wie war es euch möglich, selbst in Fehler zu verfallen, die euch unserer gerechten Ahndung unterwerfen? Euch, einen Helden der Tugend, der jede kleine Verirrung mit der äussersten Strenge zu verdammen pflegte! — Seyd ihr mein Ankläger oder mein Richter? fragte Walter. Euer Richter, antwortete der Großmeister, indem ihm die Maske der Freundlichkeit fast ganz entfiel, euren Ankläger soll man sogleich aufrufen. — Ritter Konrad als Ordensmarschall stand aus der Reihe auf, und rief den Ankläger mit den gewöhnlichen feyerlichen Worten, traurig setzte er sich wieder an seine Stelle, und einer der Belforte trat hervor, stellte sich gegen seinen ehemaligen Herrn und Wohlthäter, und hub wider ihn eine Klage an, welche zu lang war, um hier umständlich aufgezeichnet zu werden.

Der Inhalt war ohngefähr dieser: Walters Vorhaben den Orden zu verlassen, und sich von dem Gelübde loszählen zu lassen, wollte man als ein Vergehen, welches schon mehrere vor ihm begangen hätten, und das von weltlichgesinnten ungewissenhaften Leuten leider für kein Vergehen gehalten würde, nicht rügen; aber daß er bereits gehandelt habe, als hätte er den Orden niedergelegt, daß er sich in Europa weltlicher Herrschaft und Ehrentittel angemaßt, und Matilden von Tripoli seine Hand versprochen habe, ehe er wußte, ob man ihn jemals entlassen könne und wolle, dieses wäre ein Verbrechen, welches völlige Verstoßung aus dem Orden, wo nicht den

Tod verdiene, und doch sey es noch nicht das größte, dessen man ihn beschuldigen könne. Seine geheime Reise nach Jerusalem, unter dem Vorwand nach Tabaria zu gehen, sein Aufenthalt bey dem berüchtigten Räuber und Meuchelmörder, der sich den Alten des Berges nennte, sein Umgang mit Saladin, dem erklärten Feinde der Christenheit, die ungemeine Freundschaft, welche ihm der Sultan erzeigte, Walters ungemeines Zutrauen zu Saladin, indem er lieber ihm, als einem christlichen Fürsten, seine sogenannte Braut anvertrauet hätte, alles dieses wären Beweise seines falschen treulosen Herzens, welches muthmaßlich auf nichts, als den Untergang der Christenheit und den völligen Triumph der Sarazenen sänne, mit welchen er in heimlichen Verständniß lebte. — Ich selbst, setzte der treulose Belfort hinzu, könnte mich um Zeugen dieser Anklagen aufwerfen, wenn ich zugleich Ankläger und Zeuge seyn dürfte. Ich habe Waltern auf allen seinen Reisen begleitet, ich habe es gesehen, wie er sich in Frankreich mit den Namen eines Grafen von Anjou brüstete, habe es gesehen, wie er um seiner Angelegenheiten vornämlich um Matildens Liebe willen, die Geschäfte der Christenheit vernachläßigte, habe gesehen, wie er Matildens Bild in seinem Busen trug, es küßte, über ihn weinte, und ihm fast die Ehre eines Heiligenbildes erzeigte; ich weis, daß er einen verliebten, einem geistlichen Ritter unanständigen

Briefwechsel mit Ihr unterhalte, ich weiß, auf
was für einem Fuß er in der Insel Zypern mit ihr
lebte, aber hievon zu zeugen ziemt mir nicht,
ich stehe hier vor euch als Ankläger, aber ich
fodere die neun Tempelherrn, welche mit mir
einen Rattel führen, zu Zeugen meiner Anklägen
auf; sie haben Waltern auf seinen Reisen begleitet wie ich, haben gesehn und gehört was ich sah
und hörte, und können am besten die Wahrheit meiner Aussage bezeugen.

Die Belforte standen auf, und zeugten; aber
was sie zeugten, widersprach ganz der Erwartung
des Rechts und seiner Freunde. Listig genug
hatte Tetritus diese redlichen und treuen Ritter
gleich ihren verrätherischen Mitbrüder in sein Netz
zu ziehen, und wider die Wahrheit zu empören
gesucht, und listig genug hatten sie bis auf diesen entscheidenden Augenblick, ihre wahre Gesinnungen zu verbergen gewußt. Sie standen auf
und zeugten — für Waltern, das ist, sie erzählten umständlich und nach der Wahrheit, was sie
von Waltern bey ihrem täglichen Umgang mit ihm
gesehn und gehört hatten, erzählten umständlich,
was ihnen von seinem Verhältniß mit Saladin
bekannt war, und vernichteten durch ihr Zeugniß,
welches das Gepräg der Wahrheit trug, allen Verdacht so völlig, daß nichts als das Urtheil des
Großmeisters fehlte, um den Beklagten völlig zu
rechtfertigen.

Walter hörte allem diesem, was für und wider ihn gesagt wurde, ohne Bewegung zu, als ob es ihn nichts angienge. Er stand da, und stützte sich auf sein Schwert, weil er als Beklagter nicht sitzen durfte. Die treuen Belforte hörten auf zu sprechen, und der Beklagte schüttelte mit einem kleinen Lächeln den Kopf — Ich merke wohl, sagte er, indem er sich zur Versammlung kehrte, ihr werdet nichts auf Waltern bringen, wenn ihr euch nicht mit wichtigern Anklagen versehen habt. —

Frevelt nicht, sagte Terrikus, es mögte vielleicht ein Ankläger und Zeuge wider euch auftreten, welchen ihr nicht durch bestochene Freunde widerlegen könntet. — In diesem Augenblick gab der Großmeister ein Zeichen; die Thüre öfnete sich, und Patriarch Heraklius trat herein. Setzet euch, meine Freunde, sprach er, als die Versammlung aufstand, und ihn mit kreuzweis auf die Brust gelegten Armen bewillkommte. Setzet euch. Ich erscheine jetzt nicht in meiner geistlichen Würde, sondern als Kläger wider diesen Unglücklichen, welchen ich bisher als meinen Sohn liebte. — Ich frage euch, Walter, fuhr er fort, indem er sich zu dem Beklagten wandte, welcher ihn verächtlich von der Seite anblickte, ich frage euch, ob ihr euch jenes Gesprächs erinnert, welches ihr den Abend vor eurem vorgeblichen Abzug nach

Tabaria mit Richard, mir und Philipsen, Grafen von Flandern, hieltet. — Ich erinnere mich dessen sehr wohl, sagte Walter, aber daß Philip bey demselben gegenwärtig war, ist mir unbekannt; ich habe allezeit die Gesellschaft dieses Menschen gemieden, und erinnere mich, nie zwey Worte im Guten mit ihm gewechselt zu haben. — Wenn ihr den Inhalt dieses Gesprächs geständig seyd, sagte Heraklius, so wird sich das Uebrige geben. Ich leugne keines meiner Worte, erwiederte der Beklagte, und erlaube euch, dieselben zu wiederholen, wenn ihr sie behalten habt.

Ich bin keiner eures Ordens, versammelte Ritter! fieng der Patriarch an, indem er sich zu den Tempelherren wandte, aber die Achtung, welche ich für euch und eure Geheimnisse habe, hat mich allezeit bewegt, die Größe und Heiligkeit derselben mit besondern Eifer zu vertheidigen. Mich dünkt, fiel Walter ihm in die Rede, indem eine unwillige Röthe sein ganzes Gesicht bedeckte, mich dünkt, ihr würdet diesen Geheimnissen die größte Achtung erwiesen haben, wenn ihr sie ganz unerwähnt gelassen hättet, und ich erinnere mich wohl, daß ich euch das nämliche sagte, als ihr an jenem Abend, dessen ihr gedenket, so verwegen davon schwatztet. — Mit nichten, erwiederte der Patriarch, mit nichten, mein Sohn! nicht verwegen; ich sagte nichts Mehreres, als daß ich die

Geheimnisse eures Ordens für so heilig hielt, daß ein Ungeweihter, der sie belauschte, und sollte er der höchste König der Welt seyn, den Tod verdient hätte; daß er ihn um eurer Sicherheit willen auf der Stelle leiden müsse. Und ich, versezte Walter, antwortete, was ich jezt wiederholen will, daß euch solches unsinniges Geschwätz nicht ziemte, und daß wir die Augen keines Menschen zu scheuen hätten, da wir wüßten, daß die Augen des Allwissenden uns überall beobachteten." — O strafbare Gleichgültigkeit! schrie Terrikus, ihr werdet also die Augen der Ungeweihten nicht scheuen? werdet bereit seyn, gegen jeden derselben den Eid der Verschwiegenheit zu brechen? — Nun erfahre ich die Möglichkeit dessen, was man mich versichern will, und was mir kaum gläublich geschienen hat, daß ihr euch nicht entblödet habt, eurem Bruder dem Könige von England, Gott weis zu welchem Ende, die Kleider unsers Ordens zu leihen, und die heilige Tracht zu verunehren, um Richards Neugierde zu befriedigen. — Ein unwilliges Gemurmel erhob sich unter den Brüdern; man foderte Zeugen dieser Unthat; es fanden sich unterschiedliche. Walter konnte es nicht läugnen; Terrikus brach den Stab, und Waltern ward zuerkannt, daß er, der eigentlich durch Entheiligung der Geheimnisse seines Ordens das Leben verwirkt hätte, des Ordenskleids verlustig seyn, als Pilger nach Rom wallen, und vom Pabste die Absolution dieses ungeheuren Verbrechens holen sollte.

Diese Anklage, dieses Zeugniß, und das Urtheil folgte mit so unbeschreiblicher Schnelligkeit aufeinander, daß man deutlich merkte, daß es eine verabredete Sache war. Es wurde weder an Stimmensammlung noch an Bestätigung des Urtheils gedacht, es war gesprochen und niemand wagte es umzustoßen. — Konrad von Stauffen welcher während dieser ganzen Handlung wie halb ausser sich gesessen hatte, wurde aufgerufen, Waltern Ring, Mantel, Kreuz, und Schwert abzunehmen. Zitternd trat er herbey, that was ihm befohlen war, und fieng darauf folgendermaßen an, indem er den seiner Zierde beraubten Walter fest bey der Hand hielt: Unwürdig ist der, welcher dieses Urtheil sprach der heiligen Kleidung; unwürdig sind derselben alle diejenigen, welche in dieses ungerechte Urtheil willigten, unwürdig bin auch ich dieses Mantels, dieses Rings, dieses Kreuzes, und dieses Schwerts, weil mich euer Urtheil und mein Amt nöthigte, den besten und frömmsten Ritter der Welt dieser Ehrenzeichen zu berauben. Und seht, hier lege ich meine Ordenszeichen zu den Seinigen; ich bin nicht besser als er; ich theile sein Schicksal mit ihm, und begleite ihn als Pilger nach Rom! Mit diesen Worten nahm Konrad Waltern in den Arm, und eilte mit ihm aus der Versammlung, die ihnen mit Erstaunen nachsahen. Zorn, Unmuth und Beschämung hatten Waltern sprachlos gemacht, und ihn fast aller

Sinne beraubt. Er bedurfte der Unterſtützung eines Freundes. Konrad handelte und dachte für ihn. Er ſah ein, daß es nöthig ſeyn würde, ihre Abreiſe zu beſchleunigen. Ihm war bange, daß man ſeine ziemlich verwegne Ablegung der Ordenszeichen ahnden, ihn vielleicht gefangen ſetzen, oder auf andere Art hindern würde, ſeinen Freund zu begleiten; er hielt alſo den geringſten Aufſchub für gefährlich. Richarden wurde der ganze Verlauf der Sache durch einen treuen Waffenträger nach Tabaria gemeldet, und Walter und Konrad machten ſich noch in der nämlichen Stunde in Pilgerkleidern nach Joppe, wo beſtändig Schiffe zur Abfahrt bereit lagen, und wo ſie ſogleich unter Seegel gehen konnten.

Neun und dreyßigſtes Kapitel.
Pabſt Cöleſtin der Dritte.
Die beyden Tempelherren werden Carmelitermönche.

Konrad von Staufen hatte ſchon manche Seereiſe mit ſeinem unglücklichen Freunde gethan, aber keine von allen war trauriger als dieſe geweſen. — Nie war Walters Schickſal in ſchwärzere Wolken gehüllt geweſen als jetzt. Rings um ihn her war Nacht. — In der Vergangenheit auf ewig entflohene Freuden, gegenwärtig Schande und Trennung von allem was ihm lieb war, und in der Zukunft auch nicht eine einzige Hofnung den Leidenden zu unterstützen.

Konrads Trost war zu schwach, den sinkenden Muth seines Freundes aufzurichten. Das, was er für ihn that, der Heldenmuth, mit welchen er ihm zu Liebe auf alles Verzicht that, was er entbehren mußte, tröstete ihn nicht; der Gedanke, seinen Freund mit sich unglücklich zu sehen, erschwerte seine Leiden und drückte ihn fast zu Boden.

Sie landeten zu Aquilea; sie giengen nach Rom, und erst hier war es, wo Walter sich ein wenig erholte, und durch das Bewußtseyn seiner Unschuld unterstützt, Muth genug faßte, um sich vor dem Pabst mit der Miene der beleidigten Tugend zu zeigen.

Es war ein Glück für ihn, daß er sich auf diese Art seiner Heiligkeit vorstellte. Cölestin der Dritte, ein Mann, aus dessen Charakter man nie recht hat klug werden können, von dem es in den meisten Fällen unmöglich war zu entscheiden, ob sich seine Gesinnungen mehr zum Guten oder zum Bösen neigten, hatte einen einzigen festen Grundsatz, nach welchem er allemal handelte, und auf welchen er Gutes und Böses fortbaute, wie es die Gelegenheit gab. Dieser Grundsatz hieß: Er, der allgemeine Vater der Christenheit, müsse sich der Bedrängten annehmen; ob diese Bedrängten schuldig oder unschuldig waren, ob sie Recht oder Unrecht hatten, das war ihm gleich, so wie auch die Mittel, deren er sich zu ihrer Unterstützung bediente. — Ich sehe mich genöthigt, meinen Lesern hiervon ein Beyspiel zu geben, welches, weil es zugleich mit in Richards Angelegenheiten in England einschlägt, hier nicht am unrechten Orte stehen wird.

Meine Leser erinnern sich, daß König Richard bey seinem Zug nach Palästina, die Regierung seines Landes zweyen Bischöfen anvertraute, von denen der eine, Longchamp, eine Kreatur Eleonorens, ein Normann, von geringer Geburt und heftigem Charakter war. Schon in Abwesenheit Königin Eleonorens hatte er sich eine Obergewalt über seinen Mitstatthalter, den Bischof von Durham angemaßt, und die Wiederkunft der Königin aus Zypern war nicht im Stande, seinen Uebermuth zu schwächen. Er vergaß ganz und gar, daß sie es war, welche ihn aus dem Staube erhob. Er achtete weder ihre noch des abwesenden Königs Befehle. Er setzte den Bischof von Durham eigenmächtig ab, führte den Staat eines Königs, und trieb Eleonoren so in die Enge, daß sie weniger als die geringste Privatperson thun konnte. — Sie, welche gewohnt war, allemal verkehrte Mittel zu ihren Endzwecken zu wählen, achtete weder Blondels Zureden, noch Richards Verbot, sie lockte ihren jüngsten Sohn Johann nach England, und bediente sich seiner, ihren Feind zu demüthigen. — Es gelang ihr, aber sie veränderte nur dadurch die Ursache ihres Unglücks, und litt von Longchamps Uebermuth vielleicht nicht mehr, als sie hernachmals von Johanns Leichtsinn und Bosheit leiden mußte.

Longchamp flohe in den Tower, wo er sich lange wider den Prinzen Johann vertheidigte, und endlich, da es mit ihm aufs Aeusserste kam, in Weiberkleidern nach Rom entfloh. Dieser Aufzug war für einen geistlichen Herrn eben nicht der anständigste, auch war er auf seiner Reise in denselben endeckt, seiner geistlichen Würden beraubt, und sehr beschimpft entlassen worden, demohngeachtet legte er seine profane Verkleidung wieder an, und wagte es, in solcher Gestalt vor den heiligen Vater zu treten.

Er wurde mit ofnen Armen empfangen, der Name eines Bedrängten, eines Verjagten und Beschimpften war Cölestin zu heilig, als daß er ihm hätte Schutz und Hülfe versagen sollen. Er untersuchte nicht, wie sehr er Unglück und Beschimpfung verdient hatte; er unterstützte ihn; seine Feinde waren die seinigen; und er half ihm treulich, England auf tausenderley Art zu beunruhigen, ohne sich ein Gewissen daraus zu machen, daß er die Partie eines Rebellen, wider die Sache seines Königs nahm.

Eben den Schutz, den Pabst Cölestin dem verbrecherischen Longchamp bewilligte, eben denselben gewährte er auch dem unschuldigen Walter; beyden aus einem Grunde, und einem so gern als dem andern. Walter hatte unter den Namen eines unschuldig Bedrängten und Verjagten alle Genugthuung, alle Rache an seinen Feinden von ihm fodern können, und er würde gethan haben was ihm möglich gewesen wäre, um ihn zu befriedigen. Aber dieß war Walters Absicht nicht; er foderte nichts von ihm, als so lange die Zeit seiner Verbannung dauerte, Aufenthalt in einem Kloster in der Gegend von Rom, und alsdenn Absolution, Rechtfertigung und Wiedereinsetzung in die Rechte, deren man ihn unschuldig beraubt hatte. Der Pabst, welcher gern große Dinge that, wäre durch diese geringen Foderungen, bald wider Waltern eingenommen worden; Bann und Interdickt wider die Tempelherren und alle seine Feinde hätte ihm zu Diensten gestanden, und er verlangte nichts als ein einsames Kloster! — Seine Bitte ward ihm indessen gewährt. Er wählte ein schön gelegnes Carmeliterkloster, eine Meile von Aquileja, und bezog es mit seinem Freunde Konrad welcher sich nicht von ihm trennen wollte.

Vierzigstes Kapitel.

Ein Pilger aus dem heiligen Lande meldet sich bey unsern Mönchen.

Walters Verbannung von seinem Orden, und sein Aufenthalt im Kloster war vom Pabste auf zwey Jahr zwey Monat und zween Tage angesetzt. Terrikus Briefe mit der Nachricht von seinem Verbrechen und seiner Verurtheilung, langten einen Monat nach Waltern zu Rom an. Die Beredsamkeit, Terrikus vorzügliche Gabe, mit welcher sie geschrieben waren, hätten leicht einen falschen Eindruck auf das Herz des heiligen Vaters machen können, wenn er nicht vorher für den Verurtheilten eingenommen gewesen wäre. Zwar war er nicht im Stande die Bosheit der Beschuldigungen mit denen man Waltern belegte, zu durchschauen, zwar war er schwach genug zu denken, Terrikus könne doch wohl nicht ganz unrecht haben, und der Beklagte mögte doch wohl nicht ganz schuldig seyn; aber er hatte sich seiner einmal angenommen, er wollte fortfahren ihn zu schützen, und das Einzige, womit er bezeigte, daß er nicht mehr ganz so günstig für ihn gesinnt war als im Anfange, war, daß er seinen Aufenthalt im Kloster, dessen Dauer er anfangs in seinen freyen Willen gestellt, auf die Zeit fest setzte, die wir im Anfange dieses Kapitels benennten.

Walter fand sich etwas beleidigt durch diese Einschränkung, welche ihm das Ansehn eines Schuldigen gab, das er, nach der Aufnahme die er zuerst beym Pabste fand, hier gar nicht zu führen gedacht hatte; aber Cölestins Antwort zeugte, daß sein Gemüth wider ihn eingenommen seyn müsse, ob er gleich sich nicht überwinden konnte, es ihm zu gestehen, oder ihm seinen Schutz zu versagen.

Euer Großmeister, sagte er, mag Recht oder Unrecht haben, so erfordert es der schuldige Gehorsam, daß ihr seinen Willen zu ehren wenigstens eine Buße auf euch nehmet. Ihr könnt aus der Art und der Dauer derjenigen die ich euch auflege, meine gute Meynung von euch schließen, denn ich versichere euch, daß die Foderungen eures Oberhaupts, deren ich euch überhebe, viel größer und viel nachtheiliger für euch waren, als der kurze Aufenthalt in einen Kloster, welches ihr euch selbst gewählt habt, und welches keineswegs eins von den strengsten ist. — Der heilige Vater hatte Recht. Die Lebensart der Mönche des Carmeliterklosters zu Aquilea, war ziemlich frey, aber anstatt daß die Freyheit, welche unter ihnen herrschte, Waltern angenehm seyn sollte, so verbitterte sie ihm vielmehr das Leben. Er war gewohnt, das, was er war, ganz zu seyn. Als Matildens Liebhaber treuer und zärtlicher, als je ein Liebender war; als Tempelherr fromm und tapfer bis zur Schwärmerey; und als Mönch streng und eingezogen wie der Stifter seines Ordens. — Er und Konrad von Staufen, welcher ganz mit ihm überein dachte, dessen Herz die andre Hälfte des Seinigen zu seyn schien, schlossen sich von allen Ausschweifungen ihrer Klosterbrüder aus, und erwarben sich dadurch bald den Namen mürrischer Sonderlinge. — Die einzige Freyheit des Klosters, deren sich Walter bediente, war die Erlaubniß, einen Briefwechsel zu führen, und Fremde zu sehen. Er schrieb unterschiedliche mal nach Palästina an Richarden und Matilden, aber ohne Antwort zu erhalten. Auch kam nicht leicht ein Schif aus dem heiligen Lande nach Aquilea, daß er nicht mit einem der Ankommenden zu sprechen, und Nachrichten zu erhalten suchte. Sehr verschieden und sehr verworren waren die Berichte, die er hörte, und wir halten es für besser, sie unsern Lesern zu verschweigen, bis wir ihnen einen bessern und glaubwürdigern Zeugen aus dem gelobten Lande vorstellen können, dessen Erzählung die Nachrichten, welche Walter bisher erhalten hatte, meistens vernichtete, und nur einige derselben bestätigte.

Es meldete sich eines Tages ein Pilger im Kloster, welcher mit Waltern zu sprechen verlangte; Walter und Konrad wunderten und freuten sich, weil noch niemand ungefodert gekommen war, ihre Neugierde nach den Angelegenheiten des gelobten Landes zu befriedigen, und weil sie hoften, dieser Ankömmling würde ein Ueberbringer, längst vergeblich erwarteter Briefe seyn. — Er erschien, und welche Freude, welch Erstaunen, als sie erstes Blicks in ihm eine Person erkannten, deren Gegenwart ihnen so lieb, als unbegreiflich war.

Wie? schrie Walter, indem er die Arme nach dem Fremden ausstreckte. Richard? mein Bruder? du hier, und im Pilgerkleide? — Richard umfaßte Waltern ohne seine Fragen zu beantworten. Konrad theilte die Freude der beyden Brüder, und erwartete mit Ungeduld die Zeit, da sich die Ursach der Erscheinung des Königs von England in dieser Tracht, welche ihm so räthselhaft vorkam, erklären würde. Gegenseitige Fragen, und Antworten gaben ihm nach und nach eine Befriedigung, weil sie aber immer nur ein dunkles Licht über die Sache verbreiteten, so will ich sie mit Stillschweigen übergehen, und meinen Lesern lieber Richards vollständige Erzählung geben, welche erst nach Verlauf einiger Stunden erfolgte. —

Ein und vierzigstes Kapitel.

Neue Züge von den christlichen Gemüthern der kreuzfahrenden Helden. König Richard ist auf gefährlichem Wege, und redet Lästerworte wider den Pabst.

Wie soll ich dir den Schrecken, wie den Unwillen beschreiben, fieng der König von England seine Rede an, dem mir die Nachricht von der ungerechten Verurtheilung meines Walters, und von seiner schnellen Entfernung aus Palästina verursachte! du kennst mich, wenn ich aufgebracht bin, und kannst dir also eine Vorstellung von meiner Verfassung machen. Die Wuth des kleinen Heers, das du aus deinem Lande gesammlet hast, war der Meinigen gleich; sie schwuren denen den Tod, die sich an ihrem Grafen vergriffen, und seine Ehre befleckt hatten. Ich nahm sie, und eine gleichmäßige Anzahl meiner Leute zu mir, und wir kamen schnell wie ein Sturmwind nach Akkon. Wir fanden daselbst alles in der äussersten Verwirrung. O, warum hattest du doch nicht deine Abreise nur eine kurze Zeit verschoben! Du hättest die vollkommenste Rache und Genugthung erhalten können. Du und Konrad hattet nicht sobald den Saal der Versammlung verlassen, und das erste Erstaunen über die großmüthigste That des edeln Ritters von Staufen, hatte sich nicht sobald gelegt, als die Belforte, die Vertheidiger deiner Unschuld auftraten, und von ihrem Großmeister Rechenschaft wegen der Beschuldigung der Bestechung foderten, welche er ihnen in seiner lezten Rede an dich aufgebürdet hatte. Zu ihnen gesellten sich eine große Anzahl anderer Ritter, welche deine Freunde waren, und die sich durch deine ungerechte Verurtheilung beleidigt fanden. Sie foderten, da man dich wegen der wichtigern Anklagen hätte lossprechen müssen, Beweis der Geringern, um derentwillen du verurtheilt wurdest. Sie fragten, ob es in ihren Gesetzen gegründet sey, daß derjenige, welcher vielleicht um einer unschuldigen Ursach willen, einem Freunde die Ordenstracht liehe, als ein Verbrecher gestraft werden müsse? Diejenigen, welche auf Terrikus Seite waren, schrien, du habest mich im Tempelherrenkleide in ihre heiligsten Versammlungen geführt, und ihre Geheimnisse gemein gemacht! Deine Anhänger foderten Beweis, und als niemand denselben geben konnte, so sah man gar bald überall bloße Schwerter blinken. Der Patriarch wollte sich, in Vertrauen auf die Heiligkeit seiner Person als Schiedsrichter unter die Streitenden mischen, aber es fehlte nicht viel, daß er ein Opfer der wüthenden Tempelherren geworden wäre. Die kühnen Reden, die er sich, wie er selbst gestand, von dem Orden erlaubt hatte, und die du, mein Walrer? mit so vielem Rechte bestraftest, hatten den größten Theil der Ritter aufs Aeusserste wider ihn erbittert. Die Bosheit mit welcher er die Hand zu deinem Untergange geboten hatte, und sein bekannter unmoralischer Lebenswandel huben alle Scheu vor der Heiligkeit seines Amts auf, und ich weis nicht, auf was für Art er sich aus den Händen seiner Feinde muß gerettet haben; es muß ein bloßer Zufall gewesen seyn, oder vielleicht dieses, daß sich die Aufmerksamkeit der aufgebrachten Ritter theilte, und die Meisten von Ihnen, auf den Großmeister einstürmten, welcher kaum von seinem Anhange konnte geschützt werden. Dieser Aufruhr endigte sich damit, daß man, als man der Thätlichkeiten müde war, sich trennte. Die gutgesinnte Tempelherren schwuren, sie wollten nicht länger in einem Orden bleiben, wo man die besten Ritter theils vertriebe, theils durch Ungerechtigkeiten nöthigte, das Kreuz selbst niederzulegen. Nichts, setzten sie hinzu, sollte sie bewegen ihren Eid zu brechen, wenn Terrikus nicht Anstalt machte, dich zurück zu berufen, und dir die in die Augen fallendste Ehrenerklärung zu thun, die sich denken ließ.

Terrikus brachte es mit Mühe endlich so weit, daß die Ritter versprachen, sich zu gedulden, bis man Nachricht aus Europa vom Pabste erhalten könne, dessen Urtheile er und sie verbunden wären sich zu unterwerfen. — Man gieng auseinander, und kam an dem folgenden Tag wieder zusammen, um über den Bericht, welchen man nach Europa zu erstatten, und über die Abgeschickten, welche man zu wählen hätte, zu Rathe zu gehen. — Hierüber einig zu werden, war eine schwere und langweilige Sache. Das, was Terrikus vorschlug, wurde von deinen Freunden verworfen, und ihre Vorschläge fanden den nämlichen Widerstand bey ihm. Ich hätte wünschen wollen, daß man hiermit nicht eher zu Stande gekommen wäre, bis zu meiner Ankunft in Akkon; mich hätte Terrikus nicht betrügen sollen, wie er ohne Zweifel, wenn ich den Ausgang überlege, deine Freunde betrogen hat. Er bequemte sich endlich nach allen was man von ihm foderte. Zween Ritter von deiner, und zween von seiner Seite wurden mit einen gemeinschaftlich-verfaßten Bericht nach Rom geschickt, und ich kam den Tag nach ihrer Abfertigung zu Akkon an. Unruhe und Feindseligkeit dauerten noch immer daselbst fort, und meine Ankunft diente nicht dazu, dieselben beyzulegen. Die Art, mit welcher ich den ohnedem schon genug in Furcht gesetzten Terrikus deinetwegen zur Rede stellte, kannst du dir denken. Ich bekam die sanftesten Antworten, und wurde an den Schluß verwiesen, den das ganze Kapitel deinetwegen verfaßt hatte. Ich mußte mich mit demselben befriedigen lassen; aber ich weis doch nicht, ob ich lange ruhig geblieben seyn würde, wenn man mich nicht bey meiner schwächsten Seite angegriffen, und auf diese Art von Akkon entfernt hätte, wo meine Anwesenheit deinen Freunden zu viel Muth und Ansehn gab, als daß man mich gern daselbst hätte sehen sollen.

König Philip, der wie du weißt, allemal am meisten wider die Belagerung von Jerusalem war, und meinen Wünschen hierinnen die meisten Hindernisse in den Weg legte, wurde an mich abgeschickt, mir den Vorschlag zu thun, der mir einer von den liebsten war, die ich mir denken konnte. — Er stellte sich mißvergnügt mit den Zwistigkeiten in Akkon, die, wie er sagte, nichts mit der Hauptsache, der Demüthigung der Sarazenen zu thun hätten, und schlug mir vor, wir wollten unsere Macht vereinigen, und vor Jerusalem gehen, um einen Hauptstreich zu wagen.

Nie bin ich mit dem Könige von Frankreich zufriedner gewesen als in diesem Augenblicke, ich umarmte ihn, nannte ihn meinen Bruder, und redete alles mit ihm ab, damit wir je eher je lieber den Zug wider denjenigen vornehmen könnten, der mir seit dem Uebermuthe mit welchen er mir zu Jerusalem begegnete, verhaßter war als jemals.

Uebermuth? fiel Walter seinem Bruder in die Rede, du willst vielleicht sagen Großmuth. O, erwiderte Richard, die Großmuth unsers Feindes demüthigt uns zu sehr, als daß wir sie mit einem gefälligen Namen nennen könnten; überdies that Saladin nichts, das ich nicht an seiner Stelle auch gethan haben würde; er komme nach England, und versuche es! — Aber laß mich in meiner Geschichte fortfahren. Zu mir und König Philipen gesellte sich

Konrad von Montferrat, Fürst zu Tyrus und König zu Jerusalem, damit ich diesem stolzen Manne
seinen vollen Titel gebe, und Leopold, Herzog von
Oesterreich. Wir rückten vor Jerusalem, das nach
meinen Gedanken schon so gut als in unsern Händen war. Ich weidete mich schön an den Gedanken, zugleich mit dieser Stadt unsere Matilde zu
erobern, deren Gegenwart ich Saladin nicht gönnte;
den Sultan in meine Gewalt zu bekommen, und ihm
zu beweisen, daß Richard ein Christ, noch wohl
besser und edler handeln könne, als der sarazenische
Saladin. — Es ist kein Zweifel, daß mir mein
Vorhaben in kurzer Zeit gelungen seyn würde, wenn
meine Helfer mit mir übereingedacht hätten. Wir
rückten vor Jerusalem, aber wenig Tage, so machten
allerley Uneinigkeiten, daß der Herzog von Monferrat, und der von Oestreich sich von uns trennten,
und ihres Weges zogen. Mit Konraden hatte ich
nichts zu thun, aber Leopolden, der bey der Aktion
zu Tabaria und bey unterschieblichen andern unter
meinem Kommando gestanden hatte, konnte ich mich
nicht enthalten einige bittere Wahrheiten zu sagen,
die er mir beantwortete als ob er meines Gleichens
gewesen wäre.

Der König von Frankreich und ich waren nun
allein, und fiengen an unser Vorhaben mit Ernst
zu treiben. Wir theilten uns friedlich in die Bestür-
mung der Städt, und in die Bewachung der Tren-
cheen; und ich hatte nichts an meinem Bundesge-

possen auszusetzen, als daß es an dem Orte wo er kommandirte, immer ein wenig schläfrig zugieng. Diese Schläfrigkeit nahm zu, und wechselte endlich mit eigensinnigem Widerspruch und Vereitelung meiner besten Anstalten ab. Es kam einmal so weit, daß wir durch seine Schuld, ganz von Jerusalem abziehen mußten. Wir setzten zum zweytenmal an; ich war in dem was ich vornahm glücklicher als er; seine eignen Leute wollten lieber unter meiner als seiner Anführung fechten; er ward mürrisch und eifersüchtig; er meynte, es wäre hier doch wenig Ehre zu erwerben, er wäre des Dinges überdrüßig, und — wollte lieber gar wieder nach Hause ziehen.

Ich war seiner unnützen Gegenwart so müde, daß ich mich herzlich über seinen Entschluß freute, und ihm auch wohl die Gefälligkeit geschenkt hätte, die er mir dadurch zu erzeigen dachte, daß er mir zehn tausend Mann unter Anführung des Herzogs von Burgund zurück ließ. Wir schieden in Friede voneinander, und er schwur mir beim Abzug den feyerlichsten Eid, den ein Christ schwören kann, daß er sich in Europa nicht in die Unruhen mischen wollte, die, wie ich seit Kurzen erfahren hatte, mein zurückgelaßner Stadthalter Longchamp, und mein Bruder Johann in meinen Landen angerichtet hatten. — Ich begleitete den König von Frankreich biß nach Joppe, wo ich Herzog Leopolden von Oesterreich fand, bey dessen Anblick ich mich so erzürnte, daß es beynahe zu Thätlichkeiten unter uns gekommen wäre. Ich hielt es nicht für gut, nach König Philips Abzuge sogleich wieder vor Jerusalem zu gehn, sondern ich wollte einmal Saladin eine Schlacht in ofnem Felde liefern. Es fand sich bald Gelegenheit. Wir hatten einen harten Stand; unsere Leute thaten Wunder, und wir behielten das Feld. Der Herzog von Burgund ereilte den fliehenden Saladin, ich rettete ihn von seiner Hand, und denke, wir haben nun wegen seiner Aufnahme die er mich zu Jerusalem finden ließ, mit einander abgerechnet. — Ich hielt es nicht der Mühe werth, mich ihm zu entdecken; ich gab ihm einige meiner Leute zu, und ließ ihn sicher nach seinen Lager bringen.

Nun hatten wir Jerusalem wieder frey im Gesicht, dessen Belagerung ich König Philips wegen schon zweymal hatte aufgeben müssen; Mein Herz zitterte vor Freude bey dem Gedanken, daß ich nun zu meinem Endzwecke gelangen würde, da ich niemanden als den braven Herzog von Burgund an meiner Seite hatte. Wir fiengen den Sturm mit Ernst und Vorsichtigkeit an. Ich eroberte gleich des andern Tages eins von den beträchtlichsten Aussenwerken, und überließ, indem ich mich auf eine andre Seite wandte, dem Herzog von Burgund die Behauptung desselben. — Er ließ sich freywillig zurücktreiben, und das, was ich mit so viel Mühe und Blut erobert hatte, ward mir im

Augenblicke wieder entriſſen. — Der Herzog, welchen ich wegen dieſes Fehlers zur Rede ſetzte, antwortete mir lächelnd: Auf die Eroberung einer Mauer käm lange nicht ſo viel an, als auf Saladins Leben, welches ich ihm bey der letzten Schlacht mit eben ſo viel Recht aus den Händen geriſſen hätte, als er mir den anvertrauten Platz. Um ſich indeſſen für das, was er gethan habe, ſelbſt zu beſtrafen, wollte er inskünftige auf die Ehre in meiner Geſellſchaft zu fechten, Verzicht thun, und ſeinem Könige lieber nach Europa folgen. —

Ich mußte ihn mit ſeinen Völkern ziehen laſſen, und ſtand nun mit den Meinigen ganz allein vor Jeruſalem. Nureddin, welcher Saladins Stelle vertrat, vertheidigte ſich tapfer; ich hatte zu großen Abbruch meiner Macht gelitten, und mußte weichen. Saladin und Nureddin, durch das, was ſie ausgeſtanden hatten, ermüdet, ſchlugen einen Waffenſtillſtand vor; die ganze chriſtliche Macht ſtimmte ein, und er ward auf drey Jahr, drey Monat und drey Tage unterzeichnet.

Ich begab mich nach Akkon. Die beſtändigen Kriegsgeſchäfte hatten gemacht, daß ich mich bisher nur wenig um die Angelegenheiten meines Walters hatte bekümmern können. Jetzt wachte dein Andenken mit neuer Stärke in mir auf. Ich fragte was der Pabſt deinetwegen entschieden hätte), und man sagte mir, er habe dich zwar nicht ganz verdammt, aber doch auch bey weiten nicht ganz unschuldig befunden, sondern dich zur Buße deiner Vergehungen auf zwey Jahr in ein Kloster gesperrt. Das war mir unbegreiflich; ich fragte nach den Abgeschickten, und erfuhr, daß nur einer derselben zurückgekommen, und die andern drey auf der Rückreise in einem Sturm ihr Leben eingebüßt hätten. Dieser Zurückgekommene war einer von Terrikus Anhängern, und ich nahm mir nicht die Mühe deinetwegen ein Wort mit ihm zu wechseln. — Die Tempelherren hatten sich mit der Entscheidung des heiligen Vaters beruhiget, und waren wieder mit ihrem Großmeister ausgesöhnt. Ich hatte meine eignen Gedanken über die Verschwindung, der beyden Abgeschickten von deiner Seite, weil aber auch einer von Terrikus Leuten fehlte, so ward der Verdacht einer Verrätherey etwas geschwächt, und ich mußte schweigen, vornämlich, da sich bald Dinge von anderer Art ereigneten, welche meine ganze Aufmerksamkeit auf sich zogen, und meine Rückreise nach Europa beschleunigten.

Du erinnerst dich unsers Besuchs, bey dem Alten vom Berge, du besinnst dich ohne Zweifel auf die Aufträge, die er uns an Konraden von Montferrat gab, und daß ich nicht gesäumt habe sie auszurichten, kannst du dir vorstellen,

Der Herzog von Montferrat nahm die Warnung, die ihm der Fürst der Asaßinen geben ließ, mit seinem gewöhnlichen Stolze auf, und sagte, er wollte die Rache des Meuchelmörders erwarten. — Daß Konrad von Montferrat bald darauf mit mir und den andern vor Jerusalem gieng, daß er und der Herzog von Oesterreich uns nach der Zeit verließen, habe ich bereits erwähnt. Der Herzog von Montferrat gieng nach Tyrus, von wo wir um eben die Zeit, da ich wieder zu Akkon angelangt war, Nachricht erhielten, daß er mitten unter einem zahlreichen Gefolge auf den Straßen der Stadt, von zwey Mördern angefallen, und tödtlich verwundet worden wäre. Man hatte die Mörder gefangen, sie hatten sich als Abgeschickte des Alten vom Berge und Rächer seiner Hoheit angegeben, hatten den Tod auf dieses Bekenntniß freudig ausgestanden, und sich bis auf den letzten Athemzug des Glücks gerühmt, um seinetwillen zu sterben. — Ungeachtet man also gar nicht zweifelhaft seyn konnte, wer Ursache an der Ermordung Herzog Konrads sey, so hielt man doch für gut, mir dieselbe aufzubürden, und dadurch jedermann, selbst meine eignen Leute wider mich aufzuwiegeln. — Glücklicher weise lebte der Verwundete noch. Ich machte mich mit unterschiedlichen, welche Zeugen meiner Schuld oder Unschuld seyn konnten, und mit einem großen Theil

meines Heers nach Sidon, um den Herzog selbst
zu befragen, ob er mich für den Anstifter seiner
Ermordung hielt. Er betheuerte sterbend, daß
er mich von dieser Unthat lossprächę, daß er sich
bewußt wäre, den Fürsten der Asaßinen beleidigt
zu haben, und daß er wüßte, daß dieser Streich
von keiner Hand als der Seinigen herrührte. —
Wie sollte ich, sagte er, Richarden für meinen
Mörder halten können., ihn, der wie ihr alle
wißt, mich in öffentlicher Versammlung vor der
Rache des Alten vom Berge warnte? — Damahls war es Zeit zu Genugthuung und Ab-
trag wegen der Beleidigungen damit ich den
Fürsten der Asaßinen wider mich reizte; ich versäumte dieses, und muß nun sterben! Der Fürst
von Tyrus starb, nachdem er nochmals meine
Unschuld betheuert hatte, und ich zog völlig gerechtfertigt wider nach Hause. Man ließ meine
Unschuld in Palästina gelten, und ermangelte nicht,
sie in Europa so viel als möglich zu verunglimpfen.
Man schrie mich daselbst als den Mörder des Herzogs von Montferrat aus, und nichts war im Stande dieses Geschrey zu stillen. Der Alte des Berges,
welcher eher als ich von dieser Post Nachricht hatte,
bezeugte meine Schuldlosigkeit in Schriften, welche
er nach Europa schickte, und in denen er sich einig
und allein für Herzog Konrads Mörder bekannte,
aber alles war umsonst, und ich sahe wohl, daß ich
selbst in Europa würde erscheinen müssen, um alle

die Verleumdungen zu zernichten, welche für mein Glück die nachtheiligsten Folgen haben konnten. Meine Abreise von Palästina wurde durch die Nachricht beschleunigt, daß der König von Frankreich nicht sobald in Europa angelangt wäre, als er sich vom Pabste von dem Eide hätte lossprechen lassen, den er mir beym Abschiede schwur, in meiner Abwesenheit meine Lande nicht zu beunruhigen. Die päbstliche Absolution gab ihm also nun Freyheit, mit meinem treulosen Bruder Johann gemeine Sache zu machen. Er begünstigte und erweiterte die Verläumdungen, welche man sich wider mich erlaubte, und die Furcht durch diese grimmigen Anfälle endlich meiner Ehre, meines Reichs und alles meines Glücks beraubt zu werden, machte, daß ich meine Völker zusammen zog, und fast ohne genommenen Abschied von allen Helden der Christenheit die ich sämtlich verachtete, nach Joppe gieng, um daselbst unter Seegel zu gehen. Der einzige Veit von Lusignan begleitete mich, ich nahm mich immer seiner wider seine Feinde an, und ich muß ihn schlechterdings, noch auf irgend eine Art versorgen *), weil er mich dauert, und weil er unter allen derjenige ist, dem man nur Einfalt, kein böses Herz vorwerfen kann. — Zu Joppe fand ich Herzog Leopolden von Oesterreich, welcher auch nach Europa zu-

---

*) Richard hielt sein Wort, und machte Veiten nach Isaaks Tode zum König von Zypern.

rück gehen wollte. Er wagte es, mich mit schimpflichen und höhnischen Worten wegen der Ermordung des Herzogs von Montferrat anzugreifen, aber ich denke, ich habe ihm gelohnt, daß er meiner gedenken wird. Wir griffen beyde zu den Schwertern, ich beraubte ihn im ersten Anfall des Seinigen, warf ihn zur Erde, setzte meinen Fuß auf seine Brust, und zwang ihn in dieser Stellung mich für unschuldig zu bekennen, ließ drauf von ihm ab, und setzte mich ruhig zu Schiffe. Aber nicht anders als ob mich die Rache Gottes, und der Fluch meines beleidigten Vaters verfolgte, wurden wir bald durch Sturm, bald durch Windstille in diesen Gewässern aufgehalten. Ich faßte endlich meine Entschließungen kurz, ließ meine Flotte wieder nach Palästina zurück gehen, und daselbst meine Befehle erwarten, ich aber setzte meine Reise mit zwey Schiffen fort, weil ich, dafern mein Untergang beschlossen wäre, nicht zu viele mit mir ins Verderben stürzen wollte. Wir standen unbeschreibliches Elend auf unserer Fahrt aus, wir sahen endlich dem Hafen von Aquileja vor Augen, aber der Zorn des Himmels gönnte uns nicht das Glück ihn zu erreichen. Wir scheiterten; alle die Meinen kamen um, oder sind hie und dahin verschlagen worden, und ich rettete ausser meinem Leben nichts, als dieses Pilgerkleid, das ich unterwegens zu Büßung meiner Sünden anlegte, und diesen Flor, o das ewig, ewig theure Andenken von unserer Matilde und der großmüthigen Freundschaft meines Walters. Bey diesen Worten küßte Richard das herabhangende Ende des röthlichen Flors, den Walter Matilden abnahm, um ihn Richarden zu schenken, und den dieser bisher um seine Rüstung, und jetzt um sein Pilgerkleid allemal als Gürtel getragen hatte. — Waltern traten die Thränen in die Augen beym Andenken an die letzte Scene zwischen Richard, Matilden und ihm. Die verblichene Schönheit des Schleyers zeigte ihm, wie lange Zeit seit seinem Abschiede von der Freundin seines Herzens verflossen war, und noch fand sich nicht die geringste, die entfernteste Hofnung, sie jemals — sie glücklich wiederzusehen. Wie lange war noch dahin, ehe er an die Rückkehr nach Palästina denken durfte, und war endlich die Zeit seines Klosterlebens verflossen; durfte er wieder nach dem heiligen Lande gehen, wo war die Hofnung, Matilden jemals zu besitzen? Wo die Lossprechung von seinem Gelübde? Wo der Besitz der Grafschaft Anjou, welche Prinz Johann jetzt an sich gerissen hatte? Wo der Besitz auch nur eines kleinen Winkels der Erde, in welchem er mit seiner Geliebten leben konnte?

Walter bekannte Richarden die Ursache seiner Thränen, und dieser tröstete ihn nach Vermögen. Er rieth ihm, zugleich mit seiner Entlassung aus dem Kloster, auch die Aufhebung seines Gelübds vom Pabste zu fodern; er versprach ihm, zu allererst darauf zu denken, wie er die Grafschaft Anjou wieder in seine Gewalt brächte, und versicherte ihn, es an keiner Art von Hülfe bey seiner Rückkehr nach Palästina fehlen zu lassen, ihn vielleicht selbst dahin zu begleiten. Es ist, setzte er hinzu, noch fast ein Jahr bis dahin, ehe du das Kloster verlassen darfst, und ich habe also Zeit übrig genug, alle unsere Feinde in England demüthigen, und dir folgen zu können. —

Die beyden Brüder sprachen noch viel über diesen Gegenstand, und Walter fragte endlich, ob Richard keinen von seinen nach Palästina geschriebenen Briefen erhalten hätte. Den Letzten, erwiederte der König von England, ich erhielt ihn zu Joppe bey meiner Abfahrt, und sah aus demselben, wie viele du vorher an mich und Matilden geschrieben hattest, deren keiner in meine Hände gekommen ist. Ich bin indessen froh, den letzten erhalten zu haben, denn ohne ihn hätte ich den Ort deines Aufenthalts nicht erfahren, und müßte die gegenwärtige glückliche Stunde der Freundschaft und des Wiedersehens entbehren, die mich zu allen Widerwärtigkeiten stärkt, welche mir etwa noch bevorstehen könnten. — Wenn ich den Weg nach meinem Königreiche nehmen will, den ich mir einmal festgesetzt habe, und von dem ich nicht gern abgehen mögte, so muß ich einen großen Theil der Lande meines Feindes, des Herzogs von Oesterreich bereisen; Der Kai=

ser *), durch dessen Gebiet ich komme, ist mir auch nicht hold; ich bin einsam, und mögte nicht gern in die Hände des einen oder des andern fallen. — Wir haben hier in Europa wenig Saladine, welche das Leben eines Feindes zu schonen wissen. Ich will indessen alle Besorgniß verbannen. Dieses Pilger= kleid, oder eine noch besser gewählte Verkleidung, soll, wie ich denke, meinen Stand verhehlen, und England seinen König sicher wiedergeben. — Wal= ter gerieth bey Endigung dieser Worte in tiefes Nachdenken, er sann auf Mittel der Sicherheit für seinen Bruder. Konrad von Staufen trat ihm in diesen Ueberlegungen bey, und der Schluß, den beyde für den besten hielten, war endlich, sich beym Pabste zu melden, und von ihm Schutz und sicheres Geleit vor seinen Feinden bis nach England zu er= bitten; ein Vorschlag, welchen Richard mit Unwil= len verwarf. Soll ein Held, sagte er, bey einem Priester Schutz suchen? Soll ich mich vor dem de= müthigen, der den Rebellen Longchamp wider mich in Schutz nahm, den treulosen König von Frank= reich von dem mir geschwornen Eide absolvirte, und meinen Walter nur mit halben Herzen gegen seine Feinde vertheidigte? Schweiget hiervon, meine Freunde! nennet mir den Namen dieses Ed=

---

*) Der Kaiser haßte Richarden wegen der Angelegen= heiten seiner (Richards) Schwester, Johannens von Si= cilien, deren Ansprüche mit den Ansprüchen seiner Ge= mahlin, der Kaiserin Konstantia in Kollision kamen.

leſtins nicht; mein Herz wendet ſich von ihm weg, und ſo ein guter Chriſt ich auch ſeyn mag, ſo vermögte ich doch nicht von demjenigen die geringſte Gefälligkeit, nicht die Loszählung von der kleinſten meiner Sünden zu erbitten, der ſo wie er Recht und Unrecht durcheinander werfen kann. Bewahre Gott ſeine heilige Kirche vor ſolchen Oberhäuptern! ich glaube, Saladin würde ſich beſſer zum Pabſte ſchicken, als Cöleſtin der Dritte. Walter und Konrad von Staufen, welche als geiſtliche Männer ſehr rechtgläubig waren, ärgerten ſich ein wenig an Richards läſterlichen Reden, aber ſie ſchwiegen, weil ſie ſolche nicht zu wiederlegen vermogten, und der König von England nahm das Wort von neuen, indem er aufſtand.

Dieſes wird wohl, ſagte er zu Waltern, das erſte und letzte Mal ſeyn, daß ich dich in dieſem Kloſter beſuche. Die Furcht entdeckt zu werden, nöthigt mich morgen meine Reiſe durch Deutſchland anzutreten. Begleitet mich mit eurem Gebet, meine Freunde! und erwartet baldige Nachricht von mir aus England! Walter und Konrad verzögerten Richards Abſchied noch durch einige Gegenreden, umarmten ihn dann, begleiteten ihn, ſahen ihm nach, ſo lange ſie noch das braune Pilgerkleid und den röthlichen Gürtel unterſcheiden konnten, und giengen in ihr Kloſter zurück.

———

Zwey und vierzigstes Kapitel.

Walters ahndende Sorgen wegen Richards gefährlicher Reise werden bestätigt.

Walter sann der Reise seines Bruders Richard nach, und fand sie immer bedenklicher. Es vergiengen Wochen und Monate, es vergieng ein halbes Jahr und drüber, ohne daß Nachricht aus England ankam. Furcht und bange Ahndungen nahmen zu, und bald, bald wurden sie in Gewißheit verwandelt. —

Die Zeit, welche Walter im Kloster zu bringen sollte, war bis auf fünf Monate verflossen, er glaubte, daß es nun Zeit wäre in Palästina nachzuforschen, ob er noch Freunde daselbst hätte, die bey seiner Erscheinung bereitwillig seyn würden, seinem verfallenen Glücke wieder aufzuhelfen. Er nahm sich vor, an seine alten Freunde die treuen Belforte zu schreiben; aber er wollte seine Briefe nicht so, wie die an Richarden und Matilden, dem Ohngefähr anvertrauen. Ostern nahte heran. Es fehlte um diese Zeit zu Aquileja nie an Pilgern, welche zum heiligen Grabe wallten. Walter sprach täglich mit welchen, und hofte, unter ihnen einen zu finden, dem er Redlichkeit und Verstand genug zutrauen könnte, seine geheimen Gewerbe zu bestellen. — Die Pilger waren gewohnt ihre Andacht vor ihrer Abfahrt in dem Karmeliterkloster zu halten, und es war im Kloster etwas Bekanntes, und Waltern Unverwehrtes, daß er sich mit diesen frommen Leuten unterhielt.

Er und Konrad von Staufen waren schon einmal auf die angenehmste Art überrascht worden, als sie im Pilgerkleide einen ihrer besten Freunde, als sie Richarden in demselben erkannten. Diese Tracht schien ihnen besonders glücklich zu seyn, denn die Freude einen Freund in derselben zu finden, war ihnen noch einmal aufbehalten.

Sie hatten schon lange unter diesen Wallern, welche in ihrem Kloster erschienen, immer gewählt und wieder verworfen, als sie eines Tages an dem Fuß des hohen Altars einen jungen Mann von so edeln Anstand und so guter Miene niederknien sahen, daß sie gleich ersten Blicks für ihn eingenommen wurden. Walter und Konrad sahen sich an, und ihre Blicke sagten sich, daß sie beyde diesen Pilger zu Ausrichtung ihrer Geschäfte im heiligen Lande für tüchtig hielten. Seine heiße Andacht, die häufigen Thränen die er im Gebet vergoß, nahmen sie noch mehr für ihn ein, er verhüllte sein Gesicht, sie schlichen sich leise davon, um ihn nicht zu stören, und erwarteten ihn an der Kirchthüre, um ihn mit in ihre Celle zu nehmen, nähere Bekanntschaft mit ihm zu machen, und wenn sie ihn so fänden wie sie hoften, ihm die Briefe an die Tempelherren anzuvertrauen.

Der Waller mußte ein wichtiges Anliegen haben, er stand oft vom Gebet auf, und sank mit neuen Thränen auf die Stufen des Altars nieder, als wollte er den Himmel die Gnade um welche er flehte, mit Gewalt entreißen. Endlich nahte er sich der Kirchthüre wo Konrad und Walter standen, welche seinem Beginnen lange mit Verwunderung zugesehen hatten.

Was ist euer Anliegen frommer Pilger? sagte Walter zu dem Fremden welcher sich dichter verhüllte, um die Spuren seiner Thränen zu verbergen. — Von dem Ton der bekannten Stimme wie aus einem Schlafe aufgeschreckt, enthüllte der Fremde sein Gesicht, sah die beyden Mönche einen um den andern mit Erstaunen an, wiederholte die Namen Walter und Konrad, und fiel endlich Waltern mit einem Sturm von Thränen um den Hals. Ists möglich, schrie er, daß ich dich hier finde? Ists möglich, daß du deinen Blondel nicht mehr kennst? — Walter wollte seinem Erstaunen und seiner Freude über diesen unvermutheten Anblick freyen Lauf lassen, aber Konrad, welcher sich etwas besser fassen konnte, winkte ihm, den geliebten Pilger lieber mit auf ihre Celle zu nehmen, weil er schon einige neugierige Klosterbrüder wahrnahm, welche ihre Bewegungen belauschten.

Blondel folgte seinen Freunden in ihre Wohnung, wo die Ausrufungen des Erstaunens und der Freude, die Umarmungen und die Thränen von neuen angiengen. Aber mein Blondel, fragte endlich Walter, was treibt dich wohl als Pilger nach Palästina? Wie kommts, daß du nichts von unserer Anwesenheit in diesem Kloster zu wissen scheinst? Und wie ist dir es möglich, dich von unserm Richard zu trennen, dessen Gegenwart du noch nicht lange genossen haben kannst? Richard? wiederholte Blondel, diesen zu suchen, ach! diesen so lang entbehrten, vielleicht gar verlohrnen Freund zu suchen, verlasse ich eben Europa; ihn erflehen meine Thränen von Gott an den Stufen eures Altars; ihn, den die Wünsche seiner Mutter und seines verlassenen Volks so lange vergeblich zurük ruften! Stumm vor Entsetzen hörten Konrad und Walter Blondels Worte an. Wie? riefen sie endlich aus einem Munde, Richard ist noch nicht nach England zurück? — Mit eben so großem Erstaunen fragte Blondel nach der Ursache, die sie hätten, ihn daselbst zu vermuthen. Man erklärte sich gegen einander, und diese Erklärung, in welcher keiner zu sagen wußte, wo Richard in dem gegenwärtigen Augenblicke wäre, machte, daß sich Schrecken und ahndendes Zittern mit tödtender Kälte durch ihre Gebeine ergoß, und alle drey lange stumm und erstarrt gegen einander da saßen, indem einer in der Todtenblässe des andern die Gedanken las, die er von dem Schicksal ihres gemeinschaftlichen Freundes hatte.

Wenn Richard, fieng endlich Blondel an, welcher sich am ersten erholte, wenn Richard, wie ihr sagt, vor länger als einem halben Jahre hier von euch geschieden ist, um nach England zu gehen; wenn er, wie ich euch versichern kann, daselbst nicht angelangt ist, so muß er todt, oder in den Händen seiner Feinde seyn. Ihr sagt, er habe seinen Weg durch Deutschland genommen; da muß ich ihn aufsuchen, und ich gehe, um augenblicklich diese Reise anzutreten. Walter und Konrad wollten Blondeln aufhalten; sie baten ihm, wenigstens vorher etwas von dem Zustand in England zu entdecken, aber umsonst. Was soll ich euch hiervon sagen, antwortete er, in England steht es noch wie es immer stand. Johann hat überall die Oberhand; die Königin und das Volk seufzen nach Richarden: die Nachrichten von ihm aus Palästina haben längst aufgehört; niemand weis etwas von ihm zu sagen, und ich habe mich heimlich aufgemacht, ihn aufzusuchen, wo wir ihn noch vermuthen, und wo er, wie ihr sagt, nicht mehr ist. Blondel hatte während dieser Rede bereits die Celle unserer beyden Mönche verlassen; sie begleiteten ihn. Er sagte ihnen am Thor des Klosters noch einige geflügelte Abschiedsworte, und eilte davon. Walter und Konrad sahen einander an, und wußten nicht, ob sie eine Erscheinung gesehen hatten, oder ob Blondel wirklich bey ihnen gewesen war. — Sie kehrten zurück, beklagten, daß sie ihrem zu eilfertigen Freunde nicht einige nöthige Nachrichten hatten noch mit auf den Weg geben können, und beschlossen einen Versuch zu machen, ob der heilige Vater nicht ihren Aufenthalt im Kloster um die etlichen Monate, welche sie noch daselbst auszuhalten hatten, abkürzen könnte, damit sie Blondeln in Aufsuchung Richards Gesellschaft leisten könnten. Konrad ward des nächsten Tages in diesem Geschäfte nach Rom geschickt, und was er daselbst ausrichtete, werden wir im nächsten Kapitel melden.

Drey und vierzigstes Kapitel.
Gute Nachrichten von Blondeln, und schlechte vom Pabste. — Cölestin übt sich im Absolvieren, Trösten, Prophezeihen und Versprechen.

Pabst Cölestin hatte seine eignen Launen. Die Stunden waren sich bey ihm nicht allemal gleich, und es kann seyn, daß Konrad von Staufen mit seinem Gewerbe gerade in einer Stunde bey ihm erschien, wo er nie Dispensationen auszutheilen pflegte. — Seine Bitte ward abgeschlagen. Doch war der heilige Vater gnädig genug, nach der Ursach zu fragen, warum er und sein Freund, welche sich bisher so ruhig in ihrem Kloster verhalten, auf einmal der Eingezogenheit müde geworden wären, und die kurze Zeit nicht vollends ausdauern wollten.

Konrad von Staufen war viel zu aufrichtig ihr eigentliches Anliegen zu verhehlen, er bedachte nicht, daß Pabst Cölestin nicht zu Richards Freunden gehörte, und daß ihm also der Verlust dieses Königs wenig zu Herzen gehen würde, und verschwieg ihm nicht ein Wort von der Sorge, in der sie um ihn waren, und ihrer Absicht ihn aufzusuchen.

Cölestin stand eine Weile in tiefem Nachdenken, und fieng dann an: Euch aus euren Kloster entlassen, kann ich nicht: Den bedrängten Richard ohne Hülfe zu lassen, ist mir, dem allgemeinen Vater der Christenheit, auch unmöglich. Wie weit er meinen Schutz verdient, und wie weit die bösen Gerüchte, welche von ihm ausgestreut werden, wahr seyn mögen, will ich jetzt nicht entscheiden, genug, er soll meine Hülfe haben; geht in euer Kloster zurück, ihr sollt bald mehr hören.

Walter konnte sich nicht enthalten seinem Freunde wegen seiner Unvorsichtigkeit tausend Verweise zu geben; er glaubte Richards Angelegenheiten in schlechten Händen zu sehn, da sich der Pabst derselben annähm, und nichts konnte ihn deswegen beruhigen, als die Rede, mit welcher man sich jetzt durchgängig trug, daß Longchamp, Richards Feind, nicht mehr im vorigen Ansehn beym heiligen Vater wäre, und daß dieses Cölestin vielleicht geneigter machen könnte, etwas für den unglücklichen König von England zu thun.

Der Pabst hatte versprochen, daß unsere beyden Mönche bald etwas von ihm hören sollten, und er hielt sein Wort. Sie erfuhren, daß man Gewißheit habe, daß Richard im Pilgerkleide nach Deutschland gekommen sey, daß er sich da auf einmal verlohren habe, und daß er ganz gewiß in den Händen des Kaisers oder des Herzogs von Oesterreich sey. Der Pabst gieng nunmehr weiter. Er bedrohte den, der den König von England gefangen hielt, mit Bann und Interdikt; eine Sache, die zwar sehr streng lautete, aber wenig fruchtete, denn keiner von den beyden Fürsten wollte gestehen, daß er Richarden gesehen habe, ob gleich der Kaiser zu verstehen gab, er mögte wohl beym Herzog von Oesterreich, und dieser, der verlohrne König mögte wohl beym Kaiser seyn. Unmöglich war es, sich hierein zu finden. Man erfuhr in England was man für Verdacht wegen der Gefangenschaft Richards hätte, und der Kaiser und Herzog Leopold wurden nun auch von dieser Seite gedrängt. Beyde leugneten, beyde schoben es von sich aufeinander, und es kam dahin, daß sich ganz Europa in zwo Partheyen theilte, aus welchen sich endlich noch eine dritte entspann, welche behauptete: Richard mögte wohl weder bey dem einen noch dem andern, er könnte wohl verschwunden, hinweggezaubert, oder lebendig gen Himmel gefahren seyn, daß man ihn also hienieden vergeblich suchen würde.

Walter und Konrad waren bey diesem verwirrten Handel am unglücklichsten; man denke sich ihre heiße, herzliche Liebe zu Richarden, ihre Begierde ihm zu Hülfe zu eilen, und die Fesseln des Klosters, welche sie nicht abschütteln konnten und durften, und urtheile, ob wohl ein peinlicherer Zustand zu finden seyn kann, als der ihrige.

Zu der Zeit als ihre Ungeduld auf den höchsten Gipfel gekommen war, erhielten sie von einem unbekannten Mann folgenden von Blondels Hand geschriebenen Zettel:

„Suchet es beym Pabste zu vermitteln, daß er die strengen Nachforschungen nach Richarden aufhebe; sie sind mir eher hinderlich als vortheilhaft, ich habe eben dieses von der Königin von England erbeten. Ich glaube ich bin auf der rechten Spur; erwartet baldige und gute Nachrichten von eurem

Blondel."

Walter und Konrad hatten wenig Mühe, Blondels Bitte beym Pabste durchzusetzen, denn sein Eifer für Richarden fieng ohnedem an sehr schläfrig zu werden. — Bann und Interdikt ward aufgehoben; Der Kaiser und der Herzog von Oesterreich fiengen an frey Athem zu holen. Die Kundschafter aus England, welche bisher ihre Länder überschwemmt, und sie in beständiger Vorsichtigkeit erhalten hatten, wurden zurück gerufen, und König Richard schien ganz vergessen zu seyn.

Walter und sein Freund hatten ihn nicht vergessen; sie hoften alle Tage auf Nachricht von ihm, aber sie sollten nicht so glücklich seyn, sie vor ihrem Abzuge nach Palästina zu erhalten.

Die Zeit ihres Klosterlebens war verflossen, und der pünktliche Pabst Cölestin, welcher ihnen keinen Monat an derselben schenken wollte als sie darum baten, ließ sich auch nicht erbitten ihnen einen Monat zuzusetzen, da sie diesen Wunsch äufferten.

Säumet nicht nach Palästina zu gehen, sagte er zu Waltern, als er auf seinen Befehl vor ihm erschien. Euer Glück beruht auf der Eile. Euer Feind Terrikus ist todt, und die Augen des ganzen Ordens sehen nach euch. Ich sehe große

Dinge von euch voraus, und ich hoffe, ihr werdet euch allemal in christlicher Unterthänigkeit erinnern, das Glück hebe euch so hoch als es wolle, daß ihr an mir einen Vater gefunden habt. — Walter hängte der Antwort, welche eine so verbindliche Rede des heiligen Vaters erföderte, eine Bitte an, die meine Leser vielleicht errathen werden, die aber dem Pabste ganz unvermuthet kam. Er stutzte als Walter von Erlassung seines Gelübdes als Tempelherr sprach, und hatte tausend Einwendungen. Walter schützte die Verbindlichkeit vor, welche er habe, das ihm von seinem Vater hinterlaßne Land dereinst zu beherrschen. — Sagt mir nichts davon, fiel ihm der Pabst in die Rede. Graf von Anjou werdet ihr niemals seyn. Ihr wißt es vielleicht noch nicht, daß eure eignen Unterthanen, wie ihr sie nennt, sich verschworen haben, nie den Sohn der berüchtigten Rosemunde zu ihren Herrn zu wählen? So sorgfältig euer Bruder Richard das Geheimniß eurer Herkunft vor ihnen verborgen hat, so sorgfältig ist euer andrer Bruder Johann gewesen, ihnen dasselbe zu entdecken. Jedermann ist daselbst wider euch wegen eurer Mutter aufgebracht, und Königin Eleonore hat den Widerwillen wider euch fleißig genährt. Selbst das kleine Heer aus dem Lande, das ihr so gern beherrschen wolltet, das Heer, das mit euch in Palästina war, und euch mit Aufopferung des Lebens treu diente, und ewig zu dienen dachte. Abst dieses ist von euch abgefallen, sobald man ihm den Namen eurer Mutter genennt hat. Es ist nicht lange, daß sie aus dem gelobten Lande nach ihren Vaterland zurückgegangen und hier durchgezogen sind, um von mir die Lossprechung von dem Eide zu erhalten, den sie euch geschwören haben. Ich habe sie ihnen gegeben, und ihr müßt darüber nicht zürnen; denn noch einmal, es ist unmöglich, schlechterdings unmöglich, daß ihr Graf von Anjou werdet. Ihr müßtet euch denn bereinst, der Macht eures Bruders bedienen wollen, das euch bestimmte Land mit dem Blut eurer Unterthanen zu überschwemmen, und euch durch dasselbe, eine unruhige mühselige Herrschaft über ein Volk zu erkaufen, das euch verabscheut.

Daß Walter nicht ermangelte einige Versuche zu wagen, um in diese lange Rede des heiligen Vaters, einige Worte des Erstaunens und des Widerspruchs einzuschieben, läßt sich denken, aber Cölestin ließ sich nicht irre machen, und als er endlich schwieg, und die Verwirrung sah, mit welcher der aller seiner Hofnungen beraubte Walter vor ihm stand, so faßte er seine Hand mit einem mitleidigen Blick, und fieng seine Rede von neuen an. — Ihr dauert mich, mein Sohn! sagte er, aber laßt den Muth nicht sinken, vergeßt die Grafschaft Anjou, vielleicht! daß euch die Vorsehung dereinst ein besseres Reich bestimmt hat. Was ist eurem Muth, eurer Tapferkeit unmöglich? Wie, wenn ihr dereinst König von Jerusalem würdet. — Gehet hin, erobert diese Stadt, ich spreche euch dieses Reich zu, und gebe euch mit dieser Bedingung, merkt wohl, nur mit der Bedingung, daß ihr euch auf den Thron von Jerusalem schwingen könnt, völlige Erlassung eures Gelübdes.

Wir wissen nicht, ob es dem heiligen Vater beliebte unsers Walters zu spotten, ob er ihn blos trösten wollte, oder ob es seine Absicht war, ihm die Entbindung von seinem Gelübde gänzlich abzuschlagen, indem er sie mit einer fast unmöglichen Bedingung verband; aber seine Meynung sey nun welche sie wolle, so that seine Rede eine sonderbare Wirkung auf Waltern.

Cölestin hatte nicht sobald die Krone von Jerusalem genennt, indem er ihm zugleich alle Hoffnung auf die Grafschaft Anjou absprach, so standen auf einmal die Worte des alten Robert Burgundio hell und deutlich vor seiner Seele, mit welchen dieser ehemals Abschied von ihm nahm, und in welchen er ihm versicherte, er würde eher König von Jerusalem, als Graf von Anjou werden. Die Rede des alten Tempelherrn, und die Rede des Pabsts machten in seinen Gedanken ein wunderbares Ganzes aus, welches das Ansehn einer Prophezeihung hatte. Sein ganzes

Herz erhub sich, so sehr es vorher gesunken war. Nichts schien seinem Heldenmuth unmöglich. Die Zukunft vor ihm ward helle. Er sah sich im Geist auf dem Throne von Jerusalem, und Matilden als seine Königin, ohne daran zu denken, daß der alte Tempelherr Robert Matilden in seinen bedenklichen Abschiedsworten eher die Krone von England zugesprochen hatte. Glücklicherweise entgieng dieser Umstand, welcher ihn auf einmal ganz niedergeschlagen haben würde, seiner Aufmerksamkeit.

Er nahm Cölestins Versprechen an, und erhielt des andern Tages die Ausfertigung der Dispensation von seinem Ordensgelübde, mit sammt der schweren Bedingung, die der schlaue Cölestin ihr angehängt hatte. — Walter glaubte, vermittelst derselben sein ganzes Glück in Händen zu haben, und eilte entzückt ins Kloster zu seinem Freunde zurück.

Vier und vierzigstes Kapitel.

Ist das fröhlichste im ganzen Buche.

Konrad sahe Walters vermeyntes Glück nicht mit solchen Augen an als er. Er erblickte da noch unendliche Schwierigkeiten, die ihm nicht so leicht zu überstehen dünkten, als dem getäuschten

Walter; sein argloses Herz, welches sonst nicht leicht jemanden etwas Uebels zutraute, konnte sich doch nicht enthalten, in Cölestins Verfahren etwas Hinterlistiges zu finden, und er war unvorsichtig genug, seinem glücklichen Freunde seine Gedanken hierüber zu entdecken, und sich alle Mühe zu geben, ihn seiner süßen Täuschung zu entreißen. – Walters Muth war nicht so leicht niederzuschlagen, und Konrad erfuhr den alten so oft bestätigten Satz, daß derjenige, welcher uns einen Wahn zu rauben sucht in welchem wir glücklich sind, oft so wenig Dank verdient, als der uns ein wirkliches Glück entreißt.

Der Ritter von Staufen mußte endlich schweigen, und Walter, welchem kein Glück unerreichbar dünkte, welches sich durch Tugend und Tapferkeit erringen ließ, machte mit frohem Herzen die Anstalten zu seiner Abreise. Nichts war vermögend seine Glückseligkeit zu vermindern, als der Gedanke an Richarden, und die Ungewißheit in Ansehung seines Schicksals, in welcher er Europa verlassen mußte. — Er wollte den Ritter von Staufen bereden, zurück zu bleiben, und Erkundigung seinetwegen einzuziehen; aber Konrad schüttelte den Kopf, und meynte, Richard hätte seinen Blondel, der ihn schon wieder finden würde, und ihm wäre sein Walter theurer, als alle Könige von England, welche je gelebt hätten, und noch leben würden. Ich liebe deinen

Bruder von Herzen, setzte er hinzu, aber es ist mir unmöglich dich um seinetwillen zu verlassen. Der Pabst mag sagen was er will, so dünkt mich deine Aufnahme in Palästina noch immer zweifelhaft. Wer weis, ob der, dem wir deine Briefe an die Belforte zu bestellen gaben, sie überliefert hat. Keine Nachricht haben wir nicht von ihnen erhalten, und es ist möglich, daß ich im gelobten Lande der einzige Freund bin, auf den du dich verlassen kannst, und den du also nicht von dir treiben darfst.

Walter umarmte den Ritter von fester Treue, und schwur, sich Lebenslang nicht von ihm zu trennen. — Und ich, erwiederte der andre, verlasse dich auch im Tode nicht, denke an dieses Wort, und traue darauf wie auf den Eid, den ich zur Fahne des Kreuzes geschworen habe.

Die beyden Freunde verwechselten ihre Mönchstracht mit dem Tempelherrnkleide, welches ihnen der Pabst wieder zu tragen vergönnte, und traten ihre Reise an. — Glücklich war ihre Fahrt. Keine Rache, kein Fluch verfolgte den Pfad dieser Helden; der unglückliche Richard, an dessen Schwerte so manches unschuldige Blut klebte, bebte bey seiner letzten Reise nach Europa, vor jedem stürmischen Winde, und glaubte, in ihm die Stimme des Rächers zu hören. Sie, fromm und untadelhaft wie die ersten Bekenner des Christenthums, hätten vor keinen Sturm gezittert;

aber die Stürme schienen vor ihnen zu fliehen. Sanft und schnell trugen die Wellen das Schif, das die Lieblinge des Himmels enthielt, an die Ufer, wo Walter wähnte, in Zukunft lauter Freuden einzuernten, und das Konrad zwar mit etwas geringern Hofnungen, aber doch auch ohne Furcht betrat.

Der Hafen zu Joppe, wo sie landeten, war voller Schiffe, welche auf den ersten günstigen Wind zu warten schienen, um nach Europa zu seegeln. — Die Ritter fragten nach den Namen der Reisenden, und man sagte ihnen, daß die Tempelherren im Begrff wären, eine große Gesandtschaft nach Europa zu schicken, um sich von da einen Großmeister zu holen, weil der vorige, der fast durchgängig gehaßte Terrikus, vor einigen Monaten nach einer langwierigen Krankheit gestorben wäre. — Waltern schlug das Herz voller Ahndungen hoch in die Höhe; er sahe Konraden an, welcher mit ihm einerley Gedanken zu haben schien, und seinen Blick, mit einem Auge voll entzückender Freude beantwortete. Sie hatten keine Zeit sich ihre Muthmaßungen zu entdecken, denn in dem Augenblicke stürzte einer der Belforte hervor, welcher die Aufsicht bey den Schiffen hatte, und Waltern erstes Blicks erkannte. O Ritter von Montbarry! schrie er, indem er ihn fest in seine Arme drückte, o unser Großmeister! Willkommen! willkommen! Wiederbringer der ersten glücklichen Zeiten unsers Ordens! Erlaubt, daß ich euch zuerst mit dem theuern Namen begrüße, welchen euch bald der ganze Orden beylegen wird. Euch aus dem Klöster abzuholen, in welches euch die Bosheit eurer Feinde brachte, euch im Triumph als unser Oberhaupt abzuholen, steht diese Flotte bereit, und ihr kommt selbst euch euren Rittern darzustellen? so unverhoft? so unerwartet?

Man sagt, daß wahre hohe Freude uns stumm, oder zu den größten Rednern macht; das Letzte traf bey Ritter Belforten ein; seine Worte strömten nnaufhaltsam dahin, seiner Umarmungen und seiner Freudensbezeugungen, gegen die beyden Ankommenden war kein Ende, und das umstehende Volk, welches gar bald den Namen der Ankommenden erfuhr, und das unsere Ritter zum Theil auch kannte, machte das Chor zu Belforts Jubeltönen, und rief zu wiederholten Malen, Heil dem großen, dem guten Walter von Montbarry! dem Ritter von geprüfter Tugend! dem würdigen Großmeister der Tempelherren!

Man weis, wie geschwind zur Zeit der Freuden die Stunden entfliehen. Walter und Konrad hatten sich nebst Belforten dem Getümmel entrissen, um die Nachricht, welche sie so angenehm überraschte, in besserer Ordnung zu vernehmen; aber sie hatten kaum den Anfang derselben vernommen, als schon das Geschrey kam, daß die

Tempelherrn, denen man Walters Ankunft nach Joppe gemeldet hatte, sich nahten, ihren geliebten, allgemein erwählten Großmeister einzuholen. Walter gieng ihnen entgegen, und der Jubel, den der Anblick des edeln Mannes erregte, ist unmöglich zu beschreiben. — Ich weis nicht, ob meine Leser jemals einen Tag großer allgemeiner Freude erlebt haben, da Tausende sich bestrebten, einen Einzigen zu ehren, Tausende über einen jauchzten, und in ihm die Erfüllung ihrer entferntesten Hofnungen zu sehen glaubten. Haben sie je so einen großen himmlischen Tag erlebt, so können sie sich ein Bild von der Einholung unsers Walters nach Joppe machen, ob es gleich schwerlich die Stärke des Urbilds haben wird; denn nie ist wohl ein Mann mit so viel Recht geehrt worden, nie haben sich wohl einem Einzigen alle Herzen mit so viel Wahrheit und Aufrichtigkeit zu Füßen gelegt, als unserm Walter.

Walter ertrug die schnelle Wendung seines Glücks, wie große Seelen Glück ertragen; er blieb sich immer gleich, er fühlte seine innre Würde, welche den höchsten irdischen Rang verdiente, und ihm denselben nichts Fremdes oder Unerwartetes hätte seyn lassen, er fühlte sie, ohne stolz zu seyn, er war leutselig, freundlich, herablassend wie er allemal war, ohne seinem Stande etwas zu vergeben. Seine Freude über seine Erhöhung, war ruhige Heiterkeit, welche oft durch einen kleinen Anstrich von Kummer umwölkt ward, wenn, — wenn er an Matilden dachte. — Seine Hofnung, sie zu besitzen, beruhte auf der Trennung von denen, welche ihm so auszeichnende Proben ihrer Liebe und Achtung gaben. Er mußte aufhören, Großmeister der Tempelherren zu seyn, wenn er Matildens Gemahl werden wollte. — Mancher Kampf entstand hierüber in seinem Innersten; aber es war nichts weiter nöthig, denselben zu entscheiden, als Matildens Anblick.

Isabelle, die verwittwete Herzogin von Montferrat, welche den eitlen Titel einer Königin von Jerusalem, den sie bey Lebzeiten des Konrads ihres Gemahls führen mußte, seit seinem Tode gar abgelegt hatte, kam des andern Tages nach Walters Erscheinung zu Joppe an, um sich seinem Schutze zu empfehlen. Sie fand die Aufnahme, welche ihr Stand fodern konnte, und sie belohnte Walters freundschaftliches Betragen damit, daß sie ihm Lady Klifford vorstellte, welche sich gegenwärtig bey ihr aufhielt.

Saladin war todt. Nureddin hatte schon damals als er noch lebte oft nur gar zu deutlich sehen lassen, daß er Augen für Matildens Reize habe. Seine Gemahlin Zoe machte sich vielleicht von seiner Bewunderung ihrer Freundin noch größere Vorstellungen als sie Ursache hatte. Matildens Tugend war streng, und ihre Freundschaft empfindlich, sie konnte so wenig den Schein einer gesetzlosen Liebe als den geringsten Schatten von Eifersucht, und falschen Verdacht leiden. — Saladin merkte dieses, er fühlte, daß das Ende seines Lebens herannahte, und er ließ Matilden vor sich kommen, um noch vor seinem Tode für ihre Sicherheit zu sorgen. — Matilde! sagte er, du, die du mir so lieb, oft lieber warst als Zoe und Nureddin, ich sterbe, ich gehe hin zu dem Gott, den du und Walter verehren, und den Odos Tod mich kennen lehrte; ich fühle das Glück die Welt zu verlassen so lebhaft, daß ich wünschte, euch alle die ich liebe, mit mir dahin nehmen zu können wo ich seyn werde. Aber dies ist umsonst, ihr bleibt zurück, Du, Walter, Zoe und Nureddin bleiben zurück! Für dich, meine Tochter! ist nach meinem Tode keine Ruhe und Sicherheit mehr in Damaskus. — Weiche der Schwachheit Nureddins und deiner Freundin; gehe wieder zu deinen Glaubensgenossen; geh und nimm den Seegen dessen mit dir, der dich väterlich liebte; theile ihn mit Waltern, wenn du ihn wieder siehst, und sage Richarden, daß ich den kenne, der mich aus den Händen des wüthenden Herzogs von Burgund rettete. Wenn wir uns wieder sehen, werden wir alle Freunde seyn, Christen und Sarazenen, alle, alle vor einem Gott stehen! O des großen, des herrlichen Tages!

Saladin war zu schwach um diese abgebroch-
nen Reden zu verlängern, er drang in die weinende Matilde, ihn zu verlassen; Sie küßte seine
erstarrende Hände, und umarmte Zoen und Remigien, welche die Eifersucht der Prinzeßin insgeheim genährt hatte, und nun über Matildens
Abschied triumphirte. Saladin hatte Befehl gegeben, sie mit einer sichern Begleitung nach Tyrus zu bringen, wo sie selbst hin verlangte. Die
verwittwete Fürstin von Tyrus, Isabelle, war
die einzige christliche Dame, bey welcher sie jetzt
sich mit Anstand und Sicherheit aufhalten konnte. Isabelle, eine Person von alltäglichen Charakter, gut bey Tugendhaften, leichtsinnig mit
den Leichtsinnigen, und nie ganz böse in der Gesellschaft von Lasterhaften, nahm sie freundlich
auf, und hatte sie nun in der Zeit, da sie bey ihr
gelebt hätte, so lieb gewonnen, daß sie sich ungern von ihr trennte. Matilde hatte sich von Saladins reichen Geschenken ein Landhaus, das ihrem Stande gemäß war, in der Gegend von
Joppe gekauft; die Herzogin von Montferrat verließ gern glänzendere Orte, um die süße Einsamkeit zu Beautrou mit ihrer Freundin zu theilen. Hier war es, wo sie die Nachricht von
Walters Wiederkunft vernahmen, und Isabelle
der es gleich stark am Herzen lag, sich dem Schutz
des mächtigen Großmeisters des Tempelordens
zu empfehlen, und ihre Freundin mit dem An-

blicke ihres Geliebten zu erfreuen, beredete Matilden zu der Reise nach Joppe.

Walter sah seine Geliebte zuerst in voller Versammlung wieder, und der Wohlstand erfoderte, den Neigungen seines Herzens, die ihn zu ihr hinrissen, Zwang anzulegen, aber wer kann die Ausbrüche der Liebe, die Ergießungen der wärmsten Zärtlichkeit schildern, als sie sich zuerst ohne Zeugen sahen! — Walters Wahl war entschieden. Er war Matildens Eigenthum, und gehörte seinem Orden nur noch so lange an, bis es ihm erlaubt wäre, durch die vom Pabste festgesetzte Bedingung, sich von seinem Ordensgelübde loßzumachen.

Der mit den Sarazenen getrofne Waffenstillstand war noch nicht zu Ende, und es war also unmöglich, so gleich an die Ausführung seines großen Vorhabens wider Jerusalem zu denken. Er wandte das Jahr, das noch biß dahin verlaufen mußte, dazu an, alle Hofnungen die sich die Ritter und das Volk von ihm machten, zu erfüllen. Ordnung, Tugend und Ueberfluß herrschte unter seiner Aufsicht bey dem Orden, und Ruhe und blühender Wohlstand in den Gegenden umher. Seine Freunde kamen in den Strahlen seines Glücks empor, und auch seine Feinde, selbst sein ehemaliger Ankläger der treulose Belfort, hatte nicht Ursache zu klagen. Da ihn die Brüder wegen seiner Bosheit nicht mehr unter sich leiden wollten, so brachte ihn Walter bey Richards zurückgelassenem und noch nicht zurückgerufenen Heer, auf eine Art an, die ihm das Ordenskreuz konnte vergessen machen. — Matilde hielt sich nebst der Herzogin von Montferrat beständig in Beautrou auf, und ob gleich Walter sich den Zwang anlegte, sie nur selten zu besuchen, so war doch er sowohl als seine Geliebte immer glücklich, bald in der Erwartung, bald in der Erinnerung eines solchen Besuchs, und bald in den entzückenden Vorstellungen von einer Zukunft, in welcher nichts vermögend seyn sollte, sie zu trennen, und an welche beyde einen gleich starken Glauben hatten. — Walter hatte nicht sobald die Angelegenheiten seines neuen Standes in Ordnung gebracht, und ruhigere Stunden gaben ihm nicht sobald Muse zu andern Gedanken, als Richards Andenken, das ihm bisher am Meisten in schlaflosen Nächten, oder unruhigen Träumen hatte beschäftigen können, unaufhörlich vor seiner Seele schwebte. Seine Besorgnisse wurden durch die Unruhe erschwert, mit welcher die zurückgelassenen Völker des Königs von England die Nachrichten von ihrem Herrn erwarteten, welche von einer Zeit zur andern ausblieben. Aber recht als wenn das Glück, das sich bisher so stiefmütterlich gegen ihn erwiesen hatte, ihm auf einmal in allem günstig seyn, und jede Besorgniß aus dem Wege räumen wollte, welche seine Heiterkeit trüben konnte, so kam, als er es am Wenigsten vermuthete, ein Schif mit Briefen von Richard und Blondel an, in welchen meine Leser selbst die Spuren von demjenigen suchen mögen, wornach sie neugierig seyn müssen, wennRichards Schicksal sie nur ein Wenig intereßirt hat.

"Freue dich, mein Walter! unser Richard ist gerettet, er befindet sich gegenwärtig wieder in den Armen seiner Mutter; seine Feinde sind gedemüthigt, und sein Volk im Besitz seines guten Königs so glücklich als jemals. Die schreckliche Gefahr in welcher sein Leben schwebte, das Glück ihn zu retten, welches der Himmel mir aufbehalten hatte, und dessen ich mich Zeitlebens rühmen werde, alles dieses erfährst du aus unserm eignen Munde. Ein Gelübde, das ich und mein königlicher Freund thaten, als noch Mauern uns trennten und wenig Hofnung für mich übrig war, den wiederzusehen, dessen Stimme ich nur hören, und mich durch dieselbe an vorige glückliche Zeiten erinnern konnte, ein Gelübde nöthigt uns dahin zu kommen wo du jetzt lebst, und wohin uns der blose Gedanke an dich, ohne Beyhülfe der Andacht treiben würde. Siehe künftige Ostern deinem Richard und Blondel entgegen, welche dich noch weit lieber Grafen von Anjou als Großmeister des Tempelordens, der du jetzt seyn sollst, nennen mögten. — Befiehl deine Schicksale und die Unternehmungen der Freundschaft dem Himmel." Blondel.

Walter war entzückt über die Nachricht von seinen Freunden und über die Hofnung sie bald wieder zu sehen. — Richards Brief enthielt nicht viel mehr als Blondels; eben die räthselhaften Ausdrücke wegen seines bisherigen Schicksals, und eben die Hofnung des Wiedersehens. — Wegen der Grafschaft Anjou sprach Richard etwas umständlicher; seine Nachrichten stimmten völlig mit denen überein, die er aus Pabst Cölestins Munde gehört hatte. Walter trauerte, daß sich sein Bruder noch so viel Mühe gab, ihm den Besitz eines Landes zu verschaffen, auf welches er längst Verzicht gethan hatte. — Er eilte, ihm seine Gedanken über diesen Gegenstand, und seine gegenwärtigen Aussichten und Hofnungen zuzuschreiben, um dadurch dem Blutvergießen zu steuern, welches diese unmögliche Sache bereits angerichtet hatte. — Richard foderte einen Theil seiner Völker zurück, welchen Walter die Ueberbringung seiner Briefe überließ, indessen die übrigen Engländer in Palästina blieben, und von Richarden Befehl erhielten, bis zu seiner Ankunft den Großmeister der Tempelherren für ihren Anführer zu erkennen.

Waltern war diese Verstärkung seiner Macht nicht unangenehm, sie war die einzige auswärtige Hülfe, deren sich sein Orden jetzt rühmen konnte. Von den Völkern des Kaisers und des Königs von Frankreich war schon längst kein Mann mehr im heiligen Lande. Der Fürst von Antiochien und Graf

Philip von Flandern hielten sich in der Entfernung, sie scheuten und neideten Walters Glück, und konnten den Anblick dessen nicht ertragen, den sie ehmals vergeblich zu stürzen suchten. Auch sehnten sich die Tempelherren nicht nach ihrem verrätherischen Beystand. Gleichwohl gieng die Zeit des Waffenstillstandes zu Ende. Die Sarazenen fiengen bereits mit kleinen Feindseligkeiten an, ihr Verlangen nach Größern zu bezeigen, und Waltern konnte also der Zuwachs seiner Völker nicht anders als erwünscht seyn. — Matilde zitterte, wenn sie dachte daß sich nun der große Zeitpunkt nahte, welcher ihr und Walters Schicksal entscheiden sollte. Walter war voll großer Hofnungen. Und Konrad schwieg, aber er hätte es lieber gesehen wenn sein Freund Großmeister geblieben wäre, und auf den Thron von Jerusalem Verzicht gethan hätte.

Fünf und vierzigstes Kapitel.
Falsches Lächeln des Glücks.

Walters Charakter war ganz Redlichkeit und Offenherzigkeit; es war ihm unmöglich verdeckt zu handeln, und denen, mit welchen er in genauer Verbindung stand, und denen er einigermasen Rechenschaft von seinem Thun und Lassen schuldig war, seine Absichten zu verhehlen. Diese Gesinnungen machten ihn geneigt, seinen Rittern gleich in den ersten Tagen seiner Erwählung, die Dispensation des Pabsts von dem Gelübde, und die mit derselben verknüpfte Bedingung zu entdecken. Der Ritter von Staufen, welcher sonst, wie wir oft gesehen haben, das Herz immer auf der Zunge hatte, und so ein großer Feind der Verstellung war, als irgend einer, war wider alles Vermuthen hierinnen nicht eines Sinnes mit Waltern. Warum, sagte er, willst du vor der Zeit eine Sache entdecken, die noch auf lauter Ungewißheiten beruht? Eine solche Entdeckung könnte dir die größten Hindernisse bey Erreichung deines Endzwecks in den Weg werfen; deine Feinde würden dir entgegen arbeiten, und deine Freunde würden sich vor der Zeit über den Verlust ihres Großmeisters grämen, und mit Furcht einer Sache entgegen sehen, welche vielleicht nie zu Stande kommt. Nie zu Stande kommt? fragte der Großmeister, kannst du das deinem Freunde wünschen? — Warum sollte ich nicht? erwiederte Konrad, bist du nicht glücklich in dem Stande in dem du dich gegenwärtig befindest? Brauchst du eine Krone, um alle deine Wünsche befriedigt zu sehen? Gott weiß, sagte Walter, daß mein Herz nie nach irdischer Hoheit strebte. Matilde, Matilde allein ist es, die meine Wünsche erweitert, und doch würde ich das kleinste Glück an ihrer Seite dem glänzendsten Throne vorziehen, wenn es dem heiligen Vater nicht gefallen hätte, die Besitzung der Krone von Jerusalem, zur einzigen Bedingung zu machen, unter welcher ich meines Gelübdes entlassen seyn sollte. — O, dieser Cölestin! fuhr Konrad nach einigen Nachdenken fort, verkauft dir deine Freyheit zu theuer; er will erst alle deine Kräfte zum Besten der Christenheit nützen, will dich allen Anfällen der Kabale, allen den tausend unübersteiglichen Hindernissen Preis geben, die dir bevorstehen, ehe er dir Ruhe gönnt, eine Ruhe, die du vielleicht eher im Grabe als auf dem Thron zu Jerusalem finden wirst. — Und ist die Hofnung auf Matilden, selbst wenn sie unerfüllt bleibt, nicht Schadloshaltung für die größten Beschwerden, selbst für die Aufopferung meines Lebens? fragte Walter. — Ja, diese Matilde! sagte Konrad, ich wollte du hättest sie nie gekannt, oder sie wäre bereits in jener Welt, wohin Ritter unsers Gleichen allein die Erfüllung ihrer Hofnungen setzen sollten; ihr Andenken würde dir denn so wenig an Erfüllung deiner Pflichten und an Genuß des Glücks das dir beschieden ist, hinderlich seyn, als mir der Gedanke an die schöne Rosemunde. — Walter lachte über die sonderbaren Vorstellungen welche der geistliche Ritter von Glück und Liebe hatte, und wollte nicht weiter über diesen Gegenstand mit ihm sprechen, von welchem er so schlechte Einsichten hatte. Sie kamen wieder auf den ersten Inhalt ihres Gesprächs, die Geheimhal=

tung von Walters Absichten. Ritter Konrad, welcher sahe daß seine Meynung nicht hinlänglich war, Waltern von einem unüberlegten Schritte abzuhalten, bestand darauf, die Belforte mit in ihrem Rath zu ziehen, und ihr Urtheil, welchen Walter versprochen hatte sich zu unterwerfen, lief einhellig darauf hinaus: daß man zur Zeit noch schweigen, und die Ritter nicht zu zeitig mit den Gedanken von dem Verlust ihres Großmeisters schrecken müßte. — Dieser Schluß war die Ursache, daß noch damals, als man schon von neuen anfieng sich wider die Sarazenen zu rüsten, niemand bey dem Orden, als die neun Ritter und Konrad von Staufen etwas von Walters wahren Absichten wußte.

Vielleicht hätten dieselben noch länger verborgen bleiben können, wenn Walter gewollt hätte, und wenn nicht ein sonderbarer Zufall sie auf einmal entdeckt, und ihnen den allgemeinen Beyfall der Tempelherren, und der ganzen orientalischen Christenheit, einige wenige von Walters Feinden ausgenommen, verschaft hätte.

Der Waffenstillstand war nun völlig zu Ende. Christen und Sarazenen giengen wieder unaufhaltsam gegen einander los. Walter mit seinen Rittern, und Richards Engländern that Wunder. Ueberall siegten die Christen, im ofnen Felde und bey Belagerungen. Saphora, Cäsarea, Neapel, Nazareth, Belfort, und eine Menge andre wichtige Plätze, welche die Sarazenen bisher besessen hatten, selbst Damiate, nach Jerusalem die wichtigste von allen Städten in Palästina, waren in den Händen der Christen. — Nichts fehlte nun als vor Jerusalem selbst zu rücken, und den letzten Streich zu wagen. Man nahte sich der heiligen Stadt immer mehr und mehr, und Walter schlug sein furchtbares Lager in der Gegend von Bethanien auf. Er wünschte nichts mehr, als vor der Ankunft seines Bruders Richard, welcher man nun fast täglich entgegen sehen konnte, sein großes Vorhaben zu Stande gebracht zu haben, und ihn als König von Jerusalem empfangen zu können. — Er stand auf dem Punkte, seinen Rittern seine eigentliche Absicht, welche sich nun nicht mehr verhehlen ließ, zu offenbaren, als eben der oben erwähnte Zufall dieser Entdeckung zu Hülfe kam.

Man fand eines Morgens im ganzen Lager eine Menge Zettel gleiches Inhalts ausgestreut, welche man mit Verwunderung las, ohne errathen zu können, durch welches Wunder sie aus der versperrten Stadt hieher gekommen waren. — Man brachte unterschiedliche derselben in die Versammlung der Tempelherren, wo der Großmeister eben anfangen wollte, das Geheimniß zu entdecken, welches er auf Anrathen seiner Freunde so lang verschwiegen hatte. —

Walter las und erstaunte, seine Freunde lasen
auch und bestanden darauf, daß eine Nachricht
von solcher Wichtigkeit, welche zu ihrem gegen=
wärtigen Vorhaben so dienlich war, öffentlich ver=
lesen werden sollte. Walter willigte ein, und Kon=
rad als Ordensmarschall las folgendes:

Die Einwohner von Jerusalem an die Tempelherren.

Ehrwürdiger Großmeister des Tempelordens,
und ihr heilige tapfre Ritter, unsre Beschützer.
Daß ihr Besitzer des ganzen Landes rund umher
seyd, und daß ihr euch nun gefaßt macht, eure
siegreichen Waffen wider die heilige Stadt zu keh=
ren, ist uns nicht unbekannt, und wir segnen eure
Bemühungen. Aber ewig Leid seyn müßte es uns,
wenn wir die Sklaverey der Sarazenen, welche der
große Saladin und sein Nachfolger mehr als leid=
lich gemacht haben, nur darum verlassen sollten,
um die Regierung der Balduine, und der Sybil=
len wieder in Jerusalem aufleben zu sehen. Wir
wollen keinen König haben, als den wir uns selbst
wählen, jetzt wählen, da es noch in unserer Macht
steht, ob wir uns auf die Seite der Sarazenen
schlagen, und dadurch alle eure Bemühungen ver=
eiteln, oder unsere Schwerter wider sie kehren, und
euch die Eroberung von Jerusalem erleichtern
wollen. —

Unsere Krone soll weder einem schwachsinnigen Veit, noch einem weibischen Herfrand, von welchem man nie eine kühne Heldenthat hörte, zu Theil werden. — Auch verwerfen wir den heimtückischen Fürsten von Antiochien, und den boshaften Philip von Flandern, und alle Fürsten ihrer Art, welche etwa nach dem Scepter des heiligen Landes gelüsten, und uns in eine härtere Dienstbarkeit bringen mögten, als unter welcher wir jetzt seufzen. Unsere Wahl ist auf einen Helden gefallen, den wir uns von euch, heilige und tapfre Ritter des Tempels, zu unserm Könige erbitten. Ueberlaßt uns euren Großmeister, den großen Walter von Montbarry zu unserm Beherrscher, und erzeigt uns durch dieses Geschenk eine größere Wohlthat, als alles, was ihr für uns thun könnet, seyn würde. Er wird unser verfallnes Glück wieder empor bringen, er wird uns vor unsern Feinden schützen, und alle diejenigen von seinem Thron entfernen, welche wir hassen, und unter welche wir vornämlich den boshaften Heraklius, unsern ehmaligen Patriarchen rechnen, dessen geistlicher Tyranney wir uns nie wieder unterwerfen, sondern seine Stelle mit einem Würdigern besetzen wollen, auf dessen Wahl wir bereits bedacht sind.

Ueberlegt, ehrwürdige Tempelherren, unser Begehren, und seyd unsre Vorbitter bey eurem edeln Großmeister, unserm künftigen Könige. Ihr habt nichts weiter zu thun, als hierinnen einen

Schluß zu fassen, und sollte es in euren geheimsten Versammlungen seyn. Wir sind so gut mit Kundschaftern versehen, daß wir von allem unterrichtet sind was in eurem Lager vorgeht. — Euch zu beweisen, daß dieses die durchgängige wahre unveränderliche Meynung aller Einwohner von Jerusalem ist, und euch allen Verdacht einiges Betrugs zu benehmen, würde vielleicht die Unterschrift unserer Aeltsten und Oberhäupter, welche vielen von euch bekannt ist, hinlänglich seyn; aber wir wollen euch ein noch mehr in die Augen fallendes Zeichen der Wahrheit geben. — Unter dem Vorwande eines Fests, haben wir Erlaubniß erhalten, unsere Mauern und Thürme mit grünen Zweigen zu krönen. Kommt, und seht diese Sinnbilder unserer Hofnung und unsern künftigen Beschützer, den großen, tapfern, frommen, edeln Walter von Montbarry, dem wir hiermit nochmals den Namen unsers Königs geben.

O Hand der Vorsicht! sprach Konrad bey sich selbst, als er zu Ende gelesen hatte! Wer kann dir widerstehen? Ich unterwerfe mich dir, und höre auf, mich einem Vorhaben zu widersetzen, das mir, ich weis kaum selbst warum, zuwider war, und das nun so augenscheinlich vom Himmel begünstigt wird.

Der Großmeister schwieg, und erwog mit Erstaunen die seltsam zusammentreffenden Umstände die ihn zum Thron von Jerusalem hinrissen. Und unter den Rittern erhob sich ein tiefes Gemurmel, welches bald in den einhelligen Schluß ausbrach, man müsse die Bitte der Einwohner von Jerusalem eingehen, man müsse den Großmeister zu Annehmung der Krone bewegen, und bedenken, daß sein Verlust dem Orden reichlich durch den Vortheil ersetzt werden müsse, den er ihm auf dem Throne von Palästina verschaffen könne.

Walter beantwortete den Vortrag seiner Ritter mit einer offenherzigen Erzählung aller Umstände, welche mit dieser seltsamen Wendung seines Schicksals zusammen trafen. Er zeigte ihnen die Dispensation des Pabstes die er auf diesen Fall erhalten hatte, er wiederholte Cölestins Worte, die er beym Abschiede zu ihm sagte, und verschwieg ihnen auch nichts von den letzten Reden des alten Robert Burgundio, welche durch den Erfolg das volle Ansehen einer Prophezeihung erhalten hatten. — Die Tempelherren kamen darinnen alle miteinander überein, daß diese einzelnen unverabredeten unvorhergesehenen Umstände ein so wundernswürdiges Ganzes ausmachten, daß der Finger Gottes darinnen nicht zu verkennen sey. — Sich widersetzen, sagten sie, würde Gottlosigkeit, und am glücklichen Ausgange zweifeln, furchtsame Blödigkeit seyn. Walter ward auf dem Fall, daß alles so glückte wie man gewiß hofte, von dem ganzen Kapitel seines Gelübdes und seines Amts entlassen, und es

ward ihm nicht schwer den Ritter von Staufen in
seinen alsdenn erledigten Platz einzusetzen. —
Konrad war von allen Rittern geliebt, sie gaben
ihm vorläufig den Handschlag der Treue, und
schwuren, daß ihnen nach Waltern niemand lieber
zum Großmeister seyn sollte, als der Ritter von
fester Treue, der edle Konrad von Staufen.

Einmüthig ohn allen Widerspruch ward dieser
Schluß gefaßt; man gieng auseinander, und gelobte die heiligste Verschwiegenheit in Ansehung
dessen, was beschlossen war, damit keine Verrätherey ihre Absichten vereiteln könnte. Die ausge-
streuten Zettel wurden gesammelt, und sorgfältig
unterdrückt. Das Volk, in dessen Hände unterschiedliche derselben gekommen waren, war bereit
Waltern, der allgemein geliebt wurde, den Namen
seines Königs zuzurufen; aber sein Mißfallen, das
er bezeugte, legte ihm Stillschweigen auf, und jedermann unterwarf sich dem Gebot, nichts wider
von dieser Sache zu erwähnen, bis man von Jerusalem zurück käme. Das Lager ward noch dieses
Tages aufgehoben, und dicht vor der heiligen
Stadt aufgeschlagen. Die grün bekränzten Thürme
und Mauern bestätigten den Inhalt der Briefe, die
man des Morgens gelesen hatte, und erfüllten die
Herzen Walters und seiner Freunde mit ahnden-
der Freude.

Sechs und vierzigstes Kapitel.

Der große entscheidende Tag naht heran, und Walters beyde Freunde erscheinen, bey demselben gegenwärtig zu seyn.

Die Herzogin von Montferrat, Isabelle, hatte sich wieder mit ihrem Gemahl vereinigt, von welchem sie sich ehmals um des Fürsten von Tyrus, Konrads von Montferrat willen, trennen mußte. Die Erneuerung dieser Verbindung ward allgemein als ein Merkmal angesehen, daß Sybillens Tochter noch nicht alle Hofnung auf den Thron zu Jerusalem aufgegeben habe, und daß sie sich darum von neuen mit Graf Herfranden verbände, damit sie an der Hand eines Gemahls desto leichter ihre Absichten erreichen könnte. Herfrand war gar nicht der Mann der ihre Ansprüche geltend machen konnte; nie hatte man eine kühne Heldenthat von ihm gehört, wie sich die Bürger zu Jerusalem in ihrem Briefe sehr passend ausdrückten, gleichwohl fürchtete man heimlich, es mögte ihm dennoch glücken, man sprach davon, es könne und würde geschehen, und dieses Gerücht war es vielleicht, was den Hauptanlaß zu der Erklärung gegeben hatte, mit welcher sich die Einwohner der heiligen Stadt an die Tempelherren wandten.

Isabelle hatte nicht das mindeste Recht auf die Krone von Palästina, sie war Sybillens Tochter; Sybille war Balduins Gemahlin gewesen; Isabellens Vater war Amalrich, zwar auch ein König von Jerusalem, und einer von Balduins Vorgängern, aber hieraus sich als Erbin des Throns zu legitimiren, würde eine schwere Sache, und bey dem Widerwillen, den das Volk vor ihr und Herfranden und allem, was die Sybillen und Balduine angieng, bezeugte, fast unmöglich gewesen seyn.

Isabelle verließ Beautrou, wo sie bisher mit Matilden gelebt hatte, um sich mit ihrem wieder angenommenen Gemahl nach Antiochien zu dem dasigen Fürsten, und Graf Philipen von Flandern, zu wenden, und daselbst entweder fehlgeschlagene Entwürfe zu beweinen, oder neue zu schmieden. — Lady Klyfford wandte sich nach ihrem Abschied zu ihrer Stiefmutter, Graf Raimunds hinterlassener Gemahlin, bey welcher sie jetzt in Sicherheit leben konnte, und welche sich nach ihres Gemahls Tode, mit ihren übrigen Kindern auf einem Schlosse nicht weit von Jerusalem aufhielt. — Die Gräfin von Tripoli liebte ihre Tochter, sie liebte auch Waltern, und sahe ihn als ihren künftigen Eydam an; mit Entzücken sah sie dem Zeitpunkte entgegen, der diese beyden Liebenden auf ewig vereinigen, und ihr in Matilden nicht nur die Gattin des geliebten Walters, sondern auch die glorreiche Königin von Jerusalem zeigen sollte.

Das Schloß der Gräfin von Tripoli war so gelegen, daß Walter fast am Ende eines jeden Tages, seiner Geliebten persönlich Nachricht von seinen Operationen wider Jerusalem geben konnte. Die Stadt ward immer enger eingeschlossen, man wagte anfangs kleine Stürme, und sah aus der Art der Vertheidigung, daß die Macht der Sarazenen nicht von den Bürgern der Stadt unterstützt würde. — Der Tag, an welchem der Hauptsturm gewagt werden, der große Tag, der entscheiden mußte ob Walter König von Jerusalem werden, oder auf ewig auf Matildens Hand Verzicht thun sollte, war festgesetzt.

Walter, der jetzt, da alle seine Ritter um seine Verfassung wußten und sie billigten, weit freyer mit Lady Klifford umgehen durfte als zuvor, eilte um ihr selbst den großen Tag der Entscheidung kund zu machen; aber er kam diesmal nicht so wie er sonst gewohnt war al..., sondern er brachte zween Fremde mit, w... tilde erstes Blicks für diejenigen erkannte waren.

Richard und Blondel, welche um desto heimer nach Palästina zu kommen ihren Weg Europa nur mit einem einzigen Schiffe angetretten hatten, waren zu Joppe angelangt. Unvermerkt und ohne Meldung ihrer Namen waren sie in das Lager vor Jerusalem gekommen, und hatten Waltern eben so überrascht, als Matilde jetzt durch ihren Anblick überrascht ward.

Niemand schmeckte bey diesem Besuche die Freuden des Wiedersehns in vollerem Maase als Blondel, er, dessen Herz so sehr an der Freundin seiner Jugend an Matilden hieng als jemals, er der sie, den Gegenstand der heißesten enthusiastischen Liebe welche je ein Minstrel fühlte, in so langer Zeit nicht gesehen hatte. Er wußte den Grad seiner Liebe für Matilden meisterlich zu bergen; Walters Geliebte ahndete nichts davon, und begegnete ihm also mit der vollen unschuldigen Vertraulichkeit, die ein Bruder von ihr hätte erwarten können. Walter und Richard, ungeachtet sie Blondels ganzes Herz kannten, es besser kannten als Matilde, fühlten keine Eifersucht, und er, welchem die größern Rechte seiner Freunde auf die Dame seines Herzens bekannt waren, er, dessen Liebe tugendhaft und rein war wie die Liebe eines Engels, überhob sich nicht wegen Matildens Gunstbezeugungen, neidete Waltern nicht wegen seines größern Glücks, und fühlte sich so selig, als je ein Minstrel in einer idealischen Liebe gewesen war. Richard ward mit mehrerer Zurückhaltung von Matilden empfangen; sie kannte die Liebe die er für sie fühlte, sie erinnerte sich der Ansprüche die ihm Walter einst unter den schrecklichsten Bedingungen, die sie sich denken konnte, auf sie gegeben hatte, und der Anblick des rosenfarbenen Schleyers, von welchem noch einige verblichene Ueberbleibsel um seine Rüstung geschlungen waren, goß ein ahndendes Zittern durch ihr Innerstes. — Walter merkte die Bestürzung seiner Geliebten, und fühlte in dem nämlichen Augenblick etwas Aehnliches, doch machte die Heiterkeit, welche jetzt sein gewöhnlicher Gemüthszustand war, daß er bald alle unangenehme Vorstellungen aus dem Sinne schlug, und um bey Matilden gleichfalls alle traurigen Gedanken zu verdrängen, so bald als möglich Blondeln veranlaßte, die Geschichte von der Befreyung des Königs von England zu erzählen; welche er versprochen hatte, ihm in Matildens Gegenwart zu geben.

Walter setzte sich an die Seite seiner reizenden Braut, Richard ihnen gegenüber und Blondel, welcher neben ihm seinen Platz genommen hatte, fieng folgendermaßen an.

Sieben und vierzigstes Kapitel.

Geschichte von Richard Löwenherz und seinem Freund Blondel.

Wo soll ich die Geschichte beginnen, die meinem Herzen ewig unvergeßlich seyn wird, die Geschichte von welcher ich wünschte, daß sie durch Minstrels künftiger Zeiten verewigt, und bey jedem Königsmahle zum Andenken des Helden der den Löwen ohne Schwert überwand, und des Dichters der durch den Ton seiner Harfe den Helden aus dem Kerker zaubern konnte, gesungen werden mögte! Verzeiht, meine Freunde, daß Blondel so kühn ist, sich an Richards Seite zu setzen; uns Dichtern ist der Trieb nach ewigen Nachruhm angebohren, und wo können wir denselben sicherer erlangen, als wenn wir uns dicht an einen Helden anschließen und auf diese Art unsern Namen der Vergessenheit entreissen. Blondel begleitete diese Worte mit einem schalkhaften Blick. Richard, welcher den Ton der Schmeicheley nicht an seinem Freunde gewohnt war, und ihn auch nie würde geduldet haben, übersah die ganze Rede als einen Scherz, und Blondel fuhr fort. Indessen war es doch nicht die Begierde nach Ruhm, sondern heiße innige Freundschaft und die Unmöglichkeit ohne Richarden länger zu leben, die mich aus England trieb, und nöthigte meinen Freund in Palästina aufzusuchen, wo ich ihn nicht gefunden, und seine Rettung versäumt haben würde, wenn ich dich, mein Walter! nicht in dem Kloster zu Aquileja angetroffen hätte, und von dir zu recht gewiesen worden wäre.

Du weißt mit welcher unvorsichtigen Eil ich dich und Konraden verließ, ohne zu bedenken, daß ihr mir vielleicht nähere Nachrichten hättet geben können, ohne welche ich nur aufs Ungewisse herumirrte, und den Zweck verfehlte, den ich weit leichter erreicht haben würde, wenn ich nur das Eine gewußt hätte, in was für Feindschaft unser Richard in Palästina mit Herzog Leopolden von Oesterreich gelebt hatte, und wie wahrscheinlich es war, daß dieser boshafte Fürst keine Gelegenheit sich zu rächen aus der Hand lassen würde.

Ja, Herzog Leopold war es, in dessen Landen ich unsern Freund hätte suchen sollen, und ihr sollt gleich hören, auf was für Art er in seine Gewalt kam. —

Richard, uneingedenk, daß etwas mehr als ein Pilgerkleid dazu gehöre, einen König vor den Blicken seiner Feinde zu verstecken, betrat die Länder Leopolds ohne die mindeste Vorsicht. Er war kühn genug, sich seiner Hauptstadt zu nähern, und trieb endlich seine Unbesonnenheit, wie ich sein Verfahren ohne Schonung nenne, so weit, daß er sich vornahm, vor seinen Augen zu erscheinen, und ihn in unbekannter Tracht mit der Erinnerung einiger Vorgänge im gelobten Lande zu höhnen, welche Leopolden eben nicht zur Ehre gereichten.

Es war Pfingsten, Herzog Leopold hielt seinen Hof zu Wien trotz einem Könige. Er suchte eine Ehre darinnen, es dem Kaiser an Pracht und Freygebigkeit zuvorzuthun. Der Geiz Kaiser Henrichs, welcher ehmals an seinem Hochzeittage die Minstrels unbegabt abziehen ließ, war noch nicht vergessen, und Leopold machte sich eine Ehre daraus, das Gegentheil zu thun, und die Heere von Sängern und Harfnern, welche sich bey jedem gemeinen Festtage an seinem Hofe einfanden, allemal verschwenderisch zu begaben. Zu der Zeit, als Richard nach Wien kam, hatte sich eben ein Trouverre mit einem großen Gefolge von Anhängern der fröhlichen Kunst eingefunden, um Leopolds Pfingstfeyer zu verschönern. Richard erhielt nicht sobald hiervon Nachricht, als er eine schickliche Gelegenheit gefunden zu haben glaubte, Leopolden zu sehen, bey welchem der Zutritt nicht sogar etwas Leichtes war. Er begab sich unter die neuangekommenen Minstrels, und ward dem Herzoge am ersten Tage des Fests nebst den andern vorgestellt. Richard war zu den Geheimnissen unserer Kunst eingeweiht, er war ein Meister im Gesang und Harfenspiel, und konnte also hoffen, die Person, welche er vorstellen wollte, glücklich zu spielen; die Minstrelstracht welche er trug, vermehrte seine Hofnung, Leopolden unerkannt einige derbe Wahrheiten zu sagen, aber der erste Blick den der Herzog auf ihn warf, hätte ihm schon sagen sollen, daß er in ihm etwas mehr als einen gemeinen Harfner zu sehen glaubte. — Der Gesang und das Saitenspiel hub an, ein jeder der Minstrels sang so wie die Reihe an ihn kam, sein Lied, und alles was gesungen wurde, hatte das Lob des großen, freygebigen, glücklichen Herzog Leopolds, des Ueberwinders der Sarazenen und Wiederbringers der christlichen Freyheit zum Gegenstand. — Als die Reihe an unsern Harfner kam, so wußte er von diesem allen nichts zu sagen, er sang ein langes Lied von einem Herzoge, dessen Namen er nicht nannte, welcher seine Bundesgenossen bey der Belagerung von Jerusalem im Stiche ließ, und beschloß mit einem andern, von einem, der seinen Freund verleumdete, von diesem im Kampf überwunden, und mit auf die Brust gesetzten Fuße genöthigt ward, die Verleumdung zu widerrufen. — Niemand verstand den eigentlichen Sinn dieser schimpflichen Lieder als Leopold, er glühte für Unwillen, er betrachtete den kühnen Minstrel genauer, er glaubte ihn zu kennen, er untersuchte seine ganze Person, und die röthliche Binde, welche unser unvorsichtiger Freund um sein Pilgerkleid trug, und die Leopold um Richards Rüstung gesehen hatte, hob vollends allen Zweifel den er wegen seiner Person hatte. Um indessen noch gewisser zu gehen, nahm er sich vor, ihn noch auf zwo Proben zu stellen, welche so ausfielen, daß er den König von England unmöglich verkennen konnte.

Ihr habt wohl gesungen, Minstrel, sagte er, und ich muß euch belohnen. Er gab hierauf seinen Leuten einen Wink, und Richarden wurde ein großer goldner Pokal mit Goldstücken angefüllt, dargeboten. Der König von England erröthete, sich von seinem Feinde für die Beschimpfung die er ihm angethan hatte, bezahlt zu sehen. Er schüttete unwillig das Gold aus, und warfs unter die Bedienten. In ein Trinkgeschirr gehört Wein! sagte er, man fülle es, und ich will es auf den Untergang aller Verleumder und Verzagten ausleeren. Richard trank, und schenkte den Pokal dem Edelknaben der ihm zu trinken gereicht hatte. — Leopold sah ihn mit Erstaunen an; seine Vermuthung war nunmehr Gewißheit, doch konnte er sich das Vergnügen nicht versagen ihn noch auf eine Probe zu stellen, welche zugleich dazu dienen sollte, seinen Feind mit einigem Anschein des Rechts in seine Gewalt zu bringen.

Er hatte an seinem Hofe einen jungen Ritter von ausserordentlicher Größe und Stärke, welchen er so sehr liebte, daß die Meisten glaubten, die Natur verbände ihn, ein Vaterherz gegen ihn zu tragen. Wardrewe, so hieß der Jüngling, verstand die Winke des Herzogs von Oesterreich, und war geschickt genug, seine Absichten in einem Augenblicke auszurichten. Ein Wort von Leopolden war hinreichend ihm zu sagen, was er zu thun habe.

Minſtrel, redete er Richarden an, unſer erhabner Herzog lobte euch vorhin, daß ihr wohl geſungen hättet, und ich, der ich mich nicht erkühnen darf, ſeinem Urtheil zu widerſprechen, behaupte indeſſen nur dieſes, daß ich wohl eben ſo gut, wohl noch beſſer ſingen will wie ihr. Gebt mir eure Harfe, und höret zu. Richard reichte dem Jüngling ſein Saitenſpiel, und verſicherte ihn lächelnd, daß er ſich vor keinen Meiſter in ſeiner Kunſt ausgebe, und gern ſeinen höhern Talenten den Vorzug zugeſtehen würde.

Wardrewe ſang, aber was er ſang, war zu beleidigend, als daß es Richard hätte kaltblütig anhören ſollen. Er ſang wie der König von England in geheimen Verſtändniß mit dem Meuchelmörder, der ſich den Alten vom Berge nennte, den frommen Herzog von Montferrat auf den Straßen ſeiner eignen Stadt habe ermorden laſſen, und würde ohne Zweifel dieſer Verläumdung noch mehrere hinzugeſetzt haben, wenn es dem verſtellten Minſtrel möglich geweſen wäre, ihn ſeinen Geſang zu Ende bringen zu laſſen. — Richard vergaß ſich ganz und gar, er gieng auf den Sänger los, ſtieß ihn mit ſamt der Harfe zu Boden, faßte ihn bey der Gurgel und fragte, ob er ſich getraute das zu behaupten, was er geſungen hätte? — Alle Stunden! erwiederte der junge Rieſe, indem er ſich losriß, aufſprang und ſich in Vertheidigungsſtand ſetzte. Dieſes war, was

Leopold wünschte, er kannte Warbrewes Stärke, vornämlich im Faustkampfe, und hofte durch ihn an Richarden gerochen zu werden.

Der König von England foderte ein Schwert, aber der Herzog fragte ihn, ob er sich für einen Ritter ausgeben wollte, da er ein Minstrelkleid trage, und nicht einmal das gewöhnliche Gewehr der Leute seines Standes, das kurze Schwert an der Seite führte, das er vermuthlich nicht einmal zu führen wußte.

Richard schwieg, und das Faustgefecht gieng an. Warbrewe lag nach wenig Streichen von seines Gegners Heldenarmen gestreckt und empfindungslos auf dem Boden, und der wüthende Minstrel würde ohne Zweifel seinem Leben ein Ende gemacht haben, wenn er nicht auf einmal von allen Seiten angefallen, festgehalten, und vor Leopolden geführt worden wäre. Man beschuldigte ihn, er habe unredlich gefochten, habe die Hände mit Wachs bestrichen, und hätte also leicht seinen Gegner, der nichts von dergleichen Kunstgriffen gewußt habe, obsiegen können. — Angeklagt, schuldig befunden, und verurtheilt werden, war hier eine Sache. Er war in der Gewalt seines ärgsten Feindes; er ward in ein abscheuliches Gefängniß geworfen, wo er lange schmachten mußte, und ohne Zweifel sein Leben hätte aufgeben müssen, wenn nicht um eben diese Zeit die Boten des Pabsts in Oesterreich und allen deutschen Landschaften angelangt wären, welche Fluch und Bann über denjenigen ausriefen, welcher Richarden, den König von England, gefangen hielt, oder sich an seinem Leben vergriffe.

Leopold wurde hierdurch geschreckt. Er ließ seinen Gefangenen vor sich kommen, den er, um allemal eine Entschuldigung zu haben, nicht anders als den zu kennen schien, für den sein Kleid ihn ausgab. — Minstrel, sagte er, mich dünkt ihr habt genug für euren Uebermuth gebüßt, dessen Umfang euch besser als mir bekannt ist. — Ich schenke euch Leben und Freyheit, wenn ihr Muth genug habt euch beydes durch eine ritterliche That zu erkaufen, und Verstand genug mir die Gnade zu danken, die ich euch erzeige. — Ich danke keinem Herzoge von Oesterreich für eine Gnade! antwortete Richard mit einem verächtlichen Seitenblicke, aber das Leben eines Mannes wie ich, ist schon der Mühe werth, daß man etwas dafür wagt, laßt also hören, was ihr von mir verlangt. — Ihr werdet es sehen, erwiederte Leopold, indem er sich schnell entfernte, und bald darauf auf einer Gallerie wieder zum Vorschein kam, welche die Aussicht auf den Hof des Gefängnisses hatte, in welchem er mit Richarden gesprochen hatte. — Richard hatte keine Zeit sich zu besinnen, denn in dem Augenblicke da Herzog Leopold auf der Gallerie erschien, um sich an der Beschimpfung, oder an dem Tode seines

Feindes zu weiden, ließ man einen Löwen von ungeheurer Größe auf den unglücklichen Minstrel los, den er noch wohl als denjenigen kannte, den er selbst ehemals in Palästina, als er und der Herzog von Oesterreich noch Freunde waren, ihm geschenkt, und den dieser nun zu des Gebers Verderben mit herüber gebracht hatte.

Der Löwe kannte seinen ehemaligen Herrn nicht mehr, der Hunger, den man ihn hatte leiden lassen, machte, daß er sich mit blinder Wuth auf seinen Raub stürzte, und Richarden im Augenblick zu Boden warf. — Der König war ohne alle Waffen, er war selbst durch Elend und lange Gefangenschaft geschwächt, doch hatte ihn seine Stärke noch nicht ganz verlassen, er riß sich unter seinem Feinde hervor, und bediente sich in der Angst seines Herzens einer Sache zu Rettung seines Lebens, welche ihm nicht zu diesem Ende gegeben ward, und die ohne einen besondern Einfluß der schützenden Liebe, ihm unmöglich dazu hätte dienen können wozu er sie anwandte.

Der Schleyer, schöne Matilde! von welchem ihr noch einige Ueberbleibsel um Richards Lenden seht, war lang genug eure ganze Person zu decken, er war lang genug um fünfmal um Richards Hüften geschlungen zu werden, wie hätte er nicht hinreichend seyn sollen, die Rechte eures Freundes wider den Anfall des Löwen zu schützen! Mit unbeschreiblicher Schnelligkeit verhüllte Ri-

chard seinen rechten Arm in denselben, stieß ihn
dem Löwen, der mit verneuter Wuth auf ihn an=
setzte, bis an das Herz in den Rachen, und tö=
dete auf diese Art einen Feind, welcher ohne euch,
ohne die Zauberkraft des durch die Liebe gehei=
ligten Schleyers, seinem Leben ein Ende ge=
macht haben würde.

Mit Unwillen verließ Leopold seinen Stand,
und Richard, ob man ihm gleich auf den Fall des
Sieges Leben und Freyheit versprochen hatte,
wurde in ein noch festeres Gefängniß als zuvor
geführt; der Herzog von Oesterreich zitterte, einen
Feind freyzulassen, welcher unbewafnet solche
Wunder thun konnte.

Ich indessen durchirrte ganz Deutschland ohne
eine Spur von meinem Freunde zu finden. Der
Bannstrahl des Pabsts, und die Spione aus
England, erschwerten mir meine Nachsuchungen
ausserordentlich. Jedermann war furchtsam, und
glaubte in dem andern einen Kundschafter zu se=
hen, mit welchem den Einwohnern des Landes
bey Lebensstrafe aller Umgang verboten war. Ich
suchte nach allen Gefängnissen, oder gefängniß=
ähnlichen Schlössern und Thürmen, deren es in
Deutschland nicht wenige giebt. Ich schmeichelte
mich bey allen Gefangenwärtern und Kastellanen
ein; umsonst, ich erhielt keine, oder nur unbe=
friedigende Antworten auf meine schlauen Fra=
gen. — Ein Mittel war mir noch übrig, meine

Harfe. — So oft ich auf einen Thurm stieß von welchem ich glaubte, daß er wohl meinen Richard einschließen könnte, so erwartete ich die Stille der Nacht, und ermangelte uie wenn alle Wächter schliefen, unter den vergitterten Fenstern welche aufs Feld giengen, eins von den Liedern der Vorzeit zu spielen, es mit solcher Stärke und Ausdruck zu spielen, daß ich geglaubt hätte, Tode damit erwecken zu können. Aber alles blieb still, niemand war, der die Stimme des verlassenen Blondels kannte, und sie zu beantworten wußte.

Zehnmal war mir dieser Versuch mislungen, und nun befand ich mich an einer alten Veste nicht weit von Wien, das abscheulichste, höllenähnlichste Gefängniß, das ich, ein so großer Kenner dieser Mördergruben, je gesehen hatte. Noch einmal wollte ich hier meinen Versuch wiederholen, und dann auf ein andres Mittel sinnen, meinen Richard zu entdecken. — Nie habe ich die Nacht mit mehrer Ungeduld erwartet als diesesmal; sie kam mit dichtern Schatten als ich sie je gesehen hatte, das erste Mondsviertel erleuchtete nur schwach den abscheulichen Thurm, und der tiefe Schatten, den die vergitterten Fenster warfen, machte die Dicke der Mauern noch sichtbarer als am Tage. Alles war still, ich rührte mein Saitenspiel und sang. Ich war der vergeblichen Versuche schon so gewohnt, daß ich nur die Gestirne zu Zuhörern zu haben glaubte, aber stellt euch meine Empfindung vor, als ich *) nach den erſten ſechs Zeilen eines Liedes, welches mein Richard und ich ehemals gemeinſchaftlich auf die ſchöne Matilde von Tripolis machten, die folgenden ſechſe bis zum Ende des Geſanges aus der Tiefe des Thurms voll und deutlich wiederholen hörte. — Die Harfe entſank mir; ich glaubte ohnmächtig vor Freude zu werden, und kaum konnte ich mich ſo weit ermannen, daß ich mein Saitenſpiel wieder ergrif, mein Lied noch

---

*) Das Lied welches Richard und Blondel ſangen war im alten Provenzaliſchen folgendes, das wir für die Kenner dieſer Sprache einrücken. Man ſehe Reliqu. of anc. engl. poetry. Tom. I.

B.
Domna voſtra beutas
Elas bellas faiſſos
Els bels oils amoros
Els gens cors ben taillats
Don Sieu empreſenats
De voſtra amor que mi lia.

R.
Si bel trop affanſia
la de vos non partrai
Que major honorai
Sol en votre deman
Que Sautra des berſan
Tot can de vos volria.

einmal anfieng, und eben so wie vorhin das Ende desselben im Thurme wiederholen hörte. Jetzt
konnte ich Richards Stimme deutlich unterscheiden; ich hatte ihn gefunden, und konnte mich
nicht enthalten mein Entzücken durch ein lautes
Freudengeschrey auszudrücken. Blondel! rief es
im Innersten des Thurms, bist du es, mein Er-
retter? — Die Antwort auf die Frage erstarb
mir vor Freuden im Munde, ich spielte statt derselben noch einige von unsern Heldenliedern, welche von der Stimme im Thurme treulich begleitet wurden. Thränen hatten indessen meinem
Herzen Luft gemacht, ich konnte wieder reden,
und nun erhuben sich Gespräche unter uns, welche bis an die Morgendämmerung dauerten, und
die jede Nacht fortgesetzt wurden, bis wir unsers
Schlusses einig wurden, und die Art der Befreyung des geliebten Gefangenen völlig festgesetzt
war. — Die Aufhebung des päbstlichen Banns,
und die Zurückberufung der englischen Kundschafter, erleichterten mir jetzt mein Vorhaben ein
wenig. Die Leute waren weniger furchtsam, und
wurden umgänglicher. Meine Harfe verschafte
mir Zutritt bey der Tochter des Kastellans, welcher die Aufsicht über Richards Thurm hatte. Sie
sahe, sie hörte, und liebte mich, es ward mir
leicht sie zu bereden, daß ich den Gefangenen, dem
sie ohne ihn zu kennen, bisher nach Vermögen
Gutes gethan hatte, auch mit meinem Harfen-

spiel erfreuen dürfte. Meine Foderungen giengen
stufenweis weiter, ich nannte den Gefangenen
meinen Bruder, und sagte, daß mein Leben an
dem Seinigen hieng. Sie konnte mir nichts ab:
schlagen. Sie befreyte Richarden und flohe mit
uns nach England. Sie erfuhr den Stand ihres
bisherigen Gefangenen, und den meinigen, sie
ließ es sich gefallen, statt meiner Liebe die sie fo:
derte, meine Freundschaft anzunehmen, und Kö:
nigin Eleonore ersetzte der Befreyerin ihres Soh:
nes alles, was sie in ihrem Vaterlande aufgeop:
fert hatte.

Die Gegenwart des Königs von England zer:
streute alle seine Feinde. Prinz Johann sank zu
seines Bruders Füßen, und erlangte auf Vorbitte
seiner Mutter Gnade. Ich hoffe, sagte Richard,
ich werde seine Vergehungen so schnell vergessen
können, als er meine Wohlthaten vergessen wird.
— Gegenwärtig ist er in Frankreich, wo ihn Kö:
nig Philip mit seiner so oft vergeblich ausgebot:
nen Schwester Alice vermählt hat, die ihm, wie
man sagt, alles, womit er sich an seinem Vater,
seiner Mutter, seinem Bruder, und der guten
Prinzeßin Adelaide, seiner ersten Gemahlin, ver:
sündigte, reichlich vergelten soll.

Gleich in der ersten feyerlichen Nacht, da ich
Richarden und er mich an der Stimme erkannte,
da uns beyden seine Befreyung noch eine Unmög:
lichkeit dünkte, gelobten wir dem Himmel eine

Wallfahrt nach dem heiligen Grabe, wenn er unser Vornehmen begünstigte. Richard hatte nicht sobald in seinem Reiche alles in guten Stand gesetzt, als wir auf die Erfüllung unsers Gelübdes dachten. Königin Eleonore wollte nicht einwilligen, ihren Sohn zum zweyten mal ziehen zu lassen, aber des Königs Wille behielt die Oberhand; seine Abwesenheit blieb in seinem Königreiche verschwiegen, man glaubte ihn in einer der entlegendsten Provinzen, und wir langten auf diese Art insgeheim hier an, von wo wir gewiß nicht eher weichen werden, bis wir dich im Besitz der Krone, die du so sehr verdienst, für den Verlust der Grafschaft Anjou entschädigt sehen. Unser Richard braucht seine Rückreise nicht zu beschleunigen, denn sein Königreich ist sicher unter der Aufsicht seiner Mutter, und der Aufsicht des redlichen Bischofs von Durham, dem er diesesmal keinen Longchamp, sondern deinen Bruder Gottfried, Bischof von Lincoln, an die Seite gesetzt hat. Jedermann liebt diesen sanften redlichen Mann, und selbst die Königin scheint zu Zeiten zu vergessen, daß er der Sohn ihrer Feindin ist *).

*) Die Hauptbegebenheiten in dieser Geschichte, als Richards Entdeckung durch seine königliche Freygebigkeit, sein Kampf mit Wardrewe, sein Streit mit dem Löwen der ihm den Namen Löwenherz verschafte, seine Rettung vermittelst des Schleyers u. s. w. werden von einer der ältesten Romänzen Rycharde Cure de Lyowne bekräftigt, obgleich alle Umstände daselbst weit fabelhafter, und dem Helden nachtheiliger vorgetragen werden als hier.

Acht und vierzigstes Kapitel.
Der letzte Abschied.

Blondel wollte seiner Erzählung noch Unterschiedliches hinzusetzen, und seine Zuhörer, welche, wie man wohl denken kan, schon während derselben manches Wort der Freude, des Erstaunens und der Bewunderung eingeschoben hatten, waren bereit, dieselbe noch durch tausend Fragen zu verlängern, aber die Ruhe ihrer Unterhaltung ward durch die Bothschaft von einem wüthenden Ausfalle der Belagerten gestört, welche Waltern nöthigte, sich von seiner Freundin zu trennen. Richard leistete ihm Gesellschaft und Blondel, welcher schon mehr an der Seite des Königs von England gefochten hatte, wollte nicht zurück bleiben. Die gemeinschaftliche Tapferkeit dieser Helden war indessen dieses mal nicht nöthig den Feind zurück zu treiben, denn der tapfere Ritter von Staufen, welcher in Walters Abwesenheit allemal die Aufsicht führte, hatte gesiegt, ehe sie noch ankamen. — Walter und seine Freunde fanden ihn beschäftigt einen Soldaten zu vernehmen, welcher sich beym Ausfall freywillig in seine Hände geliefert hatte — Dieser Mensch, sagte er als der Großmeister erschien, dieser Mensch, einer von unsern Freunden in Jerusalem, bringt uns Nachrichten, welche uns lehren werden, doppelt auf unserer Hut zu seyn. Graf Philip, Herfrand, und der Fürst von Antiochien sind auf der Seite der Sarazenen; es wird an Bedingungen gearbeitet, unter welchen man ihnen Jerusalem freywillig in die Hände liefern will, und die vermuthlich für die bedrängte Christenheit äusserst nachtheilig seyn werden. Die Einwohner von Jerusalem flehen ihren künftigen König, Walter, an, ihre Rettung zu beschleunigen, und zugleich für die Sicherheit seiner eignen Person zu sorgen, weil selbst unter unserm Heer nicht einem jeden zu trauen seyn soll.

Eine Nachricht von dieser Wichtigkeit, veranlaßte eine allgemeine Berathschlagung, welche bis gegen den Morgen dauerte. Man gieng auseinander, um Anstalten zu dem letzten Sturme zu machen, welcher zwar beschleunigt wurde, aber doch um verschiedner Ursachen willen nicht eher als auf den achten Tag angesetzt werden konnte. — Walter theilte die Zeit bis dahin zwischen seinen Kriegsgeschäften und Matilden; Richard und Blondel wandten sie zu Ausübung ihrer Pilgerpflichten an, und der fromme Walter leistete ihnen oft Gesellschaft bey denselben.

Der große Tag nahte heran, es war nur noch eine Nacht bis zu demselben. Walter und seine Freunde hatten Abschied von Matilden genommen, die sich bemühte die innerliche Angst ihres Herzens zu verbergen, um den Muth der Helden nicht niederzuschlagen. Der Großmeister war weniger heiter als bisher, ein feyerlicher Ernst bezeichnete alle seine Handlungen. So sehr er sich in Acht nahm, um Matilden nicht zu kränken, so entschlüpfte ihm doch manches ahndende Wort von Tod und Trennung. Feyerlich beschwor er sie von neuen, Richarden ihre Liebe zu schenken, wenn er nicht mehr seyn würde. Es wird mir einiger Trost im Tode seyn, sagte er, euch beyde, die ich auf der Welt am meisten liebe, nicht ganz unglücklich zu hinterlassen. Richard wird an der Seite einer Geliebten einen Bruder vergessen, du Matilde, wirst dich in Richards Armen leichter über den Verlust deines Walters trösten, als in der Einsamkeit, die du dir, wie ich weiß, alsdenn wählen würdest, wenn du deiner Neigung folgen wolltest. Laß meine Bitte Statt finden, meine Braut! meine Geliebte! höre die Befehle deines Gemahls, du, die ich in diesem Augenblicke als meine Gattin ansehe! — Richard sey dereinst dein Walter! Himmelsseligkeit wird es mir und Berengarien seyn, wenn wir aus den Wohnungen der Verklärten das Bündniß sehen werden, das auf unser Verlangen geknüpft ward, und das zu beneiden wir alsdenn zu glückselig seyn werden. Höre auf, sagte Blondel, der Matildens Todesangst bey diesen Worten sahe, höre auf, das Herz deiner Freundin mit solchen Worten zu quälen! Willst du sie durch die Schreckensbilder tödten die du ihr vorstellst? Nehmt Abschied von eurem Walter, liebe Lady Klifford! umarmt ihn, wie ihr ihn an jedem Abend der Trennung umarmtet, um ihn am Morgen wiederzusehen. — Oder trauert ihr vielleicht, daß der, den ihr jetzt in eure Arme schließt morgen beym Wiedersehn nicht mehr derselbe seyn, daß der ehrwürdige Großmeister des Tempelordens sich alsdenn in den König von Jerusalem verwandelt haben wird? — Blondel nöthigte die Freunde zu scheiden, Richard, dessen Heldenmuth sonst alles besiegen konnte, war schon längst nicht mehr vermögend gewesen, diesen Sturm von Empfindungen auszuhalten; er hatte kurzen Abschied genommen, und sich entfernt. Walter mußte ihm auf die bringenden Bitten seines Freundes Blondel folgen. Noch ein Wort, ein Kuß, ein Blick, ein Händedruck, und die Liebenden waren getrennt! — Auf ewig getrennt würde ich sagen, wenn es dem Geschichtschreiber erlaubt wäre die Geheimnisse der Zukunft zu früh zu enthüllen.

Neun und vierzigstes Kapitel.

Mag der Leser selbst überschreiben.

So nöthig es unserm Walter war, durch einen sanften Schlaf Kräfte auf den morgenden großen entscheidenden Tag zu sammeln, so fieng doch erst gegen Anbruch des Tages ein leichter Schlummer an, seine Augen zu schließen. — Was in dieser letzten schlaflosen Nacht für Bilder vor seiner Seele über giengen, was für Gedanken ihn beschäftigten, ist unbekannt geblieben, weil er nie Gelegenheit hatte, mit seinen Freunden über diesen Gegenstand zu sprechen. Der Tag brach an, der zunehmende Lärm im Lager fieng an den Schlummer zu verscheuchen; da stand vor Walters Blicken der ehemalige Großmeister seines Ordens, der Greis von Barzellona. Ein sanftes Lächeln erheiterte den Ernst seines Gesichts: Walter, sagte er, bereite dich! Heute die Krone von Jerusalem, oder eine noch herrlichere, und dann — das Wiedersehen! — Walter erwachte; das Bild des edeln Robert Burgundio schien vor seinen sich öfnenden Augen zu zögern, das letzte Wort, Wiedersehn!, verhallte ihm wachend noch hörbar vor seinen Ohren. — Er riß sich empor, sprang von dem Lager auf, und schien die Gestalt die in der Luft zerfloß sammeln, den verhallenden Ton der Stimme aufhalten zu wollen; aber das Gesicht war verschwunden. — Der Lärm vor dem Gezelt nahm zu, und Konrad von Staufen trat mit Blondel herein um Waltern zu wecken. —

Du wachst schon, fragte Blondel lächelnd, raubt dir die Krone den Schlaf schon eher du sie trägst? — Robert Bungundio hat mich geweckt! erwiederte der Großmeister. — Der gute Greis! antwortete der andre, er hat dir seinen Tod selbst melden wollen, den ich, von andern wichtigern Gesprächen abgehalten, dir noch nicht gemeldet habe. — Todt? sagte Walter, ist der Greis von Barzellona todt? — O längst, antwortete Blondel, schon lange vorher eher Richard und ich unsere Reise hieher antraten. — Walter schwieg, und die Nachricht von Roberts Tode machten, zusammen genommen mit den Worten des Traums, einen sonderbaren Eindruck auf ihn. — Er sprach, während er sich wafnen ließ, viel mit Konrad von den Angelegenheiten des heutigen Tages, aber die Worte: Die Krone von Jerusalem, oder eine noch herrlichere, und dann das Wiedersehn, schwebten ihm unaufhörlich im Sinne, und bedurften keine Deutung bey ihm.

Aber weit gefehlt, daß der Gedanke des

Todes, der sich jetzt lebhaf... als jemals seiner Seele vorstellte, ihn muthlos machen sollte, so wärs vielmehr, als wenn er in demselben triumphirte, als wenn er gleiches Vergnügen in der Vorstellung fände, den Thron von Palästina zu besteigen, oder sein Haupt hinzulegen in den ewigen Schlaf, aus dem keiner ins irrdische Leben zurückkehrt. Man sagt, daß diese Gemüthsfassung, diese Gleichgültigkeit gegen Leben und Tod den eigentlichen wahren Helden mache. Dieser Satz traf bey Waltern ein. Heldenmäßig, schön und schrecklich war sein Ansehn als er aus seinem Zelte hervor trat, um sich an die Spitze seines Heers zu stellen, heldenmüthig waren seine Worte mit welchen er die Flammen der Tapferkeit in den Seelen seiner Krieger anfachte, und seine Thaten; — o sie übertrafen alles, was je die Sonne von Heldenthaten erblickt hat. Richard war ein Held wie wenige waren. Die Tapferkeit Konrads von Staufen überstieg die Thaten aller Helden des Alterthums, aber Walter ließ sie alle, ließ auch diese beyden weit hinter sich zurück. — Alles sank vor seinem Schwerte zu Boden, seine Stimme begeisterte seine Krieger mit Muth, und ließ die Feinde Todesahndung fühlen ehe sein Arm sie berührte. — Der größte Theil der Mauern war erstiegen, die Fahne des Kreuzes wehte bereits auf den meisten Zinnen, aber ein wüthender Ausfall trieb die Stürmenden zurück. Walter stürzte sich auf den Anführer, und ward zugleich von zween seiner eignen Leute hinterrücks überfallen. Konrad von Staufen, welcher nie von seiner Seite wich, warf sich ihren Schwertern entgegen. Es gesellten sich mehrere zu ihnen; Konrad fiel, indem er seinen verrathenen Freund zu retten hofte; der größere Theil seiner Leute wandte sich hinter ihm ab. Funfzehn der Tempelherren, unter welchen auch einige von den Belforten waren, drängten sich um ihren Großmeister, aber umsonst. Sie wurden alle niedergeschlagen, Walter sank mit unzähligen Wunden bedeckt zu Boden. Richard, welcher das Getümmel an diesem Orte wahrnahm, brach durch Walters eigne Leute, welche ihm den Zugang zu verwehren schienen, hindurch, aber alles was er thun konnte, war, daß er Walters und Konrads Leichen rettete, und den Feind, der nun seine Absicht ausgeführt und hier nichts mehr zu thun zu haben schien, in die Stadt zurück trieb.

Richard, welchem wenig an der Eroberung von Jerusalem gelegen war, er, der nur gefochten hatte, um Waltern die Krone erstreiten zu helfen, ließ die Leichname seiner Freunde in sein Zelt bringen und begleitete sie selbst dahin, ohne sich weiter an die Stürmenden zu kehren. Er warf sich auf Walters blutenden Körper. Die schon fast entflohene Seele kehrte auf die Stimme der Freundschaft zurück. Er öfnete die Augen, seine Lippen bewegten sich um Matildens Namen zu nennen. — Ermattet schloß er die Augen und nannte Konraden. Richard errieth seine Meynung, und sagte ihm, daß er in seiner Vertheidigung das Leben aufgeopfert habe, und daß sein Leichnam nebst ihm hieher gebracht worden sey. Walter wandte seine letzten Kräfte an, sich auf die Seite zu wenden, um seinen erstarten Freund zu sehen. Treuer, treuer Freund! sprach er, treu bis zum Tode! — Eine tödliche Schwachheit schloß ihm Augen und Mund von neuen. Die Bemühungen der Aerzte brachten ihn wieder zu sich selbst, aber nur um Matildens Namen noch einmal zu lallen, Richards Hand zu drücken, und mit kaum hörbarer Stimme hinzusetzen: Sie ist dein! Blondel war von Richarden ausgeschickt worden, Matilden die schrecklichste Post die sie erhalten konnte mit möglichster Schonung zu bringen, wenn es anders der sanften Stimme der Freundschaft möglich ist, den Worten des Todes einen gelindern Ton zu geben. — Blondel bat Walters Geliebte zu ihrem sterbenden Bräutigam zu eilen. Sie kam eben da seine Seele entflohen war. —

Doch, meine Leser! laßt mich über diese schrecklichen Scenen hinweg eilen, laßt mich es machen wie Richard es machte, welcher *) nach dem Tode seines Freundes nicht eine Stunde länger in Palästina bleiben wollte, er eilte aus den Gegenden hinweg, die nun keinen Reiz mehr für ihn hatten, so wie meine Geschichte keinen Reiz mehr für mich hat, da der Held derselben, mein Liebling dahin ist.

Jerusalem gieng verlohren. Die Tempelherren voll Verzweiflung über den Verlust ihres Großmeisters, und voll Mißtrauen gegen alle die sie umringten, gaben alles auf, und kehrten nach Akkon zurück. Richard und Blondel verließen das gelobte Land eben so insgeheim als sie es betreten hatten. Das englische Heer blieb auf Bitte der Tempelherrn zurück, um die Sache der Christenheit, welche von neuen ein gefährliches Ansehen gewann, nicht ganz sinken zu lassen.

Matilde ward durch eine Krankheit, welche sie dem Ziel ihrer Wünsche, dem Grabe nahe brachte, lang in Palästina zurückgehalten. Wieder ihre Hofnung kehrte ihr Leben und Gesundheit zurück. Sie verließ nebst ihrer Mutter das

---

*) Richard nahm, wie einige versichern, Walters Gebeine mit nach England, um sie in Rosemundens Begräbnisse zu Godstow beyzusetzen. — Aber wahrscheinlicher dünkt es uns, daß sich die Tempelherren die Asche ihres so sehr geliebten Großmeisters nicht rauben ließen, sondern sie in ihrem Oratorio aufbewahrten.

heilige Land, und begab sich nach Europa in das Kloster zu Brignolle, wo Hunberga jetzt als Aebtißin lebte. — Richards Bitten, Walters letzter Wille und das Zureden ihrer Freundinnen behielt nach Verlauf fast zweyer Jahre die Oberhand. Sie ward Königin von England, blieb es acht oder neun Jahr, kehrte nach Brignolle zurück, und beschloß den Abend ihres Lebens in den Armen der Gräfin von Flandern, und unter den Trōstungen Blondels, welcher nach Richards Tode am Hofe zu Marseille lebte. — Ihr aber meine Leser! die ihr die Geduld gehabt, diese schwermüthige Geschichte bis zu Ende zu lesen, was dünkt euch: Verdiente der armselige kleine Antheil von Glück, der unserm Walter zu Theil ward, verdiente er wohl durch alle den Kummer, alle die Gefahren errungen zu werden, die ihn sein ganzes Leben hindurch begleiteten? Verdienten die Hofnungen welche ihm schmeichelten wohl die Aufopferung eines so edeln Lebens wie das Seine? — — Doch jenseit des Grabes ist ein besser Land! Gefilde reich an Freude winkten ihm! —

Die in der Gegend des Drukorts dieser Sammlung allgemein gewesene Ueberschwemmung hat auch auf die Papiermühlen einen so nachtheiligen Einfluß gehabt, daß die meiste derselben eine Zeitlang keine Arbeit liefern konnten. Dadurch wurde man genöthigt, zu den leztern Bögen des hier erscheinenden Werkes, schlechteres Papier zu nehmen, als man anfangs versprochen, und bey den ersten Theilen wirklich geliefert hat. Der angeführte einzige, ganz auf der Wahrheit beruhende Grund, wird uns bey billigdenkenden Subskribenten hinlänglich entschuldigen; zumal da wir denenselben die gegründete Versicherung geben können, daß wir bey den folgenden Theilen, auch in Ansehung eines schönen, dauerhaften Papiers unsern Verspruch vollkommen erfüllen, und überhaupt, an der äusseren Schönheit dieser interessanten Sammlung, durch unserer Schuld nie etwas versäumen werden.